21世纪经济管理新形态教材·营销学系列

市场营销

——大数据背景下的营销决策与管理

（第二版）

孔　锐　高孝伟　韩丽红　陈黎琴　冯天天 ◎ 主编

清华大学出版社
北　京

内 容 简 介

本教材依据教育部制定颁布的 MBA 硕士教育和工商管理、市场营销本科专业的核心课程教学基本要求，在第一版的基础上修订编写，力求在突出 MBA 教学与本科教学需求的共同点上，更加凸显网络新技术、大数据分析等技术交叉融合应用于营销管理决策的手段。本书知识内容体系涵盖了市场营销课程应掌握的基本知识点、基本理论与基本技能，增加了大数据分析手段的应用。在继承经典营销理论体系的基础上，将其决策和管理加以精简化、系统化和精准化。从营销的战略决策到策略制定，更加突出了营销管理的主线条。为了有效地使用案例帮助学习，本书在介绍大量中国企业大数据分析和网络营销近年的经典案例基础上，将案例以章为单位建立了学习体系，同时附以了动漫形式的融媒体学习库。此外，为了进一步提高学习者的营销问题分析能力，书中还设计了不同内容和方式的小训练，在注意营销知识体系完整性的同时，为学习者通过营销管理纲要形式，拓展了新的思考问题的空间。

图书在版编目（CIP）数据

市场营销：大数据背景下的营销决策与管理 / 孔锐等主编. —2 版. —北京：清华大学出版社，2020（2021.9 重印）
21 世纪经济管理新形态教材. 营销学系列
ISBN 978-7-302-54138-7

Ⅰ. ①市… Ⅱ. ①孔… Ⅲ. ①市场营销学－高等学校－教材 Ⅳ. ①F713.50

中国版本图书馆 CIP 数据核字（2019）第 243114 号

责任编辑：刘志彬
封面设计：李伯骥
责任校对：王荣静
责任印制：丛怀宇

出版发行：清华大学出版社
网　　址：http://www.tup.com.cn, http://www.wqbook.com
地　　址：北京清华大学学研大厦 A 座　　邮　　编：100084
社 总 机：010-62770175　　邮　　购：010-62786544
投稿与读者服务：010-62776969，c-service@tup.tsinghua.edu.cn
质量反馈：010-62772015，zhiliang@tup.tsinghua.edu.cn
课件下载：http://www.tup.com.cn，010-83470332
印 装 者：北京鑫海金澳胶印有限公司
经　　销：全国新华书店
开　　本：185mm×260mm　　**印　张：**24.75　　**字　　数：**571 千字
版　　次：2013 年 11 月第 1 版　2020 年 4 月第 2 版　　**印　　次：**2021 年 9 月第 2 次印刷
定　　价：55.00 元

产品编号：085380-02

前言（第二版）

市场营销学在中国已有近四十年的系统应用实践历程，其由此获得了许多新的成长点。近年来，物联网、互联网、大数据技术在中国发展迅速，推动了中国企业营销管理的新革命。中国的企业家、营销管理研究者根据中国的市场经济发展特点，不断地总结经验，以期得到更加适合目前大数据背景下的营销决策与管理方法。这是市场营销学发展历史上一个不可或缺的组成部分。

市场营销学是一门建立在经济科学、行为科学、现代管理理论基础之上的应用性科学。它在指导西方发达国家的企业走向成功方面发挥了极其重要的作用，成为中国企业在市场经济浪潮中拼搏的利器。该理论在中国的应用过程，见证了中国企业从小到大，社会经济发展由弱到强，到今天成为推动世界经济前进的主要引擎之一。市场营销学的理论和方法在中国的实践也从传统经典向现代技术应用融合的方向转变。修订编制适合中国实际的教材，网络新技术、大数据分析等技术手段交叉融合应用于营销管理决策，是本次案例编辑的突出重心。

本教材依据教育部制定颁布的 MBA 硕士教育和工商管理、市场营销本科专业的核心课程教学基本要求，在第一版的基础上修订编写，力求在突出 MBA 教学与本科教学需求的共同点上，更加突出现代科学技术支持下的企业营销管理需求。知识内容体系涵盖了硕士研究生、本科生管理类专业该课程应掌握的基本知识点、基本理论与基本技能，同时增加了大数据分析手段的应用范例。在继承了经典的营销理论体系基础上，根据市场发展的需求，将其管理理论和方法精简化、系统化和精准化，从营销的战略决策到策略制定，都更加突出了营销管理的主线条。为了便于更加有效地使用案例帮助学习，本教材不仅引用了大量中国企业近年的经典案例，增加了大数据分析内容，而且将案例以章为单位建立了学习体系，包括说明用案例、分析理解用案例、训练用案例和指导用案例四层案例体系。为了进一步提高学习者的营销问题分析能力，还设计了不同内容和方式的小训练。在注意营销知识体系的完整性的同时，为学习者通过营销管理纲要形式拓展了新的思考问题的空间。同时，附以了动漫形式的融媒体学习库，以帮助学习者自学。

本教材第一版在 2013 年出版以来，得到了不少高校同行和企业同仁的鼓励。编写小组成员在北京市教育委员会“2019 年北京高校优质本科教材课件项目”和“中国地质大学（北京）2019 年度本科教育质量提升计划项目”资助下进行教材的改编工作，以及在“中国地质大学（北京）2020 年度本科教育质量提升计划项目”资助下进行了融媒体学习库的建设工作。改编的主要内容除了更新各章节的数据资料和叙述之外，还结合目前营销管理实践情况，重点在第四章中补充了网络营销背景下的信息收集方法和流程，在第七章、第八章、第九章中均增加了电子商务和网络营销相关内容。尤其是结合目前中国市场的营销管理特点，对每章节后的案例进行了更换，通过对第三章、第四章、第六章、第七章和第八章的“本章案例”部分的更换，突出大数据环境下的营销管理信息收集、分析和应用工具的使用情况。本教材共分十章，由中国地质大学（北京）孔锐担任主编，负责总纂定稿。具体的编写分工是：孔锐负责第三章、第六章和第八章编写，参与了第四章的编写；韩丽红负责第一章和第五章编写；高孝伟负责第七章和第九章编写；陈黎琴负责第二章和第十章编写；冯天天负责第四章编写。在成稿过程中，王明月、孟令嫣、蔡宇静和陈慧参与了案例的编写工作，潘静雯、刘为君、袁睿参与了案例收集、文字编辑等工作。

本书编写过程中，借鉴了国内外营销学者大量的最新研究成果，特别是选编了一些经典的中国企业营销决策管理案例，提供了企业营销决策管理不同阶段的工作纲要。除注明出处的部分外，未能全部一一说明。在此，谨向各位作者、同仁致谢。

由于编者学术水平的局限性，教材中难免有不尽如人意之处，敬请有关专家、读者批评指正。

编者

2020 年 7 月

目录

第一章

市场营销导论

本章概要

本章目的在于让学习者了解市场营销决策与管理的基本概念及发展历程。通过介绍“Marketing”学科发展基本路径，向学习者展示市场营销学的研究领域、研究特点和研究内容的基本框架。详细介绍了市场营销决策的指导观念变化发展情况、基本的营销管理概念及相互关系，以及目前大数据对市场的影响和基于大数据的新的营销观念等。

第一节　市场营销基本概念

市场营销学是一门以经济科学、行为科学和现代管理学理论为基础，研究面向市场的一切个人、组织如何根据市场需求、竞争状态来构想与出售自己的产出物与价值的学科。市场营销是指以满足人类各种需要和欲望为目的，通过市场实现交换的一系列活动和过程。它不仅是以营利为目标的企业面对竞争日趋激烈的市场谋求生存与发展的管理利器，而且还引起各种非营利性组织，如大学、医院、政府机构的浓厚兴趣，它们也希望能用以解决组织运行过程中所面临的各种问题。因此，营销决策与管理在当今已成为各类社会组织共同面对的一个问题。市场营销是任何一个社会组织必备的三个基本职能之一，事关一个组织的经营方略和生财之道。

一、市场

对市场概念的认识和理解是进行营销决策与管理的首要基础问题。市场是随着生产力的发展、社会分工的专业化及商品生产和交换而产生与发展起来的。

（一）市场的基本概念

市场属于商品经济的范畴，是商品交换的产物，同时也是商品交换顺利进行的条件，是商品流通领域一切商品交换活动的总和。市场也指具有特定需要和欲望，愿意并能够通过交换来满足这种需要或欲望的全部顾客，包括现实顾客和潜在顾客。市场的规模取决于那些有某种需要，并拥有使别人感兴趣的资源，同时愿意以这种资源来换取其需要的物品的人。因此，市场营销学认为市场是由有某种需要的人、为满足这种需要的购买能力、购买欲望共同作用的结果，三者相互制约，缺一不可。只有三者结合起来，才能形成现实的市场。从某种角度可以理解为：

市场=人+购买力+购买欲望

今天的市场是商品经济运行的载体或现实表现。商品经济越发达，市场的范围和容量就越大。市场具有相互联系的四层含义：一是商品交换场所和领域，即买主和卖主发生交易的地点或地区；二是某一产品的所有现实买主和潜在买主的总和；三是买主、卖主力量的结合，是商品供求双方的力量相互作用的总和；四是商品生产者和商品消费者之间各种经济关系的总和。

因此，市场是指某种产品的现实购买者与潜在购买者需求的总和。站在销售者营销的立场上，同行供给者即其他销售者都是竞争者，而不是市场。

（二） 市场的分类

市场是一个复杂而完整的有机整体。随着交换关系的复杂化，市场也越来越复杂化。从不同的角度可以得到不同的市场分类标准。如按交易商品的时间可以分为现货市场和期货市场；按市场的属性可以分为资本主义市场和社会主义市场；按消费者的生理特征可以分为女性市场、男性市场或青少年市场、成年人市场、老年人市场等。常见的分类标准有 6 种。

1. 按市场的地理位置或国域界限划分

按地理位置差异划分，在一个国家内，市场可分为城市市场、农村市场，或各地方市场如北方市场、南方市场等。在世界范围里，市场可分为亚洲市场、欧洲市场、美洲市场、非洲市场等；或更小区域范围里的地方市场，如亚洲市场可分为东南亚市场、南亚市场、东亚市场等。按国域界限划分，市场可分为国内市场、国际市场。

2. 按商品的自然属性划分

可以分为一般商品市场、特殊商品市场和服务市场。一般商品市场包括消费品市场、生产资料市场两大类。特殊商品和服务市场是由具有特殊性的商品以及不是产品但采取商品形式交换所形成的市场，包括劳动力市场、技术信息市场、房地产市场、金融市场等。

3. 按市场竞争状况划分

可以分为完全竞争市场、完全垄断市场、垄断竞争市场、寡头垄断市场 4 种。

完全竞争市场是指竞争不受任何干扰的市场。市场中产品价格稳定，产品质量相同，要素转移自由，信息传递迅速。理想的完全竞争市场实际上是不存在的，在现实生活中，农产品市场比较接近完全竞争市场的情况。

完全垄断市场是指整个产业只有一家企业，它的产品没有任何替代品，其他企业无法进入该产业。形成完全垄断的原因主要有自然垄断、原料控制、专利权和政府特许等。完全垄断企业能够操纵整个产业的产品和价格，该企业其实就是整个产业。典型的例子是公共事业企业，如电力公司、自来水公司等。

垄断竞争市场是介于完全竞争市场和完全垄断市场之间的市场。垄断竞争市场的主要特点是一切同类商品之间存在差别，市场上有很多同类企业，企业进入市场比较容易。例如一般日用工业品行业具有垄断竞争市场的特征。垄断竞争对消费者的满足程度最高，在一定的价格水平下消费者对商品的选择余地较大，它是目前经济生活中普遍存在的市场结构。

寡头垄断市场是介于完全垄断市场和垄断竞争市场之间的一种市场。寡头垄断市场的主要特点是市场上企业数目很少，企业有能力对商品的价格进行某种程度的控制，其他企业进入该行业非常困难，企业之间具有公认的相互依存关系。例如钢铁、石油、航空等行业，具有寡头垄断市场的特征。

4. 按市场要素形态划分

按市场要素是否为虚拟的划分，市场可以分为实体市场与虚拟市场。

实体市场是传统经济中的市场。实体市场要求市场参与者、市场介质及市场过程等要素都是实体的。

虚拟市场是网络经济中市场存在的基本形式。虚拟市场要求市场参与者、市场介质及市场过程等要素中至少有一种要素是虚拟的。例如虚拟的参与者、虚拟产品、虚拟媒介、信息传递及电子支付等。

5. 按交易对象是否具有物质实体划分

按交易对象是否有物质实体划分，市场可以分为有形产品市场和无形产品市场。

有形产品市场是提供实体物品的市场。有形产品在市场上通常可以表现出产品质量水平、外观特色、式样、品牌名称和包装等。

无形产品市场是由生产出来用于市场交换的非物质类产品的交换场所。无形产品包括技术、教育、金融服务、保险业务、文化、娱乐、中介服务等。最大的无形产品市场是服务业即第三产业。

6. 按购买者类型划分

按购买者类型划分，市场可以分为消费者市场和生产者市场。

消费者市场是指为满足生活消费需要而购买商品和服务的一切个人和家庭所组成的市场。消费者市场的购买是最终市场的购买，是商品的使用价值和价值的最终实现。顾客购买的目的完全是为了满足个人或家庭的需要。

生产者市场是由为了满足生产和经营需要而购买商品和服务的组织所组成的市场。这类组织类顾客，购买商品是为了再生产，完成生产资料的再生产过程，或是其组织的业务活动能够有序进行。如食品加工厂购买面粉、糖等原料加工成某种食品再销售。而该食品厂为了生产管理活动顺利进行、管理有效等，也会购买一些文具类办公用品，这些文具等办公用品用于日常管理消耗。无论食品厂购买什么商品、从哪个公司购买这些商品，它都属于生产者市场里的一员。

以上对市场类型的划分并不是唯一和绝对的，如不同的产品类型还可将市场分为商品市场、资金市场、劳动力市场、技术市场、信息市场等。除商品市场之外的其他各类市场一般是指提供专项的专业服务的市场。由于交换关系日益复杂，市场和市场类型也变得繁杂。为了营销管理更加有效，可以将以上常用的分类办法交叉分级使用，以便得到更细的市场类型。

二、市场营销

从“Marketing”一词诞生后的很长一段时间，众多专家和学者都对其进行了探讨和研究。作为一项活动，“Marketing”一词译为“市场营销”比较合适。可以是活动本身，即作为动词的市场营销；也可以是活动的名称，即作为名词的市场营销。长期以来，很多人把“市场营销”仅仅理解为推销（Selling）。其实，推销只是“市场营销”的多重功能中的一项，并且还可能不是最重要的一项。正如美国著名管理大师彼得·德鲁克（Peter Drucker）所言：“可以设想，某些推销工作总是需要的，然而营销的目的就是要使推销成为多余，从而使产品或服务完全适合顾客需要而形成产品自我销售；理想的营销会产生一个已经准备来购买的顾客群体，剩下的事情就是如何便于顾客得到这些产品或服务。”市场营销学主要研究作为销售者的企业的市场营销活动。即研究企业如何通过整体市场营销活动，适应并满足买方的需求，以实现企业的经营目标。

关于市场营销，不同的组织或专家学者，从不同的角度给出了不同的理解和定义。

美国市场营销协会（AMA）对市场营销的定义是：市场营销是创造、沟通与传送价值给顾客，及经营顾客关系以便让组织与其利益关系人受益的一种组织功能与程序。

麦卡锡(E.J.Mccarthy)对微观市场营销的定义：市场营销是企业经营活动的职责，它将产品及服务从生产者直接引向消费者或使用者，以便满足顾客需求及实现公司利润，同时也是一种社会经济活动过程，其目的在于满足社会或人类需要，实现社会目标。

菲利普·科特勒（Philip Kotler）强调了营销的价值导向，认为：市场营销是个人和群体通过创造产品和价值，并同他人进行交换，以获得其所需所欲之物的一种社会活动和管理过程。1984 年对其定义修改为：市场营销是指企业认识目前未满足的需要和欲望，估量和确定需求量大小，选择和决定企业能最好地为其服务的目标市场，并决定适当的产品、服务和计划(或方案)，以便为目标市场服务。

关于营销的确切定义，可谓仁者见仁，智者见智。本书建议采用世界营销权威菲利普·科特勒所提出的定义：“**市场营销**（Marketing）是个人和群体通过创造并同他人交换产品和价值，以满足各自的需要和欲望的一种社会活动和管理过程。”

三、市场营销学

英文“Marketing”一词还可以翻译成“市场营销学”，又称为“市场学”“市场行销”或“行销学”。

对“市场营销学”一词字面理解是研究市场、流通、供求关系、价值规律等的学科。菲利普·科特勒指出：“**市场营销学**（Marketing）是一门建立在经济科学、行为科学、现代管理理论基础上的应用科学。”

其研究的对象是企业在动态市场上如何有效地管理其市场营销过程，提高经济效益，求得生存和发展，实现企业的目标，即研究企业市场营销活动规律及其策略的学科。

四、与市场营销相关的几个核心概念

了解市场营销的核心理论和核心概念，不仅能够把握市场营销学的实质、理论体系和核心内容，在从事市场营销活动时不偏离方向，而且还会提供一种观察市场活动的新视角。市场营销的核心问题可以从前面市场营销的定义当中找出。

菲利普·科特勒曾将市场营销核心理论和核心概念用图 1-1 来表示。

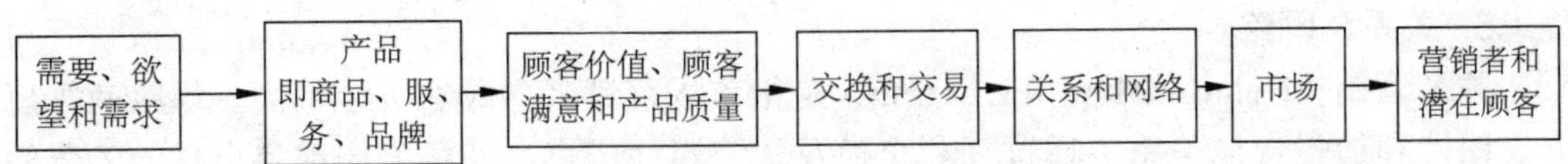

图 1-1 市场营销的核心概念

1. 需要、欲望和需求

需要、欲望和需求是市场营销思想的出发点，也是市场交换活动的基本动因。**需要**（**Need**）是指未得到满足的感觉状态。**欲望**（**Want**）是指对特定产品的需要。**需求**（**Demand**）是指有购买能力的欲望。

未满足的需要和欲望代表着市场机会。因此，企业要善于识别市场上未满足的需要和欲望，并在此基础上生产合适的产品，只有这样，才有可能赢得顾客，赢得市场。同时，企业必须根据对需求水平和需求时间的预测，决定产品的生产数量和供给时间。

2. 产品

产品有广义和狭义之分。广义产品（Product）是指企业提供给市场的能够满足人们需要和欲望的任何东西，包括有形产品和无形产品（即服务）。狭义产品（Goods）是指与服务相对的有形物品。

服务（**Service**）包括两类：一类是纯服务，另一类是功能性服务。例如，一家快餐店供应商品（汉堡包、软饮料、鸡块等）、服务（环境、安全、清洁等）及品牌（麦当劳、肯德基）。其中，商品实体不仅仅指形态、式样、品质等，更主要在于它能提供基本效能与益处。买自行车是为了代步，买洗衣粉是为了去污，买微波炉是为了更方便地加热食品。因而，实体商品只是基本效能与益处的载体和具体物质外形。当然，商品实体也很重要，一件商品的基本效能与益处只有通过实体才能体现出来，这两者相辅相成，缺一不可。

3. 顾客价值、顾客满意和产品质量

顾客价值（**Customer Value**）指顾客通过购买商品所得到的收益和顾客花费的代价（购买成本和购后成本）的差额。

顾客满意（**Customer Satisfaction**）指顾客对其要求已被满足的程度的感受。

产品质量（**Quality**）指产品或服务满足顾客需要的程度。从狭义的角度上说，质量可定义为“零缺陷”。美国质量管理协会把质量定义为“产品或服务具有满足顾客需要的性质和特征的总和”。产品质量不仅有实物产品质量，还包含无形产品质量，即服务产品质量。

4. 交换和交易

交换（**Exchange**）是指通过提供某种东西作为回报，从别人那里获得所需之物的行为。在交换的过程中，如果双方达成一项协议，就称之为发生了**交易**（**Transaction**）。

在市场经济条件下，人们要获得产品，主要通过交换的方式。为此，交换成了市场营销的核心，研究需求、开发产品都是为了促使市场潜在交换变为现实。因此，为了促使交换成功，营销者必须分析参与交换各方各自希望给予什么和得到什么，而交易则是通过谈判寻找一个各方均满意的方案。

5. 关系和网络

关系营销（**Relationship Marketing**）是指市场营销者与顾客、经销商、供应商等建立、保持和加强合作关系，通过互利交换及共同履行诺言，使各方实现各自目的的营销方式。

营销网络（**Marketing Network**）是指企业与顾客、经销商、供应商及其他关联方建立的较为稳定的业务关系。

在现代市场活动中，交换和交易是复杂的，往往涉及制造商、供应商、中间商、顾客以及社区、广告商、政府、大众传媒等。市场营销活动实际上就是在这样的关系网络中进行的，能否建立一个和谐、长期、稳定的关系网络，对企业而言是至关重要的。

6. 市场

市场（**Marketplace**）作为一种空间概念，是指商品买卖的场所。

从市场营销学的角度分析，**市场**（**Market**）指有某种特定需要和欲望，愿意并且能够通过交换来满足需要和欲望的所有潜在顾客和现实顾客。

7. 市场营销者与潜在顾客

在交换的双方中，如果一方比另一方更主动、更积极地寻求交换，则前者称为**市场营销者**（**Marketer**），后者称为**潜在顾客**（**Prospect**）。所以，市场营销者可以是买者，也可以是卖者。

传统的市场营销理论认为，在市场交易中，营销者往往是主动的、积极的，而相对被动的一方则是营销者的目标市场。可是，现代市场交易实践却表明，顾客变得越来越主动，尤其进入电子商务时代，消费者可以直接通过互联网对所需商品款式、价格、功能等提出要求，并在网上进行讨价还价。

由此可见，随着时间的推移，市场营销实践活动不断深入和推广，其内涵也在不断地变化和扩展。

1-1-1 市场营销含义

1-1-2 与市场营销相关的核心概念+市场营销与大市场营销的区别

第二节 市场营销学发展简史及大数据对市场的影响概况

市场营销学是在经济学、行为科学等学科基础上发展起来的，正如营销大师菲利普·科特勒在1987年美国市场营销协会（AMA）成立50周年纪念大会上所言，市场营销学之父为经济学，其母为行为学，哲学和数学为其祖父、祖母。

一、市场营销理论演进过程

市场营销理论的演进，根据理论发展的成熟度和应用范围可以分为四个阶段。

（一）初创阶段

市场营销作为一门学科，于 19 世纪末到 20 世纪 20 年代在美国创立。当时的市场营销研究的范围很窄，只是研究广告和商业网点的设置。实际影响力不大，尚未引起社会的广泛关注。市场营销的完整体系远未完成。

当时的研究活动范围基本局限于学校。1904 年，克鲁希（W.E.Kreus）在宾夕法尼亚大学讲授了名为产品市场营销（The Marketing of Products）的课程；1910 年，巴特勒（K.S.Butler）在威斯康星大学讲授了名为市场营销方法（Marketing Method）的课程。1912 年，赫杰特齐（J.E.Hegertg）出版了第一本名为市场营销学（Marketing）的教科书，全面论述了有关推销、分销、广告等方面的问题，标志着市场营销学作为一门独立学科的产生。1926 年，美国在“全美广告协会”的基础上成立了“全美市场营销学和广告学教师协会”，给市场营销学的研究提供了组织保证。

（二）应用阶段

20 世纪 20 年代至“二战”结束期间，市场营销学发展初具规模。但这时的研究还是将市场营销等同于销售或推销，研究范围局限于流通领域。

在这一阶段，美国国内企业开始大规模运用市场营销理论来运营企业，打开海外市场，使得欧洲国家也纷纷效仿。1929 年至 1933 年间，资本主义国家爆发了严重生产过剩的经济大危机。由于严重的生产过剩，商品销售困难，工商企业纷纷倒闭。这时生产企业的首要问题不是怎样扩大生产和降低成本，而是如何把产品卖出去。为了争夺市场，解决产品销售问题，企业开始实施市场销售活动，使市场营销学的研究也大规模开展起来，市场营销学逐渐成为指导市场营销实践活动的一门实用性学科。

1937 年，全美各种市场研究机构联合组成了“美国市场营销协会”（America Marketing Association，AMA）。该机构的成立有力地推动了市场营销学的研究和普及。

（三）发展与传播阶段

20 世纪 50 年代至 20 世纪 80 年代为市场营销学的发展阶段。随着国际政治环境的相对稳定以及第三次科技革命的展开，资本主义国家的社会生产力得到了较快的发展，产品产量剧增，社会生产力大幅度提升，政府对经济的干预明显增强，营销环境复杂多变，市场竞争日益激烈。在这种情况下，企业要想求得生存与发展，就必须从总体上进行规划。在产品生产之前就要考虑市场问题，要按照市场需求安排生产，组织营销活动。同时，企业不能仅考虑当前的盈利，还要考虑未来的长远发展。因此，企业的市场营销不应局限于产品推销问题，应该包括企业与市场以及整个营销环境保持衔接关系的整体性经营活动。

在应用区域上，市场营销学不断从起源国即美国向其他国家传播。从 20 世纪 50 年代开始，市场营销学从美国先后传入西欧东欧地区、日本和苏联等地以及中国台湾地区，

20 世纪 70 年代末开始进入中国大陆。

（四）成熟阶段

20 世纪 80 年代至今为市场营销学的成熟阶段，这一时期市场营销学与其他学科相关联，如经济学、数学、统计学、心理学等，开始形成自身的理论体系，进入现代营销领域。

在 20 世纪 80 年代中期，科特勒进一步总结发展了市场营销理论，提出**大市场营销**（**Magamarketing**）的观念。该观念突破了传统营销理论中阐明的企业可控制的市场营销组合因素与外界不可控的环境因素之间的简单相适应观点；把企业市场营销组合所包括的 4Ps 策略扩大到 6Ps 策略，即产品、价格、分销、促销、政治权力和公共关系等六大策略；同时认为市场营销适用于一切企业组织。这一思想对跨国企业开展国际营销活动具有重要的指导意义。

此后，市场营销理论的研究不断向新的领域拓展。相继出现了定制营销、网络营销、纯粹营销、政治营销、绿色营销、营销决策支持系统、整合营销等新的理论领域。并打破了美国营销管理学派一统天下的局面，对传统营销理论提出了质疑，形成了不同的营销学派。

从研究对象来看，早期市场营销的研究主要局限于商品的流通领域，而商品一旦到达消费者手中即进入消费领域以后的问题，则不属于市场营销学的研究范围。而现代市场营销学的研究对象是以市场为导向的企业市场营销活动及其规律性。即市场营销学的全部研究都是以产品适销对路、扩大市场销售为中心而展开的，并为此提供理论、思路和方法。它的核心思想是企业必须面向市场、面向消费者、适应不断变化的环境并及时做出正确的反应；企业必须发挥自身的优势，比竞争者更好地为消费者或顾客提供令人满意的各种商品或服务；并且要用最少的费用、最快的速度将产品送达消费者或顾客手中；企业应该而且只能在消费者或顾客的满足之中实现自己的各项目标。

大市场营销提出，企业不仅要关注 4P 的组合问题，还要更加注意政治力量和公共关系策略。政治力量对营销活动的影响其实由来已久，只是到了 20 世纪中后期影响更加明显而已。例如，鸦片战争不仅使中国土地被割让，也使中国的企业受到西方企业经济的严重冲击，其幕后的推手就是英国的怡和洋行（原称渣甸洋行）。因其在中国市场上的鸦片生意受到严重制约和限制后，就联合在华的鸦片生意商鼓动英政府对中国进行武力干涉，并在《泰晤士报》上大造舆论，为向中国索要鸦片损失赔偿铺路。

随着互联网技术的迅猛发展，通信技术彻底改变了人们的生活方式，也给企业市场营销带来了新的发展机遇。互联网从营销的传播环节向价值创造环节渗透，深入融合了数字社会和物理社会，使得基于消费者品牌接触点的一对一互动和精准营销成为可能，大数据是营销的未来，基于大数据的精准营销是企业未来的制胜之道。

二、市场营销在中国的发展

1949 年之前，中国曾对市场营销学有过一些研究。当时将其称为“销售学”，仅有几所高等院校设有商科或管理专业。在 1949 年至 1978 年间，除了中国港台地区的学术界和企业界对这门学科已有广泛的研究和应用外，整个中国内地，市场营销学的研究一度中断。在这长达 30 多年的时间里，国内学术界对国外市场营销学的发展情况知之甚少。

中国共产党十一届三中全会提出了对外开放、对内搞活的总方针，从而为中国重新引进和研究市场营销学提供了有利的环境。1978 年，北京、上海、广州的部分专家学者开始着手市场营销学的引进研究工作。虽然当时还局限在很小的范围内，而且在名称上还称为“外国商业概论”或“销售学原理”，但毕竟在市场营销学的引进上迈出了第一步。经过几十年的时间，中国对市场营销学的研究、应用和实践已取得了很大的进步。从整个发展过程来看，大致经历了五个阶段。

（一） 引进认知阶段（1979—1982 年）

这个时期主要靠派出去和引进来的办法接触、认知市场营销。在此期间，通过对国外市场营销学著作、杂志和国外学者讲课的内容进行翻译介绍，选派学者、专家到国外访问、考察、学习，邀请外国专家和学者来国内讲学等方式，系统介绍和引进了国外市场营销理论。但是，当时该学科的研究还局限在中国的一些大专院校和研究机构，从事该学科引进和研究工作的人数还很有限，对于西方市场营销理论的许多基本观点的认识也比较肤浅，大多数企业对该学科还比较陌生。

1982 年，电视荧屏上出现了盐城燕舞电器厂“燕舞”牌收录机的广告画面：伴随着“燕舞、燕舞，一曲歌来一片情！”这一节奏欢快的广告歌，一个英俊潇洒的青年怀抱吉他、头戴耳麦陶醉地又唱又跳，最后以“燕舞，江苏盐城无线电总厂”的“Logo”结束。正是这条广告成就了“燕舞”牌收音机，也使得中国企业的市场营销从广告开始，并为中国市场营销学的进一步发展打下了基础。

（二） 传播时期（1983—1985 年）

经过前一时期的努力，中国各地区从事市场营销学研究、教学的专家和学者开始意识到，要使市场营销学在中国得到进一步的应用和发展，必须成立各地的市场营销学研究团体，以便相互交流和切磋研究成果，并利用团体的力量扩大市场营销学的影响，推进市场营销学研究的进一步发展。

1984 年 1 月，全国高等综合大学、财经院校市场学教学研究会成立。在以后的几年时间里，全国各地各种类型的市场营销学研究团体如雨后春笋般纷纷成立。各团体在做好学术研究和学术交流的同时，还做了大量的传播工作。例如，广东市场营销学会定期出版会刊《营销管理》。全国高等综合大学、财经院校市场学教学研究会在每届年会后都向会员印发各种类型的简报。各团体分别举办了各种类型的培训班、讲习班。有些还通过当地电视台、广播电台举办了市场营销学电视讲座和广播讲座。通过这些活动，既推广、传播了市场营销学知识，又扩大了学术团体的影响。在此期间，市场营销学在学校教学中也开始受到重视，有关市场营销学的著作、教材、论文在数量上和质量上都有很大的提高。

与此同时，越来越多的中国企业受外国企业的影响，开始展开不同形式的市场营销。例如，霞飞化妆品有限公司成为第一个邀请电影明星拍摄广告的企业；广州白云制药赞助了广州足球队，成为第一个利用运动赛事推广企业形象的企业。

（三） 应用时期（1986—1988 年）

1985 年以后，中国经济体制改革的步伐进一步加快，市场环境的改善为企业应用现代市场营销原理指导经营管理实践提供了有利条件，但各地区、各行业的应用情况不尽相同。

以生产经营指令性计划产品为主的企业应用得较少，以生产经营指导性计划产品或以市场调节为主的产品的企业应用得较多且较为成功。重工业、交通业、原材料工业等和以经营生产资料为主的行业所属的企业应用得较少，而轻工业、食品工业、纺织业、服装业等以生产经营消费品为主的行业所属的企业应用得较多且较为成功。经营自主权小、经营机制僵化的企业应用得较少，而经营自主权较大、经营机制灵活的企业应用得较多且较为成功。商品经济发展较快的地区（尤其是深圳、珠海等经济特区）的企业应用市场营销原理的自觉性较高，应用得也比较好。在此期间，多数企业应用市场营销原理时，偏重于分销渠道、促销、市场细分和市场营销调研部分。

（四） 扩展时期（1988—1994 年）

在此期间，无论是市场营销教学研究队伍，还是市场营销教学、研究和应用的内容，都有了极大的扩展。

全国各地的市场营销学学术团体，改变了过去只有学术界、教育界人士参加的状况，开始吸收企业界人士参加，其研究重点也由过去的单纯教学研究，改为结合企业的市场营销实践进行研究。全国高等综合大学、财经院校市场学教学研究会也于 1987 年 8 月更名为“中国高等院校市场学研究会”。

学者们已不满足于仅仅对市场营销一般原理的教学研究，而对其各分支学科的研究日益深入，并取得了一定的研究成果。1992 年，市场营销专业开始在全国招生，除综合性大学、财经院校以外，很多理工、农林院校以及其他专业院校也都纷纷开设了市场营销专业。

在此期间，市场营销理论的国际研讨活动进一步发展，这极大地开阔了学者们的眼界。1992 年春，邓小平南方讲话以后，学者们还对市场经济体制的市场营销管理，中国市场营销的现状与未来，跨世纪中国市场营销面临的挑战、机遇与对策等重大理论课题展开了研究，这也有力地扩展了市场营销学的研究领域。随着境外直接投资的增加，越来越多的外国企业开始进入中国市场，促使中国企业不断学习和发展营销实践，掀起各行各业的营销热潮。

（五） 深入拓展时期（1995 年至今）

1995 年 6 月，由中国人民大学、加拿大麦吉尔大学和康克迪亚大学联合举办的第五届市场营销与社会发展国际会议在北京召开。从此，中国市场营销学者开始全方位、大团队地登上国际舞台，与国际学术界、企业界的合作进一步加强。

2003 年，中国高校已开始招收市场营销管理专业的博士研究生，培养本国市场营销最高层次人才。在理论研究上，中国学者开始关注市场营销学发展的国际动向，与世界同步研究市场营销学发展中一些新的前沿性问题，出版了一大批市场营销学方面的学术专著和教材。

在实践过程中，企业不再局限于单纯的广告或推销，而是转变为更加全面的营销。2001 年，中国成功加入世界贸易组织，促使中国企业需要不断地与国际接轨，并展开竞争。21 世纪是信息化的时代，互联网技术不断与商业领域相结合。据《中国互联网络发展状况统计报告》统计显示，截至 2018 年 12 月，中国网民规模达 8.29 亿。在阿里巴巴、腾讯、百度等互联网企业的带动下，企业已进入数字化营销、网络营销、大数据营销的新时代。

三、大数据对市场营销的影响

（一） 大数据的含义

麦肯锡全球研究所（McKinsey & Company）将大数据定义为：一种规模大到在获取、存储、管理、分析方面大大超出了传统数据库软件工具能力范围的数据集合，具有海量的数据规模、快速的数据流转、多样的数据类型和价值密度低四大特征。

高德纳（Gartner Group）作为第一家信息技术研究和分析的公司，将大数据定义为需要新处理模式才能具有更强的决策力、洞察发现力和流程优化能力的海量、高增长率和多样化的信息资产。

在维克托·迈尔·舍恩伯格及肯尼斯·库克耶编写的《大数据时代》中，大数据指不用随机分析法（抽样调查）这样的捷径，而对所有数据进行分析处理。

（二） 大数据的影响

在数字时代，科学技术不断发展，大数据的出现改变了世界。大数据让奥巴马成功当选美国总统；让华尔街能够准确地预测股票涨跌；也让马云、马化腾、李彦宏等企业家成就其商业帝国。同时，大数据的出现也使得人们的消费观念发生了巨大的变化。消费者不再完全相信传统营销“轰炸式”的传播和灌输，拥有更广阔的视野及更多的自主意识，随之而来的是海量的消费行为数据。如何从这些消费行为数据中挖掘出有价值的内容，成为企业制定市场营销策略的关键。

2006 年，全球生成、复制的数字化信息量大约为 16.1 万 PB，当年的信息产生量约是历史上图书信息量的 3 000 倍；2012 年 11 月 11 日第一秒，顾客向阿里巴巴网购提出 10 000 000 条的请求；新浪微博发博量最高一秒就有 32 312 条微博同时发布；过去 3 年数据量比以往数万年还多，专家预测 2020 年数据产出量将比 2009 年的 44 倍还多；根据相关的调查研究，在中国有着超过一半的企业每天的数据生成量达到 1T 以上，有着一成企业的数据量每日达到 10T 以上。随着数字时代的不断成熟完善，这些数据还在大幅度地提高。由此可见，大数据已经成为时代的重点，它已经成为企业与国家获取核心竞争力的战略资源。

大数据的出现，不仅能够为营销人员制定营销策略提供依据，同时为量化营销效果提供了准确的技术支持。大数据的概念是宽泛的，不仅包括了基础的顾客浏览、访问、购买行为的数据，同时包括了针对这些数据进行的数据分析和数据挖掘的相关技术、解决方案。在大数据背景下对营销活动进行研究，具有聚焦数据，提高营销决策科学性；强调洞察，增强营销活动“预见性”；重视创新，增强营销理论“前瞻性”等研究价值。结合大数据时代的特征、消费者行为变化及营销模式的可能演变，大数据对未来营销活动的影响趋势体现在消费者行为、营销决策模式、营销战略及营销要素等方面。

大数据对消费行为的影响。相较于之前的信息不对称，大数据使得消费者有更多、更方便的途径获取商品信息并进行比对和遴选，从而使得消费行为更为理性。同时，消费者评价系统的广泛存在，使得先前购物者的购后评价及经验对新消费者具有重要参考价值。同类产品中，质量好、价格有优势、服务好的产品受到消费者的青睐，并不断吸引新的消费者，形成“滚雪球”式的“马太效应”，消费行为呈现幂律分布。而信息的快速传播导致消费者的消费认知及创造力大大提升，消费异质性不断增大，使得消费行为更趋于个性化。

大数据对营销决策模式的影响。大数据背景下，数据规模大、传递速度快、非结构化数据多等特点，使得传统数据分析及数据库管理手段很难适应时代要求。数据决策技术的升级，实时处理及相关分析就显得尤为重要，优秀的数据分析师将为企业营销决策提供更多智力支持，“数据化、智能化、实时化＋经验”将成为大数据时代的营销决策范式。

大数据对营销战略的影响。大数据环境下企业与行业的边界日趋模糊，营销系统开放性更明显。企业竞争不再局限于个体之间或供应链的链条间，而是向多主体所构建的商业生态系统间延伸，形成协同营销格局。同时，企业可以记录消费者在产品各个生命周期阶段的品牌偏好、口碑评价等行为数据，基于社会学、心理学、营销学、传播学等相关理论，并借助数据挖掘、统计计量等，按一定的细分标准进行消费行为细分，从而结合自身资源优势，形成目标市场的选择和一对一营销的精准定位。

阿里巴巴集团创始人马云在其演讲中曾提到，未来的时代将不是IT时代，而是DT的时代，DT就是数据科技（Data Technology），表明大数据对于阿里巴巴集团来说举足轻重。例如，阿里金融掌握着淘宝、天猫、支付宝，在这个庞大生态系统里的海量顾客的真实数据。阿里金融可以实时监测到商家的库存、交易、退货、顾客评分等经营状况，通过对这些数据进行分析，可以及时了解到商家的还款能力。一旦商家的交易状况发生变化，阿里金融就能够及时采取应对措施，从而控制和规避贷款风险。

2017年，中国大数据市场规模已达358亿元，年增速达到47.3%，规模已是2012年的10倍。预计2020年，中国大数据市场规模将达到731亿元。中国以其浩瀚的市场，巨大的消费驱动力，为大数据提供了得天独厚的发展环境。中国大数据将对亚洲乃至全世界产生巨大的影响。

第三节 企业市场营销观念发展概况

企业的市场营销管理活动是在一定的指导思想下进行的。随着企业市场营销活动的深入，也会形成不同的市场营销观念。这种演变与发展可归纳为五种，即生产观念、产品观念、推销观念、市场营销观念和社会市场营销观念。

一、市场营销“旧观念”

（一）生产观念

生产观念（Production Concept）产生于20世纪20年代前，是一种早期的、传统的经营思想，在市场供给相对不足、卖方竞争有限的条件下，一直支配着企业的生产营销活动。生产观念的核心是以生产者为中心，企业以顾客买得到和买得起产品为假设和出发点。因此，企业的主要任务是扩大生产经营规模，增加供给并努力降低成本和售价。生产观念不是从消费者需求出发，而是从企业生产出发，其主要表现是“我生产什么，就卖什么”。认为消费者喜欢那些可以随处买得到而且价格低廉的商品，企业应致力于提高生产效率和分销效率，扩大生产，降低成本以扩展市场。生产观念是一种重生产、轻市场营销的商业哲学。

例如，美国皮尔斯堡面粉公司，从1869年至20世纪20年代，一直运用生产观念指导企业的经营，期间，这家公司提出的口号是“本公司旨在制造面粉”。再如，中国在20世纪50—70年代的计划经济时期，由于短缺经济和卖方市场的存在，国营企业只管生产，生产出来的商品不愁销路，“爱买不买，不买拉倒，只此一家，别无分号”是当时企业经营思想的真实写照。

（二）产品观念

产品观念（Product Concept）也是一种较早的企业经营观念，产生于19世纪末20世纪初。产品观念是指企业不是通过市场分析开发相应的产品和品种，而是把提高质量、降低成本作为一切活动的中心，以此扩大销售、取得利润的一种经营指导思想。此观念比生产观念的进步之处在于它不仅注重生产数量，还注重产品质量。产品观念产生于市场产品供不应求的“卖方市场”形势下。最容易滋生产品观念的场合，莫过于当企业发明一项新产品时。此时的企业最容易导致“市场营销近视”，即不适当地把注意力放在产品上，而不是放在市场需要上；在营销管理中缺乏远见，只看到自己的产品质量好，看不到市场需求在变化，最后企业经营可能会陷入困境。

例如，1973年肯德基刚进军中国香港市场时曾夸下海口，要在香港开设50~60家分店。然而，两年后，首批进入香港的肯德基却全军覆没。原因就是肯德基没有把重点放在吸引顾客上，没有考虑到香港人的饮食习惯和消费习惯，而只关注自己的产品。肯德基大摇大摆地走进香港，却又灰溜溜地离去。

柯达曾经是影像的代名词。它创建于1880年，业务曾遍布全世界，全球员工超过8万人。柯达的市值最高达到310亿美元。最辉煌的时候，中国市场只有一种胶卷，就是柯达。但是，由于柯达公司一味地信仰技术主义，忽视了市场需求的变化，在消费者需求逐步向数码相机转变的过程中，仍然坚持认为数码技术是胶卷销售的附加业务，虽然创造了世界上第一台数码相机，但是却没能摆脱破产的命运。

（三）推销观念

推销观念（Selling Concept）又称销售观念，产生于资本主义经济由“卖方市场”向“买方市场”的过渡阶段，盛行于20世纪30—40年代，是以营销为中心的企业经营指导思想，重点考虑如何能将产品卖出去，把销售作为企业的经营活动的核心。

推销观念认为，消费者通常有一种购买惰性或抗衡心理，消费者是被动的、迟钝的，只有强化刺激才能吸引消费者，因此企业管理的中心任务是积极推销和大力促销，以诱导消费者购买产品。其具体表现是："我推销什么，就设法让人们买什么"。执行推销观念的企业，称为推销导向企业。在推销观念的指导下，企业相信产品是"卖出去的"，而不是"被买去的"。他们致力于产品的推广和广告活动，以求说服甚至强制消费者购买。他们收罗了大批推销专家，做大量广告，对消费者进行无孔不入的促销信息"轰炸"。这时的企业并没有真正面向市场，而仅仅只是把已经生产出来的产品设法推销出去。至于消费者是否满意，企业不太关心。这一观念与生产观念相比，是一个进步，但由于它所重视的推销是已制产品或现有产品的推销，因而二者不存在本质的区别，企业照样是生产什么就推销什么，生产之前不了解消费者需求，销售以后也不去征询顾客的意见和要求。所以，这是一种只在形式上做了改变的生产观念。

在中国，改革开放以来的房地产市场销售中，推销观念占据着主要地位。在销售行为和众多的广告中，房地产开发商一直在充当施舍者。如"圆你一个美好家园的梦"，"送你一个温馨的家"等。根本不问交易行为中的主体即购房者的感受。这种一厢情愿而又落后的主体意识，导致房地产开发商难以真正了解购房者的需求而过分依赖市场。市场热则销售量大，市场冷则销售量小。

通常，推销观念被大量应用于推销那些购买者不太想到要去购买的非渴求商品，例如保险、百科全书、墓地等。这些行业中的企业善于使用各种推销技巧来寻找潜在客户，并用高压式的推销术说服消费者接受其产品。此外，对于刚上市的新产品，企业必须通过加强推销工作来使消费者对企业的产品和服务，从了解到感兴趣，直至实施购买。

此外，大多数公司在产品过剩时，也常常奉行推销观念。这些公司的近期目标是销售其能够生产的商品，而不是生产能够售出的新产品。在现代工业经济中，大多数市场都是买方市场，卖方不得不拼命争夺顾客，推销大战热火朝天，令顾客感到似乎到处受到"围攻"，在每一回合中，总有企业尽力想推销掉一批东西。

二、市场营销"新观念"

（一）市场营销观念

第二次世界大战后，随着科技革命的深入，不仅产量剧增，而且产品的花色品种等也日新月异。再加上消费者的购买能力和文化水平不断提高，促使消费者的需要与愿望也不断发生变化。美国率先出现了全面买方市场，促使卖方竞争激烈，导致企业必须拿出更多的精力来研究市场，迫使企业以市场营销观念作为指导企业进行经营活动的基本思想。具体表现为："客户需要什么，就卖什么"，"哪里有消费者的需要，哪里就有我们的机会"等。企业的主要任务已不是单纯追求销售量的短期增长，而是从长期观点出发来占领市场、抓住客户。

市场营销观念（Marketing Concept）认为，实现企业各项目标的关键，在于正确确定目标市场的需要和欲望，并且比竞争者更有效地传送目标市场所期望的产品或服务，进而比竞争者更有效地满足目标市场的需要和欲望。

市场营销观念的出现，使企业经营观念发生了根本性变化，也使市场营销学发生了一次革命。市场营销观念同推销观念相比具有本质的差别（见表 1-1）。推销观念注重卖方需要，市场营销观念则注重买方需要；推销观念以卖主需要为出发点，考虑如何把产品变成现金，而市场营销观念则考虑如何通过制造、传送产品以及与最终消费产品有关的所有事物，来满足顾客的需要。

表 1-1 新旧观念对比

观念	对比项				
	出发点	方法	途径	目标	适应市场
推销观念	企业产品	推销宣传	扩大销售	短期获利	卖方
市场营销观念	顾客需求	整体营销	满足需求	长期获利	买方

利用市场营销观念来发现市场、占领市场的案例数不胜数。1996 年，一位四川成都的农民投诉海尔洗衣机排水管总是被堵，服务人员上门维修时发现，这位农民用洗衣机洗地瓜（南方又称红薯，四川人称为红苕）。泥土量大，当然容易堵塞。服务人员并不推卸自己的责任，而是帮顾客加粗了排水管。顾客感激之余，埋怨自己给海尔人添了麻烦，还说如果能有洗红苕的洗衣机，就不用烦劳海尔人了。农民兄弟的一句话，被海尔人记在了心上。海尔营销人员调查四川农民使用洗衣机的状况时发现，在盛产红苕的成都平原，每当红苕大丰收的时节，许多农民除了卖掉一部分新鲜红苕，还要将大量的红苕洗净后加工成红苕条。但红苕上沾带的泥土洗起来费时费力，于是农民就动用了洗衣机。更深一步的调查发现，在四川农村有不少洗衣机用过一段时间后，电机转速减弱、电机壳体发烫。向农民一打听，才知道他们冬天用洗衣机洗红苕，夏天用它来洗衣服。这令海尔人张瑞敏萌生一个大胆的想法：发明一种洗红苕的洗衣机。1997 年，海尔为该洗衣机立项，成立以工程师李崇正为组长的 4 人课题组开展研发工作，1998 年 4 月投入批量生产。型号为 XPB40-DS 的洗衣机，不仅具有一般双桶洗衣机的全部功能，还可以洗地瓜、水果甚至蛤蜊，价格仅为 848 元。首次生产了 1 万台投放农村，立刻被一抢而空。这一案例就是市场营销观念的充分体现。

（二）社会市场营销观念

社会市场营销观念是对市场营销观念的修改和补充。进入 20 世纪 60 年代以来，资本主义企业推行的一些营销手段，日益引起消费者的不满和抵制，在一些资本主义国家便兴起了“消费者保护主义”运动。消费者运动的目的是要保护消费者利益，除了提高各项信息给消费者参考外，同时对这些信息如何评价和利用，加以教育和指导。例如，此时美国高等学校多设有家庭经济训练班，有些社会团体对消费者如何购买也组织演讲和讨论。

在消费者运动中，不少国家组成了专门团体，敦促立法机关以立法保护消费者利益。1962 年，美国总统肯尼迪宣布了消费者权利法案。宣称消费者有获得安全的产品、取得据以制订购买决策的情报、选择产品和服务、以某种方式投诉及得到赔偿等权利。正是在消费者运动的推动下，市场营销学者从20世纪70年代起提出了“社会营销观念”。

市场营销观念回避了消费者需要、消费者利益和长期社会福利之间隐含着冲突的现实。而社会市场营销观念（Social Marketing Concept）认为，企业的任务是确定各个目标市场的需要、欲望和利益，并以保护或提高消费者和社会福利的方式，比竞争者更有效、更有利地向目标市场提供能够满足其需要、欲望和利益的产品或服务。社会市场营销观念要求市场营销者在制定市场营销政策时，要统筹兼顾三方面的利益，即企业利润、消费者需要的满足和社会利益。承担社会责任是社会营销观念区别于其他观念的核心。

金娃公司得益于社会营销观而占据了有利的市场份额。金娃公司是广东的一家果冻生产企业，该公司通过委托国内权威机构的专业调查发现，果冻畅销市场备受小孩子欢迎的三大主要支撑点是：美味的口感、花花绿绿的包装、极具诱惑力的广告。很多家长反映“年少不更事的孩童跟着感觉走，吵着、嚷着、闹着非买不可。为了哄好孩子，父母只好皱着眉头购买”。家长们对果冻的营养评价较低，对厂商的广告诱惑颇为反感。基于这一调研结果，金娃公司决定不走猛打广告诱惑孩子的营销路线，改走扎实的社会营销之路。金娃公司完全遵循“营养”的原则，强调每一颗果冻都应该为孩子增添营养，而非仅仅美味。使产品不仅让孩子吃的时候获得口感的享受，还有利于孩子长远的身心健康，让父母也乐得为孩子购买。

为了贯彻社会营销的理念，金娃公司加大科研投入，果冻里的防腐剂与色素的使用量远远低于国家标准，成为全国第一家开发了健脑果冻、果浆布丁、芦荟美容果冻的企业，金娃营养果冻添加的营养素全部由国内乃至全球最好的供应商供货，如维生素A、D、E 从瑞士罗氏药业采购。金娃的决策者认识到广告对没有识别能力的儿童的误导作用，因此在产品推广时更注重家长的需求，通过向家长介绍果冻的营养价值与其他儿童营养知识，获得消费者的高度认同。同时，金娃公司鼓励孩子参与集卡活动，用于组建一种益智游戏，使儿童在食用产品的同时获得营养之外的价值。

三、市场营销观念的新发展

随着消费需求变得越加多元性、多变性和求异性，市场需求表现出了模糊不定的“无主流化”趋势。许多企业对市场需求及走向把握不准确，适应需求难度不断加大。为此，企业的市场营销活动需要一些新的营销观念的指导。20世纪80年代以来，出现了一些适应时代需求的市场营销新观念。

（一）关系营销观念

关系营销（Relationship Marketing）是20世纪80年代由美国市场营销学权威菲利普·科特勒提出来的。它是指为建立、发展和维护成功的关系型交易而进行的所有市场营销活动。相对于传统意义上的交易型营销，关系营销是在前者基础上的一种引申和创新。关系营销以系统论为指导思想。用关系营销的观点来考察企业营销活动，认为企业是社会经济系统中的一个子系统，其营销目标的实现与否，不仅与其产品、价格、渠道与促销等营销组合有关系，更重要的是还受到企业内外部诸多因素的影响，如宏观政策、消费者、竞争者、上游供应商、各级渠道中间商、特殊渠道成员以及企业内部成员等。关系营销的观点认为一个企业其营销目标的实现过程就是在上述各方面发生互动作用，并达成一个相对平衡的关系的过程。

马狮百货集团是英国最大且盈利能力最强的跨国零售集团，其唯一品牌“圣米高”在英美两国家喻户晓。若以每平方英尺计算，马狮集团每年都比世界上任何零售商能赚取更多的利润。马狮集团在世界各地有300多家连锁店，“圣米高”牌货品在30多个国家出售，出口货品数量在英国零售商中居首位，它是西方管理界公认的管理典范，同时也是成功运用关系营销的先行者。马狮很早就认识到关系营销的重要性，并成功地运作使其与顾客、供应商等建立了良好的长期合作关系。马狮的关系营销战略主要包括三大部分。

一是对顾客。通过满足顾客的真正需要，建立与顾客的稳定关系。马狮集团以“为目标顾客提供他们有能力购买的高品质商品”为宗旨，真心满足顾客需要，维系忠诚顾客，同时严格履行所定标准，依据规格采购，按顾客能接受的价格确定生产成本以及无理由退款政策赢得顾客的信任，与顾客形成了长期稳定关系。

二是对供应商。从“同谋共事”出发建立良好合作关系。马狮将其与供应商的关系视为“同谋共事”的伙伴关系，他们对供应商严格要求，但也尽己所能给供应商以帮助，并与供应商一起探讨节约成本之法，在实现顾客满意的同时达到与供应商的双赢。马狮与供应商的合作关系有的长达百年，短的也有30多年，足见这种关系的稳定性。

三是对员工。以“真心关怀”培养良好关系，营造融洽的人际氛围。马狮集团强调以人为本，认为员工是企业最重要的资产，将建立与员工的相互信任关系、激发他们的工作热情、发挥其潜力作为管理的重点。马狮对员工的关心不仅体现在福利上，而且细化到各个层面。企业真心实意对员工，才有员工对企业的忠诚，才有企业与外部顾客、供应商的长期信任与良好的关系。

（二）绿色营销观念

绿色营销观念是在当今社会环境破坏、污染加剧、生态失衡、自然灾害威胁人类生存和发展的背景下提出来的新观念。20世纪80年代以来，伴随着各国消费者环保意识的日益增强，世界范围内掀起了一股绿色浪潮，绿色工程、绿色工厂、绿色商店、绿色商品、绿色消费等新概念应运而生。在这股浪潮冲击下，绿色营销观念相应产生。绿色营销观念（Green Marketing Concept）主要强调把消费者需求、企业利益和环保利益三者有机地统一起来。它最突出的特点是充分顾及资源利用与环境保护问题，要求企业从产品设计、生产、销售到使用整个营销过程都要考虑到资源的节约利用和环保利益，做到安全、卫生、无公害等。其目标是实现人类的共同愿望和需要，即资源的永续利用与保护和改善生态环境。为此，开发绿色产品的生产与销售，发展绿色产业是绿色营销的基础，也是企业在绿色营销观念下从事营销活动成功的关键。

例如，近年在北京的居民住宅小区里，出现了物资回收积分换蔬菜和水果的商店。商店按市场价接收（或上门收购）顾客的各种可回收物资，并按一定转换值转换成积分，顾客可用这些积分在商店里选购所需的商品。这种商店方便各家庭将各种可回收物资转换成家庭生活必需品。

日本一家超级市场要求顾客自备购物袋，以便减少使用塑料袋。超级市场发给每位顾客登记卡，自备购物袋的顾客，商店每次在登记卡上盖章，积累到一定数量后，商店免费赠送一定价值的商品。英国恩斯伯里超级市场集团不仅声称自己是“最绿杂货店”，而且推出了一系列“护绿”家庭用取代化学清洁剂的植物制成品，从而使其营业额大幅度上升，获得了更高的竞争优势。

在日本、美国、中国港台地区，被人们称为“生态服装”的图案、色彩、文字极富特色与寓意。用珍稀动植物作图案，以花草树木为色调，甚至用简洁明了的文字写在服装上。如“我爱大自然”“保护臭氧层”等直接来表达消费者的心声。因此，各种“绿色广告”应运而生，不少著名的跨国公司和大企业纷纷利用“绿色商品”大做“绿色广告”，不少新兴的中小企业也不断强化自己的“绿色企业”形象，以谋求飞跃发展。美国一家生产尿布的企业，从环保角度出发，进行广告促销，强调布尿片埋在土里至少要经过500年才能分解，而纸尿片在土里很快分解，于是纸尿片在公众心中树起了“绿色形象”，短短3年的时间，纸尿片的销售量猛增1.8倍。

（三） 文化营销观念

文化营销观念（Cultural Marketing Concept）是指企业成员共同默认并在行动上付诸实施，从而使企业营销活动形成文化氛围的一种营销观念，它反映的是现代企业营销活动中，经济与文化的不可分割性。企业的营销活动不可避免地包含着文化因素，企业应善于运用文化因素来实现市场制胜。在企业的整个营销活动过程中，文化渗透始终。一是商品中蕴含着文化，商品不仅仅是有某种使用价值的物品。同时，它还凝聚着审美价值、知识价值、社会价值等文化价值的内容。

例如，“孔府家酒”之所以能誉满海内外，备受海外华人游子的青睐，不仅在于它的酒味香醇，更在于它满足了海外华人思乡恋祖的文化需要。同仁堂的企业精神“同修仁德，济世养生”将中国几千年的传统文化融入其中。这些实例充分说明了企业文化内涵是把企业各类人员凝集在一起的精神支柱，是企业在市场竞争中赢得优势的源泉和保证。

（四） 整体营销观念

1992年，美国市场营销学专家菲利普·科特勒提出了跨世纪的营销新观念即整体营销观念（Overall Marketing Concept）。其核心是从长远利益出发，公司的营销活动应囊括构成其内、外部环境的所有重要行为者。行为者包括供应商、分销商、最终顾客、员工、财务公司、政府、同盟者、竞争者、传媒和一般大众，从而构成其置身的微观环境和宏观环境，公司的营销活动应从这十个方面进行考虑和规划。

例如，百度—宝洁的整合营销。“感谢妈妈”是宝洁174年来掀起的最大的一轮品牌营销活动。宝洁意识到新媒体环境带来的传播方式的改变，积极与中国的数字媒体公司百度成为战略合作伙伴，共同酝酿了一次不寻常的感动。

首先，百度是中国5亿网友沟通世界的窗口，其中最活跃的就是“80后”“90后”

网民群体，而该群体长期在外打拼，具有“每逢佳节倍思亲”的特征。百度帮助宝洁敏锐地抓住了“母亲节”这一关键时刻，轻而易举地获得了网友的情感共鸣。双方共同搭建了“感谢妈妈”的活动官网，以情感为纽带，用爱跨越距离，借母亲节和奥运会向全世界的妈妈表达感谢。

其次，本次活动着重挖掘了顾客参与互动的需求，并充分整合了百度首页、贴吧、地图、无线客户端、音乐等全媒体平台推广资源和优势产品，是一次创新性的整合营销。通过“百度地图标注妈妈的距离、互动转盘获取好礼、百度贴吧讲述与妈妈的故事、百度音乐收听主题歌‘为妈妈喝彩’、观看同名微电影”等极具创意的营销形式，吸引网民积极参与，让爱跨越空间得以表达。

再者，本次活动是百度与宝洁首次进行的整合营销实践。双方都投入了优势资源，让营销效果最大化。除了线上的精彩呈现外，在线下，双方在全国 23 所高校、大型商场超市，以及 1 000 家屈臣氏门店开展互动活动。线上线下的完美结合，让“感谢妈妈”的风暴迅速在中国蔓延开来。一周内，“感谢妈妈”专题页面 PV 超过 800 万，吸引了近 400 万网友的互动参与，同名微电影播放超过 500 万次，微博影响人群达到 8 329 万。数字媒体与广告巨头的合作创造了新的营销奇迹。

招商银行也利用周年庆活动进行整体营销。2007 年 4 月，招商银行成立 20 周年系列活动，目标人群覆盖了政府、内部员工、客户、股东、媒体和普通的社会大众。20 周年庆典活动请王小丫作主持人，出席嘉宾有全国人大党委会副委员长、全国政协副主席，在上海的一场庆典活动，嘉宾还包括上海市常务副市长。请郎朗当代言人，在深圳、北京、上海举办了 3 场慈善音乐会，加入潮流元素。全国范围内共举办 13 场，在人民大会堂的那场音乐会邀请了时任外交部长李肇星参加，每一场音乐会在场外都有慈善义卖，义卖的收入全部捐给了儿童基金；征集了一些对招行有意见的客户，发放总共 2 万多份问卷，在这 2 万人当中选择了十几位请他们到深圳，并和他们面对面交流，聆听客户对招行的批评意见，商谈如何改进银行；4 月 8 日在全行组织一项活动，在 35 个分行通过放气球写上心愿的方式，共同庆祝招商银行 20 周年；和客户共同分享招商银行 20 周年成长的故事，从中评出优秀故事，给相关人一定的奖励。

（五）网络营销观念

网络营销（On-line Marketing）是随着互联网进入商业应用而产生的，尤其是万维网（WWW）、电子邮件（E-mail）、搜索引擎、社交软件等得到广泛应用之后，网络营销的价值才越来越明显。其中可以利用多种手段，如 E-mail 营销、博客与微博营销、网络广告营销、视频营销、媒体营销、竞价推广营销、SEO 优化排名营销、大学生网络营销能力秀等。总体来讲，凡是以互联网或移动互联网为主要平台开展的各种营销活动，都可称之为整合网络营销。简单地说，网络营销就是以互联网为主要平台进行的，为达到一定营销目的的全面营销活动。

奥运精神是我国 2008 年的主题和主旋律。人们都是奥运的粉丝，对奥运都有种憧憬，对奥运的方方面面充满兴趣。可口可乐作为奥运会的赞助商，利用奥运火炬这个话题，借助拥有 2 亿多人口基数的 QQ 引发病毒式传播，开展火炬在线传递活动，并在短短的几个小时就收获了40多万的浏览量，短短两周就有1 700万人参加活动，累积至2008年8月，超过6 000万的顾客加入了火炬在线传递队伍。利用网络这一新媒介开展网络营销活动，可口可乐不仅为每个中国人提供了感受火炬传递激情的数字平台，满足了人们的心理需求，同时营造了一次绝佳的和消费者直接联系和沟通的良好时机，也极大地加强了其“奥运顶级赞助商”的“领导”地位。

以五粮液为代表的中国白酒，有着3 000多年的酿造历史，堪称世界最古老、最具神秘特色的食品制造产业之一。五粮液以“香气悠久、味道醇厚、入口甘美、入喉净爽、各味谐调、恰到好处、酒味全面”的独特风格闻名于世。2017年中秋，五粮液开展了以“五粮液，让世界更和美”为主题的营销活动，通过微博微信等网络平台进行微电影、纪录片视频营销、利用电商平台进行促销等网络营销手段，提高了五粮液的品牌影响力和知名度，也让消费者深刻认识了一个积极向上、努力奋进的崭新的五粮液公司。

（六）精准营销观念

精准营销（Precision Marketing）是随大数据的发展产生，依托现代信息技术手段分析消费者的消费习惯，给消费者的消费行为打上专属标签，根据标签内容完成顾客画像，在精准定位的基础上有针对性地进行精准化营销。精准营销通过可量化的精确的市场定位技术突破了传统营销定位只能定性的局限；它借助先进的数据库技术、网络通信技术及现代高度分散物流等手段保障和顾客的长期个性化沟通，使营销达到可度量、可调控等精准要求。摆脱了传统广告沟通的高成本束缚，使企业低成本快速增长成为可能；同时，精准营销的系统手段保持了企业和顾客的密切互动沟通，从而不断满足顾客个性需求，建立稳定的企业忠实顾客群，实现顾客链式反应增值，从而达到企业的长期稳定高速发展的需求。精准营销借助现代高效分散物流，使企业摆脱繁杂的中间渠道环节及对传统营销模块式营销组织机构的依赖，实现了个性关怀，极大地降低了营销成本。精准营销的核心是顾客画像，顾客画像的核心是标签，标签的来源就是大量的顾客数据，这就要依托于先进的大数据技术。

例如，国美集团公司“国美在线”就采用了基于顾客画像的精准营销。一是为消费者提供个性化搜索，通过国美在线平台搜索“手机”，不同的人搜出的结果是不一样的，因为不同的人喜好是不同的，比如有人使用的是苹果，有人使用的是三星，也有的人使用的是小米或者其他品牌的手机，系统会基于顾客的行为来猜测顾客想搜什么。个性化推荐搜索，不仅直接推荐顾客想要的，也会推荐猜测顾客想要的结果，这就是搜索推荐，相当于一个店小二或者门店促销员的角色。二是社交传播的应用，以微信广告为例，微信广告不是所有的广告向所有人推送。微信后台会有一个分析系统，它分析出有些人经常看汽车，就会给这些人推送汽车广告，有些人经常浏览衣服，就会给这些人推送衣服广告。所以，自己收到的广告，周围人不一定都收到，这就是基于顾客画像来推荐的广告。三是使用热力图工具。热力图工具是内部使用的基于大数据结果分析的工具，主要是显示哪些地区热度高、哪些品类顾客比较关注等实时状态的工具。四是智能选品功能。当打开国美在线网站或者登录手机App时，一个页面或者一个手机登录页上面，哪些东西呈现在前面，哪些东西呈现在后面，这就是智能选品，也是根据顾客画像来做的，甚至包括采购的定价也是智能定价。五是采用DSP广告。 DSP广告就是需求方的广告平台，简单地讲就是顾客主动看过什么就会给顾客推送相应的广告。最后采取个性化推荐的方式向消费者实时推荐产品。电商行业的转化率平均值是3%，而国美在线的个性化推荐转化率达到17%～18%，有时候能达到20%。国美在线上“猜你喜欢”个性化应用，包括网站的底部、列表页、搜索页还有首页等页面位置。首页是在正中的位置，转化率非常高，另外不同的人登录App，每个人获得的推荐商品都是不一样的。

1-3 市场营销新旧观念的对比及其新发展

第四节　市场营销组合概述

美国哈佛大学教授尼尔·鲍顿在1964年首先使用了“市场营销组合”这个概念。**市场营销组合（Marketing Mix）**指将企业可控的基本营销措施组成一个整体的活动。它是企业市场营销战略决策的重要组成部分，是制定企业营销战略的基础，也是企业对付竞争者强有力的手段，以及合理分配企业营销预算费用的依据。做好市场营销组合工作可以保证企业从整体上满足消费者的需求。

一、4P组合

1960年，麦卡锡（E.J.McCarthy）在《基础营销》一书中提出了著名的4P组合：产品（Product）、价格（Price）、渠道（Place）、促销（Promotion）。麦卡锡认为，一次成功和完整的市场营销活动，意味着以适当的产品、适当的价格、适当的渠道和适当的传播促销推广手段，将适当的产品和服务投放到特定市场的行为。

1967年，菲利普·科特勒在其畅销书《营销管理：分析、规划与控制》第一版中进一步确认了以4P为核心的营销组合方法。

产品（Product）。注重开发的功能，要求产品有独特的卖点，把产品的功能诉求放在第一位。

价格（Price）。根据不同的市场定位，制定不同的价格策略，产品的定价依据是企业的品牌战略，注重品牌的含金量。

分销（Place）。企业并不直接面对消费者，而是注重经销商的培育和销售网络的建立，企业与消费者的联系是通过分销商来进行的。

促销（Promotion）。企业注重销售行为的改变来刺激消费者，以短期的行为（如让利、买一送一、营销现场气氛烘托等）促成消费的增长，吸引其他品牌下的消费者，或导致提前消费来促进销售的增长。

二、6P、10P 和 11P 组合

6P 是由科特勒在 20 世纪 80 年代提出的，它是在原 4P 的基础上再加政治（Politics）和公共关系（Public Relations）。在贸易保护主义的特定市场中，6P 组合会更加适用。随后，科特勒进一步把 6P 发展为 10P，把已有的 6P 称为战术性营销组合。新提出的 4P：市场调查（Probing）、划分（Partitioning）（即细分 Segmentation）、优先（Prioritizing）（即目标选定 Targeting）、定位（Positioning），称为战略营销。科特勒认为，战略营销计划过程必须先于战术性营销组合，只有在搞好战略营销计划过程的基础上，战术性营销组合的制订才能顺利进行。

20 世纪 90 年代，由于认识发生改变，企业要有效地开展营销活动，首先要有为人们（People）服务的正确的指导思想，其次要有正确的战略性营销组合（市场调研 Probing、市场细分 Partitioning、市场择优 Prioritizing、市场定位 Positioning）的指导。再加上包括产品、价格、分销渠道、促销、政治力量和公共关系的 6P 的战术性组合，与具有正确指导思想的人（People）组合，就形成了市场营销的 11P 组合。

三、4C 组合

20 世纪 90 年代，美国市场学家罗伯特 · 劳特伯恩（Robert Lauterborn）提出了以“4C”为主要内容的企业营销策略的市场营销组合，即 4C 理论。针对产品策略提出应更关注顾客的需求与欲望；针对价格策略提出应重点考虑顾客为得到某项商品或服务所愿意付出的代价；并强调促销过程应用是一个与顾客保持双向沟通的过程。“4C”组合就是顾客（Customer）、成本（Cost）、便利（Convenience）、沟通（Communication）的缩写。

顾客（Customer）主要指顾客的需求。企业必须首先了解和研究顾客，根据顾客的需求来提供产品。同时，企业提供的不仅仅是产品和服务，更重要的是由此产生的顾客价值（Customer Value）。

成本（Cost）应是顾客的购买成本，而不单是企业的生产成本，或者说不是 4P 中的价格 (Price)。同时也意味着产品定价的理想情况，应该是既低于顾客的心理价格，亦能够让企业有所盈利。此外，顾客购买成本不仅包括货币支出，还包括为此耗费的时间、体力和精力消耗，以及购买风险。

便利（Convenience），即为顾客提供最大的购物便利和使用便利。强调企业在制订分销策略时，要更多地考虑顾客的方便，而不是企业自己方便。要通过好的售前、售中和售后服务，让顾客在购物的同时，也享受到了便利。便利是顾客价值不可或缺的一部分。

沟通（Communication）被用以取代 4P 中对应的促销（Promotion）。企业应通过同顾客进行积极有效的双向沟通，建立基于共同利益的新型企业 / 顾客关系。这不再是企业单向的促销和劝导顾客，而是在双方的沟通中找到能同时实现各自目标的途径。

依托于大数据产生的精准营销为买卖双方创造了得以即时交流的小环境，符合消费者导向、成本低廉、购买便利以及充分沟通的4C要求，是4C理论的实际应用。精准营销真正贯彻了消费者导向的基本原则，要求企业要比竞争对手更及时、更有效地了解并传递目标市场上所期待的满足。精准营销直接面对消费者，通过各种现代化信息传播工具与消费者进行直接沟通，从而避免了信息的失真，可以比较准确地了解和掌握消费者的需求和欲望。精准营销降低了消费者的满足成本。精准营销是渠道最短的一种营销方式，由于减少了流转环节，节省了昂贵的店铺租金，使营销成本大为降低。又由于其完善的订货、配送服务系统，使购买的其他成本也相应减少，因而降低了满足成本。精准营销方便了顾客购买。精准营销商经常向顾客提供大量的商品和服务信息，顾客不出家门就能购得所需物品，减少了顾客购物的麻烦，增进了购物的便利性。精准营销实现了与顾客的双向互动沟通。这是精准营销与传统营销最明显的区别之一。

四、4R组合

21世纪初，美国学者唐·舒尔茨（Don Shultz）提出了基于关系营销的4R组合，受到广泛的关注。4R阐述了一个全新的市场营销四要素：关联（Relevance）、反应（Response）、关系（Relationship）和回报（Return）。

关联（Relevance）即与顾客建立关联。在竞争性市场中，顾客具有动态性。顾客忠诚度是变化的，他们会转移到其他企业。要提高顾客的忠诚度，赢得长期而稳定的市场，重要的营销策略是通过某些有效的方式，在业务、需求等方面与顾客建立关联，形成一种互助、互求、互需的关系。

反应（Response）即提高市场反应速度。在今天相互影响的市场中，对经营者来说最现实的问题不在于如何控制、制订和实施计划，而在于如何站在顾客的角度及时地倾听顾客的希望、渴望和需求，并及时答复和迅速做出反应，满足顾客的需求。

关系（Relationship）即关系营销，在当今的经济活动中显得越来越重要。在企业与客户的关系发生了本质性变化的市场环境中，抢占市场的关键已转变为与顾客建立长期而稳固的关系，从交易变成责任，从顾客变成用户，从管理营销组合变成管理和顾客的互动关系。沟通是建立关系的重要手段。

回报（Return）是营销的源泉。对企业来说，市场营销的真正价值在于其为企业带来短期或长期的收入和利润的能力。

五、SIVA组合

随着互联网技术的发展，唐·舒尔茨认为传统的4P营销组合应该被新的SIVA组合代替，即“解决方案（Solution）、信息（Information）、价值（Value）和途径（Access）”，营销人员不再主导一切，权力转移到消费者手上，顾客或潜在顾客成了发送信息的人，而不是索取信息的人，组织变成了接收者与呼应者。

解决方案（Solution）指的是消费者寻求解决问题的方案，即消费者如何解决自己的问题方法、手段。

信息（Information）指的是消费者寻找解决方案相关的信息，即消费者可以通过什么方式来了解更多信息。

价值（Value）指的是消费者衡量各种解决方案的价值，即消费者需要牺牲什么来解决这个问题。

途径（Access）指的是消费者解决问题的入口，即消费者获取产品和服务的方式，在什么地方可以得到解决方案。

消费者表达需求，不断寻找、修正并最终确定自己的解决方案的过程，实际上就是在 S-I-V-A 构成的网络路径中不断地调整方向、选择新路径并最终找到入口（A）的过程。消费者在这个历程中的每一次驻足和跳转，都是营销者和消费者建立品牌沟通的机会；营销者需要利用和把握好每一次个性化（One to One）的品牌对话机会，为消费者提供实时（Real-time）信息支持，帮助消费者缩短决策路径，快速到达入口。

六、市场营销组合的特点

（一） 动态性

构成上述营销组合的各个自变量，是最终影响和决定市场营销效益的决定性要素，而营销组合的最终结果就是这些变量的函数，即因变量。从这个关系看，市场营销组合是一个动态组合。只要改变其中的一个要素，就会出现一个新的组合，产生不同的营销效果。

（二） 多层次性

市场营销组合由许多层次组成。以“4P”为例，就整体而言，“4P”是一个大组合，而其中每一个 P 又包括若干层次的要素。例如，产品既有核心价值和功能要素，也有质量、品牌、包装等形式要素，还有售后服务、培训等附加要素。这样，企业在确定营销组合时，不仅更为具体和实用，而且相当灵活；不但可以选择四个要素之间的最佳组合，而且可以恰当安排每个要素内部的组合。

（三） 整体性

企业必须在准确地分析、判断特定的市场营销环境、企业资源及目标市场需求特点的基础上，才能制定出最佳的营销组合。所以，最佳的市场营销组合的作用，绝不是产品、价格、渠道、促销四个营销要素的简单数字相加，即 4P≠P+P+P+P，而是使它们产生一种整体协同作用。就像中医开出的处方，四种草药各有不同的效力，治疗效果不同，所治疗的病症也相异，而且这四种中药配合在一起的治疗，其作用大于原来每一种药物的作用之和。市场营销组合也是如此，只有它们的最佳组合，才能产生一种整体协同作用。从这个意义上讲，市场营销组合也是一种经营的艺术和技巧。

（四） 灵活性

市场营销组合作为企业营销管理的可控要素，一般来说，企业具有充分的决策权。例如，企业可以根据市场需求来选择确定产品结构，制定具有竞争力的价格，选择最恰当的销售渠道和促销媒体。但是，企业并不是在真空中制定的市场营销组合。随着市场竞争和顾客需求特点及外界环境的变化，必须对营销组合随时纠正、调整，使其保持竞争力。总之，市场营销组合对外界环境必须具有充分的适应力和灵敏的应变能力。

本章重点术语

市场营销（学）Marketing
交换 Exchange
交易 Transaction
需要 Need
需求 Demand
欲望 Want
商品 Goods
服务 Service
顾客满意 Customer Satisfaction
顾客价值 Customer Value
产品质量 Product Quality
营销者 Marketer
大数据 Big data
关系营销 Relationship Marketing
生产观念 Production Concept
产品观念 Product Concept
推销观念 Selling Concept
营销观念 Marketing Concept
社会营销观念 Societal Marketing Concept
大市场营销 Magamarketing
网络营销 On-line Marketing
精准营销 Precision Marketing

思考题

1. 什么是市场营销?
2. 辨析营销、推销、销售三者之间的关系。
3. 市场营销管理新旧观念的根本区别是什么?
4. 如何理解大数据时代下的市场营销?
5. 什么是精准营销? 如何实现精准营销?

本章案例

大数据对市场营销的影响

美国人逛超市，除了去大家熟悉的沃尔玛，还去美国第三大零售商——Target。有一天，一名美国男子闯入他家附近的一家 Target，抗议道："你们竟然给我 17 岁的女儿发婴儿尿片和童车的优惠券，你们这是赤裸裸的侮辱，我要起诉你们!"店铺经理立刻跑出来承认错误，迷惑的经理到最后也没明白到底发生了什么。一个月后，这名男子来向 Target 道歉，因为他后来才知道女儿的确怀孕了。这样说来，Target 比这位父亲知道他女儿怀孕的时间，足足早了一个月。

一家零售商是如何比一位女孩的亲生父亲更早得知其怀孕消息的呢？每位顾客初次到 Target 刷卡消费时，都会获得一组顾客识别编号，内含顾客姓名、信用卡卡号及电子邮件地址等个人资料。以后凡是顾客在 Target 消费，计算机系统就会自动记录消费内容、时间等信息。再加上从其他途径取得的统计资料，Tagret 便能形成一个庞大数据库，运用于分析顾客喜好与需求。

Target 的统计师们通过对孕妇的消费习惯进行一次次的测试和数据分析，得出了一些非常有用的结论：孕妇在怀孕头三个月过后会购买大量无味的润肤露；有时在头 20

周，孕妇会补充钙、镁、锌等营养素；许多顾客都会购买肥皂和棉球，当女性除了购买洗手液和毛巾以外，还突然开始大量采购无味肥皂和特大包装棉球时，说明她们的预产期要来了。

在 Target 的数据库资料里，统计师们根据顾客内在需求数据，精准地选出其中的 25 种商品，对这 25 种商品进行同步分析，基本上可以判断出哪些顾客是孕妇，甚至还可以进一步估算出她们的预产期，在最恰当的时候给她们寄去最符合她们需要的优惠券，满足她们的实际需求。依靠分析消费者数据，Target 的年营收从 2002 年的 440 亿美元增长到 2010 年的 670 亿美元。这家成立于 1961 年的零售商能有今天的成功，数据分析功不可没。

某汽车服务公司营销策划方案大纲

一、某汽车服务公司的简介

公司名称、公司性质、公司主营业务、公司宗旨等。

二、某汽车服务公司的市场分析

（一）宏观环境状况：人口/经济/自然/社会文化/科学技术等

（二）市场状况：目前产品市场/规模/广告宣传/市场价格/利润空间等

（三）产品状况：目前市场上的品种/特点/价格/包装等

（四）竞争状况：目前市场上的主要竞争对手与基本情况

三、某汽车服务公司的 SWOT 分析

（一）优势：销售、经济、技术、管理、政策等方面的优势

（二）劣势：销售、经济、技术、管理、政策（如行业管制等限制）等方面的劣势

（三）机会：市场概率与把握情况

（四）威胁：市场竞争上的最大威胁力与风险因素

综上所述：如何扬长避短，发挥自己的优势力，规避劣势与风险

四、某汽车服务公司的营销组合策略

（一）目标市场：确定推广或销售产品的市场

（二）定位：对产品进行合理的定位

（三）产品线：确定产品线的最佳长度

（四）定价：产品销售成本的构成及销售价格制订的依据等

（五）分销：分销渠道（包括代理渠道等）

（六）销售队伍：组建与激励机制等情况

（七）服务：售后顾客服务

（八）广告：宣传广告形式

（九）促销：促销方式

（十）研发：产品完善与新产品开发举措

（十一）市场调研：主要市场调研手段与举措

五、财务分析

（一）预测利润表

（二）预测资产负债表

（三）现金流量表

六、执行与控制

附录一　汽车服务与保养问卷调查

附录二　××地区每百户拥有汽车调查

附录三　××地区居民家庭汽车消费调查

小训练

北京的夏天降水出奇得多，而且多以暴雨的形式出现。2011 年 6 月 23 日下午 5 时，一场暴雨再次突袭北京。此时正好是下班时间，许多上班族都没法回家，只能继续待在办公室里。下班时间，大家回不了家，就只能看看新闻，或者刷刷微博。杜蕾斯微博团队有人说不想把新买的球鞋弄脏，于是有人调侃不如用杜蕾斯套鞋回家。总监觉得这个创意不错，于是先进行简单拍摄修饰后利用团队成员的私人账号发布此微博，再由杜蕾斯评论。20 分钟之后，杜蕾斯成为微博热门话题排名第一。

营销信息思考训练：如何发现营销机会？

[附一]　企业营销策划书纲要

一个完整的策划案涉及的方面比较广，一般来说策划案主要涉及下面内容。

1. 前言

前言的作用在于引起阅读者的注意和兴趣。前言的文字不能过长，一般不要超过一页，字数应控制在 1 000 字以内。其内容可以集中在以下几个方面：

首先，可以简单提一下接受营销策划委托的情况。如：××公司接受××公司的委托，就××年度的营业推广计划进行具体策划。

接下来重点叙述为什么要进行这样策划，即把此策划的重要性和必要性表达清楚，这样就能吸引读者进一步阅读正文。如果这个目的达到了，那么前言的作用也就被充分发挥出来了。最后部分可以就策划的概略情况，即策划的过程以及策划实施后要达到的理想状态作简要的说明。

2. 目录

目录的作用是使营销策划书的结构一目了然，同时使阅读者能方便地查找营销策划书的相关内容。因此，策划书中的目录不宜省略。

如果营销策划书的内容篇幅不是很多的话，目录可以和前言同列一页。

尽管目录位于策划书中的前列，但实际的操作往往是等策划书全部完成后，再根据策划书的内容与页码来编写目录。

3. 概要提示

为了使阅读者对营销策划内容有一个清晰的概念，使阅读者理解策划者的意图与观点，作为总结性的概要提示是必不可少的。换句话说，阅读者通过概要提示，可以大致理解策划内容的要点。

概要提示的撰写同样要求简明扼要，篇幅不能过长，可以控制在一页以内。另外，概要提示不是简单地把策划内容予以列举，而是要单独成一个系统，因此，遣词造句等都要仔细斟酌，要起到一滴水见大海的效果。

概要提示的撰写一般有两种方法，一是在制作营销策划书正文前确定，二是在营销策划书正文结束后确定。这两种方法各有利弊，一般来说，前者可以使策划内容的正文撰写有条不紊地进行，从而能有效地防止正文撰写离题或无中心化；后者简单易行，只要把策划书内容归纳提炼就行。采用哪一种方法，可由撰写者根据实际情况来定。

4. 环境分析

环境分析是营销策划的依据与基础，所有营销策划都是以环境分析为出发点。环境分析一般应在外部环境与内部环境中抓重点，描绘出环境变化的轨迹，形成令人信服的依据资料。

环境分析的整理要点是明了性和准确性。明了性是指列举的数据和事实要有条理，使人能抓住重点。在具体做环境分析时，往往要收集大量的资料，但所收集的资料并不一定都要放到策划书的环境分析中去，因为过于庞大复杂的资料往往会减弱阅读者的阅读兴趣。如果确需列入大量资料，可以作为“参考资料”列在最后的附录里。准确性是指分析要符合客观实际，不能有太多的主观臆断。任何一个带有结论性的说明或观点都必须建立在客观事实的基础上。

5. 机会分析

可以把机会分析和前面的环境分析看作是一个整体。实际上一些营销策划书也确实是这样处理的。

从环境分析中归纳出企业的机会与威胁、优势与劣势，然后找出企业存在的真正问题与潜力，为后续的方案制订打下基础。企业的机会与威胁一般通过对外部环境的分析来确定；企业的优势与劣势一般通过对内部环境的分析来确定。在确定了机会与威胁、优势与劣势之后，再根据对市场运动轨迹的预测，就可以大致找到企业问题所在了。

6. 战略及行动方案

战略行动方案是策划书中最主要的部分。在撰写这部分内容时，要明确提出营销目标、营销战略与具体行动方案。这里可以用医生为病人诊断的例子来说明。医生在询问病情、查看脸色、把脉以及各种常规检查后（这可以看作是进行环境分析和机会分析），必须对病人提出治疗的方案。医生要根据病人的具体情况为其设定理想的健康目标（如同营销目标）、依据健康目标制定具体的治疗方案（如同营销战略与行动方案）。因此，“对症下药”及“因人制宜”是治疗的基本原则。所谓“因人制宜”是指要根据病人的健康状况即承受能力下药，药下得太猛，病人承受不了，结果会适得其反。

在制定营销战略及行动方案时，同样要遵循上述两个基本原则。常言道：“欲速则不达”。要尽量避免人为提高营销目标以及制定脱离实际难以施行的行动方案。可操作性是策划书中战略和行动方案的基本要求。

在制定营销方案的同时，还必须制定出一个时间表作为补充，使行动方案更具可操作性和可信度。

7. 营销成本

营销费用的测算不能马虎，要有根据。像电台广告、报纸广告的费用等最好列出具体价目表。如价目表过细，可作为附录列在最后。在列成本时要区分不同的项目费用，既不能太粗，又不能太细。

8. 行动方案控制

此部分的内容不用写得太详细，只要写清楚对方案的实施过程的管理方法与措施即可。另外，由谁实施，也要在这里提出意见。总之，对行动方案控制的设计要有利于决策的组织与施行。

9. 结束语

结束语主要起到与前言的呼应作用，使策划书有一个圆满的结尾，而不致使人感到太突然。结束语中再重复一下主要观点并突出要点是常见的。

10. 附录

附录的作用在于提供策划客观性的证明。因此，凡是有助于阅读者对策划内容的理解、信任的资料都可以考虑列入附录。但是，为了突出重点，可列可不列的资料还是不列为宜。作为附录的另一种形式是提供原始资料，如消费者问卷的样本、座谈会原始照片、图像资料等。作为附录也要标明顺序，以便寻找。

本章参考文献

[1] 何静. 市场营销学［M］. 武汉：华中科技大学出版社，2004.

[2] 彭程，武齐. 马狮营销：关系营销成功典范［M］. 北京：中国经济出版社，2003.

[3] 吕一林，岳俊芳编. 市场营销学［M］. 北京：科学出版社，2005.

[4] 王永德，王杜春主编. 市场营销学［M］. 北京：中国大地出版社，2005.

[5] ［美］菲利普·科特勒（Philip Kotler）. 营销管理（清华 MBA 核心课程英文版教材）［M］. 北京：清华大学出版社，2007.

[6] 孟韬. 市场营销：互联网时代的营销创新［M］. 北京：中国人民大学出版社，2018.

[7] http://course.shufe.edu.cn/course/scyx/yxs/11.htm，2012-09-20.

自测题

第二章 市场营销环境分析

本章概要

本章目的是让学习者知道企业所处的环境状态是如何影响营销决策与管理的。在阐述了企业所置身的宏观环境和微观环境以后，重点介绍了企业开展市场营销决策管理所遇到的宏观环境内容，以及其发展变化对企业的营销决策管理可能带来的影响。简述了系统、科学地分析环境问题的手段、方法，以及决策管理路径。

第一节　市场营销环境概述

环境通常是指影响和制约某一事物生存和发展的外部因素的总和。企业是一个不断为社会提供商品和服务的经济系统。它具有独立性，要求系统内的各要素必须协调一致，组合最优，从而实现系统功能的最大化。同时，企业又是一个开放系统，它必须不断与外界发生物质、能量和信息的转换，这样就会受到外界因素的影响和制约。因此，市场营销决策活动既受企业内部的环境影响，也受企业置身的外部环境的制约。要规划好企业的市场营销决策活动，就不得不研究市场营销环境的问题。例如，目前世界石油市场价格的不断提升和大幅度波动，给包括石油公司在内的所有企业带来了不同程度的影响。对于非石油、非石化公司来说，这就属于外部的不确定因素，直接的影响结果就是生产成本的变化控制难度加大。可能成本提高，致使商品价格随之提高，导致消费市场产生变化，这又会反过来影响企业的运营。

由于企业置身的外部环境在不停地变化，所以企业的所有管理者都应该及时了解、跟踪环境变化的发展趋势，以便制定相应的对策，抓住机会、规避风险。但是不同的管理者对环境的不同部分关注的程度是有区别的。负责市场营销的管理部门应该更加重视关注企业外部环境的变化，寻找市场机会，发现市场威胁，同时兼顾企业内部环境适应力的改变，以适应市场新的挑战和机遇。

一、市场营销环境的含义及其分析的意义

美国著名市场营销学家菲利普·科特勒认为：营销环境是影响企业市场和营销活动不可控制的参与者和影响力，就是“影响企业的市场营销管理能力，使其能否卓有成效地发展和维持与其目标顾客交易及关系的外在参与者和影响力”。

市场营销环境（Marketing Environment）是指与企业营销活动有关的各种影响因素

的集合。市场营销环境内容比较广泛，可以根据不同标志加以分类。如利用与企业关系的紧密度将环境分为外部环境、内部环境。外部环境可以分为宏观环境和微观环境。企业外部环境是外在于企业的客观存在，它是不以人们的意志为转移的，对企业来说属于不可控因素，企业无力改变。企业内部环境是企业自身创造的内在因素的集合。

现代市场观念认为，企业可以通过对内部因素的优化组合，去适应外部环境的变化，保持企业内部因素与外部环境的动态平衡，使企业不断充满生机和活力。也就是说，企业面对外部环境并不是无所作为、被动顺从的，它能够通过加强对环境变化趋势的分析研究，掌握其变化规律，主动适应环境变化的要求。

企业主动适应外部环境，与外部环境保持动态平衡，不仅具有可能性，而且非常必要，这是企业生存和发展的客观要求。具体来说，企业营销活动与营销环境的关系可以从三方面来体现。

第一，企业与环境的关系是主观与客观之间的关系，只能要求企业去适应环境，而不是反其道而行之。这是由环境的客观性所决定的。

第二，外部环境的变化，决定和影响着顾客商品需求的结构和构成，从而决定着企业的营销行为。譬如，经济环境的变化，影响着顾客的收入水平，从而导致了顾客购买能力的变化，因此决定了顾客的购物选择。而企业要想更好地完成销售任务，就必须满足顾客的购物要求才行。

第三，由于外部环境的变化速度往往超过企业内部因素变化的速度。这使企业的生存和发展，越来越决定于其适应外界环境变化的能力。避免来自营销外部环境的威胁，寻找环境中的新机会，才能在激烈的市场竞争中立于不败之地。

环境因素对企业营销活动的影响方式有两种。一种是直接影响，另一种是间接影响。直接影响，企业可以立即感受到，而间接影响则要经过一段时间之后才会显现出来。因此，在分析市场营销环境时，不仅要重视环境因素的直接影响，也要注意环境因素的间接影响。企业的市场营销环境十分复杂，其变化速度远远超过企业内部因素变化的速度。企业的生存和发展，越来越决定于适应外部环境变化的速度。企业要在繁杂纷纭的市场上把握机会，就必须认真地分析市场营销的外部环境。

二、市场营销环境的构成要素

市场营销的内部环境主要指企业本身的生产能力、技术水平、管理水平、盈利能力等。外部环境包括间接影响因素和直接影响因素。间接影响因素如社会文化、自然条件、政府的政策、法律规定、经济发展水平、居民收入水平等，直接影响因素如顾客、供应商、竞争对手等。

借鉴菲勒普·科特勒划分市场营销环境的方法，将市场营销环境从宏观环境和微观环境两个角度来分析其构成要素。

（一）宏观市场营销环境

宏观市场营销环境（Macro-Environment）又称间接营销环境，是指所有与企业的市场营销活动有联系的环境因素，包括政治、经济、科技、社会文化、自然等方面的因素。这些因素涉及广泛的领域，主要从宏观方面对企业的市场营销活动产生影响。这些因素可派生出若干次级因素，它们之间既相互制约，又相互影响，形成极为复杂的因果关系。

（二）微观市场营销环境

微观市场营销环境（Micro-Environment）又称直接营销环境，它是指与本企业市场营销活动有密切关系的环境因素。如供应商、营销中介、竞争者、顾客等因素。微观市场营销环境体现了宏观市场营销环境因素在某一领域里的综合作用，对于企业当前和今后的经营活动产生直接的影响。

宏观市场营销环境与微观市场营销环境两者之间并不是并列关系，而是包含关系(见图 2-1)。微观市场营销环境要受制于宏观市场营销环境，宏观市场营销环境一般以微观市场营销环境为媒介去影响和制约企业的营销活动，在某些情况下，也可以直接影响企业的营销活动。

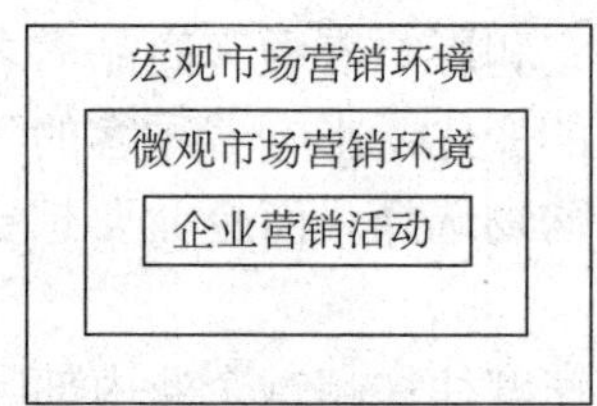

图 2-1 环境对企业营销活动的影响

三、市场营销环境的特点

市场营销环境是一个多因素、多层次，并且不断变化的综合体。概括地说，市场营销环境具有四个基本特点。

（一）客观性

环境作为营销部门外在的不以营销者意志为转移的因素，对企业营销活动的影响具有强制性和不可控的特点。一般来说，营销部门无法摆脱和控制营销环境，特别是宏观环境，企业难以按自身的要求和意愿随意改变它。如企业不能改变人口因素、政治法律因素、社会文化因素等。但企业可以主动适应环境的变化和要求，制定并不断调整市场营销策略。事物发展与环境变化的关系，适者生存，不适者淘汰，就企业与环境的关系而言，也完全适用。善于适应环境的企业就能生存和发展，不能适应环境变化的企业，就难免被淘汰。

（二）差异性

市场营销环境的差异性不仅表现在不同企业受不同环境的影响，而且同一种环境因素的变化对不同的企业的影响也不相同。例如，中国加入世界贸易组织，意味着大多数中国企业进入国际市场，进行“国际性较量”，而这一经济环境的变化，对不同行业所造成的冲击并不相同。企业应根据环境变化的趋势和行业的特点，采取相应的营销策略。

（三）多变性

构成企业营销环境的因素是多方面的，每一种因素都随社会经济的发展而不断变化。这就要求企业根据环境因素和条件的变化，不断调整营销策略。例如，以生产缝纫机驰名全世界的、具有 130 多年历史的美国胜家公司，由于市场环境的变化，于 1986 年转向航天产业，现在它的销售额有 80%来自航天产业的高技术产品。

（四）相关性

市场营销环境不是由某种单一因素决定的，而是受一系列相关因素的影响。例如，企业给商品定价，不但要考虑市场供求关系状态，而且还要考虑到科技进步及财政税收政策对需求可能的影响。另外，成本对商品价格也有影响。

市场营销环境因素相互影响的程度是不同的。例如，财政税收政策会对消费者实际收入产生影响，对企业的影响可能会更大。再如，科技进步使得消费者兴趣发生改变，致使需求下降，导致企业的产品滞销。在这种情况下，科技进步直接影响的是消费者，而不是企业的商品。市场营销环境因素有的可以评估，有的则难以估计和预测。这就增加了企业决策的风险。

由于市场营销环境对企业营销活动的影响具有以上特点，使之复杂多变，难以捉摸。因此，企业需要投入更多的精力，采取更多的方式。比如可以组织一个智囊机构，或者借助社会头脑公司的力量来监测分析营销环境的变化。另外，企业还需要加强与政府各部门的联系，了解政府有关部门对宏观经济的调控措施，以及各项出台或即将出台的改革方案，以使企业对宏观环境的变化不感到突然，并能做到有所准备。

第二节　宏观市场营销环境分析

宏观市场营销环境，即间接营销环境对营销活动的影响，主要体现在企业的营销活动与宏观环境的适应程度上。在网络化社会的今天，宏观环境对企业的影响比过去任何时候都要迅速和更加有力。企业的营销管理只有不断适应宏观环境的变化，才能保持旺盛的生命力，在竞争中立于不败之地。因此，企业有必要了解宏观市场营销环境因素对企业的影响。宏观市场营销环境一般包括人口、经济、科技、政治、法律、社会文化、自然等方面的因素。世界上有许多公司定期或不定期地公布其研究成果，提醒企业注意由此带来的市场变化。

2016 年，国家发改委综合司表示，中国已经进入一个消费需求持续增长、消费结构加快升级、消费拉动经济作用明显增强的重要阶段，居民消费的特点已经从模仿型、排浪式的基本消费逐步转变为个性化、多样化的高品质消费。随着数字技术的加速迭代，不仅放大了中国消费者的购买力，也使消费者行为习惯发生巨大变化，从而催生出别具一格、焕然一新的新消费市场。埃森哲公司发布的《2018 埃森哲中国消费者洞察报告——新消费新力量》指出，中国的数字化消费已经在人数和市场规模上领跑全球。中国拥有最大的网购人群，用户高达 4.6 亿，是美国的 2.6 倍；中国还拥有最大的网购市场规模，线上零售销售总额高达 5.6 万亿元人民币（8 510 亿美元），是全球第二大市场美国的2.2倍；中国的移动支付领先全球，2016年62%的中国智能手机用户使用移动支付，是任何其他国家的3倍以上。国泰君安有关研究也表示，中国有10亿人口处于大众消费和品牌消费阶段，人口基数大、收入增长快、边际消费倾向高、认知程度较低等特点，使得这些消费阶段对应的企业获利难度小，为超市、电商、国货品牌等带来巨大发展空间。其他国家的企业若要在中国市场和本土市场持续获得成功，则需要深入了解这一复杂多样且快速发展的消费群体。

一、人口环境

人口环境（Population Environment）是影响企业营销活动与人口有关的各种因素。包括人口规模、人口增长、人口结构、人口的地理分布密度等因素。市场营销是围绕目标市场展开的，而市场又是由具有购买欲望和购买力的人组成的。因此，人口环境就成为企业营销首要分析评估的宏观环境因素。

（一）人口规模

一般来说，在经济发展和收入水平相等的条件下，一国人口规模越大，市场规模就越大。人口规模对市场规模的决定性影响，通常表现在对基本生活资料市场的需求量方面。因此，人口规模成为提供人们生活所需产品的企业所重点关注的问题。

根据联合国《世界人口展望》2017年修订版，世界人口数量自2005年以来增加了10亿，截至2018年7月11日“世界人口日”，全球人口数量已接近76亿人，预计2030年将达86亿。世界上有13个国家人口超过1亿，分别是中国、印度、美国、印度尼西亚、巴西、巴基斯坦、尼日利亚、孟加拉国、俄罗斯、墨西哥、日本、埃塞俄比亚和菲律宾。

（二）人口增长速度

对企业营销来说，不仅要通过了解人口现状来了解现有市场规模，更需要关注人口发展的趋势。因为人口增长与否或速度快慢，将直接影响未来市场变化方向。

目前，发展中国家或地区人口增长率平均达2.1%，其中，撒哈拉以南非洲人口增长率平均高达3.2%，而发达国家则为0.6%，有些西欧、北欧国家人口增长率为负。这意味着发展中国家或地区的消费需求会不断增长，市场潜力很大；相反，有些西欧、北欧国家或地区人口出生率下降，则可能会造成这些国家儿童用品消费需求总量的相对减少，对营销儿童用品的企业是一种“环境威胁”，但对另一些行业，如旅游业、交通运输业、餐饮业等行业来说，却是增加了市场机会。

根据联合国《世界人口展望》2017年修订版，未来30年全球新增人口中约半数有可能来自于撒哈拉以南非洲。世界人口虽然还在增加，但增长速度已经放缓，即使在生育率最高的非洲地区，每名妇女的平均生育率从2000年至2005年的5.1个孩子减少到2010年至2015年的4.7个孩子。

（三）人口结构

企业营销者除了要了解人口规模、人口增长以外，还应分析人口的结构。因为不同的人口结构对商品有着不同的需求，分析不同的人口结构，可为企业寻找目标市场提供依据。人口结构主要包括人口的年龄结构、性别结构、家庭结构、社会结构以及民族结构。

年龄结构通常分为六个阶段：学龄前儿童、学龄儿童、青少年、25～40 岁青年人、40～60 岁中年人和 60 岁以上的老年人。不同年龄人群对商品的需求不一样。

一些国家人口老龄化现象已持续了较长时间，其中日本 60 岁及以上人口已占其总人口的 33%，意大利为 29%，葡萄牙、保加利亚和芬兰分别占到 28%，均列世界上人口老龄化问题最严重的国家前列。中国的人口老龄化趋势也进一步加快，60 岁及以上人口占总人口的 16%。预计到 2050 年，欧洲老龄人口将占该地区总人口数量的 35%。这将意味着在今后 20 年内，世界及中国“银发市场”，诸如保健用品、营养品、助听器、老年医疗卫生等行业将会快速发展起来。

性别结构是社会安定的一个指标，也是市场需求结构的重要影响因素。不同性别的人口，会给市场需求带来性别上的差异。例如，女性比男性更喜欢打扮、逛商场，上街采购日用品、化妆品、女性服装等。而男性则在购买大件物品方面表现出积极性。企业营销者有必要掌握人口性别的差异给企业产品营销带来的影响，以便顺利实现营销目标。

学历结构反映人口受教育程度的高低。不同学历等级的人口，会表现出不同的消费偏差。通常，高学历等级的人口，更多倾向于购买有知识品味的商品；低学历等级的人口，则较多讲究所购商品的价廉、实用。例如，中国九年义务教育的普及和高等教育机会增加，人口的学历层次将会普遍提高，这将会给计算机等知识产品市场营销带来机遇，甚至文化礼品市场业将在中国逐渐兴起。

家庭是市场需求的基本单位。不同的家庭结构类型会有不同的购买行为，从而影响企业的市场营销行为。家庭生命周期指一个以家长为代表的家庭生活的全过程，按年龄、婚姻、子女等状况，可划分为七个阶段，见表 2-1。

表 2-1 家庭结构分类表

序号	类　型	特　征
1	未婚期	年轻的单身者
2	新婚期	年轻夫妻，没有孩子
3	满巢期一	年轻夫妻，有六岁以下的幼童
4	满巢期二	年轻夫妻，有六岁和六岁以上儿童
5	满巢期三	年纪较大的夫妻，有已能自立的子女
6	空巢期	身边没有孩子的老年夫妻
7	孤独期	单身老人独居

例如，目前世界上家庭规模普遍呈现由扩大型向核心型转化的趋势。欧美国家的家庭规模基本上户均 3 人，亚非拉等发展中国家户均 5 人左右。在中国，“独生子女”的小家庭已经逐步由城市向乡镇普及发展。家庭结构的核心型，必然引起家庭数量的剧增，这对住房、家具、家用电器等需求会有助长作用。

社会结构主要指城乡人口结构。这关系到市场需求的地理位置差异和购买习惯不同。

例如，中国的农村人口约占总人口的80%左右。因此，中国农村是个广阔的市场，有着巨大的潜力。这一社会结构的客观因素决定了中国企业在国内市场营销中，应当充分考虑农民群体的消费者，市场开拓的重点也应放在农村。尤其是一些中小型企业，更应注意开发价廉物美的商品以满足广大农民的需要。

民族结构指各民族人口的比例。不同的民族，信仰不同，消费需求就会不同。因此，企业营销者要注意民族市场的营销，重视开发适合各民族特性、受其欢迎的商品。

世界各国的民族结构有单一的，也有多元的。像日本，几乎所有的人都属于一个民族，即大和民族。而中国，除了占人口大多数的汉族以外，还有 55 个少数民族。由此在饮食、服饰、居住、婚丧、节日等物质和文化生活各方面各有需求特点。例如，回族居民不食猪肉，信仰佛教的居民不食荤菜，傣族居民要过泼水节，藏族居民要欢度藏历新年等。这些不同的消费者需求与风俗习惯影响了消费者需求的构成和购买行为。

（四）人口的地理分布

人口的地理分布主要考虑人口密度和人口的流动性两个指标。

人口的密度是指单位面积上的人口数。这个因素将会影响单一市场规模大小和企业的销售成本的多少。人口密度高，市场集中程度高，销售周转快；反之，市场分散运输成本加大。

世界不同的国家和地区由于受自然地理条件以及经济发展程度等多方面因素的影响，人口的分布是不均匀的。人口数量不同，拥有的土地面积不同，则人口密度也会不同。

目前，世界人口主要集中于北半球和东半球。根据联合国预测，到 2035 年，全球城市化率将达 62.5%，大城市和大都市圈人口继续快速积聚。在许多国家和地区，城市化发展中人口过度大城市化（见表 2-2），几个大城市的人口密度过高。

表 2-2　2018 年城市人口排名前十世界大城市

序号	城市	建成面积（km^2）	人口数（万人）	人口密度（人/km^2）
1	东京	8 547	3 805	4 500
2	雅加达	3 302	3 227.5	9 800
3	新德里	2 202	2 728	12 400
4	马尼拉	1 787	2 465	13 600
5	首尔	2 745	2 421	8 800
6	上海	4 015	2 411.5	6 000
7	孟买	881	2 326.5	26 400
8	纽约	2 157.5	11 875	1 700
9	北京	4 144	2 125	5 100
10	圣保罗	4 143	2 110	6 900

资料来源：http://www.sohu.com/a/279671054_309770.

中国是世界人口大国，人口分布极不均衡，东南沿海一带人口集中，人口密度由东南向西北逐渐递减。另外，城市人口比较集中，我国上海、北京、重庆等城市的人口超过 1 000 万人。

（五）人口的流动性

由于世界不同国家和地区的经济发展水平不同，使得人口的区域流动性加大。除了国家之间、地区之间、城市之间的人口流动外，还有一种突出的现象就是农村人口向城市流动。

中国从 1978 年改革开放以来，人口的区域流动表现为农村人口向城市或工矿地区流动，内地人口向沿海经济开放地区流动。人口的流入使得这些地区的消费基本需求量增加，给当地企业带来较多的市场份额和营销机会。习近平主席在 2019 新年贺词中说："一个流动的中国，充满了繁荣发展的活力。"

特别的时间段也会形成人口的流动，带动当地的经济结构发生变化。如中国春节期间，人口的大规模流动给许多地方的公路、铁路等交通设施造成巨大的压力。2019 年中国春运期间（1 月 21 日至 3 月 1 日），全国铁路、公路、水路、民航，累计发送旅客 29.8 亿人次。其中，全国铁路累计发送旅客 4.1 亿人次，首次突破 4 亿人次，同比增加 2 539.2 万人次，增长 6.7%。动车组发送旅客占铁路旅客总发送量的 60%，同比提高 5 个百分点。节前反向客流增长明显，各热门出行方向的反向客流合计增幅为 7.4%，高出正向增幅 3.6 个百分点。旅客出行的选择更加多样化，"反向春运"成为春节出行新趋势。总体来看，客运总量增速放缓但结构发生变化，铁路、民航运输需求仍保持较快增长。

二、经济环境

经济环境（Economic Environment）指企业营销活动所面临的外部经济因素，其运行状况及发展趋势会直接对企业营销活动产生影响。因此，在进行营销活动前必须全面了解、分析经济环境。构成经济环境的因素主要有以下几方面内容。

（一）消费者收入

购买力是市场构成的基本因素，也是影响企业营销活动的直接经济因素。而消费者的购买力与消费者收入呈强正相关关系。消费者的收入会受到国家经济发展水平和分配制度的影响。因此，消费者收入还包括国民生产总值和人均国民收入等。

国民生产总值是衡量一个国家经济实力与购买力的重要指标。国民生产总值的增长幅度，可以反映一个国家经济发展的状况和速度。国民生产总值增长越快，对商品的需求和购买力就越大，反之就越小。

人均国民收入是国民收入总量除以总人口的比值。这个指标大体反映了一个国家人民生活水平的高低，也在一定程度上决定商品需求的构成。一般来说，人均国民收入增长，对商品的需求和购买力就大，反之就小。

消费者的购买力来自消费者的收入。但消费者并不一定会把全部收入都用来购买商品或服务，购买力往往只显示了部分收入。因此，在研究消费收入时，还要注意区分个人可支配的收入以及可任意支配的收入。

个人可支配收入（**Disposable Personal Income**）是在个人收入中扣除税款和交给政府的非商业性开支后所得余额。它是个人收入中可以用于消费支出或储蓄的部分，它构成了消费者的实际购买力。

个人可任意支配收入（**Personal Discretionary Income**）是在个人可支配收入中减去用于维持个人与家庭生存不可缺少的费用（如房租、水电、食物、衣着等项开支）后剩余的部分。这部分收入是消费需求变化中最活跃的因素，也是企业开展营销活动时需要考虑的主要对象。因为这部分收入主要用于满足人们基本生活需要之外的开支，一般用于购买高档耐用消费品、旅游、储蓄、健身等，它是影响非生活必需品和服务销售的主要因素。

（二） 消费者支出

随着消费者收入的变化，消费者支出模式会发生相应的变化，进而影响到消费结构。经济学家常用恩格尔揭示了消费者支出的模式。认为随着家庭收入的增加，用于家庭生活必需品的支出占总收入的比重（这个比值也称为恩格尔系数）会下降，用于家庭经营的支出占总收入的比重基本不变，用于其他诸如教育、储蓄、保险、服装等的支出占总收入的比重会上升。

$$\text{恩格尔系数}=\frac{\text{生活必需品支出额}}{\text{家庭总收入额}} \tag{2-1}$$

恩格尔系数是衡量一个国家、地区、城市、家庭生活水平高低的重要参数。食物开支占总消费量的比重越大，恩格尔系数越高，生活水平越低；反之，食物开支所占比重越小，恩格尔系数越小，生活水平越高。

消费结构是指消费过程中人们所消耗的各种消费品及服务的构成，即各种消费支出占总支出的比例关系。消费结构是优化产业结构和产品结构的客观依据，也是企业开展营销活动的基本立足点。

目前，中国的经济发展水平与发达国家相比还有很大的差距，这可以从广大农村消费者衣食等必要消费所占比例较大可以体现出。但是，随着近三十年来中国社会主义市场经济的进一步发展，以及国家在住房、医疗等制度方面改革的深入，人们的消费模式和消费结构发生了明显的变化，无论是城市居民还是农村的农民，恩格尔系数都在不断地降低。

（三）消费者储蓄和信贷

消费者的购买力还受储蓄和信贷的直接影响。当收入一定时，储蓄越多，现实消费越少，潜在的消费量就越大；反之，储蓄越少，现实消费量就越大，潜在消费量就越小。另外，储蓄的目的不同，也往往会影响到潜在需求量、消费模式、消费内容和消费发展方向。这就要求企业营销人员在调查、了解储蓄动机与目的的基础上，制定不同的营销策略，为消费者提供有效的产品和服务。

消费者信贷对购买力的影响也很大。消费者信贷指消费者凭信用先取得商品使用权，然后按期归还贷款，以购买商品。信贷消费允许人们购买超过自己现实购买力的商品，因而创造了更多的需求。

中国的信贷消费目前还处于初级阶段，尤其是个人消费领域的信贷消费基本上局限于住房、汽车等商品。

（四）社会经济发展水平

企业的市场营销活动还受到整个国家或地区的经济发展水平的制约。经济发展阶段不同，居民的收入不同，顾客对产品的需求也不一样，从而会在一定程度上影响企业的营销。

如在经济发展水平比较高的地区，消费者更注重产品的款式、性能及特色，质量竞争多于价格竞争。而在经济发展水平比较低的地区，消费者往往更注重产品的功能及实用性，价格因素显得比产品质量更为重要。因此，不同的经济发展水平的地区，企业应采取不同的市场营销策略。

另外，经济发展阶段、经济体制、地区与行业发展状况和城市化程度，都会给企业的营销活动带来不同程度的影响。

三、自然环境

自然环境（Natural Environment）是指作为生产投入或影响营销活动的自然资源。一个国家或地区的自然地理环境包括自然资源、地形地貌和气候条件。这些因素都会不同程度地影响企业的营销活动，有时这种影响对企业的生存和发展起决定作用。企业要避免由自然地理环境带来的威胁，最大限度地利用环境变化可能带来的市场营销机会，就应不断地分析和认识自然地理环境变化的趋势，根据不同的环境情况来设计、生产和销售产品。

（一）自然物质资源

自然物质资源是指自然界提供给人类各种形式的物质财富，如矿产资源、森林资源、土地资源、水力资源等。根据资源的数量和再生周期可以分为三类：一是“无限”资源，如太阳能、空气、水等；二是有限但可以更新的资源，如森林、粮食等；三是有限但不可再生的资源，如石油、锡、煤、锌等矿物资源。

自然资源是进行商品生产和实现经济繁荣的基础，与人类社会的经济活动息息相关。由于自然资源在地理分布上的不均衡性，企业到某地投资、从事营销活动，必须根据该地的自然资源情况来决定是输送销售产品，还是当地生产、就地销售。

无限的资源和有限可再生的资源，短期内还不会出现大问题，但必须防止过量采伐和使用。有限但不可再生的各种石化能源资源和矿产品等，由于地质储量有限，有枯竭的危险。这种情况就意味着，依靠石化能源和矿产品为原料的企业，将面临成本大幅度上升的问题。因此，必须尽力寻求新的替代资源。从20世纪60年代以来，西方国家的一些学者越来越多地关心工业发展对自然环境的影响。曾有人警告说，如果地球上的资源不能保持不断再生，则有一天地球将会像缺乏燃料的宇宙飞船一样危险。

（二）自然绿色环境

随着工业化、城镇化的进程，世界各国的环境污染程度日趋严重。在许多国家和地区已经严重影响到人民的身体健康、自然生态的平衡和长远的生产发展。这也越来越引起各国政府和公众的关注。治理环境污染的呼声此起彼伏，许多学者对工业污染、生态系统的失衡提出指责和警告，政府的干预也在逐步加强。同时，出现了许多环境保护组织，促使一些国家加强了环境保护方面的立法和执法。由此出现了绿色消费的需求，推动而产生了绿色营销。**绿色消费**（Green Consumption）是指消费者要求企业销售对环境影响最小的产品，减少对环境的损害的消费。**绿色营销**（Green Marketing）是指企业以生态营销观作为经营理念，以绿色消费为中心，通过制定和实施绿色营销策略来满足消费需求、实现企业经营目标的管理过程。绿色营销与传统营销的本质区别在于它强调社会环境利益与商业道德，要求企业在追求短期利益的同时，兼顾人类社会的长期发展利益。

另外，随着工业化的推进导致自然资源的短缺，能源成本的上升，企业面对的治理污染的挑战越加严峻，政府对资源管理的干预不断加强。这些因素给企业的生存、发展带来了压力，但也蕴含着若干开发新产品的发展机会。

例如，各国政府对环境污染问题进行控制，限制了某些行业的发展，也为企业造成了两种市场机会。一是为治理污染的技术和设备提供了一个大市场；二是为不破坏生态环境的新的生产技术和包装方法等创造了营销机会。因此，企业经营者只要了解政府对资源使用的限制和对污染治理的管理措施，就能发现保证企业发展、提高经济效益的机会。

中国虽然是一个幅员辽阔的国家，但由于人口众多，大片国土自然条件恶劣，因而无论是不可再生的矿物资源，还是可再生的动植物资源，人均占有量与世界许多国家相比都很低。原料资源短缺，特别是不可再生资源越开采储量越少，这对于使用原料资源的企业造成了威胁，而对于勘探、开采业则带来了市场发展机会。中国的原料短缺还有可能是乱开滥挖的浪费造成，或加工环节原料利用率太低造成。由此政府加强在这些方面的干预，对于不守规矩的企业和加工技术落后的企业就是威胁，但对于寻求合理地、科学地开发、利用原料资源的企业就是机会。另外，中国还有不少资源尚未开发或尚未充分利用，自然资源的开发利用在地区间也很不平衡，这两种情况也意味着存在企业的发展机会。

绿色营销最先发源于西方发达国家，由于生态环境日益遭到破坏，“保护环境、珍惜地球”的呼声日益高涨。1972 年，联合国在瑞典首都斯德哥尔摩第一次召开人类环境会议，发表了《斯德哥尔摩人类环境宣言》，向世界提出“人类只有一个地球”的强烈呼吁。1978 年，联邦德国首先提出“蓝色天使”计划，向达到一定生态环境标准的产品颁发蓝色天使标志。美国和加拿大在 1988 年开始实行环境标志制度，日本在 1989 年实行了“生态标志”计划。到 1990 年，德国已有蓝色天使食品 3 000 多种，美国有 600 多种绿色食品。日本符合生态要求的产品也已有 2 000 余种。除食品外，绿色浪潮不断蔓延到其他行业，如绿色电器、绿色建筑、绿色原料等相继出现，绿色市场、绿色商业、绿色服务等也蔚然兴起。

中国的绿色营销在 20 世纪 80 年代后期开始起步，1989 年农业部正式提出“绿色食品”概念。1992 年 11 月，国务院批准成立了“中国绿色食品发展中心”。1994 年 5 月，正式成立了“中国环境标志产品认证委员会”，制定并颁发了一系列有关的规定和标准。在中国政府的支持下，绿色食品、无氟冰箱、低毒涂料、无铅石油等绿色产品纷纷涌现，目前在全国一些大城市成立的绿色商店已有数十家。《21 世纪议程》与《中国 21 世纪议程》相继出台。绿色市场营销观念正在成为 20 世纪 90 年代以后市场营销的新主流。

随着绿色营销、生态营销观念的深入人心，企业营销人员要相应地制定出绿色营销组合策略，最重要的是绿色产品策略。要将安全、卫生、有利于保护环境、节能节耗的优质产品送达消费者。在送达过程中，要选择绿色的分销渠道，以保证绿色产品的安全。同时，由于绿色产品包含了环境使用费，所以绿色产品的价格往往高于非绿色产品的价格，因此需要考虑顾客的感受。此外，还要围绕绿色产品开展绿色促销活动，树立企业及产品的“绿色形象”。开发绿色产品、争取绿色标志、传播绿色文明是企业绿色市场营销活动的主要内容。

麦当劳（McDonald’s）公司要求快餐店中使用的餐巾纸、杯子、盘子的衬垫均是纸质的，甚至包括其总部使用的所有文具也是纸制品。通过与制造商合作研究，使其饮料管减少塑料用量，减轻了 20%的重量，仅此一项，麦当劳每年便少制造几百万磅的塑料废弃物。通过使用可回收利用材料制成的包装物，使其产生的污染物每年因此减少 60%。除了在其产品上运用绿色营销外，麦当劳还开始利用可回收材料改造和新建它的餐厅，并敦促供应商们使用可回收利用的成品及材料。

（三） 地理环境

地理环境主要包括地理位置、地形地貌、气候等。这些条件也是企业开展市场营销所必须考虑的自然环境因素。因为这些因素不仅会影响到一个地区的经济、文化、人口分布状况，而且还会影响企业的经营、运输、通信、分销等活动。

地理位置主要考虑海岸线情况、周边市场或国家情况，以及所处地球的位置等。地形地貌主要指地势状态（平原、丘陵、山地等）、海拔高度、土地质量（沙漠化、石漠化等）等。气候条件主要包括温度、湿度、降雨量、日照时间等气候特征。这些因素不仅会影响企业的营销成本、运输方式、产品功能等，还会决定消费者的需求特征以及需求周期的变化。

四、科学技术环境

技术环境（Technological Environment）是目前影响人类命运的最引人注目的因素之一。科学技术创造了如抗生素、器官移植和笔记本计算机等奇迹，但也带来了像原子弹、神经毒气和半自动武器等对人类有危害的物品。

（一） 科学技术环境的作用

科学技术是第一生产力。科学是人类认识自然的知识体系，是潜在的生产力；技术是生产过程中的劳动手段、工艺方法，是现实的生产力。科技环境作为营销总体环境的一部分，不仅影响企业的内部环境，而且与其他环境因素相互依存和相互作用。

1. 科学技术的发展直接影响企业的经济活动

生产水平的提高，主要依靠生产设备的技术改造（包括原有设备的革新、改装以及设计、研制效率更高的现代化设备）、生产工艺和生产流程的不断更新。同时，技术开发也扩大和提高了劳动对象的利用广度和深度，不断创造新的原材料和能源。这些不可避免地影响到企业的管理程序和市场营销活动。新技术取代旧技术的过程中，新产品取代旧产品，先进行业取代落后行业。旧的、落后的产品或行业会遭受“损失”。所以，科学技术既为市场营销提供了营销物质基础，又为市场营销提供了科学理论和方法。

2. 科学技术的进展和应用影响企业的营销决策

消费者、经营者、竞争者和市场都会受到科学技术的冲击。这种冲击，意味着科技的发展给企业既带来机会，也带来风险。消费者面对成千上万的科技发明产品而感到迷惑，每天都有新品种、新款式、新功能、新材料的商品在市场上推出。因此，科学技术进步所产生的效果,往往借助消费者和市场环境的变化而影响企业市场营销活动的组织。营销人员在决策时，必须考虑科技环境所带来的影响。

3. 科技的发展对人们的生活方式、消费模式和消费需求结构均产生深刻的影响

科学技术是一种“创造性的毁灭力量”。它本身创造出新的东西，同时又淘汰旧的东西。一种新技术的应用，必然导致新的产业部门和新的市场出现，使消费品种不断增加，范围不断扩大，消费结构发生变化。

例如，20 世纪 90 年代以来，IT 技术使营销方式发生了重大变革。网络营销使消费者有了另类的购物途径，购物习惯发生了改变。消费者可以在计算机和通信交汇的无形空间获取信息、自由购物。企业可以在这个空间进行广告宣传，开展市场营销研究和推销商品等。例如：商品销售、电子银行、网上订票、广告、咨询、拍卖、房地产、旅游服务等业务。在这些虚拟的空间里开辟了实实在在的竞争新领域。根据 2018 年春运铁路部门数据显示，互联网作为售票主渠道作用更加凸显，线上售票占比 77.7%，同比提高 6.8 个百分点，其中手机售票占比 55.3%，同比提高 5.4 个百分点。2018 年 1 月 24 日售票 1 135.7 万张，创历史新高，标志着互联网售票突破千万级。

2018 年 11 月 12 日凌晨，阿里巴巴集团确认，天猫“双 11”成交额为 2 135 亿元，相较于 2017 年的 1 682 亿元增长了近 27%，全国 237 家品牌企业单日成交额破亿元，跻身“亿元俱乐部”，同比增长近 42%。2018 年，京东“双 11”累计下单金额达到 1 598 亿元。

2019 年，中国互联网络信息中心（CNNIC）《中国互联网络发展状况统计报告》显示，截至 2018 年 12 月，中国网民规模达 8.29 亿，普及率达 59.6%，较 2017 年底提升 3.8 个百分点，全年新增网民 5 653 万；中国手机网民规模达 8.17 亿，网民通过手机接入互联网比例高达 98.6%，手机网络支付用户规模达 5.83 亿，年增长率为 10.7%，手机网民使用率达 71.4%。另外，网民在线下消费时，手机支付比例由 2017 年底的 65.5%提升至 67.2%。2019 年 1 月 21 日，国家统计局公布，2018 年 1—12 月份社会消费品零售总额 380 987 亿元，比上年增长 9.0%，最终消费支出对国内生产总值增长的贡献率为 76.2%，消费作为经济增长主动力作用进一步巩固。2018 年，全国网上零售额 90 065 亿元，比上年增长 23.9%。其中，实物商品网上零售额 70 198 亿元，增长 25.4%，占社会消费品零售总额的比重为 18.4%。

（二） 科学技术的发展趋势

科学无时无刻不在发展，新技术也在不断涌现，营销人员应该重视其未来发展的特点。

1. 技术的高速发展

许多今天常见的产品在一百年前还未出现。亚伯拉罕·林肯不知道汽车、飞机、电唱机、收音机和电灯。伍德罗·威尔逊不知道电视、喷雾器、家用冰箱、自动洗碗机、空调器、抗生素或计算机。富兰克林、德兰诺、罗斯福不知道复印机、合成洗衣粉、录音机、避孕药和人造地球卫星。约翰·F.肯尼迪不知道个人计算机、光盘机、电子手表、录音机和传真机。跟不上科技进步步伐的公司会发现自己的产品过时了，会失去新的市场机会。

今天科学家们正致力于新技术的研究，其成果将革新现在的产品和生产方式。例如，目前在生物技术、微电子、机器人和材料科学等领域已出现的令人振奋的成果将会怎样改变市场，影响企业管理等应受到高度重视。

2. 研究与开发的高投入

美国是全世界研究与开发开支最高的国家。1994 年，研究与开发的支出超过了 1 600 亿美元。近一半的研究与开发资金来自于联邦政府。许多新产品和服务构想来自政府的支持。商业公司在研究与开发上的投入也很高。例如，通用汽车、IBM 和 AT&T 公司每年的研究与开发支出有几十亿美元。现在科学研究往往需要集体进行，而不像过去托马斯·爱迪生、塞缪尔·摩斯或亚历山大·格雷厄姆·贝尔那样的年代，单枪匹马地搞发明。

3. 注重微小技术改进

由于研究开发新技术的成本过高，大多数公司目前只做些小的技术改进，而不愿花过高的代价冒险去开发新技术。即使一些以研究为主的公司，如杜邦、贝尔实验室和辉瑞公司也变得更加谨慎。主要用于模仿竞争对手的产品，并作些微小的改进，或提供现有品牌的简单延伸。因此，许多研究只是防御性的而不是进攻性的。

4. 管制的加强

由于产品越来越复杂，公众需要了解这些产品是否安全。因此政府机构会对产品的安全因素进行调查，对于不安全的产品禁止销售。企业在研究开发新产品时应对政府的这些管制进行了解和分析，以便将不利因素转化为有利因素。

在美国，联邦食品和药物管理局颁布了关于新药试验的复杂规定。消费产品安全委员会制定了关于消费品的安全标准，并对没有达标的公司进行处罚。这些管制使公司研究成本增加，并使产品从研制到面市的周期变长。

五、社会文化环境

文化（Culture）是指人类社会历史发展过程中所创造的全部物质财富和精神财富，也特指社会意识形态。即人们所共有的由后天获得的各种价值观念和社会规范的综合体。它包括各种社会组织、生活规则、信仰、艺术、伦理道德、风俗习惯、法律、审美观、语言文字等。文化可以分为两大类。一是**核心文化**（**Core Culture**），即社会全体成员所公认和共有的基本内容。二是**亚文化**（**Subculture**），即在一个大的社会群体中，在认同核心文化基础上，各个次级社会群体表现出的不同文化特征。亚文化群体由于其变化性，而致使消费需求和消费行为可能产生变化。所以营销人员要关注由此带来的新市场机遇。

社会文化主要指一个国家、地区的民族特征、价值观念、生活方式、风俗习惯、宗教信仰、伦理道德、教育水平、语言文字等的总和。社会文化又可以分为主体文化和次级文化。主体文化是占据支配地位的，起凝聚整个国家和民族的作用，由千百年的历史所形成的文化，包括价值观、人生观等。次级文化是在主体文化支配下所形成的文化分支，包括种族、地域、宗教等。

社会文化对所有营销的参与者的影响是多层次、全方位、渗透性的。它不仅影响企业营销组合，而且影响消费心理，消费习惯等，这些影响多半是通过间接的、潜移默化的方式来进行的。对于市场营销人员来说，社会文化环境是一个不可忽视的重要因素。

（一） 语言

语言是人类重要的交际工具。语言的语意表达通过口头语言、书面语言和形体语言来完成。通过当地方言向顾客介绍自己的产品，了解顾客的需求，有利于刺激顾客的购买欲望，从而促进营销活动。语言在国际营销活动中尤为重要。在商业谈判中尤其要注意语言表达得体。

例如，美国百事可乐公司著名的广告“Come Alive with Pepsi”译成德文的意思是“从坟墓中复活”。美国通用汽车公司的雪芙莱品牌车“神枪手”的英文“NOVA”译成西班牙语成了“跑不动”的意思，结果在使用西班牙语的国家营销受到了很大影响。中国幅员辽阔，是一个多民族国家，不同地域或不同民族的人，使用的语言会有差异，甚至“五里不同音，十里不同俗”。营销人员如果能掌握当地的语言，就能更加有效地开展工作。

（二） 价值观

价值观念是指在某种世界观的基础上，对各种事物、行为以及可能做出的选择等进行评价的标准，以及据此采取的某种行为的态度及倾向。因此，价值观对人们的消费行为会产生重大影响。如在西方许多国家中，人们的消费价值观念是“能挣会花”，用明天的钱追求今天的享受。因此，分期付款、赊销等形式在西方国家非常通行，借债消费是普遍现象。

价值观除了与传统文化有关，还受到社会发展程度和文化交融的影响。例如，中国消费者的价值观随着时代的变迁发生了巨大的变化，原本不可以接受的价值观念，现在成为消费概念的主流，引导着消费的潮流。分期付款、赊销等形式的超前消费已经开始推广；注重精神消费，推崇品牌消费等行为已非常明显。

例如，福特印度公司与世界最大的广告传播集团 WPP 合作制作汽车广告，WPP 集团制作的三则“菲戈”汽车广告在没有被福特公司认可的情况下上传至“广告世界”网站，其中一则广告画面引来巨大争议：三位穿着暴露的女郎被捆住手脚、封着嘴，塞到汽车后备箱中。而坐在前座、回头面露笑容、打着胜利“V”字手势的男子形似意大利前总理贝卢斯科尼。下方写有“菲戈超大后备箱助你抛却烦恼”。印度女权者认为，在印度整个国家对性侵犯表示愤慨之时，这则广告非常不合时宜。将女性比作“行李”，完全是一种性别歧视。商家不健康的价值观，必将产生不良售销效果。

（三）宗教信仰

不同的宗教信仰群体有着不同的文化倾向和戒律，从而影响人们认识事物的方式、价值观念和行为准则，影响人们的消费行为，同时带来特殊的市场需求。

在一些信奉宗教的国家和地区，宗教信仰对市场营销的影响力更大。据统计，全世界信奉不同宗教教徒规模庞大。基督教信徒有10亿多人，伊斯兰教有8亿人，印度教有6亿人，佛教有2.8亿人，泛灵论者有3亿人。印度教徒视牛为圣物，不吃牛肉；伊斯兰教徒忌食猪肉和含酒精的饮料；佛教徒不沾荤腥。

某些国家和地区的宗教组织在教徒购物决策中起着重大影响作用。一种新产品出现，宗教组织有时会提出限用甚至禁止使用，认为该商品与其宗教信仰相冲突；而有的新产品出现，一旦得到宗教组织的赞同和支持，就会号召教徒购买、使用，起到一种特殊的推广作用。因此，企业应充分了解不同地区、不同民族及不同消费者的宗教信仰，提供适销对路的产品，才能有效地抓住市场机会。

比利时一个名叫范德维格的地毯商把脑筋动到了穆斯林身上。他聪明地将扁平的指南针嵌入祈祷地毯。这种特殊的指南针，不是指南或指北，而是指向圣城麦加的方向。伊斯兰教徒不管走到哪里，只要把地毯往地上一铺，麦加方向顷刻之间就能准确找到。这种地毯一推出，成了穆斯林教徒的抢手货。几个月内，范德维格在中东和非洲一下就卖掉了25 000多张地毯。现代市场营销观念带来了丰厚的销售收入。

（四）风俗习惯

风俗习惯是人们根据生活内容、生活方式、自然环境和传统文化习俗，在一定的社会文化区域内形成的需要共同遵守的模式或规范。风俗习惯在人们的饮食、服饰、居住、婚丧、信仰、节日、人际关系等方面都可以表现出来。它对消费者的消费嗜好、消费模式、消费行为等具有重要的影响。

不同的国家、民族，对图案、颜色、数字、动物等有不同的禁忌和爱好。中东地区的人严禁使用六角形的包装；英国忌用大象、山羊做商品装饰图案；中国人以红色表示喜庆；西方人视白色为纯洁；中国人喜欢数字“8”，不喜欢数字“4”。

同一个国家、不同的民族的人民，风俗习惯差异也很大。中国是个多民族国家，各族人民都有着自己的风俗习惯。如蒙古族人喜欢穿蒙袍、住帐篷、饮奶茶、吃牛羊肉、喝烈性酒；朝鲜族人喜食狗肉、辣椒，穿色彩鲜艳的衣服，食物上偏重素食，群体感强，男子地位突出。

企业营销者应了解和注意不同国家、不同民族的消费习惯和爱好，做到“入乡随俗”。可以说，这是企业做好市场营销尤其是国际营销的重要条件，如果不重视各个国家、各个民族之间的文化和风俗习惯的差异，就可能造成难以挽回的损失。

六、政治和法律环境

（一）政治环境

政治环境（Political Environment）指国家的政治制度和政府制定的有关法规与政策。

一个国家的政局稳定与否，会给企业营销活动带来重大的影响。如果政局稳定，人民安居乐业，就会给企业创造良好的营销环境。相反，政局不稳，社会矛盾尖锐，秩序混乱，就会影响经济发展和人民的购买力。所以，企业特别是在对外营销活动中，一定要考虑“东道国”政局变动和社会稳定情况可能造成的影响。

政治环境可以从国家政府所制定的方针政策表现出来。如人口政策、能源政策、物价政策、财政税收政策、金融与货币政策等。这些都会对企业的营销活动带来影响。例如，国家通过降低利率来鼓励消费，通过征收个人收入调节税调节消费者收入，从而影响消费者的购买力来影响消费者需求，通过增加如对香烟、酒的产品税来抑制消费者的消费需求，等等。

不同的国家会制定不同的政策来干预外国企业在本国的营销活动，由此而造成市场营销的政治风险。

市场营销中常见的政治风险有六种。一是国有化，指政府由于政治、经济等原因对企业所有权采取的集中措施。例如为了保护本国工业避免外国势力阻碍等原因，将外国企业收归国有。二是干预，利用国家政策来约束企业行为。三是进口限制，包括产品进口数量的限制和外国产品在本国市场上销售的限制。政府实行进口限制的主要目的在于保护本国工业，确保本国企业在市场上的竞争优势。四是税收政策调整，通过对某些产品征收特别税或高额税，减弱这些产品的竞争力。五是价格管制，指政府对某些商品的交易价格管控。六是外汇管制，指政府对外汇买卖及一切外汇经营业务所实行的限制。实行外汇管制，可以使企业生产所需的原料、设备和零部件不能自由地从国外进口，企业的利润和资金也不能随意汇回母国。

（二）法律环境

法律是体现统治阶级意志，由国家制定或认可，并以国家强制力保证实施的行为规范。对企业来说，**法律环境（Legal Environment）**就是企业外部所存在的各种法律法规。法律是评判企业营销活动的准则，只有依法进行的各种营销活动，才能受到国家法律的保护。因此，企业开展市场营销活动，必须了解并遵守国家或政府颁布的有关经营、贸易、投资等方面的法律、法规。从事国际营销活动，企业既要遵守本国的法律制度，还要了解和遵守东道国的法律制度，以及有关的国际法规、国际惯例和准则。

法律法规内容涉及的面很广，与企业开展营销活动直接有关的是维护市场秩序、消费者权益和环境保护的相关法律规定。如商标法、公司法、价格法、反不正当竞争法等。还有质量标准、安全标准、技术标准等。甚至还对企业或产品进入市场设定各种限制条件。通过这些规定，提高外国企业进入本国市场的门槛，限制进入的行业范围、速度和规模等，以保护本国企业以及消费者。

例如，企业生产的产品由于其物理和化学特性关系到消费者的安全问题，因此各国法律对产品的纯度、安全性能有详细甚至苛刻的规定。目的在于保护本国民族生产者。美国曾以安全为由，限制欧洲制造商在美国销售不符合美国要求的汽车，以致欧洲汽车制造商不得不专门修改其产品，以符合美国法律的要求。英国也曾借口法国牛奶计量单位采用的是公制而非英制，将法国牛奶逐出本国市场。而德国以噪声标准为由，将英国的割草机逐出德国市场。各国法律对商标、广告、标签等都有自己特别的规定。比如加拿大的产品标签要求用英、法两种文字标明。法国却只使用法文产品标签。广告方面，许多国家禁止电视广告，或者对广告播放时间和广告内容进行限制。例如德国不允许做比较性广告和使用“较好”“最好”之类的广告词；许多国家不允许做烟草和酒类广告等。这些特殊的法律规定，是企业特别是进行国际营销的企业必须了解和遵守的。

从当前约束企业营销活动的法制环境变化情况来看，体现出两个明显的特点。

首先，管制企业的立法增多，法律体系越来越完善。对企业营销活动的管理和控制的立法限制主要有三个目的：保护企业间的公平竞争，制止不公平竞争；保护消费者正当权益，制止企业非法牟利及损害消费者利益的行为；保护社会的整体利益和长远利益，防止对环境的污染和生态的破坏。

近年来，中国在发展社会主义市场经济的同时，也加强了市场法制方面的建设，陆续制定、颁布了一系列的重要法律法规。如《公司法》《广告法》《商标法》《经济合同法》《反不正当竞争法》《消费者权益保护法》《产品质量法》《外商投资企业法》等。尤其是网络营销如火如荼的当今，推出了适应于网络时代的《电子商务法》等相关法律法规，这对规范企业的线上线下的营销活动起到了重要作用。

其次，政府机构执法更严。各个国家都根据自己不同的情况，建立了相应的执法机关。例如，美国设立有联邦贸易委员会、联邦药物委员会、环境保护局、消费者事务局等执法机构，日本有公正交易委员会，德国有联邦卡特尔局，瑞典有消费者行政长官处和市场法院，加拿大有市场保护委员会等。这些官方机构对企业的营销活动有很大的影响力，近年来执法更加积极、严格。

中国的市场管理机构比较多。主要有工商行政管理局、技术监督局、物价局、医药管理局、环境保护局、卫生防疫部门等机构，分别从不同方面对企业的营销活动进行监督和控制。在保护合法经营，取缔非法经营，保护正当交易和公平竞争，维护消费者利益，促进市场有序运行和经济健康发展等方面，发挥了重要作用。

企业在开展市场营销活动时必须知法守法，自觉用法律来规范自己的营销行为并自觉接受执法部门的管理和监督。同时，还要善于运用法律武器来维护自己的合法权益。当自己的正当权益受到其他经营者或竞争者侵犯的时候，要勇于拿起法律武器维权。

（三）压力集团

压力集团是西方政治学术语之一。随着社会的进步，在政府和法律体系之外，为了某种目的而组织起来的社会组织对企业的市场营销带来不可低估的影响和压力。那些能够影响立法、政治和舆论导向、维护自身利益而组织起来的团体称之为**压力集团**（**Pressure Group**）。

例如，2013年，中国的“3·15”消费者权益日前后，消费者协会公布了20件与消费者生活息息相关的“年度引人深思的消费事件”，包括国内外大公司垄断市场行为、外国公司对中国市场实施双重标准、交通难等问题，以助推政府解决。2019年，中消协发布了“年主题调查结果”，点评了“个人信息屡遭泄露”“保健品违规促销”“农村消费假劣堪忧”“预付式消费频现跑路”等当前最突出的四大消费痛点。

压力集团的成立可以是正式组织，也可以是非正式组织。正式组织如消费者权益保护协会、世界绿色和平组织、红十字会，以及行业协会（钢铁协会、纺织协会、医药协会、食品协会等）。甚至是大型的单一公司，市场的拥有地位对营销活动也有不可忽视的影响。非正式组织，可以是有正面影响力的群众组织，如为了某种利益的维护，社区成员成立的维权小组等。也可以是有负面影响力的组织，如常说的恐怖组织。

2-2 市场营销环境分析之宏观市场营销环境

第三节 微观市场营销环境分析

微观市场营销环境，也称直接营销环境，对企业营销活动的影响主要体现在企业的具体对外业务往来过程中。微观市场营销环境虽然与宏观市场营销环境一样，都是企业外部环境因素，且存在着一定的不可控性，但它比宏观市场营销环境对企业的市场营销的影响更为直接。微观市场营销环境中的一些因素，企业经过努力可以不同程度地加以控制。因此，企业的营销管理者不仅要关注目标市场的要求和变化，而且要了解微观市场营销环境因素对企业的影响。

企业的主要目标是在盈利的前提下为目标顾客服务，满足目标市场需求。要实现这个任务，企业必须把自己与供应者和营销中介联系起来，以接近目标顾客。供应者—企业—营销中介—顾客，形成了整个价值链系统。这个价值链系统的运行过程中，还要受竞争者和公众这两个因素的影响。由此可见，微观市场营销环境因素就是由这些因素所构成的。而微观市场营销环境因素是通过迫使企业改变内部环境来影响企业的营销活动的。

一、供应商

企业要生产产品，首先要有各种原材料、燃料、辅助材料等供应作保障。供应商是向生产企业供应所需要的各种资源的企业，是公司的整个顾客“价值传送系统”中的重要一环。供应商对生产企业的生产活动形成了直接的制约，对营销有着重要的影响。例如高通在手机芯片的供应方面是绝对强势的，2019 年，苹果公司迫于 5G 芯片的需求，不得不和高通签订了为期 6 年的专利授权协议。营销部门必须关注供应能力，即关注供应短缺或延迟、工人罢工及其他因素。这些因素在短期内会影响销售，在长期内会影响顾客的满意程度。如果生产企业所需主要原材料的价格上涨，供应成本就会上升，从而影响公司的销售量或利润。因此，在寻找供应商时，必须对供应商的情况进行综合评价，选择信誉好、价格低的供应商。

二、营销中介

营销中介是指协助企业进行产品经销销售，将产品转移给购买者的机构。如中间商、物流公司、营销服务机构、金融机构等。

1. 中间商

中间商是协助企业寻找顾客或直接与顾客进行交易的商业组织和个人。中间商分为两类：代理中间商和商人中间商。前者又称经纪商，专门协助达成交易，推销产品，但不拥有所经营的商品的所有权。后者是从事商品购销活动，对其经营的商品有所有权，如常见的批发商、零售商。

中间商是联系生产者与消费者的桥梁，他们直接与消费者打交道，协调二者之间的矛盾。因此，其工作效率和服务质量直接影响到企业产品的销售状况。

2. 物流公司

物流公司是指帮助企业储存、运输产品的专业组织。其基本功能是解决产销时空背离矛盾，提供商品时间效用和空间效用，适时、适地、适量地帮助完成商品实体从生产者到最终顾客的流转。

物流公司运送的商品实体既可以是供应商向生产企业提供的物资，也可以是生产企业出厂的产品，还可以是中间商的货物，以及整个价值链上商品实体的运送。所以，物流公司的运营成本、运送速度、安全性和方便性等因素将从不同角度来影响生产企业的营销活动。

中国物流行业即将进入行业内部资源整合阶段。尤其是零担物流市场极为分散，行业在经济下行及同行业同质化竞争的多方压力下，行业资源整合将是必然趋势。受益于电商行业的发展和物流基础设施的完善，消费者的消费需求得到进一步释放。2017 年，中国公路零担物流市场规模为 1.37 万亿元，同比增长 20%。

在云计算的基础上，公司的物流模式也有了很大发展。以京东为例，京东商城的物流配送服务主要分为四种模式：FBP 模式，由京东全权负责采购和销售；LBP 模式，商品无须入库，用户下单后，由第三方卖家发货到京东分拣中心，京东开发票；SOPL 模式，商品无须入库，用户下单后，第三方卖家发货到京东分拣中心，但由商家开发票；SOP 模式，商家直接向消费者发货并开发票。

3. 营销服务机构

营销服务机构指为生产企业提供营销服务，协助开拓产品市场及销售推广的各种机构。如营销调研公司、财务公司、广告公司和营销咨询公司等。这些机构提供的信息和服务可以帮助生产企业准确地进行产品定位，传递信息等，使企业的营销活动达到最佳效果，实现最大利润。

4. 金融机构

金融机构是协助生产企业融资和降低货物购销储运风险的各种机构。如银行、信贷公司、保险公司和其他具备这种功能的机构。

虽然金融中介服务机构不直接从事生产企业的商品流转的谈判、信息传递等商业活动，但随着市场经济的发展，生产企业与金融机构的关系越来越密切。信贷资金来源、企业间的业务往来、企业财产和货物的风险保险等都会直接影响企业的生产经营活动状况。与生产企业的营销活动有最直接影响的如货款的支付、产品价值保险等。

三、顾客

顾客是企业服务的对象，构成了生产企业的目标市场，也是一个直接影响营销决策的重要因素。由于顾客是企业产品的直接购买者，顾客的需求决定着企业市场的获得或丧失。

顾客市场根据不同的分类法可以可划分为不同的市场类型。如消费者市场、生产市场、中间商市场、政府市场等。不同类型市场中的顾客需求有着明显的差异，因此企业应当仔细研究其顾客市场。

消费者市场是由个人和家庭组成，仅为自身消费而购买商品和服务。生产市场购买产品和服务是为了进一步加工，或在生产过程中使用，得到新的产品再销售获利。中间商市场购买产品和服务是为了再次销售或租赁，以获取利润。而政府市场由政府机构构成，购买产品和服务用以服务公众，或作为救济转移支付。

当前，依托大数据技术的基础，大数据营销的核心在于让网络广告在合适的时间，通过合适的载体，以合适的方式，投给合适的人。积累足够的用户数据，才能分析出用户的喜好与购买习惯，甚至做到“比用户更了解用户自己”，这一点是许多大数据营销的前提与出发点。

四、竞争者

在现代市场经济中，生产企业不可避免地会遇到已有或潜在的竞争对手的挑战。从购买者的角度也可以观察到生产企业在其营销活动中面临的竞争者。

愿望竞争者，指满足购买者当前存在的各种愿望的竞争者。

平行竞争者，指能满足同一需要的各种产品的竞争者。如满足交通的需要可买汽车、两轮摩托车、三轮摩托车等，经营这些产品的企业构成了平行竞争状态。

产品形式竞争者，指满足同一需要的同类产品不同形式间的竞争者。如汽车的生产企业分别推出了不同种型号、式样或功能，这些企业间就形成了产品形式竞争。

品牌竞争者，指满足同一需要的同种形式产品的各种品牌之间的竞争者。如汽车有“奔驰”“丰田”“福特”等品牌，手机有“苹果”“华为”“小米”等品牌。

每个企业都应当充分了解目标市场上谁是自己的竞争者，竞争者的策略是什么，自己同竞争者的力量对比如何，以及它们在市场上的竞争地位和反应类型等。在竞争中取胜的关键在于知己知彼，扬长避短，发挥优势。

不过，一家企业如果仅仅注意品牌竞争，仅仅致力于在一定的市场上争夺较大的占有率，而忽略了抓住有利时机开辟新的市场或防止其产品的衰退，那就犯了“营销近视症”。

五、公众

市场营销中的公众是指对企业完成营销目标任务的能力有着实际或潜在影响的群体或个人。公众对企业的态度既可能有助于增强企业实现营销目标的能力，也可能妨碍这种能力。所以企业必须采取一定的措施，成功地处理与主要公众的关系，争取公众的支持和偏爱，为自己营造和谐宽松的社会环境。

企业所面临的公众主要有六类。金融公众主要包括银行、投资公司、股东等，金融公众对企业的融资能力有重要的影响。媒介公众指的是报纸、杂志、电台、电视台等传播媒介，掌握传媒工具，具有广泛的社会联系，能直接影响社会舆论对企业的认识和评价。政府公众指与企业营销活动有关的政府机构，如工商部门等。社团公众指与企业营销活动有关的非政府机构，如消费者组织、环境保护组织，以及其他群众团体。社区公众指与企业所在地附近的居民和社区团体等。社区公众保持和社区的良好关系，为社区的发展做一定的贡献，社区居民的口碑等能帮企业树立形象。内部公众是指企业内部的员工，包括管理者和一般员工，营销活动离不开他们的支持。

现代企业是一个开放的系统，在经营活动中必然与各方面发生联系，处理好与各方面公众的关系，是企业管理中一项极其重要的任务。因此，许多企业设有“公共关系”部门，专门负责处理与公众关系事务，这也是现代商品经济高度发展的产物。但是，企业如果把公关工作仅仅交给公关部门负责是不够的。所有员工，上至高层管理者，下至基层业务员；甚至电话总机接线员、门卫等人员，都应为建立良好的公共关系负责。

六、企业内部环境

虽然企业内部环境不属于微观市场营销环境的组成部分，但也是一项非常重要的内容。企业要处理好与以上微观环境的关系，就必须清楚企业内部的情况。企业是由各职能机构，如计划、财务、技术、供销、制造、后勤等部门组成的以营利为目的的经济单位。企业内部各职能部门的分工合作科学、和谐与否，会影响公司的整体经营活动。高层管理部门制定公司的经营目标、总战略和政策。营销部门依据高层管理部门的规划来做决策，而营销计划必须经最高管理层的同意方可实施。营销部门在制订计划时，应兼顾企业相关部门的要求或业务的开展，如最高管理层、财务、研究与开发、采购、生产、会计等部门。所有这些相互关联的部门构成了公司的内部环境。

营销部门必须与企业的其他部门密切合作。财务部门负责寻找、管理营销计划所需的资金；研究和开发部门研制安全而吸引人的产品；采购部门负责供给原材料；生产部门生产质量合格、数量充足的产品；会计部门核算收入与成本以便管理部门了解是否实现了预期目标。由此看来，这些部门对营销计划和行动将产生重大影响。同时，企业的外部环境因素也会影响到这些部门的业务运营。所以，这些部门都必须具有现代市场营销观念，即“想顾客所想”。

第四节 环境分析与营销决策

在网络技术高度发达的今天，环境对企业影响的即时性也越来越强。因此，企业应快速找到影响发展的因素，以便抓住机会，规避风险。

一、营销环境的威胁与机会概述

市场营销环境通过对企业构成威胁或提供机会而影响营销活动。

环境威胁（**Environmental Threats**）是指不利于企业营销的环境因素及其发展趋势，对企业形成挑战，对市场地位构成威胁。这可以来自于生产企业所置身的方方面面。如1997年国际经济形势的变化引发的东南亚金融危机，给世界许多国家的企业营销活动带来了负面影响。国内外环境保护呼声不断，许多国家实施严格的“绿色贸易壁垒”，致使生产企业面临的产品环保要求也不断提高，给产品生产企业带来严峻的挑战。美国等国要求提高纺织品关税和人民币升值，这无疑给中国的纺织行业和国际贸易企业带来了很大的威胁。

市场机会（**Market Opportunities**）指对企业营销活动富有吸引力和竞争优势的领域。同一个环境机会对不同的企业有不同的影响力。企业在每一特定的市场机会中成功的概率，取决于其业务实力是否与获得机会所需要的成功条件相符合。同时还与企业是否具备实现营销目标所必需的资源，以及企业是否能比竞争者利用同一市场机会获得较大的“差别利益”有关。如中国政府的政策允许个人从事外贸进出口业务，这将对那些需要对外营销的企业提供了很大的便利。

二、营销环境的威胁、机会的分析与评价

企业的市场营销战略工作是从分析企业的市场环境开始的。现代市场营销学认为，企业在制定和调整营销战略和计划时，要根据其掌握的市场信息，进行市场营销机会和环境威胁分析。如果发现企业面临着较多的环境威胁，就要制订应变计划，采取适当对策，以求得生存和发展。

（一）分析评价工具

对营销环境的威胁和机会分析评价可以是定性的，也可以是定量的，因此有多种工具可选。下面介绍一种凭经验、定性分析环境变化给企业带来的威胁和机会程度的简单工具，即波士顿矩阵图法。

波士顿矩阵图法是波士顿咨询公司设计出的帮助营销管理者得到环境带来的威胁和机会程度的初步判断结果的方法，它是一种简便、快捷的方法。

利用两个波士顿矩阵图，分析评价威胁程度和机会程度（见图2-2和图2-3）。

图2-2中的“影响程度”是指环境威胁给企业带来的利润下降程度，或市场减少程度等。图2-3中的“潜在吸引力”是指市场机会给企业带来的利润多少，或带来的竞争优势、提高程度等。

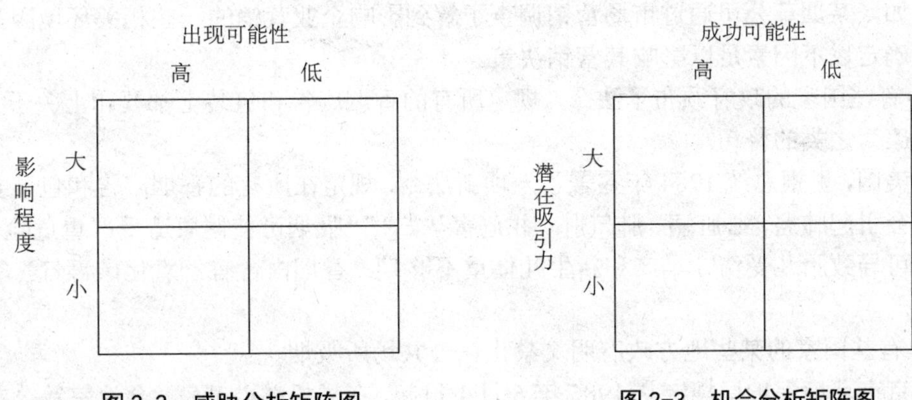

图 2-2 威胁分析矩阵图

图 2-3 机会分析矩阵图

（二）分析评价步骤

市场环境威胁和营销机会的分析与评价，主要经历筛选出影响营销的相关因素、区分威胁因素和机会因素、分析各因素出现的概率和影响程度、综合评价威胁和机会状态这 4 个步骤（见图 2-4）。

第一步，从收集到的信息中筛选出影响营销的相关因素。这是为了企业从各种环境因素中找出与本企业营销活动密切相关的那些重要因素，以便缩小范围。第二步，区分威胁因素和机会因素。这是将筛选出的重要因素针对企业特点，判断带来的“是威胁还是机会”区分开来，以便填入相对应的图中。同一种因素，对一家企业可能带来的是威胁，对另一家企业却是机会。第三步，分析各影响因素出现的概率和影响程度。这是指判定各因素给企业带来威胁或机会出现的可能性大小和影响程度状态，同时将其填入对应图中的相应位置上。对于不同的企业，就算都是威胁或机会，但也有可能出现的概率或影响的程度差异较大。第四步，综合评价威胁和机会状态。这是将所有筛选出的影响因素全部分析完，并分别填入图中相应位置上，再将两个图叠加分析得到威胁和机会程度总状态。

综合评价的结果可以有 4 种（见图 2-5）：一是理想业务（Ideal Business）即高机会低风险；二是冒险业务（Speculative Business）即高机会高风险；三是成熟业务（Mature Business）即低机会低风险；四是困难业务（Troubled Business）即低机会高风险。

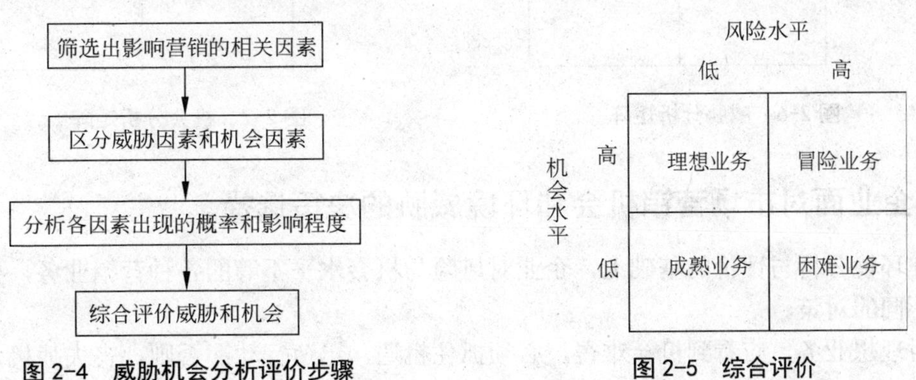

图 2-4 威胁机会分析评价步骤

图 2-5 综合评价

例如，某烟草公司通过市场营销调查了解到影响企业营销的一些相关环境因素，最后筛选确定以下因素足以影响其营销决策。

1. 有些国家的政府颁布了法令，规定所有的香烟广告和包装上都要印上关于“吸烟危害健康”之类的警句。

在美国，里根总统 1984 年签署了一项新法令，规定在所有的香烟广告和包装要印上“吸烟会引起肺癌、心脏病、肺气肿、并危害孕妇！”“吸烟可使健康遭受严重危险！”“孕妇吸烟可导致胎儿受伤、早产和新生儿体重不够！”“香烟内含有一氧化碳毒气”等四条警告之一。

2. 有些国家的某些地方政府明文禁止在公共场所吸烟。

北京市环境保护局规定从 1985 年 6 月 1 日起，在局机关办公室、会议室等公共场所禁止吸烟。台湾当局认定的公共场所还包括校园、公园里的所有地方。

3. 许多国家吸烟人数下降。例如，据统计美国成年人吸烟的比例从 1981 年的 37% 下降到 1983 年的 29%，一年中美国人少吸了 311 亿支香烟。

4. 这家烟草公司的研究实验室发明了用莴苣叶制造无害烟叶的方法。

5. 发展中国家的吸烟人数增加。例如，《控烟与中国未来——中外专家中国烟草使用与烟草控制联合评估报告》指出，调查显示，2010 年中国总吸烟人数为 3.56 亿，较 2002 年调查结果有所上升；现在吸烟者人数仍然为 3 亿，和 2002 年相比没有变化。

综合上述 5 条信息，对于这家烟草公司而言，前 3 条环境因素会造成环境风险，后两条环境因素则带来市场营销机会，使这家公司可能享有“差别利益”（见图 2-6 和图 2-7）。

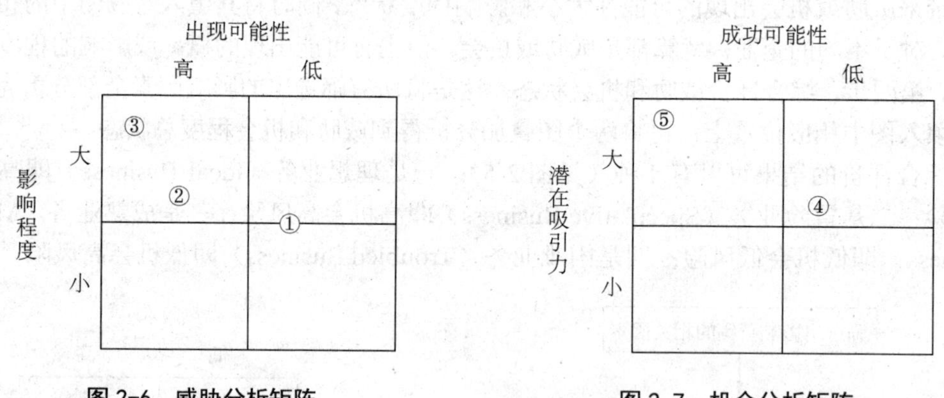

图 2-6 威胁分析矩阵

图 2-7 机会分析矩阵

三、企业面对市场营销机会和环境威胁的决策选择

在环境分析与评价的基础上，企业对风险与机会水平不等的各种营销业务，要分别采取不同的对策。

对理想业务，应看到机会难得，必须抓住机遇，迅速行动；否则，丧失战机，将追悔莫及。

对冒险业务，面对高利润与高风险，既不宜盲目冒进，也不应迟疑不决，以免坐失良机，应全面分析自身的优势与劣势，扬长避短，创造条件，争取突破性的发展。

对成熟业务，机会与威胁处于较低水平，可作为企业的常规业务，用以维持企业的正常运转，并为开展理想业务和冒险业务准备必要的条件。

对困难业务，要么努力改变环境，走出困境或减轻威胁，要么立即转移，摆脱无法扭转的困境。

分析评价市场营销环境，目的是为了制定应变对策。由于各个企业的具体情况不同，在同样的市场营销环境变化中，应变对策也不能一样，因此很难确定一种固定模式。

（一）企业对市场营销机会的决策选择

市场机会实质上是“未满足的需求”。随着需求的变化和产品生命周期的演变，会不断出现新的市场机会。因此，企业既要注意发现目前环境变化中的市场机会，也要面对未来，预测未来可能出现的需求或大多数人的消费倾向，发现和把握未来的市场机会。对于不同企业，环境机会并非都是最佳的，与理想业务和成熟业务有关的机会才是最适宜的。

另外，企业通常都有其特定的经营领域，因此只有出现在本企业经营领域内的市场机会（即行业市场机会）才是最佳的。对于出现在不同行业之间的市场机会即边缘市场机会，把握难度更大。但是，行业与行业之间的边缘地带存在的市场空隙却是企业可发挥自身优势的地方，成为企业生存、发展的有利区域。

高层管理者对企业所面临的市场营销机会必须慎重地评估。美国著名市场营销学者西奥多·莱维特曾告诫企业家们，要小心地评价市场机会。“这里可能有需求，但是没市场；这里可能有市场，但是没有顾客；这里可能有顾客，但目前实在没有市场”。又如，“这里对新技术培训是一个市场，但是没有那么多的顾客购买这种产品。那些不懂得这种道理的市场预测者，对于某些领域（如休闲产品、房地产等）表面上的机会曾做出惊人的错误估计”。

（二）企业对环境威胁的决策选择

企业面临环境威胁，主要有三种可以选择的对策。

对抗策略也称抗争策略。试图通过自己的努力限制或扭转环境中不利因素的影响。如通过各种方式促使（或阻止）政府通过某种法令，或与有关权威组织达成某种协议，促使某项政策或协议的形成，以抵消不利因素的影响。

减轻策略也称削弱策略。企业力图通过改变自己的某些策略，降低环境变化带来的威胁对企业的负面影响。

转移策略也称转变或回避策略。指企业通过改换受到威胁的主要产品的现有市场，或将再生产投资方向转移，避免环境变化对企业的威胁。三种不同的“转移”方式：企业目标市场的转移；企业置身行业的调整；企业依据环境的变化，放弃原有的主营产品或服务对象，将主要力量转移到另一个新的行业中。这三种“转移”的转移程度或转移代价依次递增。

上面案例中，烟草公司对环境威胁有两种策略可用。一是采取减轻策略，利用营销策略，在积极宣传公共场所严禁吸烟的同时，在不同的场合寻找合适的地点设立吸烟区。二是采取转移策略，在吸烟人数下降的国家减少香烟业务量，将再生产资金投入到诸如食品、饮料或保健品生产等业务中。

2-4 环境分析工具和流程

本章重点术语

市场营销环境 Marketing Environment
市场营销宏观环境 Macro-Environment
市场营销微观环境 Micro-Environment
人口环境 Population Environment
经济环境 Economic Environment
个人可支配收入 Disposable Personal Income
个人可任意支配收入 Personal Discretionary Income
自然环境 Natural Environment
绿色消费 Green Consumption
绿色营销 Green Marketing
技术环境 Technological Environment
政治环境 Political Environment
法律环境 Legal Environment
压力集团 Pressure Group
文化 Culture
核心文化 Core Culture
亚文化 Subculture
供应商 Supplier
竞争者 Competitor
环境威胁 Environmental Threats
市场机会 Market Opportunities

思考题

1. 营销者应该怎样对待营销环境的变化？
2. 宏观市场营销环境包括哪些因素？各有何特点？
3. 微观市场营销环境包括哪些因素？各有何特点？
4. 结合实际，谈谈人口因素目前对中国企业营销活动的影响。
5. 为什么营销人员要重视消费者可任意支配的个人收入量的变化？
6. 如何利用恩格尔定律来帮助营销管理者进行市场变化分析？
7. 目前的互联网特别是手机移动端对企业营销活动有哪些影响？
8. 压力集团与政治力量对企业营销活动的影响有何不同？
9. 绿色营销有何特点？
10. 什么是营销环境机会与环境威胁？
11. 如何进行市场营销机会与环境威胁分析？

本章案例

中国的宏观市场环境

中国国务院发展研究中心在2008年金融危机之后对在华外企进行调研分析后认为，从国际比较的视角看，未来十年，中国是世界上唯一兼具本土大市场与综合低成本的国家。

2012年，欧洲老牌金融家族罗斯柴尔德旗下的洛希尔集团中国总部落户天津，全球最大太阳能项目开发商德国沃尔索太阳能牵手中国行业巨头英利开发电站，法国老佛爷百货在京城第一家商场的筹备进入冲刺阶段。这些企业同时大规模地进入中国，不仅是把中国看成从“世界工厂”转变为“世界市场”。中国有占世界总人口近1/5、约13.7亿人口的大市场。在2008年金融危机以来，欧洲经济不景气、需求萎缩，中国经济却保持了继续向前的发展态势。对于世界其他国家的企业而言，在中国可能寻找到更多发展机会。

中国商务部2019年1月中旬发布的数据显示，2018年1—12月全国新设立外商投资企业60 533家，同比增长69.8%；实际利用外资8 856.1亿元人民币，同比增长0.9%，实际利用外资创历史新高。制造业实际利用外资同比增长20.1%，占比为30.6%，较上年提高4.8个百分点，其中高技术制造业同比增长35.1%。

过去的十多年里，中国这个“世界工厂”经济发展保持高速增长，能源资源需求量也保持快速增长。国家统计局发布《2018年国民经济和社会发展统计公报》显示，全年能源消费总量46.4亿吨标准煤，比上年增长3.3%。煤炭消费量占能源消费总量的59.0%，比上年下降1.4个百分点；天然气、水电、核电、风电等清洁能源消费量占能源消费总量的22.1%，提高1.3个百分点。2018年，煤炭和天然气都是世界最大的进口国。依据海关总署的数据，2017年中国原油进口量突破4亿吨，攀升至41 957万吨，较2016年增长了10.1%，并创历史新高；2017年全年进口成品油2 964万吨，较2016年增长6.4%。2017年，中国天然气进口量为6 857万吨（约为956亿立方米），与上年同期相比增长26.9%，对外依存度由上年的34.8%增至38.8%。新能源汽车销量继续保持了较好的发展势头，但尚不足以对石油消费产生实质性的影响。

2018年，贝恩咨询发布的《中国企业境外并购报告》将中国企业海外并购分为三大阶段。第一阶段，2008—2012年，以收购自然资源储备为主的交易阶段；第二阶段，2013至2015年，以输入技术和品牌为重点的交易阶段；第三阶段，2016—2017年，以赢在国内和输出海外为目的的交易阶段。

随着中国经济全球化进程的加快，中国的经济体制改革和法制环境也更为深入和完善。在与国际完全接轨的同时，人们对外资外企开始有新的认识。在众多行业，中国已不再是一个“新兴市场”，外资企业维持高利润率（15%～20%）的日子已一去不复返。GE有关部门负责人认为，“以前我们是财大气粗，但是现在情况完全改变了，中国市场已经完全是本土品牌的天下。”2012年10月，阿迪达斯关闭了它在中国的最后一家直属工厂；苹果公司CEO蒂姆·库克表示2013年要率领富士康把一条生产线迁往美国；星巴克也准备关闭其中国工厂，把其经典陶瓷杯的生产转回美国本土；在青岛的14家韩国饰品外资转身返回韩国投资。这些都显示出外企在中国开始新的定位洗牌。

一些外资开始迁厂到东南亚国家。越南、柬埔寨、菲律宾等国推出优惠政策的同时，又以相对于中国低廉的人工费用吸引外资。但企业在选择加工地点时，低成本并不是唯一评价标准。优良的产业环境、熟练的操作工人等因素同样不可或缺，这正是中国企业的强项。“别提了，之前把服装厂迁到越南，但是在那边做生意必须面临政策变动等风险。而且由于天气炎热，当地人经常迟到，手工更是没法和中国比。”一位从事外贸加工的企业家抱怨。

GE 公司 2013 年 1 月 18 日公布了委托全球著名独立调查公司 Strategy One 展开调查的结果。第三届年度“全球创新趋势报告”显示，中国首次超越日本，位列第三。中国市场的明显特征是全球创新的本土化，这一点远高于美国、德国、韩国、日本等其他创新性较强的国家。这项调查是针对 25 个国家和地区的 3 100 位职位在副总裁及以上，并直接参与公司的创新及决策的高级主管。受访者的 28%是所在公司的核心高管。报告分析认为，中国的环境有助于创新。灵活多样的商业模式、强大有力的政府支持、不拘一格的人才策略和广泛开放的国际合作，是中国创新取得成功的四张王牌。同时，中国企业高管对社会总体支持创新的满意度较高，公众日益认识到创新对日常生活的价值，也认识到创新将伴随着风险，年轻一代愿意投身于创新实践。

2012 年以来，外资企业关闭实体店越来越引人注目。截至 2018 年，在 6 年时间里，百盛一共在国内关闭了 19 家店面。2014—2015 年，伊藤洋华堂关闭了包括望京华堂在内的 4 家百货商店。2016 年 11 月初，英国老牌零售商玛莎百货宣布其在中国内地市场全部 10 家门店将关闭，此时距玛莎百货在北京开出的首家门店还不到一年时间。New Look 在 2014 年进入中国市场，虽然比 Zara 晚一大步，但是并不影响它在中国市场的迅速扩张，在 2015 年甚至信誓旦旦地提出“3 年 500 家店”的口号，但到 2019 年在中国市场的店铺数量没有突破 200 家。沃尔玛、家乐福、麦德龙等公司都在中国市场有过关店或调整的经历。例如沃尔玛一度在部分区域关店，并减缓了在中国市场的开店速度。

与此同时，以阿里巴巴、腾讯和京东等为代表的中国互联网公司则积极线上线下发力，中国品牌日益受到消费者欢迎。2018 年，全球共有 22 家企业被列入超级独角兽阵营，其中，蚂蚁金服以高达 1 500 亿美元估值位列第一。《中国独角兽报告：2019》榜单中可以看出，大约 50%的企业或多或少与阿里巴巴、百度、腾讯、京东等互联网巨头有关联，估值前十企业与巨头关联程度高达 100%。基于互联网的生活性服务企业，几乎可以涵盖居民生活的方方面面，金融理财有陆金所、蚂蚁金服，手机支付有微信、支付宝，吃饭外卖有美团外卖、饿了么，旅行服务有携程，交通出行有滴滴、摩拜，看电影有猫眼、格瓦拉……

以音乐市场为例，过去听音乐要购买磁带、CD，今天发生了很大的变化。随着网络时代的到来，相比较其他音乐方式而言，数字音乐在获取、价格以及支付等方面都有着得天独厚的优势。数字音乐从 2014 年开始进入稳步发展时期，2017 年已经拥有了 180 亿元的市场，从市场份额上占比也达到了惊人的 75%，成为最主流的音乐产品消费方式。目前，音乐类 App 市场份额主要由 QQ 音乐、酷狗音乐、酷我音乐、网易云音乐四家瓜分，其中前三家都是腾讯系。

例如，网易云音乐是一款由网易开发的音乐产品，在线音乐服务主打歌单、社交、大牌推荐和音乐指纹，以歌单、DJ 节目、社交、地理位置为核心要素，主打发现和分享。大数据显示，网易云音乐消费者年轻以及追求时尚的特征，产品主要的使用场景为用脑度低的情景，例如健身、看杂志、排队和睡觉前等。网易云音乐区别于传统音乐软件的最大特点是融入社交属性并拥有优质的评论区。用户除了听歌以外，更爱聊音乐。歌单、乐评、个性化推荐、朋友动态等产品创新设置，让云音乐用户围绕音乐形成了互动密切的社区。实际上，有超过一半的用户已经习惯边听音乐，边看评论、写评论再分享。不少优质 UGC 歌单（用户生成的歌单）和乐评，传播到站外依然很受网民欢迎，就连广告圈的朋友们都感慨“十年文案老司机，不如云音乐段子手”。此外，以歌单为单位进行歌曲查找，相对于以单曲为单位而言也会实用得多。

2017 年 5 月，《国家“十三五”时期文化发展改革规划纲要》的颁布，明确了音乐产业发展工程的重要地位。2018 年 3 月，为贯彻落实《国家新闻出版广电总局关于大力推进我国音乐产业发展的若干意见》的文件精神，鼓励支持音乐产业优秀项目的实施，受原国家新闻出版广电总局的委托，人民音乐出版社正式启动了“国家音乐产业优秀项目奖励计划”。

从 2015 年开始，版权局开展规范网络音乐版权专项整治行动，加强对音乐网站的版权执法监管力度，严厉打击未经许可传播音乐作品的侵权盗版行为。另外，还推动网络音乐版权广泛授权。2019 年初，协调腾讯音乐和网易云音乐版权相互授权，授权率达到了 99%。

2018 年 9 月，QuestMobile 发布最新报告《2018 中国移动互联网在线音乐行业报告》。报告显示，截至 7 月份，在线音乐整体人群渗透率超过了 70%，在整个泛娱乐领域仅次于视频。用户整体付费意愿也接近 60%，其中，25～35 岁区间用户付费意愿强烈。如此一来，行业争夺也就更加激烈。7 月，酷狗音乐、QQ 音乐、酷我音乐月活跃用户分别为 3.5 亿、2.9 亿、1.3 亿，相比之下网易云音乐月活跃用户只有 1.2 亿。2018 年 11 月，网易云音乐完成 6 亿美元的 B 轮融资，2018 年 12 月 12 日，腾讯音乐娱乐集团在美国纽约证券交易所挂牌上市。

小训练

宏观环境分析。3～5 人为一小组，各组选定某一企业；然后小组成员分工，针对所选企业，利用图书馆、互联网等查找资料，配合一定的实地调查、观察等方式收集资料。小组成员对所掌握的资料进行集体讨论，并利用波士顿矩阵图进行分析。

资料分析能力训练：利用波士顿矩阵图分析企业的机会与威胁状况。

[附二] 企业营销环境分析纲要

1. 宏观环境分析

（1）人口环境

主要从人口规模、人口增长速度（如增长率）、人口结构（如年龄、性别、学历、家庭结构等）、人口的地理分布特征方面分析。最好用数据、图表说明。

（2）经济环境

主要从消费者个人或家庭情况和社会经济发展水平情况两个方面进行分析。

消费者个人或家庭情况包括消费者收入、消费者支出、消费者储蓄、信贷，或家庭平均收入等的变化状况。

社会经济发展水平包括国民生产总值或国内生产总值、人均国民生产总值或国内生产总值、国民平均收入等，以及发展变化情况。

（3）自然环境

包括物质自然环境、地理环境、环境保护状况等。

（4）科学技术环境

（5）社会文化环境

（6）政治和法律环境

2. 微观市场营销环境分析

（1）供应商

（2）营销中介

（3）顾客

分为消费者市场、企业市场、经销商市场、政府市场、国际市场。

（4）竞争对手

（5）公众

金融公众、媒介公众、政府公众、社团公众、社区公众、内部公众等。

3. 关键环境因素分析与营销对策方向

（1）找出影响企业营销的相关环境因素

（2）确定各影响因素的重要程度

（3）优势与劣势分析

（4）企业对市场营销机会和环境威胁的反应

本章参考文献

[1] 纪宝成.市场营销学教程（第 6 版）[M]. 北京：中国人民大学出版社，2017.

[2] [美]加里·阿姆斯特朗，菲利普·科特勒. 市场营销学（第 12 版　全球版·中国版）[M]. 王永贵，郑孝莹等，译. 北京：中国人民大学出版社，2017.

[3] [美]菲利普·科特勒，加里·阿姆斯特朗. 市场营销：原理与实践（第 16 版·全新版）[M]. 楼尊译. 北京：中国人民大学出版社，2015.

[4] 吴健安，聂元昆，郭国庆等. 市场营销学（第六版）[M]. 北京：高等教育出版社，2017.

[5] 郭国庆.市场营销学通论（第 7 版）[M]. 北京：中国人民大学出版社，2017.

[6] 郭国庆，陈凯. 市场营销学（第 6 版）[M]. 北京：中国人民大学出版社，2019.

[7] 发改委：中国消费需求持续增长 高品质消费潜力巨大，http://finance.sina.com.cn/roll/2016-12-12/doc-ifxypcqa9347682.shtml，2016 年 12 月.

[8] 埃森哲：2018 埃森哲中国消费者洞察报告，http://www.sohu.com/a/234637909_204078，2018 年 6 月.

[9] 决定中国未来消费市场的，是这两个关键的人口结构因素.国泰君安证券研究微信公众号，2018

年 12 月.
[10] 联合国报告:2050 年世界人口将达 98 亿 7 年后印度人口总数将超中国,http://world.people.com.cn/n1/2017/0622/c1002-29356042.html，2017 年 6 月.
[11] 2019 年春运专题，http://society.people.com.cn/GB/369130/424316/index.html，2019 年 3 月.
[12] 直击 2 135 亿！天猫双 11 最终成交额再破纪录，https://tech.sina.com.cn/i/2018-11-12/docihnstwwq7576550.shtml，2018 年 11 月.
[13] CNNIC:2019 年第 43 次中国互联网络发展状况统计报告,http://www.199it.com/archives/839540.html，2019 年 2 月.
[14] 吴琼. 京东商城的物流模式 [J]. 企业管理, 2015(8)：79-80.
[15] 伊文. 福特印度公司为贬低女性广告道歉 [N]. 环球时报，2013-03-26.
[16] 2018 有惊无险 中国企业境外并购进入全新阶段，https://baijiahao.baidu.com/s?id=1614108051520713932&wfr=spider&for=pc，2018 年 12 月.
[17] GE 发布 2013 全球创新趋势报告中国超越日本跻身三甲. http://all.vic.sina.com.cn，2013 年 1 月 18 日.
[18] 外资零售关店撤离潮来袭，听听沃尔玛、家乐福、麦德龙怎么说，http://dy.163.com/v2/article/detail/DVKUT96I0519DDQ2.html，2018 年 11 月.
[19] 中国独角兽报告：2019, https://baijiahao.baidu.com/s?id=1627308078500240663&wfr=spider&for=pc, 2019 年 12 月.
[20] 2018 中国音乐产业发展报告，https://baijiahao.baidu.com/s?id=1620435994855362418&wfr=spider&for=pc, 2018 年 12 月.

自测题

第三章

市场与购买者分析

本章概要

本章目的是让学习者了解不同市场的购买者和购买过程变化特征。为营销管理者分析市场特征提供思路,针对不同的购买者群制定不同的营销决策方案提供决策方向。在对不同类型市场的特征介绍后，重点详述了消费者市场的购买心理和行为过程及状态，以及影响消费者购买心理和行为产生变化的可能因素。对组织市场即工业品市场购买过程进行了叙述。提供研究顾客关系管理的基本理论和大数据分析案例。

第一节 市场类型研究

营销决策管理者必须有对市场的理解和认识。随着社会和经济的发展，居民的需求不断提高，市场发生的新变化，企业决策者必须及时了解和掌握，以便进行营销管理决策的调整。例如，随着中国居民收入水平的提高，人们对身体健康越来越重视。阿里巴巴集团根据天猫网络平台销售大数据分析后发现，在高端健身器材方面，50 岁以上消费者是主力军，其中女性占比达到 64%。同时，老年女性的健身方式朝着“刚”的方向变化，跑步机、哑铃和划船机等使用需求加大；老年男性变得“和缓”很多，瑜伽和模特队活动参与率加大。这些信息有助于研究消费者群体特征，为生产经营者的决策调整提供有效参考。

不同的学科，会从不同角度对市场进行认识和理解，不同专业的学者也从不同的角度给出了不同的定义和解释。例如，经济学家站在宏观的角度，看到了市场里的买方和卖方，看到了买卖双方的供给活动和关系。从市场表现出的空间形式，可以将市场理解为商品交换的场所，即买卖者发生作用的地点或地区。从市场的需求特征考虑，可以将其理解为是某类商品需求的总和，包括现实的需求和潜在的需求。从供求关系角度考虑，市场是买卖力量的集合，是商品供求双方力量相互作用的总和。从社会整体考虑，市场是商品流通领域，反映的是商品流通全局，是交换关系的总和。

站在经营管理的角度，营销学将市场看成买方的集合，将买方作为研究的目标。这样，从市场营销角度考虑，市场不仅表现出其表面的特性，即需求的集合；而且还应该有其内在的特性，即满足需求的条件，如欲望等。所以，**市场（Market）**首先由人组成，人作为消费者，购买力和购买欲望，甚至是购买目的等因素都是市场营销应该研究的。市场内涵模型见式（3-1）。

$$市场=人口数量+购买力+购买欲望 \tag{3-1}$$

一、市场分类

为了便于营销决策和管理，还需要知道市场的各种类型，以便深入了解各类型的特征。市场的分类可以有多种标准，如地域范围、竞争状态、企业的管理地位、分销渠道涉及范围以及交易的产品类型等。

从市场的地理位置分布考虑，可以分为东部、南部、西部、北部以及中部市场。中国幅员辽阔，从行政区域上可以划分为东北市场、华北市场、华东市场、华南市场、中南市场、西南市场和西北市场等。

从竞争战略角度考虑，根据市场的吸引力与竞争优势状态分类，市场可以分为竞争性市场、发展性市场、利基性市场和待开发性市场。

从企业管理地位不同分类，利用“基础—销量”指标市场可以分为根据地市场、攻坚市场、防御市场和候补市场。

利用企业分销渠道涉及的“长度”可分为一级市场、二级市场、三级市场和四级市场。在中国，一级市场为直辖市和各省会城市构成的市场，二级市场常指省辖市市场，三级市场为县及县级市市场，四级为各村镇形成的市场。

根据企业供应的产品主体功能功效，可以把市场分为家电市场、通信市场、计算机电子市场、服装市场、汽车市场、医药市场、房地产市场和珠宝市场等。

根据市场中经营产品的种类，可以将市场分为专业市场、综合市场。

根据购买者不同，市场可以分为消费者市场与组织市场。**消费者市场（Consumer Market）**是购买商品或服务的消费者个人所构成的市场。该市场中的购买者购买的目的是个人或家庭消费。**组织市场（Organized Market）**，指购买商品或服务的不同组织所构成的市场。该市场中的购买者是某种组织，目的是为从事生产、销售等业务活动，或政府部门和非营利组织为履行职责而购买产品和服务所构成的市场。

二、消费者市场特征

消费者市场是一个庞大的市场。从某种角度可以认为世界上有多少人口数就有多少个消费者。世界人口日（World Population Day，1989年联合国发展规划署理事会在第89/46号决定中建议国际社会把每年的7月11日定为世界人口日）源于1987年7月11日，世界50亿人口日。1999年10月12日，联合国确定世界人口达到60亿。2011年10月，世界人口达到70亿人。从消费活动来看，这是一个巨大的市场。通过掌握这个巨大的消费市场的一般特性，可以帮助营销者设计有效的营销方案。

消费者市场不仅有其自身的市场变化特征，而且这些特征会通过不同的方式影响到组织市场。同时，大多数消费者市场有其共性特征（也称为一般性特征），也有其特殊性特征。

（一）一般特征

购买人数多，总需要量大。每个人都需要满足自己的需求，无论是生理上的需求，如基本的吃饭、穿衣、住房等，还是尊重的需求，如学习、交友等，都离不开购买所需的产品或服务。况且，重复购买使需要量增加。

购买者分散，少量多次购买。由于不同的消费者，其居住地和工作场所在不同的地方，或购买时间不同，导致购买行为地点或时间的不同。由于消费者购买力或储备空间等问题而致使购买商品或服务一次购买量小，利用不断重复地购买来实现需求的满足。人们习惯于食用新鲜蔬菜，所以通常会一次购买近一两天的用量。据国家统计局公布的数据显示，2018 年“双 11”活动 7 天里在各网络上下单购买的商品通过快递企业配送的邮（快）件有 18.82 亿件。通过大数据分析发现，甘肃省最高单日处理量居全国首位，突破 300 万件，最受欢迎的产品是干红枸杞、兰州百合、八宝茶、西北牛羊肉、特色果蔬、干红葡萄酒等甘肃土特产。

需求具有扩张性。需求的扩张性可以从需求物品和需求数量两方面进行。一是消费者需求的物品会不断地发生变化，导致需求扩张。二是因为需求量的增加，致使需求扩张。如人们生活中，普通居家商品的消费量小于出门旅行的消费量，而朋友聚会等活动也会提高某些商品或服务的消费量。

需求具有明显差异性。这个特性是由每个消费者的生理需求特征、生活和工作的特殊性，以及鲜明的个性所导致的。

需求具有可诱导性。从指消费者自认为不需要而诱导其需要，从需要量小经诱导而增多。还可以诱导致使需要的时间周期变短。

需求具有替代性。满足某种需求可以从不同的角度、不同的形式等方面来满足。因此，对于同一种需求可以使用不同的产品或服务来替代。

（二） 变化趋势

消费方式与生活方式趋于统一。随着收入的不断增加，人们的消费方式与其生活方式越来越统一。如在饮食上，“打牙祭”这个词逐渐退出。

绿色消费趋势。人们的消费活动不仅注意基本功能需求的满足，而且还关注产品对人身健康、生活环境的影响。如转基因产品对人类健康的争论和研究已经持续了若干年，世界上许多国家对转基因产品都持保守谨慎态度。

个性化趋势。每个消费者都有着自己的消费需求。当科学技术的发展、生产水平提高到一定程度时，满足消费者的个性化需求就在不同程度上开始体现。如戴尔公司网站上的个人计算机销售，让购买者根据自己的需求，装配个人所需的计算机。海尔提供的定制服务包括冰箱开门的方向改变（如使用左手者）、空调摆放位置不同（如不使用时可以拆卸、推进储藏室保存）的特殊需要等。网络新技术的应用使得消费者的购物平台不断拓展和延伸，更加方便了企业与消费者的沟通，为企业提供了更加容易实现的定制市场机会。例如，“每日优鲜”以小时为单位确定送货到达时间，可以为购买量小的顾客提供不同品种小分量的水果销售，甚至把切分去皮后的水果拼盘销售，满足了水果消费量小却想品尝多种水果的顾客的需求。

一站式消费趋势。即集购物、娱乐、休闲等为一体的消费模式。这种方式已在世界许多发达国家和新兴市场经济国家发展起来。据中国大连万达商业管理集团股份有限公司网站介绍，截至 2018 年年底，该公司在中国投资建设了 280 个万达广场，以满足消费者的购物、娱乐、休闲一体化的需求，年客流量达 38 亿人次。

回归本真趋势。随着中国国民消费结构不断升级，从最初的追求温饱，到追求品牌和个性化消费，再到现在的“理性化、平衡价格与品质”。知萌咨询在《2019 中国消费趋势报告》中认为：中国消费趋势未来更多关注“回归本真”的体验，即专注产品的本质，关注价值的提升，在各个细分领域做得更加“精专化”。

消费特征和消费趋势会从不同的角度对企业的营销战略和策略决策产生不同程度的影响，尤其是影响组织的原材料采购、新产品设计等，甚至影响营销管理模式。

三、组织市场特征

组织市场是以组织为购买单位的购买者所构成的市场。就买主而言，消费者市场是个人市场，组织市场则是法人市场。组织市场的购买与消费者市场有着明显的差异。组织市场的购买者（即顾客）常常被称为“客户”。组织市场有以下几个特征。

客户少而购买规模大。组织是由多个人为了某种目的而建立起来的。因此，组织市场客户数量少，但是一次购买量大或购买金额大。如 2004 年海尔集团联手台湾企业进军欧美液晶电视市场，从台湾采购总额最高达 5 亿美元额度的液晶电视机屏，约为 30 万台至 50 万台。中国的 IT 产品中间商宏图三胞、英迈于 2008 年采购了 40 万台海尔计算机，采购金额总计约 20 亿元。

地理区域集中。我国计算机生产基地主要集中在北方的北京地区、南方的广东地区，因而生产计算机所需的配件生产地将会围绕该两地布局，以减少运输成本。

组织市场的客户需求主要是衍生需求，一次性购买规模大，一旦市场发生变动，其原材料、零部件等的采购波动将会很大。如 2007 年欧美市场的消费规模萎缩，中国生产伞的厂家接收的订单数量大大减少，致使伞厂对制伞用料的需要大大下降。

着重人员销售，互惠现象明显。组织市场的购买活动是根据本组织的生产特性而进行的，买什么原材料、零部件等与其生产的产品关系密切，因此专业性很强。同时，一次购买量和交易金额大，购买的物资技术含量高，因此需要销售人员积极参与，甚至需要技术人员参与，这就形成了以直接销售方式为主，专业购买行为明显的特征。如制药厂生产硼砂洗液，需要购进医药卫生许可级别的硼砂原料，而玻璃生产企业生产玻璃也可能需要硼砂，因而只需要购进工业用级别的硼砂原料即可。这不仅在生产环境的卫生条件、硼砂原料的纯度级别等方面有着很大差异，也会在购买成本上产生不小的差异。

购买过程更加规范化。组织市场的购买活动，专业性强、单位价值量高、购买量大，导致购买过程的规范化程度提高。

租赁比例更高。因为单位价值量高，而出现需要使用但又不便购买或买不起的可能性加大，所以租赁情况出现。

从欧洲光伏企业制裁与反制裁中国的冲突中可以看出，企业类组织间的关联程度很高、互惠现象明显、需求波动较大。欧洲贸易委员会于 2012 年的 9 月和 11 月启动了对从中国进口的太阳能电池板的反倾销和反补贴调查，因为中国的太阳能电池板的价格比欧洲竞争对手的低 20%至 30%，市场占有率增至约 6%，欧洲对手赤字连连，欧洲企业认为侵害了他们的利益。

但是，总部设在德国的欧洲评价太阳能联盟于 2013 年 4 月 16 日向欧洲贸易委员会的委员德古赫特发出公开信，认为欧盟市场上的太阳能光伏产业链价值的 70%在欧洲，上下游供应商创造产值约 400 亿欧元，贡献了 26.5 万个工作岗位。而主张制裁中国太阳能厂家的企业最多不过有 8 000 个工作岗位。因此，“如果欧盟对中国太阳能电池板的反倾销和反补贴调查最终决定实施惩罚性关税，可能对欧洲光伏企业产生巨大的负面作用，危及整个太阳能产业链，阻碍欧洲太阳能行业增长。”

欧洲评价太阳能联盟发出的公开信，得到了欧洲 20 多个国家 700 多家光伏企业，1 024 名企业高管的联名支持。有人认为，针对中国太阳能产品的惩罚性关税有违自由竞争原则。关税惩罚只能带来短期成效，但无法承担与中国展开贸易战的后果。即欧洲太阳能市场价格将快速提高，甚至影响欧盟的再生能源政策。

无论是消费者市场还是组织市场的变化特征，都可以从过去的购买行为活动信息中获得。组织市场的特征大都可以从企业的信息化平台中获取、分析，如获得供应商、中间商的购买行为特征等，企业的管理信息系统可以充分发挥作用。而对消费者的活动信息也可以通过网络购物平台、银行支付平台等爬取后进行分析。因此，大数据分析的方法和工具对从微观到宏观方面的市场研究具有非常好的功能。

综上所述，消费者市场与组织市场有着明显不同的特征，其变化趋势也有着很大差异性。因此，企业面对不同的消费者群体，应采用不同的营销方案。

3-1 消费者市场的概念特征，并与组织市场的对比

第二节 消费心理及行为分析

市场是由人口、购买力和购买欲望这三个要素组成的。宏观环境因素中的人口总数、收入和价值观等会影响这三个要素，使市场随之发生变化。而消费者的心理活动变化和购买行为特征的集合就成为购买力和购买欲望等要素的体现。因此，消费者的消费心理及行为是消费者市场产生变化的归结点，也成为企业营销决策管理研究的基础内容之一。

一、消费心理概述

（一）基本概念

消费者心理（Consumer Psychology）是消费者在满足需要活动中的思想意识，也称为消费心理。消费者心理支配着消费者的购买行为。例如，20 世纪 80 年代初，日本的家电生产企业大举进军中国市场前，对中国市场进行了详细的调查。发现中国消费者表现出的“面子”行为对商品销售与普及率的影响很大。产品普及率大约在 30%左右时，“面子”开始起到重要作用，从而影响他人的购买行为。因此，销售商认为可以通过一些手段来影响消费者的心理活动，推动日本家电产品在中国市场上快速地被接受。

（二）消费心理组成要素

消费心理的产生受诸多因素的影响，其中有三个关键要素。也就是常说的三个关键组成要素：过程、状态和特性。

过程是指人在内、外界相关因素刺激下，产生消费心理现象的程序。这个过程的产生是由 5 个因素共同作用的结果。或者说这 5 个因素会影响过程的发展方向。

第一个是动机。这是一种无法直观的人的内在力量，是购买行为产生的原动力。人的动机产生是受人的“需要”影响的。不同内容的“需要”，会产生不同内容的动机；不同层次的“需要”，会形成不同层次的动机。因此，刺激使得“需要”产生就可以促使人们采取消费或购买行动去满足“需要”。

第二个是感觉。人们时时刻刻都在通过视、听、嗅、味、触五种感官来接受外界的刺激物或情景信息，做出相应的反应或得到相应的印象。因此，充分利用这五种感官接受外界的刺激信息，如政策信息、价格信息等，就有可能使得人们加速产生“需要”，或提高对某种“需要”的迫切程度，最终导致采取消费或购买行动。

第三个是学习。人们通过对生活经历、商品知识的积累来获得丰富的消费或购买信息。通过学习，使得人们不断地储备消费或购买经验。这种学习的结果最终会引起个人购买行为的改变。

第四、第五个分别是信念和态度。信念和态度是人们在思想上是否相信某种事物和对某种事物的看法。信念和态度往往造成人们缺乏一定的思考而产生行为。即由习惯性而导致消费行为产生。

状态是指在一段时间内的持续稳定性，是消费者心理现象表露的持续稳定的阶段。如天气降温人们需要御寒，直到这种需要被满足。也可以是这种需要由于自身抵抗能力增强而逐渐消失，或因天气回暖自然环境变化而消失。

特性是指消费者表现的相对较稳定的消费需要倾向。如天气降温需要御寒衣物，工作遇到问题需要解决方案等。

二、“需要”对消费心理的影响

“需要”是产生动机的根本出发点，所以对“需要”的研究是研究消费心理活动变化的最基本内容。

消费者的需要，既可以来自自身，也可以来自外界的影响。需要可以有很多具体的内容。如因饥饿而需要食品，因天气降温而需要添衣，因大多数人已有某种物品而产生心理需求。著名的管理学家亚伯拉罕 · 马斯洛（Abraham H.Maslow）提出了“需要层次”理论（The Hierarchy of Needs Theory）（见图 3-1）。该理论可以帮助营销管理者对消费者的需要进行系统地了解和认识。

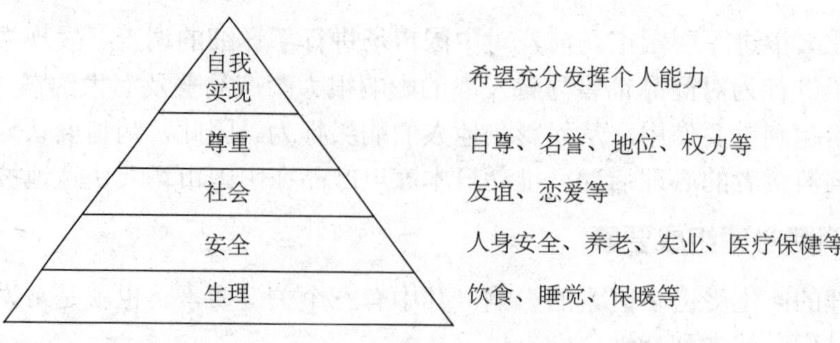

图 3-1　需要层次模型

马斯洛认为，人的需要可以分为不同的层次，即：生理的需要、安全的需要、社交和爱情的需要、自尊和尊重的需要以及自我实现的需要。这些需要的层次间具有递进规律，即由满足低级的需要开始，逐渐向上发展到高级层次的需要。某一个层次的需要被满足到一定程度，上一个层次的需要就能够显示出来。

因此，可以把消费者的需要细分，得到不同层面的需要，以便企业更好地了解消费者，有助于科学地进行商品分类，制定出更切实际的营销管理决策来刺激消费者，使其产生购买动机。同时还要注意，消费者的某种需要需转化成需求（需要加上欲望）才可能有购买行动。前一个需求被满足到一定程度时，新的需要就会出现。所以，企业应该同时考虑到消费者的消费动机和行为的多面性，推出多种内容、各种层面的产品或服务。

例如，2012 年法国波尔多葡萄酒的销量再次增加，其统计数据显示，推动增长的不是法国红酒爱好者，而是中国的消费者。虽然中国大规模消费红酒的历史很短暂，但是已成为波尔多最大的出口目的地。随着中国人的收入不断增加，生活水平的提高，对法国红酒的热情是中国消费者对所谓的高雅事物需求的表现之一。法国媒体报道显示，2016 年 6 月，法国葡萄酒业巨头玛歌埃兹（Bernard Magrez）将名下波尔多佩雷酒庄（Chateau Perenne）和格瑞酒庄（Chateau Guerry）卖给了中国阿里巴巴董事局主席马云，加上 2016 年 2 月份收购的萨尔斯酒庄（Chateau de Sours），阿里巴巴有了 3 家法国酒庄。由此出现了 2016 年 7 月份中国投资人先后买下 15 座法国酒庄的“马云效应”。截至 2016 年 7 月份，仅在法国波尔多地区，至少 135 座酒庄被中国投资人买下，占波尔多葡萄园总数的 1.2%到 1.3%。

这说明，当人们的生活水平足以满足生理、安全的需要后，就会有社会交往、尊重、名誉地位的需要产生。因此，企业的营销决策者可以根据消费者需要的不同点，推出不同的产品或服务内容。

三、“感觉”的机理分析

影响“感觉”的因素主要有三个：注意力、理解力和记忆力。每个消费者的这三种能力在外界刺激影响下，接受而产生“感觉”，有先入为主的可能。因此，相同的外部刺激产生不同的结果可以用“感觉”的三种机制来加以解释。

（一）有选择的注意

一个人每时每刻都面对许多刺激物，但往往只是有选择地注意某些刺激物。人们往往倾向于注意那些与自己主观需要有关的事。例如，当有某种需求产生时，消费者会通过输入与这种需求相关联的关键词在网络平台检索，这个时候往往会注意相关联的信息，而其他商品信息成为背景基本不被关注。当找到了能满足这种需求的相关商品之后，就会注意那些与其相关联的广告信息、他人评论信息等。

（二）有选择的曲解

消费者即使注意到刺激物，但未必能如实理解所反映的客观事物。因为可能先入为主地理解相关信息，从而对刺激物产生一定的曲解。

例如，购买一般商品时，人们往往喜欢到超市。其根本的原因是认为超市的商品便宜，其实超市的商品不都便宜。一般情况下，超市里的大众化商品较便宜，而某些商品不一定比商场的便宜。

中国台湾 7-11 便利店统计了消费者购物平均额后发现，一般人购物的平均额大都在七十几元。于是推出促销办法：一次购物满 79 元送 Hello Kitty 的磁铁套装。结果这项赠送活动引来每个男士为女儿或女友收集磁铁的疯狂举动。当年 7-11 的年营业额增长两成，与消费者对“便宜”的理解有很大关系。

（三）有选择的记忆

人们往往倾向于记住那些自己赞同的看法和观念。特别应注意接受的某一信息可以引起人们对另一信息的反应。

例如，互联网、手机通信技术的发展推动了网络营销不断普及，人们已经越来越适应和习惯网络购物，在网上查找所需的商品和服务信息，获得他人购物后的信息分享等，同时记住其中的良好体验，为下一次类似活动选择提供储备。这也为顾客关系管理的进一步延伸提供了条件。

四、消费者购买行为模式分析

消费者购买行为（Consumer Buying Behavior）是消费者在购买动机的支配下，为满足某种需要而进行购买商品的活动。消费心理活动达到一定程度就会产生消费购买行为。消费心理活动程度可以随外界的刺激而不断增加，也可以随时间的推移而消磨、降低。

消费者对企业所安排的“市场营销刺激”（Marketing Stimuli）有何反应，对企业来说是非常重要的问题。是消费心理活动程度不断增强，最后致使购买行为发生，还是无动于衷，毫无行动，营销刺激失败？

因此，营销人员对外部刺激后的消费者内部心理反应过程非常感兴趣，也是重点需要研究的内容。最后的一系列看得见的购买行为反应也能够说明心理过程发展方向，但在此时进行营销刺激可能为时已晚。描述这一全部过程的即为“市场刺激”与“消费者反应”之间的关系模式（见图 3-2）。

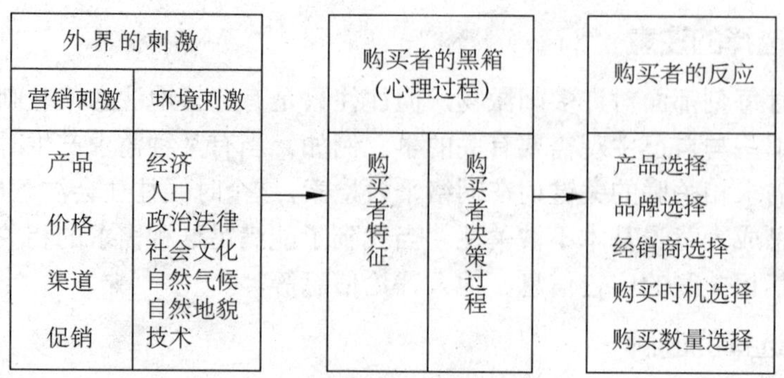

图 3-2 消费者购买行为模式

由图 3-2 可知市场营销及外部环境的刺激进入“购买者黑箱”，经过一定的心理过程就会产生购买者反应。

“购买者黑箱”（Buyer's Black Box）成了企业必须调查研究和了解的关键“问题”。消费心理过程的产生既与消费者本身的特征有关，也与消费者的购买决策过程和购买过程有关。所以对消费者购买黑箱的研究可以从这几方面入手。

目前，利用数据库技术和大数据分析技术，企业可以更加有效地研究“购买者黑箱”。因为企业可以通过及时有效的消费行为信息的收集、存储和分析，不仅为消费者购物路径提供引导，也为企业的营销决策更加精准提供了条件。尤其是通过消费者购买商品和服务的时间、品类、网站以及广告点击情况等了解和掌握消费者的购买特征，通过消费者从上网选择，到最后是否下单经历的时间、路径等信息来判断决策过程特征，更加精细和准确地获得“购买者黑箱”的变化情况。

同时，利用数据记忆和大数据分析，企业能够得到“购买者反应”大致的趋势。由于这一管理决策优势，一些企业却让消费者感到遭遇了“大数据杀熟”。即老顾客看到的商品或服务价格高于新顾客。2019 年 3 月，北京市消费者协会发布了进行“大数据杀熟”调查情况，发现 56.92%的被调查者表示有过被“杀熟”经历，88.32%的被调查者认为这是普遍现象，最常见的“大数据杀熟”App 或网站是购物类、在线旅游类和打车类，其次是外卖类、视频类和电影类。

3-2 市场与购买者分析之“感觉”的机理分析

第三节 消费者购买行为与决策

如果不同的顾客面前都摆着几个实用性较强的手提包，且都有各自独到的美观之处，那么是什么因素促使顾客选择了其中的这一个，而不是另一个呢？可能是这个手提包的外观形状或颜色有吸引力，也可能是邻居或朋友有一个一模一样的，或者是看到过这种商品的广告，等等。因此，营销管理者应该注重研究消费者的消费行为差异，以便更好地设计合适的营销方案。

一、消费者购买行为类型

消费者的购买行为类型可以从不同方面进行研究。从个性、价值观等方面进行研究，是比较常见且方便的。从消费者的个性、价值观研究，按性格和价值观划分，可以分别发现消费者表现出 6 种类型。

（一）按性格划分

习惯型，愿意购买习惯使用的商品，不轻易更换厂家、品牌，甚至不轻易变换购买地点。这类消费者可以迅速形成重复购买群体。

理智型，对所要进行的购买行为经过较为周密的研究考虑，不易受外界的刺激影响。这类消费者的购买行为是深思熟虑后而进行的。

经济型，在以性格作为分类标准的情况下，消费者表现出两种极端行为：一是专门购买廉价商品，二是专门购买高档商品。

冲动型，消费者表现出易受外界的刺激影响，喜欢新、奇商品，不大考虑实效。购买以后后悔的概率较大。

想象型，这类消费者特别注重商品的外观，如颜色、形状等特征。喜欢独特的颜色、形状，可能还会表现出通过产品外观来推断产品内在质量的现象。

不定型，消费者表现出随遇而买的行为。满足某种需求而不定哪种商品、在哪购买，以及什么时间购买，随意性更大。

（二）按价值观念划分

理论型消费者，从实际出发，注重产品的性能和质量，有着较为强烈的产品更新追随倾向，或表现出“发烧友”特质。

经济型消费者，注重实用，并关心价格，有着明显的性能价格比较特质。

审美型消费者，特别关注商品的外在形象和外在包装，喜欢“以貌取物”。

社会型消费者，以社会上大多数人的消费行为为判断标准，即所谓的随大流者。

政治型消费者，在购买行为发生时，表现出喜欢显示权势、地位的倾向，对产品的实用价值很少考虑。

宗教型消费者，以宗教教义为标准来约束、衡量自己的购买行为。

不论哪一种分类办法，得到的购买行为类型，都有可能在每一位消费者身上表现出来。一次购买行为的发生，往往是几种购买行为类型的综合表现，只是显示出最为突出的类型特质。另外，每一位消费者在购买不同的商品时，或是在不同的购买时间、地点等，表现出的购买行为类型可能会发生变化。

对消费者的购买行为类型进行分类，可以根据研究消费者目的的不同采取不同的分类标准。以上研究消费者购买行为类型是使用单一分类标准进行的，还可以使用多个分类标准进行。

例如，某研究小组在研究“是什么诱惑你掏钱包？”时，对某一市场进行了调查。通过“品牌—购买目的”复合指标将该市场的顾客进行了分类，发现该市场中有21%的顾客属于“潮流创新者”，表现出年轻，活力十足，对朴素优雅的品位不感兴趣，总是走在时代的前面，但是让人琢磨不透，追求的是一种卓尔不群的效果。有10%的顾客属于“追求品牌”型，主要是男性，选择的品牌一看便知价格不菲，他不会理智地购物，“名牌值得花大价钱”是他的座右铭，“范思哲是他的上帝”。有18%的顾客属于“购物成瘾”型，主要是女性，购物不仅是出于需求而购买的过程，而且还通过这种方式来定义自己的特色，不固执于某些品牌，而是买自己感兴趣的东西。20%的顾客属于“需求安全”型，表现出可爱、和善、有点不自信，愿意花时间考虑什么最合适，寻找代表着好品质和好品位的可靠品牌。有 15%的顾客属于“富有的利他主义者”，并非每天挥金如土，但为自己考究的品位感到自豪，经常在小精品店搜罗不显山不露水的高质量品牌，想找到独属自己的东西。10%的顾客属于“满怀信任的传统主义者”，大多为男性，是知名品牌制造商最喜欢的那种顾客，一旦爱上某种品牌，几乎不再“移情别恋”，但没有购物的嗜好，若无需要，绝不踏进店门。

二、消费者购买决策的角色

消费者购买决策过程极为复杂，参与消费者购买行为决策的角色、购买过程和步骤等环节是必不可少的。

研究消费者的购买行为需要从四个方面入手：参与消费者购买决策的角色，何时购买，何处购买，如何购买。具体购买原则可表达为：一般商品就近购买的原则，易冲动性购买；高档商品到繁华地购买，往往理智型地购买。

承担购买决策角色的可以是一个人，也可以是多个人；可以是男人，也可以是女人；可以是互相认识的人，也可以是陌生人。角色分类只有五种。

发起者（**Initiator**），指首先提出购买某种产品和服务的人。**影响者**（**Influencer**），是显而易见地或不明显地影响最后决定的人。**决策者**（**Policy Markers**），是最后做购买决策的人。**购买者**（**Purchaser**），实际购买的人。**使用者**（**User**），消费或使用商品的人。

例如，家庭购买计算机用于孩子的学习，发起者既可以是孩子，也可以是孩子的父母或老师。买什么样的计算机，如品牌、型号、款式、到哪里去买等问题都有可能征求家庭成员的意见，或是上网查询、朋友间咨询，甚至到购买地征求商家的意见。这样，影响者有可能是家庭成员、朋友，甚至商家和网友。最后决定到哪里去买什么品牌、型号、款式计算机的人就是决定者。具体实施购买计算机计划的人就是购买者。孩子就是主要的使用者。如果家庭购买计算机是为了炒股，那么扮演发起者、决策者、购买者和使用者角色的人就有可能发生变化。

当然，随着社会的变化、经济的发展，承担不同角色的人群可能会发生变化。例如，家庭用品的购买，按常识会认为是家庭主妇的事。但随着生活节奏的加快，家庭中夫妇俩都全职工作概率的增加，家务事的分工也就开始发生变化，男主人购买家庭用品的频率加大。据调查，2010 年以后，有 40%的美国男人是家中购买食物和日用品的主力。因此，许多大公司制定了相应的营销策略。宝洁公司发起了以男性为目标消费者的攻势："汰渍"牌瓶装洗衣液新包装上赫然出现美国职业橄榄球明星德鲁·布里斯的形象，电视广告中第一次出现丈夫们洗衣服的画面。零售商塔吉特和沃尔玛，考虑打造"男士通道"。"西边超市"已在每个货架尽头的展示柜台上放上男士平时爱买的东西，如啤酒、辣椒酱、电池、牛肉干、炸玉米饼等，并开设男士专柜。西雅图的瓦恩特牛仔裤商店特意打造"无人购物环境"满足男顾客对简单便捷的要求。而且顾客可以通过智能手机软件浏览其想试穿的款式、选定尺寸和颜色、预订等。预订成功后，一只机械手从库存里取出符合条件的裤子放到试衣间，仅需大约 30 秒就可准备好，以便顾客试穿。

三、消费者购买决策过程

消费者购买过程是一个动态的过程。可以分为五个阶段（见图 3-3）。

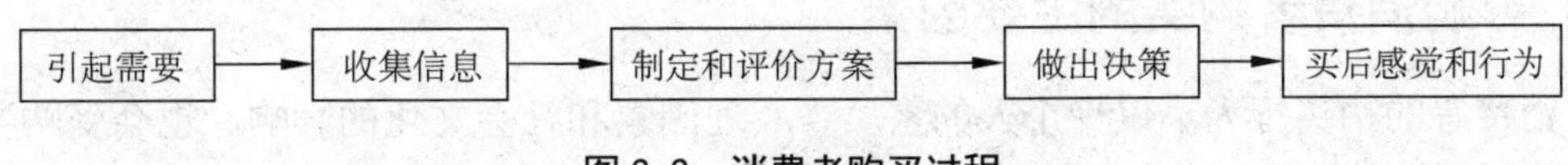

图 3-3 消费者购买过程

引起需要。这是消费者购买过程的第一个阶段。要引起消费者的需要，可以通过人体内部刺激和人体外部刺激实现。企业应注意与这些刺激有关的问题，了解那些与本企业的产品有关联的需求驱策力。例如，环境保护的呼声越来越高，对于产品生产企业来说，老产品特别是非绿色产品的生产将受到冲击、制约。另外，还要注意消费者对某种产品的需求强度会随时间而变，并可能由一些诱因所触发。如季节性较强的产品会随季节的变化使消费者的需求强度发生周期性的改变，以致该种商品的销售量也会随之变化。

收集信息。这是为了满足需要制定购买行动计划而进行的特定活动。当有购买欲望时，消费者就会寻找与其相关的信息。因此，消费者的信息来源是企业应注意的问题。

一般情况下，消费者会通过四大信息源获得相关信息。一是市场来源，如市场中的广告、贴画、展销、说明书、商品评论等。二是社会来源，如消费者的家庭成员、亲友、同事等。三是经验来源，经验可以通过参观、试验、实际使用等来积攒。四是公共来源，即大众传播媒体、消费者评价机构、企业网站等。

制定和评价方案。根据收集的信息，得知市场上出售某种商品的情况，按照一定方式选择品牌、功能、价格、购买时间、购买地点等。制定的购买方案可以有多个，通过评价后得到优选购买方案。

做出决策。这是实施优选方案的过程。通过评价方案，选定购买行动方案。到"决定购买"之时，可能会有其他因素的影响而改变行动方案。例如，在进行评价和选择后形成"购买意图"；在"购买意图"形成后，到"决定购买"时还会有不确定因素存在，即他人的态度和意外的变故这两个因素（见图 3-4）。

“别人的态度”越坚决，对消费者最后做出决策的影响程度越高。“别人”与消费者的关系越亲近，对最后做出决策的影响程度也越高。

买后感觉和行为。这是消费者购买行为过程的最后一个阶段，也是营销人员尤其关注的因素。消费者购买商品使用后的感觉，不仅关系到消费者是否还会再次形成购买行动，或带动他人的购买行动，而且也是企业开发新产品，提高服务水平获得新思想的智慧源泉。“一个满意的顾客就是我们最好的广告”是消费者在购买后感觉良好情况下的宣传行为。

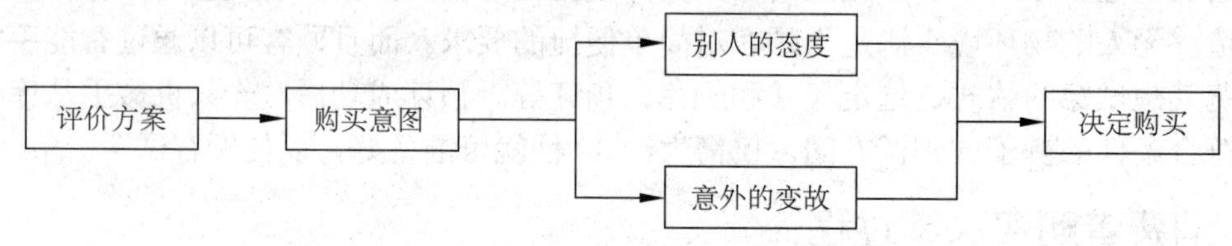

图 3-4　消费者购买过程细节

四、影响消费者购买的主要因素

消费者的购买行为不仅受个人的素质、心理因素和社会文化的影响，也会受购买时间、购买环境等诸多因素的影响。例如，平安银行信用卡通过大数据分析发现，2019 年 2 月 14 日这一天为“爱”埋单，中国境内“吃喝玩乐”（百货服装、餐饮、休闲娱乐、电影和零售等）消费金额城市中深圳排名第一，“80 后”人均消费金额最高，高出“90 后”15.6%。

（一） 人的因素

1. 个体差异

个体差异主要表现在年龄、性别、家庭影响等方面。

年龄因素。不同年龄段的人，消费方式、消费内容均会产生差异。例如，奶粉产品的生产企业，考虑到婴儿、老年人需大量补钙，且吸收长链分子蛋白的能力差，因此婴儿、老年人适用的奶粉产品中添加了补钙成分，减少了长链分子蛋白的含量。

性别因素。总体来说，不同性别的人消费购买行为差别较大。一般情况下，女性购买商品时要比男性挑剔。近几年，中国房地产市场中女性主导买房的情况越来越普遍。“贝壳找房”网通过大数据分析发现，2018 年的房地产交易中，有 47.9%的买家是女性，相比之下，2014 年该比例为 30%。而且 30 岁以上的单身女性购房者逐年增加，并高于其他年龄段的单身女性购房比例的平均值。

家庭因素。新成立家庭时，购买生活用品的资金用量较大，特别是花在家具、家用电器等多人使用的商品上的资金较多。孩子出生后，家庭消费更注重孩子。

国家统计局发布的统计信息显示，2018 年，中国 60 岁以上的老年人口为 2.48 亿，占总人口的 17.9%，同比 2017 年增加 0.6%。而在 2013 年，中国社会科学院发布《中国老龄事业发展报告（2012）》的数据显示，中国老年人口数量为1.94亿，老龄化水平达到14.3%。按照这个发展速度，世界卫生组织预测，到2050年，中国或有35%的人口超过60岁，约占亚洲老年人口的2/5，占全球老年人口的1/4，比现在美、英、德三个国家人口总和还要多。这样的状况就会造成年龄因素和家庭因素共同影响消费行为的局面。

2. 群体差异

群体差异主要是消费者个人所置身的群体影响因素。如所从事的职业、收入、受教育程度等情况。

收入因素。收入的变化往往是以“群众”性方式充分体现差别的。例如城市与城市之间，城市与农村之间。群体收入差异将会影响这群人的消费购买行为。智联招聘发布《2019中国女性职场现状调查报告》数据显示，目前，中国职场女性整体收入大约是男性收入的76%。2019年，男性整体月平均收入为9 467元，女性为7 245元，虽然差距明显，但是差距较往年显著缩小。

职业因素。例如，经商者着装大都注意品牌，喜好高档商品；国家公务人员、教师等大都注意合体、突出自己个性的服装商品。

教育因素。例如，文化和书籍类商品，随购买者学历的增高而购买量加大，学生的消费量又比一般人多。

信仰因素。宗教信仰会因为宗教的教义约束而影响消费者购买行为。具体表现在对产品的选择、购买时间选择、购买地点选择等问题上。具有民族特色的商品，在该消费群体市场销售中更受欢迎。

地位因素。消费者在社会中的地位不同，会有着不同的购买行为表现。该因素对消费心理的影响程度很大。例如，为了迎合这种需求情况，目前市场上就出现了特权消费。如各星级宾馆将房间分为若干种类型来满足不同社会阶层的住宿需求。北京王府井希尔顿酒店将其套房分为行政风格套房、豪华套房、创意套房、奢侈套房和紫禁城套房；北京盘古七星酒店的房间分为 Executive Deluxe Room（行政豪华房）、Premium Deluxe Room（顶级豪华房）和 Premium Junior Room（豪华房）。

（二）消费品因素

消费品因素不仅与其本身的功能等有关，而且与其内含价值有关。这是指消费者对消费品的评价，通过一定的象征来体现的。包括消费品的社会象征意义、报偿象征意义和地位象征意义三个方面。

社会象征是指商品和服务具有或代表的社会生活内涵。例如，按照中国的传统习惯，节假日、亲友团聚时常购买花生、瓜子和糖等食品。这时的花生、瓜子和糖等食品已经不仅具有其本身的功能价值，如可以食用、消遣，更多地体现在温暖、亲切的社会意义和象征意义上。还有些消费品具有特定社会意义和象征意义。如中国的传统节日所需的最具有代表意义的消费品是不同的：中秋节的月饼，象征全家团圆；端午节的粽子，纪念爱国诗人屈原等等。

报偿象征是指商品和服务可能代表的报偿、报答意义。例如，父母过生日时，给父母发祝福短信，或打个电话以表孝心。这时的短信或电话不仅具有传递消息的实际功能，还有一定的孝敬、报答等报偿象征意义。

地位象征指商品和服务的使用可体现一定的地位。例如，商品和服务分高、中、低档就是将“地位”拉开。

当然，商品和服务的象征意义不是一成不变的，需要一个“引子”以使其改变。例如毛衣的变化史即能说明这一变迁特征。毛衣诞生于英国，当时起名为“渔夫毛衣”。由于它是作为一种工作服而出现的，因此直到20世纪20年代，仍然不被主流时尚认可，不能进入社交场合。1921年，温莎公爵穿了一件V字领的费尔（Fair）毛衣和灯笼裤，抱着猎犬出现在贵族高尔夫俱乐部。这一事件彻底改变了英国主流社会对毛衣的看法，毛衣由此跻身于社交场合。

（三）消费时间因素

消费时间因素主要考虑的是购买行为与消费使用行为的时间关系。通常情况下是前个行为结束，后个行为紧接，但也可能后个行为滞后时间很久，或分散执行等。这也会影响消费者购买行为的发生。

超前消费是消费行为发生在购买行为完成之前。最常见的超前消费是信用卡消费和分期付款消费。

信用卡消费是消费者在消费时使用信用卡，而不支付现金，企业过一段时间去与消费者的信用卡的发卡银行结账。这样能够让消费者感到似乎不是在花自己的钱，起码不是现在已有的钱，以减轻消费者付钱太多而可能出现的“负罪”感。不过要注意透支现象严重时可能导致资不抵债。

分期付款是指消费者在购买商品或服务时不是一次性付清全款，而是在付部分款项后开始消费商品或服务，剩余款额过一段时间陆续付清。这样也能减轻消费者付款的压力。一般情况下，购买价值较低的商品或服务时采用信用卡支付，短时间内消费者需还清欠款。购买价值较高的商品或服务时采取分期付款方式，消费者可以在较长时间内分期还清欠款。

延时消费是消费行为发生在购买行为完成之后的一段时间里。最常见的有邮购、预购和储购等。

邮购是先付款，商品随后通过邮递方式送到。例如邮购小商品、报刊等。预购需要先付部分款项或全部款项，过段时间再消费商品。例如购买公交车月票，即付款后预购到乘车的权利，待乘车时才能享受其服务。储购是以集零为整后购买商品或服务。例如一些保险产品，需要每年交保险金，待几年或几十年后才可享受该保险服务。如养老保险、子女教育保险等。

（四）购买环境因素

购买地点选择。消费者主要考虑的是信任度和方便度两个因素的综合情况。信任度高但是路途较远或交通不便，可能会造成购买频率的降低；方便但是信任度不高的购物场所，消费者往往只会在此购买价值较低的商品。

影响消费者购买商品的因素，必须考虑购买地点。当一些消费品成为生活、工作中不可或缺的部分时，购买地点应该距消费者越近越好。例如，可口可乐公司很早就在研究可口可乐“休息伴”，使可口可乐产品销售进入“办公”这个新市场。目前网络购物已成为中国消费者普遍认可的购物方式的同时，也形成了独特的“购买地点”特征。在网络平台上，购买地点可以理解为不同的购物平台，如京东、天猫、网易、亚马逊等。

购买情景选择。购买地点的服务状况、购物气氛、货物摆放等是购买情景的重要组成部分。购买情景是可以人为创造的。例如，利用超音速扬声器（简称 HSS）将顾客拉入诱人的环境当中，而旁边的人感受不到。这是因为这种扬声器能够把声波像激光束一样精确地传送给 60 米内的人群中特定的对象。走进零售巨头沃尔玛的部分卖场，与 HSS 擦身而过的顾客会听到店内的麦当劳今天有哪些超值特惠餐。在日本东京街上，走过装上 HSS 自动售货机的人，耳中会传来冰块清脆地调入杯中、汽水罐“扑哧”一声打开的诱人声音，让人不自觉地就想投币买罐饮料来解渴。在网络平台上，购买情景最容易体现的是物品的图片或是视频效果，以及图片的摆放方式等。

目前，购买气氛的营造是中间商们绞尽脑汁的事。例如，西班牙商人为吸引消费者设计了一种“动感商店”。店堂设计以一列车车厢为原型，客人购物仿佛置身车厢内。店内不播放音乐，而是播放列车开动的声音。忽而刹车、忽而飞驰。店内广播一会儿说“莫斯科到了”，一会儿说“下一站是北京，请做好下车的准备”。

购买场地的色彩也会影响消费者的消费兴趣。例如，餐厅经营者通常会研究不同的颜色对顾客食欲的影响问题。目前的研究成果显示，红色和橙色能够刺激食欲；灰色和紫色能够产生饱腹感；蓝色可以使人镇静并能够抑制人过于兴奋的情绪；粉红色具有放松和安抚情绪效果，而且是健康的象征。所以，蓝色和粉色成为医院首选的颜色，使病人在此安心、享受治疗。而红色成为餐厅的首选色，以增加食欲。

总之，上述因素对消费者的购买心理和行为过程的影响，是每个营销决策者不可忽视的重要问题。

	3-3-1　消费者购买行为模式、消费者购买决策角色类型		3-3-2　消费者购买决策过程

第四节 组织市场及购买决策过程

一、组织市场概念

组织市场是巨大的，所涉及的价值与产品比消费市场大得多。在美国就有超过1 300万个组织。中国的法人单位到2012年8月至少有395.9万个，每年的购买价值以千亿计数。为了帮助中小企业扩大市场份额，韩国政府于2012年12月27日公布政府将逐渐限制大财团参与政府计算机采购竞标。2013年竞争份额为50%，2014年竞争份额降至25%，2015年完全禁止。因此，每年总额11亿美元的政府计算机采购市场将由中小企业获得。这一庞大的市场让世界各国的企业都想获得。

（一）定义

组织市场是指购买商品和服务用于非生活性消费的企业或社会团体的集合。购买商品和服务的目的是：生产性消费、出租、转卖或办公性消费等。

（二）分类

组织市场中又可以根据组织的运行特征将其细分为四大类，并且有着各自的特点。

生产市场（Product Market）。采购商品和服务的目的是为了加工生产出其他产品以供销售或出租，从中获利。这是一种大的“生产”概念，包括了传统的制造业、采矿业，也包括了服务业如运输、通信业、银行、旅行社、宾馆、饭店等，以及中国国家统计局分类中的第一产业包括的农、林、牧、渔业等。

商业市场（中间商市场，Business Market）。采购商品和服务的目的是为了将商品转卖或租赁，从中获利。包括批发商、零售商，以及一些租赁公司。这个市场与生产市场有许多相同的购买行为。

非营利性组织市场（Institutional Market，也称机构市场）。采购商品和服务是为了保证组织活动的有效运行，而非营利。采购行为往往有低预算和受到一定控制的特点。包括学校、图书馆、疗养院、医院、监狱等。

政府市场（Government Market）。包括各级国家政府机关组织。政府机构的采购活动往往受公众监督，采购行为以竞价投标方式为主。

非营利组织和政府组织的采购行为往往受相关管理部门或是公众的监督，关键在于采购过程的规范性。世界银行以高标准采购体系引领了主要政府间国际金融机构的采购制度和管理模式。2016年7月，发布了新采购体系（New Procurement Framework），建立了采购发展战略管理制度（Project Procurement Strategy for Development，PPSD），将采购需求的确定和实现贯穿于项目执行全过程，确保采购活动最大限度实现项目预期目标。

根据中国中央国家机关政府采购中心公布的数据显示，从2011年7月试点到2012年11月28日，中央单位批量集中采购就已实施15期，共采购台式计算机78 682台，采购金额27 708.57万元；采购打印机17 216台，采购金额2 040.41万元；共计完成批量集中采购金额 29 748.98 万元。目前中央国家机关政府采购的招投标信息、管理制度等可以在政府采购网站上查询到，方便了各组织的采购招投标管理。

二、组织市场的购买行为类型和决策者

（一）购买行为类型

组织市场的购买行为既表现出购买者个人的特征，也表现出购买组织的特征，往往是两者综合行为的表现。为了便于研究行为表现，制定相应的营销策略，研究组织市场的购买行为类型常用采购合同状态为标准加以研究。

直接再采购（Straight Rebuy）。按既定方案合同，不做修订直接进行的采购业务。即重复性的采购活动，对前次的购买合同基本没有修改就执行。

修正再采购（Modified Rebuy）。对以前采购商品使用过的合同进行一定的修订后再购买的活动。

新采购（New Task）。第一次购买行为，合同完全是新的。

以上三种购买行为中第一种的决策数量最少，第三种最多；供应商的压力第一种最小，第三种最大。

（二）购买中心角色

购买中心包括组织中参与购买决策过程的成员。即参与商业决策制定过程的所有个人和单位。

使用者、影响者和购买者的含义与消费者购买决策过程中可能的角色涵义是一样的，但是消费者购买决策中的决策者在组织市场中分为了决定者和批准者。决定者（Decision Makers）是指决定购买活动要不要进行、如何进行的人，而批准者（Approver）是指组织的购买活动可以开展的批准人。“决定”往往是多人进行并承担的角色，而“批准”是该组织中的某一个人负责。

守门者（Gatekeeper）角色是组织市场所特有的。是指有权阻止销售员或信息员与采购中心成员接触的人。这是由于组织市场购买行为特征中的一次购买量大、专业性强、互惠性特征明显等所带来的。

组织市场的购买决策，不仅与组织的管理特征有关，还与管理者的个人的行为特征以及所处的社会文化环境有关。

例如，有人研究发现“中国商界要成功先结婚”。从路边的冷饮摊到中国企业巨头都存在着这种组合。当当网的创始人和经营者为李国庆和俞渝夫妇，分别担任首席执行官和董事会主席。SOHO 中国由潘石屹和张欣经营，前者是董事长，后者是首席执行官。

于是，汉语中“老板娘”的含义，从最初“老板的妻子”，发展到代指“女老板”，再变为特指“掌管生意的老板妻子”。出现这种现象有多种原因。一是中国人对婚姻有特别务实的态度，婚姻不仅是夫妻两人的幸福，还影响到双方家庭和亲属。由此可能出现

因为婚姻而企业合并的现象。二是中国经济繁荣和现代商业增长所处的环境远比美国当时商业大发展时期更有益于女性。三是中国缺乏良好的社会福利，婚姻的重要性远高于西方国家。四是中国人更重视家族经济，乐于聘用自家人，这在美国等西方国家会遭到非议，因为职业与个人生活是分割开来的。

三、组织采购过程

组织采购的过程可以分为 8 个阶段（见表 3-1）。组织购买的类型从其经历的阶段不同可以看出工作内容有着较大的差别。

表 3-1 采购过程与采购行为类型

购买阶段	购买类型		
	新采购	修订再采购	直接再采购
1．提出要求	是	可能	否
2．确定总体要求	是	可能	否
3．详述产品规格	是	是	是
4．寻找供应商	是	可能	否
5．征求供应信息	是	可能	否
6．供应商选择	是	可能	否
7．发出正式订单	是	可能	否
8．效绩评价	是	是	是

新采购类型的组织采购行为 8 个阶段工作都要进行，直接采购类型则只需两个工作阶段，而修订再采购类型需要根据其变化的内容进行相应的合同修订，需要进行相应的购买过程工作。

综上所述，消费者市场与组织市场所有者各自有不同的特征，但是因为购买行动都是由人来决定的，因此也有着许多的共同点或相似之处。许多分析问题的方法和思路是可以共用的。

第五节 顾客管理理论概述

一、顾客管理概述

顾客的购买行为是否会发生，很大程度上取决于顾客满意或顾客满意度。顾客管理的目的是搞好与顾客的关系，了解顾客的需求变化，设计出更加迎合顾客需求的产品或服务，让顾客满意，提高顾客满意度，培养顾客对企业产品或服务的忠诚度。这也是价值链传递的有效途径。

顾客满意度（Customer Satisfaction）是指顾客对所购买的产品和服务的满意程度，以及能够期待他们未来继续购买的可能性。顾客满意度可以分为顾客对产品的满意度和对服务的满意度两大类。

影响顾客对产品的满意度主要因素有产品的综合机能、产品的部分机能、附属品的机能、包装大小、使用说明书或使用手册和其他有关产品的特别事项。而影响顾客对服务的满意度的主要因素有信赖性、对应迅速、适应性、接触、态度、沟通、信用度、安全性、顾客理解度、有形性等因素。

顾客的需求被满足的过程有两个非常重要的关键点。一是顾客的购买行为是否会发生，二是顾客购买后感觉是否满意。前者将决定是否会成为企业的顾客；后者会决定顾客是否会成为满意或忠诚的顾客。

二、顾客让渡价值理论

顾客是否购买产品，会评价比较两个条件。即获得多少满足、得到多少效用或价值，需支出多少代价和成本。表现为**顾客让渡价值**（**Customer Delivered Value**），即**顾客总价值**（**Total Customer Value**）与**顾客总成本**（**Total Customer Cost**）之间的差额，见式（3-2）。

$$V_{让渡} = V - C \tag{3-2}$$

其中：$V_{让渡}$ ——顾客让渡价值；

V ——顾客获得的总价值；

C ——顾客付出的总成本。

顾客获得的总价值包括产品价值、服务价值、人员价值和形象价值；顾客付出的总成本包括货币成本、时间成本、体力成本和精力成本。可见，无论是总价值还是总成本已经不单单是一个方面，而是考虑的多方面。即说明顾客购买行为发生是多种因素的综合作用。

当 $V_{让渡} > 0$ 时，购买行为可能发生；当 $V_{让渡} < 0$ 时，购买行为很难实现。注意，顾客让渡价值最大化的条件是市场信息透明，顾客能够真正知道得到的价值量和付出的成本。否则，顾客让渡价值无法最大化。

假如某一顾客在购买抽油烟机时获得了以下信息：所喜欢的产品机附近商店就有，可以送货上门、安装和常年维修；较远处（50 公里以外）的一家商店也有，且价格比近处的低，但不送货上门和安装。这位顾客会买哪家的呢？

设抽油烟机价格，近处的是 2 400 元，远处的便宜 5%（即低 120 元）；由远处买需要花费运输费 60 元，安装费 20 元。

顾客通过计算购买的货币成本：远处为 2 360 元、近处为 2 400 元。前者小于后者，便宜了 40 元。顾客会买哪里的？

一类顾客会买近处的，他们认为所花的时间成本、体力成本和精力成本之和皆大于购买远处的，所以最后决定买近处、货币价值成本略高的产品。另一类顾客会买远处的，他们可能会认为 40 元钱来之不易，自己花点时间和体力是值得的。

这说明购买行为是否会发生，与顾客的单位时间收入等因素有密切关系。

三、顾客满意理论（CS 理论）

消费者的买后感觉“满意”程度 S 是预料值 E 和觉察值 P 的函数。见式（3-3）。

$$S = f(E, P) \tag{3-3}$$

其中，预料值是顾客事先在头脑中设定某些选择的标准，如产品的产地、品牌、型号、规格、色彩、功能、价格等，这就构成了所谓的“理想产品”。觉察值是指顾客购买或使用了产品以后觉察的内容状态。

满意度（Satisfaction）是一个人通过将一种产品的可感知效果与其期望值比较后所形成的愉悦或失望的感觉状态。当 $P = E$ 时，顾客会基本满意；当 $P > E$ 时，顾客会满意；当 $P < E$ 时，顾客会不满意。顾客去选购产品，就是用这个“理想产品”去与实际产品比较，越接近的顾客越可能购买。出现前两种情况，顾客有可能再买或向别人推荐该产品。若出现最后一种情况，顾客一般不会再买，同时会向别人发牢骚，使得企业失去的不止一个顾客。

为了使顾客满意，任何企业都在做不懈的努力。例如，中国人出境游已成为对全球旅游产业影响最大的因素之一。世界旅游组织发布的报告显示，2012 年，中国已成为世界第一出境游消费国，到 2015 年有 1 亿中国人背起行囊出国旅游。

为了应对中国游客潮，旅行社、酒店等正在做出积极改变，以便让中国游客感到“宾至如归”。“中国出境游研究所”指出，不能按照老传统认为中国游客喜欢什么，而应真正倾听他们的心声。

分析研究发现，中国游客可以分为两种。一种是背包客，他们通常可以在 10 天内走完欧洲 8 国。这类游客对热粥、电热壶之类的“改变”心存感激。另一类是“新生代中国游客”，他们受过良好的教育，旅游经验更多，讨厌被定位成“从乡下来的，离开方便面就过不下去的无知游客”。可以根据不同的游客类型提供不同的服务内容和服务方式。

	3-5-1 顾客管理理论概述之顾客让渡价值理论		3-5-2 顾客管理理论概述之顾客满意理论

本章重点术语

市场 Market

消费者市场 Consumer Market

组织市场 Organized Market

消费者心理 Consumer Psychology

消费者购买行为 Consumer Buying Behavior

影响者 Influencer

决策者 Policy Markers

购买者 Purchaser
使用者 User
直接再采购 Straight Rebuy
修正再采购 Modified Rebuy
新采购 New Task
决定者 Decision Makers
批准者 Approver
守门者 Gatekeeper
顾客满意度 Customer Satisfaction
顾客让渡价值 Customer Delivered Value
满意度 Satisfaction

思考题

1. 举例说明消费心理与消费行为的关系是怎样的。
2. 消费者购买行为模式揭示了什么规律?
3. 为什么相同的促销活动不同消费者的反应有很大差别?
4. 消费者购买决策过程中可能会有什么样的角色出现?
5. 需要层次理论揭示了消费者的需求可能有哪些层次内容?
6. 组织市场可以分为哪些类型?
7. 组织市场与消费者市场的购买角色有何区别?
8. 为什么组织市场的购买行为会更加正式?
9. 顾客让渡价值理论是如何解释其购买行为是否发生的原因的?
10. 为什么相同的服务内容和水平，不同的顾客却可能有着不同的评价结果?

本章案例

二手车交易行为特征分析

信息爬取成熟的软件已经有上百种。根据爬取信息处理的深度和广度可以分为小型开源爬虫软件和搜索引擎爬虫软件。使用者可以根据自己获得信息、处理信息的需要，从网页抓取各种类型的文件，或是使用数据库存储网页信息，或是全文和分类垂直搜索，或是进一步扩展以及分词系统等，来选择信息爬取软件。

2011 年成立的优信集团旗下的“优信二手车”是专注于二手车零售服务的电子商务平台，既包含为车商提供服务的 B2B 业务（原优信拍），也包含面对个人消费者的 B2C 业务。目前在中国大陆范围内拥有 3 000 多名专业评估师，组成了大规模的专业检测团队。经专业检测后的各地经销商的车辆信息上传到网络平台上，消费者可通过优信二手车网站以及手机端随时随地浏览、选购心仪的二手车。截至 2017 年，优信二手车零售服务业务覆盖城市 400 个，累计上架车源超 500 万台，服务经销商达 10 万家。2018 年 6 月 28 日，优信集团上市，登陆纳斯达克（股票代码 UXIN）。

研究在“优信二手车”网络平台上交易者的行为特征，可以利用 Pycharm 信息爬取软件获得二手车网上交易情况，再进一步分析。其数据爬取流程见图 3-5。

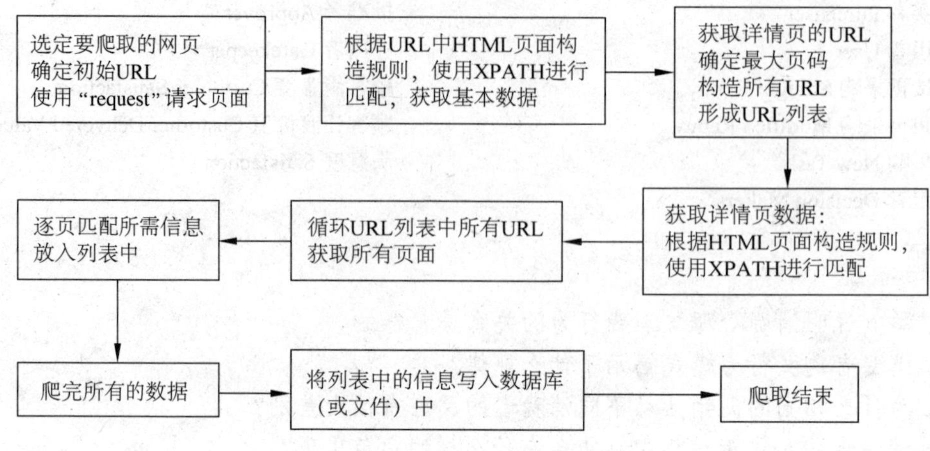

图 3-5 数据爬取流程

第一步：确定信息获取目标，导入爬虫所需的库（见图 3-6）。

```
'''
优信二手车：https://www.xin.com/beijing/s/
城市接口：https://www.xin.com/apis/Ajax_common/get_home_city/?
遍历城市接口，获取所有的城市信息
字段：标题，价格，公里数，仓库，年限，图片，认证，首付信息
'''
from fake_useragent import UserAgent
import requests
from lxml import etree
```

图 3-6 导入库

第二步：使用面向对象的方法，定义爬取页面函数，方便随时调用（见图 3-7）。利用 random 设置随机请求头，用于防止爬取时 IP 被封，使用 try…except 捕获异常，防止爬取过程中断。

```
class Car:
    def __init__(self):
        self.get_city_url()
    def get_html(self,base_url):
        try:
            headers={
                "User-Agent":UserAgent().random
            }
            response=requests.get(base_url,headers=headers)
            return response
        except Exception as e:
            print(e)
            self.get_html(base_url)

```

图 3-7 定义请求函数

第三步：在 HTML 页面中，通过 Ajax 获取信息，得到所有中国大陆城市列表，拼接各城市 URL 链接，如图 3-8 所示即可请求 HTML 页面进行下一步爬取。

```
#获取所有城市url
def get_city_url(self):
    base_url="https://www.xin.com/apis/Ajax_common/get_home_city/?"
    html=self.get_html(base_url).json()
    city=html["data"]["city_all"]
    for iteams in city.values():
        ename=iteams["ename"]
        # print(ename)
        city_url="https://www.xin.com/{}/s/".format(ename)
        # print(city_url)
        self.get_type_url(city_url)
```

图 3-8　获取城市链接

第四步：调用第二步中的请求函数，获取不同城市下二手车的不同品牌车辆的链接 URL，即可进行不同城市下的不同品牌信息的获取（见图 3-9）。

```
#获取每个城市不同品牌车辆的url
def get_type_url(self,city_url):
    html =self.get_html(city_url).text
    # print(html)
    html_xml=etree.HTML(html)
    car_brand=html_xml.xpath('//ul[@class="brand-cars clearfix"]'
                             '//li[position()>1]//dl/dd/a/@href')
    for i in car_brand:
        car_brand_url="https:"+i
        # print(car_brand_url)
        self.get_page_url(car_brand_url)
```

图 3-9　获取不同城市下不同品牌链接

第五步：获取不同城市二手车不同品牌下的最大页码，遍历所有 URL（见图 3-10）。

```
#按照不同城市不同品牌的最大页码
def get_page_url(self,car_brand_url):
    #先获取页面
    html = self.get_html(car_brand_url).text
    html_xml = etree.HTML(html)
    #再获取最大页码
    maxpage=html_xml.xpath('//div[@class="con-page search_page_link"]'
                           '/a[last()-1]/@data-page')
    if maxpage:
        maxpage=int(maxpage[0])
        # 获取每一页的url
        for i in range(1,maxpage+1):
            page_url=car_brand_url+"i{}/".format(i)
            # print(page_url)
            self.get_content(page_url)
```

图 3-10　获取最大页码

第六步：获取各城市不同品牌的二手车详情数据（见图 3-11）。

```
def get_content(self,page_url):
    html = self.get_html(page_url).text
    html_xml = etree.HTML(html)
    li_list=html_xml.xpath('//div[@class="_list-con '
                           'list-con clearfix ab_carlist"]/ul/li')
    for li in li_list:
        # 获取车型
        car_type=li.xpath('.//div[@class="across"]/a/@title')
        car_type=car_type[0] if car_type else ""
        # print(car_type)
        #获取图片
        pic=li.xpath('.//div[@class="across"]/a[@class="aimg"]/img/@src')
        pic ="https:"+ pic[0] if pic else ""
        # print(pic)
        #获取价格
        price=li.xpath('.//div[@class="across"]/a/div[@class="pad"]/p/em/text()')
        price=price[0].strip().split(" ")[0].strip()+"万" if price else ""
```

```
        #获取首付信息
        money=li.xpath('.//div[@class="across"]/a/div[@class="pad"]'
                       '/span[@class="pay-price"]/text()')
        money = money[0].strip().split(" ")[0].strip()+","+\
                money[0].strip().split(" ")[-1].strip() if money else ""
        # print(money)
        #年份公里数仓库
        detail=li.xpath('.//div[@class="across"]/a/div/span[1]/text()')
        year=detail[0].strip()
        distance=detail[1].strip()
        # print(detail)
        cangku=li.xpath('//div[@class="across"]/a/div/span[1]/span/text()')
        cangku = cangku[0] if cangku else ""
        # print(cangku)
```

图 3-11　获取详情数据

第七步：将爬取的数据写入 TXT 文件（或是数据库，或者 CSV 文件）中（见图 3-12）。

```
        with open('D:\A\youxin.txt','a',encoding="utf-8") as f:
            f.write(car_type+"\t")
            f.write(pic+"\t")
            f.write(price+"\t")
            f.write(money+"\t")
            f.write(year+"\t")
            f.write(distance+"\t")
            f.write(cangku+"\n")
```

图 3-12　进行数据存储

第八步：调用 CLASS 生成的面向对象的实例，运行爬取代码后就可得到相关数据（见图 3-13 和图 3-14）。

```
if __name__ == '__main__':
    Car()
```

图 3-13　调用方式实例

2	奥迪 Q5 2013款 2.0T 自动 40TFSI技术型	https://c5.xinstatic.com/o/20190621/1221/5d0c5l	20.82万	首付2.32万，月供5261元	2014年	8.1万公里	华中仓
3	奥迪 A4L 2011款 2.0T 自动 TFSI豪华型	https://s6.xinstatic.com/www/img/default.png	11.21万	首付1.25万，月供2833元	2011年	14.6万公里	华中仓
4	奥迪 Q5L 2018款 2.0T 自动 40TFSI荣享进取型	https://s6.xinstatic.com/www/img/default.png	30.96万	首付3.45万，月供7824元	2019年	0.4万公里	华中仓
5	奥迪 A6L 2019款 2.0T 自动 40TFSI豪华动感型	https://s6.xinstatic.com/www/img/default.png	35.07万	首付3.90万，月供8862元	2019年	0.3万公里	华中仓
6	奥迪 A3三厢 2018款 1.4T 自动 30周年年型35TFSI时尚型	https://s6.xinstatic.com/www/img/default.png	14.93万	首付1.66万，月供3773元	2018年	0.9万公里	华中仓
7	奥迪 A6L 2018款 2.0T 自动 35TFSI典藏版	https://s6.xinstatic.com/www/img/default.png	31.46万	首付3.50万，月供7950元	2019年	0.3万公里	华中仓
8	奥迪 A3两厢五门版 2012款 1.4T 自动 豪华版	https://s6.xinstatic.com/www/img/default.png	6.82万	首付0.76万，月供1723元	2011年	10.9万公里	华中仓
9	奥迪 A6L 2010款 2.4 自动 技术型	https://s6.xinstatic.com/www/img/default.png	8.50万	首付0.95万，月供2148元	2009年	9.4万公里	华中仓
10	奥迪 A6L 2014款 2.0T 自动 TFSI标准型	https://s6.xinstatic.com/www/img/default.png	20.51万	首付2.28万，月供5183元	2015年	1.2万公里	华中仓
11	奥迪 A4L 2010款 2.0T 自动 TFSI舒适型	https://s6.xinstatic.com/www/img/default.png	8.17万	首付0.91万，月供2065元	2009年	13.4万公里	华中仓
12	奥迪 A4L 2013款 2.0T 自动 35TFSI标准型	https://s6.xinstatic.com/www/img/default.png	13.97万	首付1.55万，月供3530元	2014年	0.9万公里	华中仓
13	奥迪 A4L 2013款 2.0T 自动 35TFSI标准型	https://s6.xinstatic.com/www/img/default.png	14.97万	首付1.67万，月供3783元	2014年	7.0万公里	华中仓
14	奥迪 A4L 2017款 2.0T 自动 40TFSI进取型	https://s6.xinstatic.com/www/img/default.png	19.89万	首付2.21万，月供5026元	2016年	4.1万公里	华中仓
15	奥迪 Q5L 2018款 2.0T 自动 45TFSI尊享运动型	https://s6.xinstatic.com/www/img/default.png	35.95万	首付4.00万，月供9085元	2019年	0.2万公里	华中仓
16	奥迪 A6L 2016款 1.8T 自动 TFSI技术型	https://s6.xinstatic.com/www/img/default.png	24.49万	首付2.73万，月供6189元	2016年	8.9万公里	华中仓
17	奥迪 Q5 2016款 2.0T 自动 40TFSI技术型	https://s6.xinstatic.com/www/img/default.png	23.14万	首付2.58万，月供5848元	2016年	4.5万公里	华中仓
18	奥迪 Q5L 2018款 2.0T 自动 40TFSI荣享时尚型	https://s6.xinstatic.com/www/img/default.png	31.92万	首付3.55万，月供8066元	2019年	0.8万公里	华中仓
19	奥迪 A6L 2014款 2.0T 自动 TFSI标准型	https://s6.xinstatic.com/www/img/default.png	18.30万	首付2.04万，月供4624元	2013年	6.9万公里	华中仓
20	奥迪 A6L 2010款 2.0T 自动 TFSI标准型	https://s6.xinstatic.com/www/img/default.png	8.67万	首付0.97万，月供2191元	2009年	14.4万公里	华中仓
21	奥迪 A4L 2019款 2.0T 自动 40TFSI进取型 国V	https://s6.xinstatic.com/www/img/default.png	22.70万	首付2.53万，月供5736元	2019年	0.7万公里	华中仓
22	奥迪 A3三厢 2018款 1.4T 自动 30周年年型35TFSI进取型	https://s6.xinstatic.com/www/img/default.png	14.07万	首付1.57万，月供3556元	2018年	2.0万公里	华中仓
23	奥迪 A4L 2016款 2.0T 自动 35TFSI标准型典藏版	https://s6.xinstatic.com/www/img/default.png	18.20万	首付2.03万，月供4599元	2016年	4.5万公里	华中仓
24	奥迪 A6L 2012款 2.0T 自动 TFSI标准型	https://s6.xinstatic.com/www/img/default.png	18.62万	首付2.07万，月供4705元	2013年	11.9万公里	华中仓
25	奥迪 A6L 2014款 2.0T 自动 TFSI标准型	https://s6.xinstatic.com/www/img/default.png	21.55万	首付2.40万，月供5446元	2015年	5.9万公里	华中仓
26	奥迪 Q3 2015款 2.0T 自动 35TFSI进取型前驱	https://s6.xinstatic.com/www/img/default.png	13.32万	首付1.48万，月供3366元	2014年	9.0万公里	华中仓
27	奥迪 A4L 2016款 1.8T 自动 30TFSI舒适型典藏版	https://s6.xinstatic.com/www/img/default.png	16.91万	首付1.88万，月供4273元	2016年	7.7万公里	华中仓
28	奥迪 A4L 2016款 2.0T 自动 35TFSI舒适型	https://s6.xinstatic.com/www/img/default.png	16.56万	首付1.84万，月供4185元	2016年	6.9万公里	华中仓
29	奥迪 Q5 2018款 2.0T 自动 40TFSI典藏版技术型	https://s6.xinstatic.com/www/img/default.png	27.51万	首付3.06万，月供6952元	2018年	1.0万公里	华中仓
30	奥迪 A3三厢 2019款 1.4T 自动 35TFSI进取型 国V	https://s6.xinstatic.com/www/img/default.png	15.24万	首付1.70万，月供3851元	2019年	0.7万公里	华中仓
31	奥迪 A3两厢 2018款 1.4T 自动 30周年年型35TFSI运动型	https://s6.xinstatic.com/www/img/default.png	15.93万	首付1.77万，月供4026元	2018年	0.3万公里	华中仓

图 3-14 获取数据

本次爬取时间为 2019 年 7 月 7 日 9：00—10：30，共获得优信二手车网站上全国范围内的二手车数据 102 883 条。

根据以上过程所获取的数据，可以进行优信商务平台二手车的消费交易行为特征分析。例如，整个交易中，不同品牌的交易量差异情况见图 3-15。可见，奥迪品牌车的交易量最大，本田车的交易量位居第二，奔驰车紧居其后。

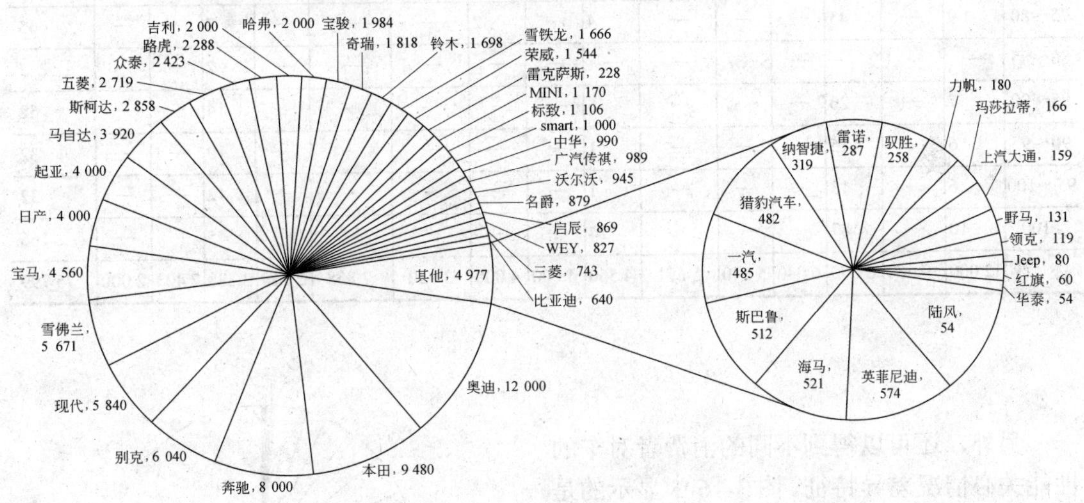

图 3-15 品牌交易量分布

不同的价格区间所拥有的品牌情况。表 3-2 列出了交易量前 15 名的二手车品牌在不同价格区间下的分布，可以看出，5 万～10 万元的二手车交易量最大，整体上二手车的交易价格集中在 5 万～15 万元。

表 3-2　交易数量前 15 名的二手车品牌在不同价格区间下的分布

价格（万元）	品牌															交易总量（辆）
	奥迪	本田	奔驰	别克	现代	雪佛兰	宝马	起亚	日产	马自达	斯柯达	五菱	路虎	众泰	吉利	
0～5	—	272	—	712	845	1 864	—	755	537	359	733	2 388	—	653	771	9 889
5～10	292	3 293	137	2 718	3 464	3 195	85	2 782	2 284	1 940	1 804	331	1	1 693	1 160	25 179
10～15	2 414	3 886	639	1 191	1 476	546	555	428	935	1 437	284	—	32	77	69	13 969
15～20	3 252	1 128	1 068	868	51	32	929	33	207	179	36	—	191	—	—	7 974
20～25	2 652	648	2 046	217	2	1	987	2	10	5	1	—	694	—	—	7 265
25～30	1 653	253	1 352	167	—	30	717	—	4	—	—	—	497	—	—	4 673
30～35	769	—	680	146	—	3	271	—	7	—	—	—	60	—	—	1 936
35～40	345	—	941	21	2	—	345	—	8	—	—	—	54	—	—	1 716
40～45	160	—	385	—	—	—	244	—	—	—	—	—	54	—	—	843
45～50	100	—	110	—	—	—	107	—	3	—	—	—	96	—	—	416
50～55	148	—	116	—	—	—	114	—	3	—	—	—	174	—	—	555
55～60	89	—	122	—	—	—	80	—	—	—	—	—	148	—	—	439
60～65	46	—	97	—	—	—	46	—	—	—	—	—	98	—	—	287
65～70	2	—	72	—	—	—	25	—	—	—	—	—	71	—	—	170
70～75	40	—	51	—	—	—	20	—	—	—	—	—	28	—	—	139
75～80	9	—	43	—	—	—	4	—	2	—	—	—	7	—	—	65
80～85	—	—	—	—	—	—	—	—	—	—	—	—	2	—	—	2
85～90	7	—	26	—	—	—	5	—	—	—	—	—	14	—	—	52
90～95	6	—	15	—	—	—	1	—	—	—	—	—	10	—	—	32
95～100	6	—	13	—	—	—	1	—	—	—	—	—	12	—	—	32
>100	10	—	87	—	—	—	24	—	—	—	—	—	45	—	—	166
总　计	12 000	9 480	8 000	6 040	5 840	5 671	4 560	4 000	4 000	3 920	2 858	2 719	2 288	2 423	2 000	75 799

另外，还可以得到不同的消费者对车的性能关心情况差异特征。图 3-16 中显示的是二手车排量特征差异统计。由图 3-16 可见，2.0 排量的车最受欢迎，而排量太大或是太小的交易量都很小。从排量大小指标看，交易量呈现橄榄形。

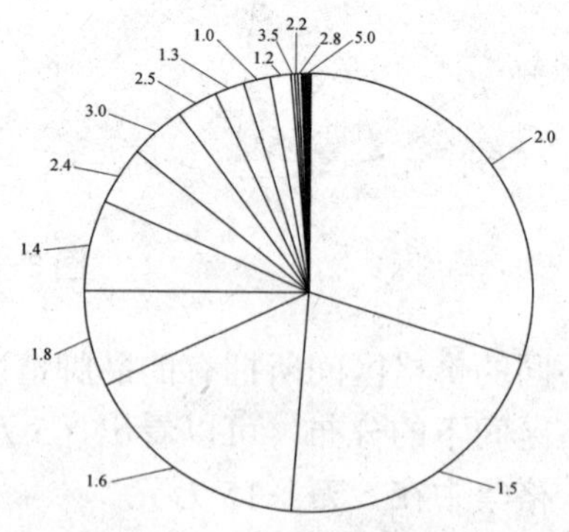

图 3-16　排量差异统计

小训练

一天，动物园的管理员们发现袋鼠从笼子里跑出来了，于是开会，一致认为是笼子的高度过低所致。所以决定将笼子高度由10米加高到20米。结果第二天发现袋鼠还是跑出来了，又决定将笼子加高到30米。没想到隔天居然发现袋鼠全跑出来了！决定一不做二不休，将笼子加高到100米。

一天长颈鹿与袋鼠们聊天："你看这些人们会不会继续加高你们的笼子？"袋鼠说："很难说，如果他们再继续忘记关门的话!"

系统分析训练：讨论出现问题的原因有哪些。

［附三］　顾客管理规划纲要

1. 顾客管理工作流程概述

顾客管理工作是从收集、整理顾客资料开始的。顾客管理工作已成为每个组织管理工作中不可或缺的组成部分，因此，在日常的组织管理工作中也包含了该内容。所以，顾客的资料收集可以是日常工作，也可以是为某一个问题而开展的非常规工作。不论是日常工作，还是非常规工作，其收集资料、处理资料的流程、手段、办法等有着许多共性。大致会经历图附三-1所示的六个过程。

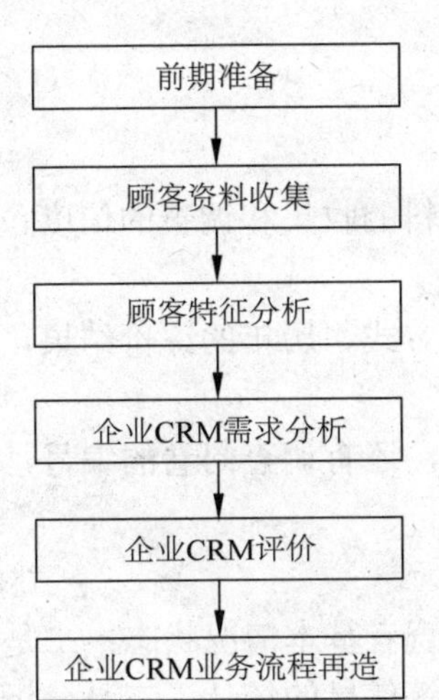

图附三-1　顾客管理工作流程

2. 顾客资料收集

（1）顾客基础资料收集

如果是组织类顾客，包括单位名称、联系人姓名、电话号码（单位的、个人的）、厂址、企业性质、年销售额、企业规模（人员数或注册资金等）。

如果是个人顾客应该包括年收入、职业、年龄、家庭情况、通信地址等。

（2）顾客业务资料收集

如果是组织类顾客，应该包括经营的品种（或项目内容）、服务范围、年销售额、经营方式、进货周期、进货品种等。

如果是个人顾客，应该包括购买品种、购买量、购买周期、购买目的、购买方式、购买特征等。

3. 顾客特征分析

（1）顾客生命周期特征

包括潜在顾客期、成长顾客期、成熟顾客期、衰退顾客期和顾客终止期5个阶段中，组织投入的成本以及顾客给组织带来的利润情况。

顾客组织带来的总利润，包括基本利润、关联销售利润、节约的成本、推荐的价值。组织为顾客投入的成本，包括开发成本、发展成本、维系成本。

（2）顾客类型

区分顾客类型，目的是找出重要顾客和次重要顾客群。因此可以将顾客按一定标准排序、分类。

例如根据ABC分类法研究。分类的标准可以是顾客给企业带来的销售额、销售量、利润或总贡献状态。讨论每个顾客对企业的总贡献状态，即顾客给企业带来的总利润减去企业为顾客投入的成本。

（3）顾客需求特征

可以用“头脑风暴”或德尔菲法等方式来获得顾客希望得到的服务内容指标，以及各内容目前的状态值。

4. 顾客服务与管理业务流程需求分析

（1）顾客管理组织机构设置

包括组织的全部职能机构部门间关系，顾客管理工作开展与各职能部门的工作关系与联系状态。

（2）顾客管理业务流程

包括组织内部有关顾客管理的业务开展流程情况、顾客管理的各业务间关系与联系状态。画出详细流程图，包括顾客管理的组织主流程图、分业务流程图。

（3）顾客需求因素内容和满足程度

包括产品或服务的基本功能、功效，以及附加内容情况。如有无送货上门服务，送货上门服务的及时性和准确性等。以期获得顾客需求结构变量和观测变量，为进一步调查组织目前的CRM情况打好基础。

5. 企业CRM评价

（1）CRM实施情况调查

调查问卷的设计、调查对象（顾客）的选择、调查资料的收集和调查的信度、效度的验证。

调查的内容包括企业客户管理制度、管理流程、管理方式、历年的评价结果，尤其是信息内容及反馈系统的适应性。

调查问卷包括主要的评价部分、调查对象的基本情况，还有调查问卷的编号，以便为资料入库和今后的查找提供条件。

（2）CRM实施情况评价分析

调查收回的资料统计分析内容包括五方面。一是被调查者基本情况状态；二是调查者对每项具体测评指标的最大值、最小值、均值和标准差等信息的统计；三是分析评价刚好合格及其以下的指标内容；四是开展调查的信度、效度、相关性检验分析；五是按权重计算顾客满意度值，包括各结构变量的满意度值和总体满意度值。

（3）寻找CRM业务评价关键点

这是帮助组织查找CRM管理改进突破点。一般情况下是得分很低的业务内容，或得分不太低，但是会影响其他业务内容的得分的点。

6. 企业CRM流程再造

组织的CRM（Customer Relationship Management，即顾客关系管理）流程工作包括再造原则设计、思路设计、具体内容设计。

本章参考文献

[1] 陈晓文. 不老毛衣［N］. 文摘周报，2012-12-04.
[2] ［美］阿伦·杜卡. 美国市场营销学会顾客满意度手册［M］. 吕一林等，译.北京：宇航出版社，1998.
[3] ［美］卡拉·克里普斯.中国游客的两面［N］. 聂晶，译. 环球时报，2013-04-11.
[4] ［美］菲利普·科特勒，凯文·莱恩·凯勒. 营销管理（第 15 版）［M］. 何佳讯，于洪彦，牛永革等，译. 上海：上海人民出版社，2016.
[5] 陈弋. 中国消费者分化明显［N］. 参考消息，2012-09-26.
[6] 公司简介［Z］. http://www.wanda.com.cn/company/AboutUs.shtml，2012-12-27.
[7] 法国企业钻研中国市场"生意经"［N］. 参考消息，2006-12-11.
[8] 韩国政府采购计算机拒"财阀"［N］. 解放日报，2012-12-28.
[9] 中央单位完成批量采购规模近 3 亿元［Z］. http://www.ccgp.gov.cn/zycg/zycgdt/qtbw/201311/t20131113_3591500.htm，2012-11-28.
[10] 亚马逊为什么满 29 元免运费［N］. 文摘周报，2013-05-03.
[11] 王方. 动感商店［N］. 环球时报，2012-07-13.
[12] 中国人成波尔多葡萄酒大买家［N］. 参考消息，2013-02-19.
[13] 沈敏. 美国商家"投男所好"［N］. 文摘周报，2013-04-05.
[14] 青木. 欧洲 700 家光伏企业反对制裁中国［N］. 环球时报，2013-04-18.
[15] ［美］伊芙琳·晁. 中国商界：要成功，先结婚［N］. 王会聪，译. 环球时报，2013-04-11.
[16] 刘畅编辑. 女性买房实力超强［N］. 文摘周报，2019-04-02.
[17] 廖继峰编辑. 你被大数据"杀熟"了吗［N］. 文摘周报，2019-04-02.
[18] ［美］彼得·多伊尔. 营销管理与战略［M］. 杨艾琳，朱翊敏，王远怀，译. 北京：人民邮电出版社，2006.
[19] 张鑫. "90 后"卖二手车 车龄也"年轻"［N］. 北京青年报，2019-05-06.
[20] 王星等. 大数据分析：方法与应用［M］. 北京：清华大学出版社，2014.

自测题

第四章

营销信息的收集与管理

本章概要

本章目的是帮助学习者将市场营销课程与其他管理课程，如统计学、管理信息系统等课程有效地结合和应用。重点在于介绍营销信息的收集、管理方法和途径。包括为了进行营销决策而开展的市场调研、市场预测、信息处理及营销信息管理系统的构建，尤其是大数据背景下的信息收集方法和思路。

第一节　市场营销调查

从某种角度看，企业的发展离不开对营销信息分析后进行营销战略和策略不断调整的工作过程。该工作过程的结果有效性将直接影响到企业的业绩水平。因此，首先要了解消费者或顾客的要求，以及市场的变化状况等信息。这些都离不开市场调查活动，离不开对所获得的营销信息进行分析。一个企业的营销战略和策略的制定、修订，往往是在市场调查、预测后得到的结果。

达能公司（Danne）1987 年在中国市场推出其第一款酸奶时遭遇挫折。公司通过市场调查发现“当时生产的是法式酸奶，带有果粒，比较稠，要用勺子吃。”这种酸奶没有引起中国消费者的兴趣，况且大多数中国人家里没有适用的勺子。因此，公司改弦易辙，改良酸奶的配料以满足用吸管的需求。调查还发现“中国饮食平衡的原则决定了消费者的口味。就酸奶而言，一定要注意酸和甜之间的平衡。既不能过酸，也不能过甜”。于是，达能公司在上海郊区建立实验室，将法国酸奶配方进行调整，以适应中国市场。

一、市场调查基本概念

市场调查是营销决策活动的起点，也是营销决策活动的终点。市场调查活动指的是了解市场的需求，知道决策实施以后市场的变化状态是否朝着预期目标方向发展。所以，市场调查活动是所有企业的营销决策与管理的基础。

市场调查（**Market Research**）是运用科学的方法，有目的地、系统地搜集、记录、整理有关市场营销的信息和资料，分析市场情况，了解市场的现状及发展趋势，为市场预测和营销决策提供客观的、正确的资料的过程。

市场调查的类型可按照调查的目的不同划分，也可按照调查的对象不同、方法不同、区域不同等划分。按不同的方式划分可以得到不同的类型结果。下面主要介绍按照企业营销活动的目的不同来划分的类型。

探测性调查。当调查的问题和范围较模糊时，为尽快发现问题，或让问题更加清晰和明确而进行的调查活动。该类型常见于明确企业发展方向或扩张规模时，急需探求经济市场的需求与变化。

描述性调查。针对专门性问题进行调查、收集、整理这个问题的实质性资料。主要的目的是寻找营销影响因素间的关联性。该类型常见于了解和掌握市场对企业营销活动影响的几个因素间的关系，或详细了解和掌握市场中某个问题的全部材料等。因此，该类型的调查对所获得的资料的可靠性要求较高。

因果性调查。找出产生某一问题的原因，及这个问题可能导致的结果。主要的目的是明确因与果之间的关系。该类型的调查常见于了解企业市场营销策略的实施结果，或市场变化的根本原因等。

预测性调查。对将来的变化状况进行调查，需收集过去、现在的各种市场信息。目的是预测市场的变化走向。该类型的调查常见于实施新营销策略时，分析可能的结果，或市场供求关系可能的变化趋势等。

纵观中国的网络购物狂欢节历史，各家电子商务网站竞相争霸，因此相关资讯公司不断追踪事件，时时掌握最新进展情况。2019 年“6·18”购物节活动刚结束，各个资讯公司从不同的角度公布所获得的分析结果。据易观国际公布的数据显示，2019 年“6·18”促销期间，聚划算完成了天猫 1/3 的成交量，天猫的市场份额是京东和拼多多总和的两倍多，获得了“6·18”大促销 2/3 的市场份额。Questmobile 和极光大数据等机构检测的数据表明，“6·18”促销期间，淘宝天猫的日活跃顾客数量在全网中遥遥领先，超过第二名至第四名的总和。聚划算在 18 天里“挖掘”出 3 亿新顾客，这些新顾客大都来自于三到五线城市。

二、市场调查方法

（一）资料调研法

资料调研法也称二手资料收集。利用对与营销活动相关的各种现成资料进行营销信息收集。这是营销管理研究最常见、最方便获得营销历史资料的调研方法。

该方法收集资料的平台有图书馆、网络或企业的资料档案室等。资料的来源可以是企业本身、银行、统计部门、相关杂志或报纸、咨询公司、行业协会等。

例如，海尔公司企划部通过查阅历年《财富》杂志公布的“美国企业 500 强”排名资料，分析获得美国企业排名变化状态，研究本企业在美国市场上发展所受影响因素可能的变化情况，以便调整在美国市场上的发展战略。

（二）问卷调查法

问卷法是目前国内外社会调查中使用较为广泛的一种方法。问卷是指以统计和调查为目的、以设问方式表述问题的表格。问卷法是研究者用控制式的测量对所研究的问题进行度量，从而搜集到可靠资料的一种方法。

问卷法大多采用邮寄、个别分送或集体分发等方式发放问卷。由被调查对象按照表格问题来填写答案。在互联网时代，网上问卷调查法已经成为市场营销信息调研的利器。

网上问卷调查法是在网上发布问卷，被调查对象通过网络填写问卷，完成调查。在问卷的设计上，应当做到简明易懂，能够快速显示调查结果。网上问卷调查法具有自愿性、定向性、及时性、互动性、经济性与匿名性的特点，不受时空与地域的限制，节省了人力、物力，节约了成本和时间，省略了印刷、邮寄等过程，问卷回收效率高，调查信息量大。其缺点是上网人群不一定代表被研究的对象，针对性不强，无法进行深入调查，真实度不高，这些都是制约网上调研的重要因素。

例如，李维斯公司（Levi Strauss，www.levi.com）是美国历史最为悠久的服装公司之一。其牛仔系列的服装在国际市场上经久不衰。面对日益激烈的竞争，以生产牛仔裤闻名的李维公司能够稳扎稳打，得益于其分类市场调查。公司设有专门机构负责市场调查，应用心理学、统计学等知识和多种手段，按不同国别，分析消费者的心理和经济情况的变化、环境的影响、市场竞争条件和时尚趋势等，并据此制订出销售、生产计划。1974 年，公司对联邦德国市场的调查表明，多数顾客首先要求衣服合身。于是公司随即派人到德国的各大学和工厂进行合身测验，一种颜色的裤子就定出 45 种尺寸。根据市场调查，了解到美国青年喜欢合身、耐穿、价廉、时髦，于是把“合身、耐穿、价廉、时髦”作为产品的主要目标，故而产品长期占领了美国青年人的市场。在市场调查中，公司了解到许多美国女青年喜欢穿男裤，由此精心设计，推出了适合女性需要的牛仔裤和便装裤，使女性服装的销售额不断上升。虽然在美国及国际服装市场业竞争相当激烈，但李维公司靠分类市场调查而制订的生产与销售计划同市场上的实际销售量只差 1%～3%，达到了精准的要求。

1. 站点法

站点法是将问卷放在网络站点上，由访问者自愿填写、提交问卷，经调查者统计分析后在网上公布结果的调查方法，是网上调查的主要方法。大学生常用的问卷调查网站有问卷星（见图 4-1）、第一调查网（见图 4-2）等，这些调查网站为了鼓励顾客使用，设有金币或积分奖励，以便更好地达到调研目的。

图 4-1 问卷星网站

图 4-2　第一调查网

此外，随着通信工具的发展，微信调查也越来越普及，制作好调查问卷后利用朋友圈转发、公众号推送等方式让顾客进行问卷的填写，已经成为大学生调研最常见的方式之一。站点法的优点是答题者是自愿的，且传播途径广，目前已被广泛应用；不足之处是难以选择和控制被调查对象，有时甚至可能出现样本重复、数据不真实等情况。

网络调查网站集锦：

问卷星（www.wjx.cn）：专业的在线问卷调查、测评、投票平台，界面简单易用，成本低，被企业和个人广泛使用，尤其受学生群体的喜爱。

第一调查网（www.1diaocha.com）：专业且最活跃的网络调查社区，顾客可以在此进行自由交流，为会员提供参与调查、发表意见并获得收益的机会。

积沙网（www.jisha.cn）：会员只要踊跃参与积沙的市场调查活动，就可以赢得积分，金沙社区、金沙论坛也是获取金沙的途径之一。

中调网（www.zdiao.com）：集专业调查和娱乐生活于一体的特色网站，通过参与调查活动获得金币，将市场研究网络化，让网民直接参与调查，获得收益。

Surveymonkey（www.surveymonkey.com）：美国著名的在线调查系统服务网站，功能强大，涵盖《财富》100 强公司，支持多种语言，也可以制作中文调查问卷。

Surveysawvy（www.surveysawy.com）：世界著名的市场调研公司，参与的每份调查都会有现金支付。

Global Test Market（www.globaltestmarket.com）：是全球领先市场调查提供商 GM（Global Marketing Insights）旗下的公司，现已入驻 Facebook，有中文版，参与调查者可获得积分。

2. E-Mail 问卷法

E-Mail 问卷法是指通过邮件群发的方式将问卷发送给被调查者，被调查者直接通过点击问卷链接的方式答题。这种方式的优点是可以有针对性地选择被调查者，使用简便，投递迅速，收费低，问卷易于保存，已被广泛应用；缺点是回收率低，容易引起被调查者的反感，有侵犯个人隐私之嫌。因此，使用该方法时应征得被调查者的同意，并向被调查者提供一定补偿，如赠送小礼品等，以消除被调查者的敌意。

（三） 访问法

访问法是指将所要调查事项以当面、书面、电话方式，向被调查者提出询问，以获得所需资料。

实地调查法。到营销活动发生的地区收集资料。主要的优点有可根据实地情况提问来收集相关资料，而且可同时获得观察性资料。

例如，以生产色拉调料而在世界食品工业界独树一帜的荷兰食品工业公司，每推出一件新产品均受到消费者的普遍欢迎，产品供不应求。在推出“色拉米斯”前，公司选择700名消费者作为调查对象，询问是喜欢公司的“色拉色斯”（一种老产品的名称），还是喜欢新的色拉调料。消费者对新产品提出了各种期望，公司综合消费者的期望，几个月后一种新的色拉调料研制出来了。当向被调查者征求新产品的名字时，有人提出“混合色拉调料”。公司拿出预先选好的名字“色拉米斯”和“斯匹克杰色斯”供消费者挑选。被调查者中有 80%的人认为“色拉米斯”是个很好的名字。这样，“色拉米斯”便被选定为新产品的名字。在解决了“色拉米斯”变色问题要推出这项产品时，又进行最后一次消费者试验。公司将白色和粉色提供给被调查者，根据消费者的反应来确定包装的颜色。同时还调查消费者肯花多少钱来购买它，以此确定产品的销售价格。经过反复调查，并根据消费者意见，做了包装和价格的调整，使得“色拉米斯”一上市就深受欢迎。

电话调查法。通过电话向相关人员进行了解以获得资料。主要优点是成本低，获得资料的速度快，被调查者可以畅所欲言。

邮寄调查法。通过邮寄调查问卷让被调查者填好后再寄回的方式来收集资料。主要的优点是分布区域广，成本低。

评审团调查法。主要优点是专业性强，获得的营销信息质量高。

在互联网时代，网上讨论法也逐渐盛行。网上讨论法不需要面对面交流，而是借助互联网平台实现交流。它有多种途径，如微信、QQ、BBS（电子公告牌）、IRC（网络聊天、网络会议）、Newsgroup（新闻组）等，从本质上讲就是互联网集体访谈法。此方法已被广泛应用于企业间网络会议、网络投票、网上小组访谈等。

（四） 观察法

由调查人员到现场直接对营销活动进行观察，以获得所需的资料。

直接观察法。到销售地点从侧面观察、听取、记录所需的资料。优点是真实性强，获得信息及时。

例如，在研究“体验经济”倾向时，研究者使用了直接观察法。一位研究者詹姆斯·吉尔摩目不转睛地看着她的研究目标——一群喝美乐淡啤酒的二十多岁的年轻男性。她记下这些年轻人如何在一起建立友谊：他们站得多近、交换哪些趣闻、怎样化解小冲突等。

回到办公室，詹姆斯·吉尔摩观看从各地酒吧拍回来的长达 70 小时的录像带，剪辑成 20 分钟的美乐淡啤酒顾客体验精华版。最后得到一个对消费美乐淡啤酒更加深度的认识：当一群人共同喝啤酒，相对更喜欢喝美乐淡啤酒，而美乐啤酒的头号对手百威淡啤酒往往被人买去独自喝。

实际痕迹测量法。通过对某一事件留下的实际痕迹来观察、记录，以此获得所需资料。优点是准确性高，资料详细。

网上观察法。指观察者进入聊天室观察聊天的情况，或利用网络技术对网站接受访问的情况、网民的网上行为和言论，按事先设计的项目、要求做观察、记录或自动监测，然后进行定量分析研究，并得出结论。与线下的观察法类似但又有所不同，网上观察法不能直接观察被观察者的神情姿态，但可以对呈现在网络上的行为进行观测，不受空间限制，可以节省人力成本。比如，公司可以通过跟踪点击率了解网上顾客的行为，包括他们如何访问网站，如何跳转到其他网站等。

（五） 实验法

利用实验法获得资料。可以是到市场中选取企业部门开展营销活动的相关工作，也可以是在实验室利用相应的软件进行实验。如通过改变营销策略中的某一因素，致使市场波动。利用这一波动结果数据来推定该因素与市场之间的关系。

除了实地实验以外，企业还逐步运用网上测验法来研究市场策略。网上测验法是指测验者利用网站或 E-mail 等途径，向网民或受测者发出有测验内容的问卷或信件，网民或受测者做出回答后反馈给测验者，测验者对反馈信息进行统计分析，并得出结论。例如，公司可以通过在不同网页或不同时间提供不同的价格、标题或某种产品属性，比较自己的营销变量效果，或者可以创造虚拟的购物环境，测试新产品和市场营销方案。

例如，居于日本服装业之首的环球时装公司，从 20 世纪 60 年代创业时的普通零售企业发展成当今日本有代表性的大企业，靠的主要是掌握第一手“活情报”。公司在全国 81 个城市顾客集中的车站、繁华街道开设侦探性专营店，陈列公司所有产品，给顾客以综合印象。售货员的主要任务之一是观察顾客的采购动向。事业部每周安排一天时间全员出动，3 个人一组、5 个人一群分散到各地调查。有的调查小组甚至到竞争对手的商店观察顾客购买情况，向售货员了解情况，找店主聊天。调查结束当晚回到公司进行讨论，分析顾客消费动向，提出改进工作的新措施。此外，经销该公司时装的专营店和兼营店均制有顾客登记卡。卡片上详细地记载每一个顾客的年龄、性别、体重、身高、体型、肤色、发色、使用什么化妆品等；还有常去哪家理发店以及兴趣、爱好、健康状况、家庭成员、家庭收入、现在穿着及家中存衣的详细情况。这些卡片通过信息网存储在公司信息中心，只要根据卡片就能判断顾客眼下想买什么时装，今后有可能添置什么时装。这种侦探式销售调查，为环球公司的迅速扩张提供了有效的支持。

（六） 抽样法

从调查的对象中抽取一部分具有代表性的样本，通过对样本调查的资料推断整体的性质。抽样法有多种形式。如随机抽样法、非随机抽样法（等距抽样法等）、固定样本连续抽样法等。

三、市场调查问卷设计

（一）问卷类型

问卷的类型可以根据问卷中问题及回答的范围进行分类。问卷的类型使用与调查的对象选取有很大的关系。根据问卷中问题的多少，可以分为卡片式问卷和信笺式问卷；根据问卷中是否给出问题选项，可以分为开放式问卷和封闭式问卷。根据回答方式的不同，可分为选择型问卷、排序型问卷和自由回答型问卷。下面简单介绍按回答方式分类的几种问卷类型。

选择型问卷。给出了问题的答案选项，在其中进行选择即可。可以是二项选择答案中选择其一，也可以是多项答案选择其一的问卷，还可以是多项选择答案中选择多个答案的问卷。根据选择答案的单一性，可以将问卷分为单选问卷和多选问卷。前两者为单选问卷，后一个为多选问卷。如果选项是一个评定等级尺度系统，评价后从其中选择，这就是常说的评定型问卷。

排序型问卷。给出了几个答案选项，被调查者根据自己的认识将几个答案选项按照一定的标准排列出顺序。

自由回答型问卷。往往只有问题没有答案选项，问题涉及的范围也较宽，被调查者可以根据自己的情况自由回答。

问卷中的问题大都需要被调查者回忆记忆中的情况再自由回答或选择答案，这种问卷也称为回忆型问卷。这是前面三种基本问卷形式表现出的一种特殊情况。

另外，因目的的不同，一个问卷中可以既有选择性问题，也可以有排序性问题，或是自由回答的问题。哪种类型问题居多，问卷就可以归为哪种类型。

（二）问卷结构

无论哪种类型的问卷都应该包括四项基本内容：一是被调查者的基本情况，二是调查的主要内容，三是问卷的填写说明，四是问卷编号。其中第二部分是核心内容，是根据本次的调查目的而设计的问题。

了解被调查者基本情况的目的在于分析不同的被调查者对回答同一问题的不同倾向，以便得到不同消费者群体的需求差异性。被调查基本情况包括性别、年龄、职业、收入等，甚至还有所处的位置、所在城市等。

问卷填写说明是要告知被调查者如何填写问卷，以及进行这次调查的目的，以便让被调查者放松。同时，还可以在此告知被调查者配合这次调查后将得到的感谢和报酬等。这部分内容既可以放在问卷的最前面，也可以放在最后。

给出问卷编号，是为了便于问卷资料的归档、入库，以及数据将来的查询使用。同时也可以通过编号区分每次的调查内容差异。问卷编号往往与企业营销信息系统的营销数据库相关联。

（三）问卷设计程序

问卷的设计程序就是问卷设计工作及其衔接性。问卷设计有以下几个步骤。

首先，明确本次调查的主题，以便设计问题时有明确的考虑主线。这项内容可以在问卷的题目中充分地表现出来。

其次，按主题要求设计问卷初稿，包括上述问卷结构中的四项内容。特别要注意调查内容之间的衔接性、逻辑性和系统性，避免出现选择了某一个答案，后续问题皆可以不做的现象。

再次，对设计的问卷初稿进行实验性回答，实质是对初稿进行审度。实验性回答的目的有三个：一是检查所提问题是否多义或重复，二是核实调查的工作量是否适度，三是考察提出的问题是否系统、完整。

最后，根据第三步审度结果修改问卷初稿，设计正式问卷。问卷的定稿意味着问卷设计工作的结束。

四、市场调查活动基本步骤

市场调查工作可以分为三大步骤。一是调查预备阶段，是为了更加有序地开展市场调查工作而进行的必备的准备工作，这是调查工作开展的基础。二是正式调查阶段，是市场调查的实质性活动，也是核心工作，将决定获得的市场调查资料的真实性、可靠性、系统性和安全性等。调查资料处理阶段是进行分析处理所获得市场资料的工作，完成市场调查报告的阶段。该阶段将关系到市场调查工作成果的完备性、有用性、准确性等。三是调查结果的追踪。主要的任务是将市场调查处理出来的结果加以验证和比较，检查其与市场变化的实际差距并及时调整（见图 4-3）。

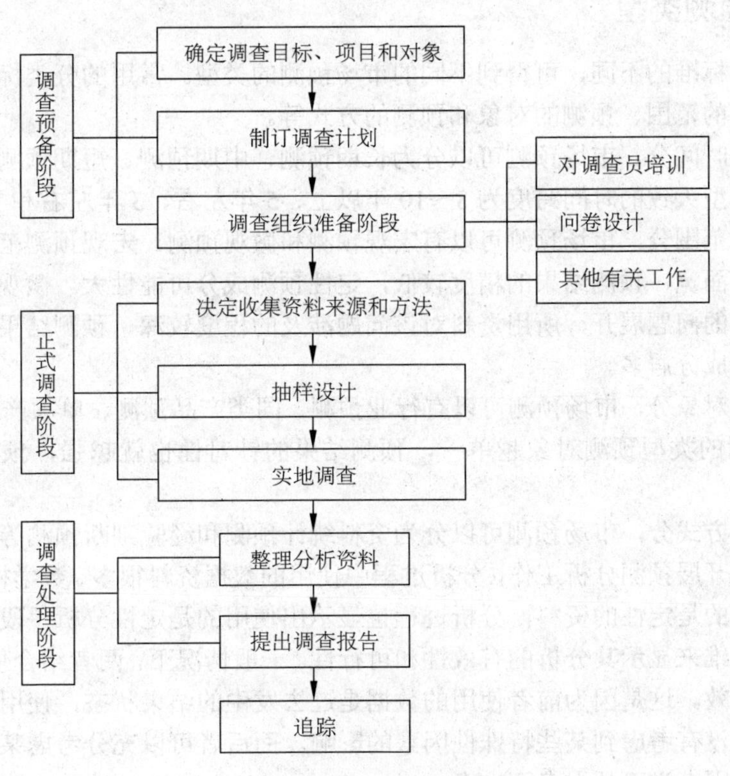

图 4-3　市场调查步骤

第二节 市场需求预测

一、市场预测概述

市场预测（Market Forecost）是根据得到的各种市场信息和资料，运用一定的方法或数学模型，对市场的未来发展变化状况做出估计和判断。因此，得到的信息的准确性、可靠性和信息量等，以及选择的预测方法、模型，将会影响到市场预测结果。

为了使预测结果满足预期需求目标，需要遵循四个基本原则。一是连续性原则。把未来的发展同现在和过去联系起来。因为市场的发展变化不是孤立的，而是连续的。未来的市场状况是过去、现在的延续。二是相关性原则。市场的发展变化是由于各种相关因素共同作用的结果。这些因素间具有某种程度的关联性和制约性，因此一个因素的变化在某种程度上会影响到其他因素的稳定性。三是类推原则。不同的社会经济活动都遵循着一定的规律，其活动变化也就有着一定的相似性。根据这个原则对市场的预测可以举一反三，依此类推相似事物的发展变化规律。由此可以减轻市场预测的工作量，也可以保证市场预测工作的连续性。四是定性与定量相结合的原则。市场活动的变化规律既可以用定性的方式描述，也可以用定量或半定量的数据表现。前者描述的结果模糊，后者明确；前者精确度低于后者。不是全部市场活动现象都可以用定量或半定量的方式表现，因此两者相结合才能既达到预测的目标，又提高预测精度。

二、市场预测类型

根据分类标准的不同，可得到不同的市场预测的类型。常用的分类标准有预测的时间长短、预测的范围、预测的对象和预测的方式等。

按预测的时间分，市场预测可以分为长期预测、中期预测、短期预测和近期预测。这 4 种预测类型大致的时间跨度为 8～10 年以上、5 年左右、3 年左右和 1 年以内。

按预测的范围分，市场预测可以有宏观预测和微观预测。宏观预测范围广，所用资料、数据涉及面宽，预测结果的精度较低，定性预测成分可能性大。微观预测往往针对某一较为具体的问题展开，所用资料对该问题涉及的程度较深，预测结果的精度较高，往往定量预测成分居多。

按预测的对象分，市场预测可以有行业预测、同类产品预测、单项产品预测等多种类型。越往后的类型预测对象越单一，预测结果的针对性也就越强，预测分析的深度越深。

按预测的方式分，市场预测可以分为资料统计预测和经验判断预测等。前者指用大量的数据资料开展预测分析工作，分析过程中使用的数据资料很多、数学模型更加有效。后者往往使用的是定性的资料，分析过程也显示出使用的是定性分析手段，需要有较强的逻辑推理思维来显示其分析的有效性和可行性。一般情况下，两者结合使用进行预测，其结果更加有效。这是因为前者使用的数据是过去发生的结果状态，使用数学模型是固定的，有可能没有考虑到某些特殊性因素的影响。而后者可以充分考虑某些特殊因素的影响，但可能因人为干预太多而失真。

三、市场预测主要内容

市场预测的内容与市场调查的内容是相关的。一般情况下，要做哪方面的预测，就会做哪方面的调查。常见的市场预测内容有 6 种。

市场需求预测。即对某种产品的未来市场需求前景做出推测和估计。对某一产品的市场需求量或市场潜量进行预测。需要注意的是，虽然市场潜量与企业的促销努力成正比，但是对市场潜量（即市场需求与促销努力关系图中市场需求的最高点）的开发而不断地提高促销投入时，随投入量的增加，市场需求量提高的增速会减小，投入量增大到某一点时，市场需求量可能基本不变，投入量再增加，对市场潜量的提高影响将无效。

企业产品销售量预测。销售量与市场需求和市场占有率密切相关，并成正比关系。

企业投资效果预测。例如，投资项目所需资金及投产后产品成本、利润、投资回收期的分析预测。投资项目建成后生产要素保证程度预测。

相关科技发展效果预测。例如，要了解一种产品在市场上的生命周期大致有多长，就要了解相关替代品进入市场情况、产品的更新周期情况、消费者需求变化情况等。

产品寿命周期预测。一种产品从投入市场，到发展、成熟，直到衰退，整个过程的不同阶段的预测。

新产品开发前景预测。例如新产品开发方向预测、需求量预测等。

四、市场预测步骤

进行市场预测，需要有较强的目的性，其结果应有准确度高的特征。这是每个进行市场预测者都想达到的目标。因此，科学地、系统地开展预测工作是非常必要的，遵守市场预测工作规律和工作步骤也是非常必要的。市场预测基本步骤见图 4-4。

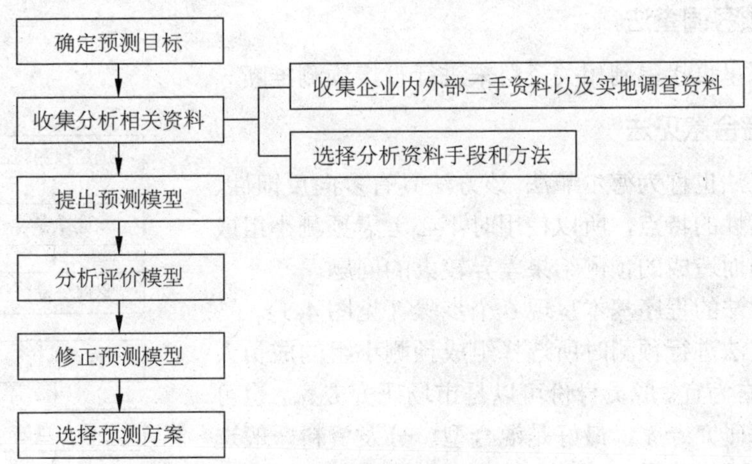

图 4-4　市场预测基本步骤

市场预测工作与市场调查工作密切相关，前者是后者工作的后续，后者是前者的基础。因此，收集相关资料工作往往在市场调查过程中已经完成。另外，提出的预测模型往往不止一个，所以需要根据实际情况对预测模型进行分析评价，判断哪种模型与实际更加符合。这时应用经验判断法、定性分析法的可能性较大。

第三节 市场预测方法

市场预测的具体方法有很多，在统计学中会大量、详细地介绍。总体来说可以分为定性预测方法和定量预测方法两大类。

一、定性预测

定性预测方法往往在收集资料不多，或在只掌握大量感性经验类资料情况下使用。这一大类的预测方法又可以根据参与者或组织情况来分类。常见的有三种。

（一）集合意见法（经验判断法）

也称为经验判断法。根据经验者的身份不同可以分为经理人员判断法、专业技术人员判断法和营销专家意见法。

由于营销经理、推销人员或技术专家的个人意见都有一定的局限性，其结论差别可能或大或小，因此需推定平均值。其计算推定平均值公式如下。

$$\text{推定平均值}=\frac{\text{最乐观估计值}+\text{最悲观估计值}+(n-2)\text{最可能估计值}}{n} \tag{4-1}$$

其中，n是推定小组成员数。估计值有可能是$n-2$个估计值的平均值、中值。或是不一定是估计出的某一个值，而是介于其中的值。另外，进行市场预测时，集合意见法常常按人员身份成立小组分别进行，而不是将不同类型的人员混成一个小组，否则，预测结果差别可能较大，或不能得到有效的意见。

（二）顾客调查法

从顾客那里直接得到相关资料来进行直接预测推断。

（三）综合意见法

综合意见法也称为德尔菲法。该方法具有多向反馈性、收敛性和匿名性的特点，所以使用时不必考虑预测小组成员的身份不同而造成的预测结果差异较大的问题。

综合意见法的程序基本呈现6个步骤（见图4-5）。

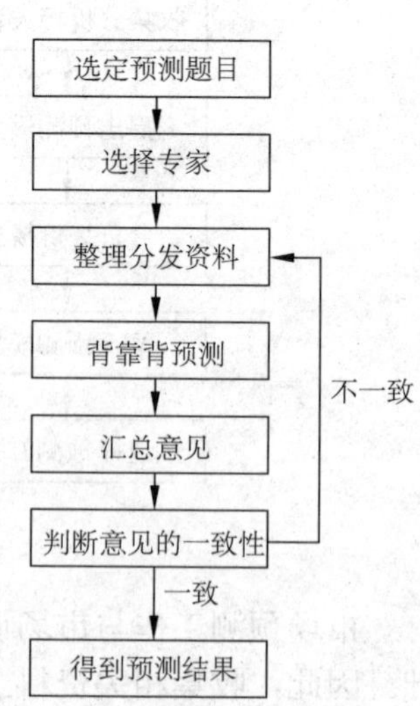

图4-5 综合意见法基本程序

综合意见法进行预测时所选择组成预测小组的成员人数以20人左右为宜。成员身份可以是市场研究专家，也可以是产品技术研究专家，最好是混合型。分发资料一般选用邮寄资料方式，使得参加者不见面，以避免相互影响无法充分发表自己的意见。另外，整理分发资料阶段是对上一轮的判断意见综合归纳、汇总，再分送各专家进行下一次预测。将修正后的意见汇总后，判断意见不够一致时，可再次送各专家展开下一轮预测，再提出新预测结果。经几次背对背反复预测、修正后，预测的结果将趋于一致，得到最终的预测结果。这时，本次预测工作结束。

二、定量预测

定量预测是在获得足够数量的营销数据基础上才可以使用的一类方法，否则处理出来的结果不具有代表性或精度太低。该类的方法有很多，但常用、方便的有平均法、指数平滑法、回归法等。

（一）平均法

平均法分为算术平均法和加权平均法。在对调查的数据进行处理时，对影响营销结果的各因素对等考虑时，最简单的方法是算术平均法。如果要考虑各因素对营销结果的影响程度有差别，就用加权平均法。

算术平均法是将前期的数据之和除以数据的个数，求得算数平均值作为下一期预测值。

$$\bar{y}=\frac{\sum_{i=1}^{n}x_i}{n} \tag{4-2}$$

其中：$\bar{y}$——预测值；

n——营销数据数；

x_i——第 i 个营销数据。

加权平均法在算数平均基础上给出了对各数据考虑的重要程度差异权重数。见式（4-3）。

$$\bar{y}=\frac{\sum_{i=1}^{n}f_i x_i}{\sum_{i=1}^{n}f_i} \tag{4-3}$$

其中：f_i——权数，根据经验而定。

（二）指数平滑法

平均法不考虑营销随时间的变化。但实际上营销活动会随着时间的推移，随着营销环境的变化而发生改变。如随着科学技术的发展、经济水平的提高，消费者购买行为也会产生变化。因此，营销结果数据实际上是时间函数，预测数据处理方法需要考虑时间参数。

最简单的时间数列处理方法就是指数平滑法。其核心是用指数加权的办法进行移动平均的预测。

$$S_t=\alpha X_t+(1-\alpha)S_{t-1} \tag{4-4}$$

其中：S_t——$t+1$ 时期预测值，t 时期指数平滑值；

X_t——t 时期实际值；

S_{t-1}——$t-1$ 时期指数平滑值，t 时期值；

α——平滑系数，$0 \leqslant \alpha \leqslant 1$依据经验给定。

（三） 线性回归法

线性回归分为一元线性回归和多元线性回归。一元线性回归法是利用两种营销因素间的相关性特点获得的回归直线，来推定其中一个营销因素发生变化时，在将来的某个时间点，另一个因素的可能状态。即利用成对的（x，y）因素求得直线回归方程，以预测因变量y由于自变量x的变动而发生可能的变化趋势。一元线性回归的一般情况。

$$y = a + bx \tag{4-5}$$

其中，a和b为常数。

市场营销活动结果往往受多因素的影响。一元线性回归只是一种理想状态。考虑多个营销因素相互间的影响变化状态，可以用多元线性回归法实现。

$$y = a + b_1x_1 + b_2x_2 + \cdots + b_nx_n \tag{4-6}$$

其中：x_i——第i个自变量，$i = 1,2,\cdots,n$；

b_i——第i个b常数。

当假设在某一个时间点，外部环境各因素接近不变，企业要改变某一个可控营销变数时，就将多元问题变成了一元问题。

三、市场占有率预测

市场占有率是考核、评价企业在市场上竞争排名的重要指标，它显示企业的产品在市场上所处的竞争地位。企业往往通过市场占有率判定市场发展战略的走向。

市场占有率的计算通常使用的是过去发生的数据，如过去某一时间的利润，或销售额（销售量）等。这个时间点离现在越近，则越能够代表现在可能的市场占有率状态。这个值就是现在的市场占有率的预测值。用过去发生的利润，或销售额（销售量）还可以推断出将来市场占有率的可能情况。

市场占有率可分为绝对市场占有率（a）和相对市场占有率（b）。绝对市场占有率（a）是指企业的销售额（销售量）占整个行业（市场）在同一时间段同类产品的销售额（销售量）的百分比。

$$a = \frac{\text{本企业产品销售额（销售量）}}{\text{全行业（市场）同类产品销售额（销售量）}} \times 100\% \tag{4-7}$$

绝对市场占有率只能表明市场的份额，还不能表明市场份额的大小排序状态。当企业要想充分了解自己在市场上的竞争地位、竞争优势时，不仅要知道绝对市场占有率，还要通过绝对市场占有率来判断自己的市场份额地位。相对市场占有率（b）是企业的市场占有率与竞争对手的最大市场占有率的比值。

$$b = \frac{\text{本企业市场占有率}}{\text{竞争对手的最大市场占有率}} \tag{4-8}$$

当$b \geqslant 0.5$时，说明本企业的市场占有率超过了最大值的一半，为高相对占有率。若$b = 1$，说明企业的市场占有率与竞争者中最大的市场占有率一样，则竞争优势明显。

4-1 市场营销调查问卷设计及技巧；市场预测内容、基本步骤和

第四节 营销信息管理

现代营销活动具有以下三个特点。一是营销市场范围可能涉及全球，地理范围大；二是顾客范围广，市场需求多样化和个性化程度高；三是市场需求变化快，需求易变程度高。因此，组织市场营销需要时刻保持对市场变化的高度敏感性，充分、及时地掌握市场信息，不断地深入分析市场信息，提高市场信息使用的有效性。这可以通过建立营销信息系统作为营销信息管理的基础条件。

另外，营销信息系统不是孤立的，是组织市场营销系统的组成部分，可以为市场营销系统更加有效地运行提供帮助和支持。

一、市场营销系统与营销信息系统的关系

市场营销系统（Marketing System）是指进入有组织的交换活动场所的一套相互影响、相互作用的参加者、市场和流程。

最简单的市场营销系统由两个相互影响、相互作用的部分即卖主和买主所组成，见图 4-6。

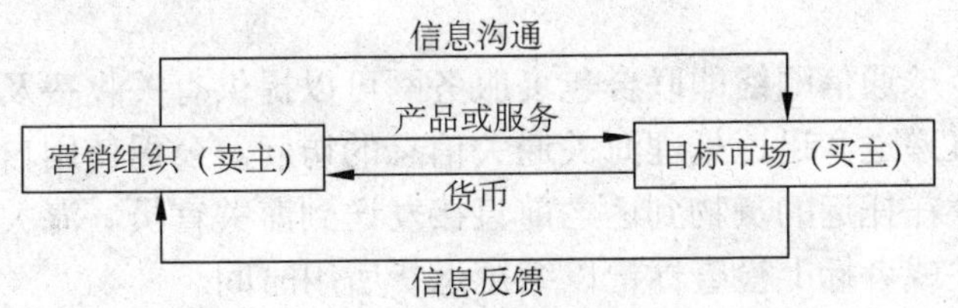

图 4-6 市场营销系统

市场营销系统通过两套“流程”将卖主和买主联结起来。两条流程是“商品—货币”和“信息沟通—信息反馈”。当买卖双方进行营销活动时，需要进行信息沟通和反馈，由此会产生相关营销信息。对营销信息的收集、处理、存储、传递和使用，是营销信息系统的基本功能表现。

营销信息系统（Marketing Information System）是由人、设备与程序所构成的持续和相互作用的，用于收集、分析、评估和控制营销信息的整体。营销信息是在一定时间和条件下，与营销活动有关的各种消息、情报、数据和资料的总称。

营销信息的内容与营销管理活动有关。主要分为外部环境信息和内部管理信息。外部环境信息根据具体内容分为政策法令信息、市场竞争状况信息、市场需求状况信息、科技发展水平信息和相关资源状况信息等。内部管理信息主要指与企业营销活动有关的生产能力信息、物资利用状况信息、劳动力状况信息和财务状况信息等。这些内部管理信息将直接影响到订单的签订、履约、定价、供货周期、货款回收等营销行为。

二、营销信息系统构成要素

建立营销信息系统的目的是为了更好地对营销信息加以管理和使用，因此其组成结构一定是围绕营销信息的收集、处理、存储、传递和使用功能的显示，实现营销战略决策和策略的制定目标。

联合包裹服务公司（United Parcel Service）于 1907 年由两个来自美国华盛顿州西雅图的少年 Jim Casey 和 Claude Ryan 创立。他们承诺“最好的服务，最低的价格”。为实现该承诺，公司不断地利用先进的科学技术。公司每年向美国各地和世界 185 个以上的国家和地区递送约 30 亿件包裹，通过文件管理，提高对顾客的服务水平，以抗衡美国联邦快递公司。

公司利用建立的发货信息获取装置（DIAD）的手持计算机，运货司机可以自动获得有关客户签名、运货汽车、包裹发送和时间表等信息。运货司机把 DIAD 接入卡车上的车用接口，通过移动电话网把包裹信息传送到公司的计算机网上，然后在位于新泽西州 Mahwah 的公司主计算机上进行存储和处理。

公司的自动化包裹跟踪系统能够监控整个运送过程中的包裹。利用一个条形码装置扫描包裹标签上的货运信息，货运信息就能被输入到中心计算机中，客户服务代理人能够在与中心机相连的台式计算机上检查任何包裹的情况，并且能够对客户的任何查询立刻做出反应。在那里，信息可以通达世界各地，向客户提供包裹发送的状态信息。

公司建立的全球通信网络即联合包裹服务网可以提供有关收费及送达确认的信息，可以跟踪国际包裹递送和迅速处理海关通关信息的访问。公司使用自己的电信网络把每个托运的货物文件在托运的货物到达之前直接发送到海关官员。海关官员提前确认托运的货物，让其过关或者标上检查标记以缩短运货所用时间。

通常情况下，营销信息系统的基本构成要素包括 4 个部分。

（一） 内部报告子系统

内部报告子系统是营销信息系统最基本的子系统。收集、存储、提供常规营销数据。为营销人员主要提供两部分信息：一是合同与账单信息，二是销售信息与账单信息。

内部报告子系统由内部会计系统和销售信息系统组成。主要营销管理功能是报告产品订货数量、存货水平、产品销售额、收款、应付款等。

内部报告子系统的核心是围绕企业的“订单—发货—账单”管理活动而建立的信息添加、更替、处理、传递和使用的功能。

（二）营销情报子系统

营销情报子系统是管理和提供与营销管理活动有关的信息，或偶发事件的信息及处理结果信息的子系统。信息的收集源可以是组织外部的人员，也可以是组织内部的营销专业成员。信息的内容可以是不确定的。因此，信息的来源广，具备多向性，并且信息的发生可能没有规律可循。

为了使该系统具有良好的性能，应该注意系统信息收集的广泛性与定向性相结合，信息处理的管理与分析相结合，信息的传播与使用相结合。

（三）营销调研子系统

由于营销环境瞬息万变，营销决策的风险会加大，因此企业将会不断地收集相关信息以便得到修正营销决策的参考资料，这就离不开营销调研子系统。营销调研子系统是对特定营销环境问题进行研究的子系统。

营销调研子系统的运作核心是“确定问题—确定信息来源—收集分析信息—提出结论”。其针对性比营销情报子系统要高很多。

（四）营销分析子系统

无论是营销内部报告子系统，还是营销调研或情报子系统，其信息的收集、处理等都需要相应的工具和方法，以便使储存、结果的使用更加有效。这就要依赖营销分析子系统的帮助。

营销分析子系统由统计工具库和模型库两大部分构成。其中的工具和模型选择由企业的营销管理需要所决定。不一定是越难的越好，而是适合的最好。所以不同的时期，企业的营销管理目标、管理方式和管理精度可能是不一样的，致使营销分析子系统中的分析工具或模型不止一种。

三、营销信息沟通系统

营销管理的有效性与营销信息的沟通状况密不可分。只有当营销信息沟通良好时，营销管理才能有效，才能更好地开展营销管理决策。为了更好地收集相关营销信息，必须了解营销信息的发生地及流向。这可以通过营销信息沟通系统状态来确定（见图 4-7）。

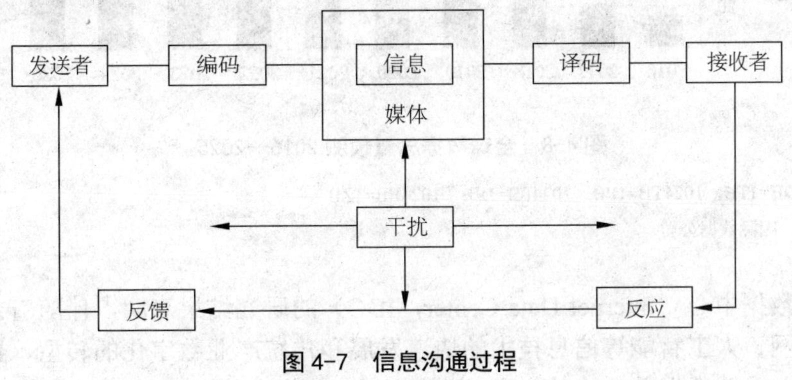

图 4-7　信息沟通过程

营销信息沟通系统（Marketing Communication System）是指营销活动发生时，营销信息的产生、传递、接受以及外部干扰的整个体系。它由 9 个基本部分所组成。**发送者（Sender）**，即发送信息的一方，也是信息源。**编码（Encoding）**，将信息编成可传递的符号或形式才能被传递出去。**信息（Message）**，即信息内容或信息符号，是该系统的核心。**媒体（Media）**，即发送者把信息传递给接收者的渠道，其形式具有多样性，需要根据接受者、信息传递速度要求等来选择。**译码（Decoding）**，即信息的破译，该过程和结果将决定信息是否能接收。**接收者（Receiver）**，即接受信息一方，是发送者希望将信息传递于此的一方。**反应（Response）**，即接收者收到信息后的思想或行动。**反馈（Feed Back）**，即接收者将其反应返回发送者，是信息的发送者得到信息是否达到预期的途径。**干扰（Noise）**，也称噪声，即信息的编码过程、译码过程、反馈过程等受到的非预期的影响和扭曲。

由此可见，营销活动中的信息传递受到这 9 个因素的影响，这 9 个因素决定着营销信息传递的质量。因此可以解释，为什么同一则广告对不同的顾客产生的影响效果有差异。译码和干扰都有可能使得影响结果偏离营销者预期的方向。

四、营销信息收集与处理

（一）发展新动向

作为营销决策与管理者还应该注意与营销管理相关的技术发展、变化情况。当今时代是一个数据爆炸的时代。图 4-8 显示，全球的年产生数据量有指数递增趋势。

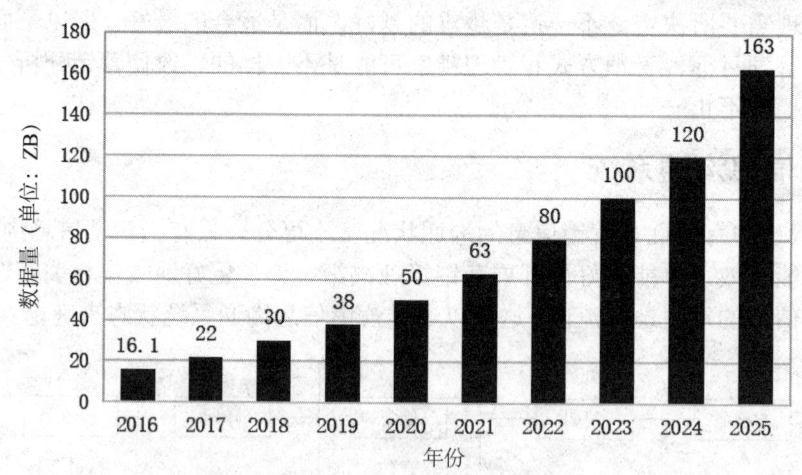

图 4-8　全球数据总量预测 2016—2025

注：1024GB=1TB，1024TB=1PB，1024PB=1EB，1024EB=1ZB

资料来源：国际数据公司

互联网数据中心（Internet Data Center，IDC）的研究结果表明，伴随着云计算、大数据、物联网、人工智能等信息技术的快速发展和传统产业数字化的转型，数据量呈现几何级增长，全球数据总量将从 2016 年的 16.1ZB 增长到 2025 年的 163ZB（约合 180

万亿 GB)，10 年 10 倍的增长，复合增长率为 26%。

我们已经进入了一个大数据时代。麦肯锡公司称："数据，已经渗透到当今每一个行业和业务职能领域，成为重要的生产因素。人们对海量数据的挖掘和运用，预示着新一波生产率增长和消费者盈余浪潮的到来。"企业获得、存储的营销信息量的发展趋势也包含其中。

在信息的收集和共享手段上，近 20 年来已有互联网技术的帮助，使得营销信息的收集和共享达到了前所未有的效率和效果，实现个性化营销成为可能。例如，营销信息的收集可以通过各种网站及其内容板块，借助网络终端设备与顾客以互动交流，或采集相关购买行为信息。互联网重塑了人类的交流方式，使人类的交流获得了更大的空间。

在信息的处理上，大都借以计算机内存、高性能处理器硬件，利用基本统计工具和手段、智能算法、聪明软件等对这些数据加以处理，为信息数据的应用提供了更加广阔的空间。在这海量的数据中挖掘更多的有用信息，用数据来表现从来都没有被量化过的世界的众多层面，已成为新的需求趋势。因此，随着时间的推移，"大数据"将会改变社会处理信息的方式，改变人类思考世界的方式。

虽然"大数据"可能帮助营销决策与管理者发现顾客购买行为背后的许多层面的随机性、不确定性秘密，但是也可能因为涉及顾客的私密信息而遭到限制。我国对个人数据隐私保护的法规主要体现在《网络安全法》。《网络安全法》第四十五条规定：依法负有网络安全监督管理职责的部门及其工作人员，必须对在履行职责中知悉的个人信息、隐私和商业秘密严格保密，不得泄露、出售或者非法向他人提供。但事实上，中国个人数据泄露的事件时有发生，甚至存在数据交易黑色产业链。

随着大数据营销活动范围的扩大，社会需要促进信任和提升责任的大数据。任何社会问题不能交与商业企业全权处理，需要制定相应的行为规范和行动准则加以约束。例如，北美医疗信息软件利用技术，将病人的信息在输入大数据库时自动除去姓名和身份信息。因此，有人提出要设计一个装大数据的社会理念"笼子"，使它不可越界。呼吁和倡导基于消费者信任的营销策略，这是现代营销管理者的责任。

（二） 数据收集常用软件

在大数据时代，人类社会面临的问题之一是如何更好地利用数据来辅助决策，营销管理者也面临此类问题。如何从海量数据中收集到目标信息，逐步成为一种硬性需求。近年来，不同的数据挖掘软件开始不断涌现。

1. Bosonnlp

玻森（Bosonnlp）专注中文语义分析技术，自主研发千万级中文语料库，为精准和深度的中文语义分析提供坚实基础。一站式解决中文语义分析需求。多个语义分析 API，从情感倾向、实体、分类、聚类等多种维度分析海量非结构化文本，使数据的商业价值最大化。［网站：http://bosonnlp.com/（中文语义分析），在线可用］

Bosonnlp 包括以下几项功能：

（1）情感分析（Sentiment Analysis）

情感分析（如图 4-9 所示）指的是对文本中情感的倾向性和评价对象进行提取的过程。玻森 NLP 情感引擎提供行业领先的篇章级情感分析。基于上百万条社交网络平衡语料和数十万条新闻平衡语料的机器学习模型，结合自主开发的半监督学习技术，正负面情感分析准确度达到 80%～85%。经过行业数据标注学习后，准确率可达 85%～90%。

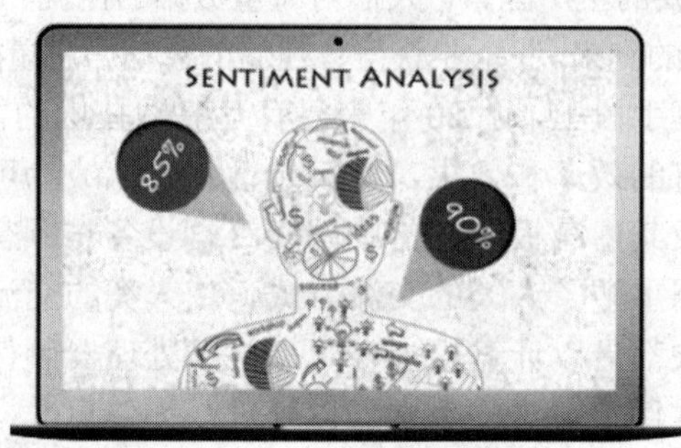

图 4-9　玻森情感分析

（2）信息分类（Classification）

文本信息分类（见图 4-10）将文本按照预设的分类体系进行自动区分。玻森提供定制的文本分类 AP 服务，有着广泛的商业应用前景。例如，通过社交网络挖掘商业情报和潜在销售机会，企业内部文本数据分析，海量数据筛选资讯分类和自动标签预测等。基于玻森自主研发的语义联想、句法分析等技术，通过半监督学习引擎的训练，只需要进行少量的代表性数据标注，就可以达到商用级别的预测准确率。

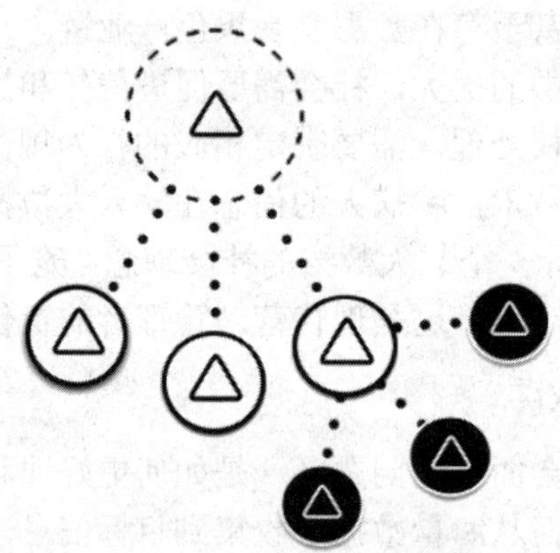

图 4-10　玻森文本信息分类

（3）实体识别（Named Entity Recognition）

实体识别（见图 4-11）用于从文本中发现有意义的信息，例如人名、公司名、产品名、时间、地点等。实体识别是语义分析中的重要基础，是情感分析、机器翻译、语义理解等任务中的重要步骤。Bosonnlp 实体识别引擎基于自主研发的结构化信息抽取算法，F1 分数达到 81%，相比于 StanfordNER 高出 7 个百分点。通过对行业语料的进一步学习，可以达到更高的准确率。

图 4-11　玻森实体识别

（4）典型意见（Opinion Extraction）

典型意见引擎（见图 4-12）将消费者意见进行单句级别的语义聚合，提取出有代表性的意见。可用于消费者调研、电商点评分析和社会热点事件的意见整理。基于语义的分析引擎在准确率上有较大的突破，能将含义接近但表述不同的意见聚合在一起，并可通过参数调节聚类的大小，获得更好的效果，与人工整理相比更加快速、准确。

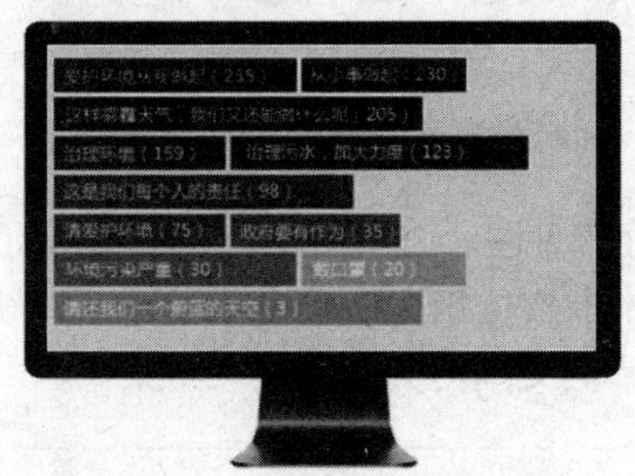

图 4-12　玻森典型意见引擎

（5）文本聚类（Clustering）

文本聚类（见图 4-13）指的是机器对给定的文本自动进行话题聚类，将语义上相似的内容归为类，有助于海量文档、资讯的整理，有助于话题级别的统计分析。玻森自主研发的文本聚类算法方面加入了对语义的扩展，保证相同意见的不同表述可以被归纳在一起。另一方面，避免了传统的 K-means 等算法需要预先设定聚类总数的困难，基于数据的分布自动选择合适的阈值。

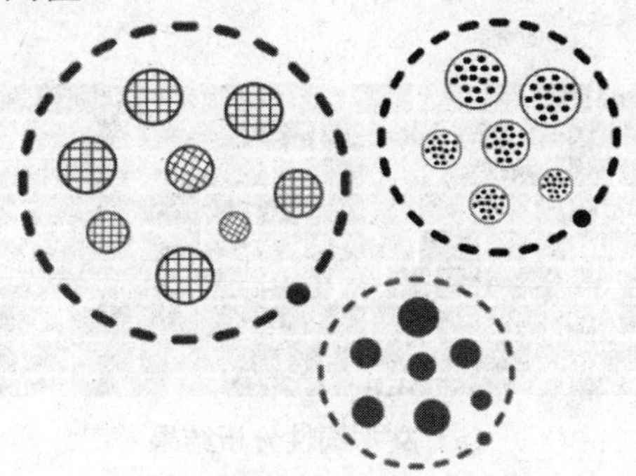

图 4-13　玻森文本聚类

（6）关键词提取（Keyword Extraction）

关键词提取引擎（见图 4-14）从一篇或多篇文本中提取出有代表性的关键词。玻森的关键词提取技术，综合考虑词语在文本中的频率和词语在千万级背景数据中的频率，选择出最具代表性的关键词并给出相应权重。

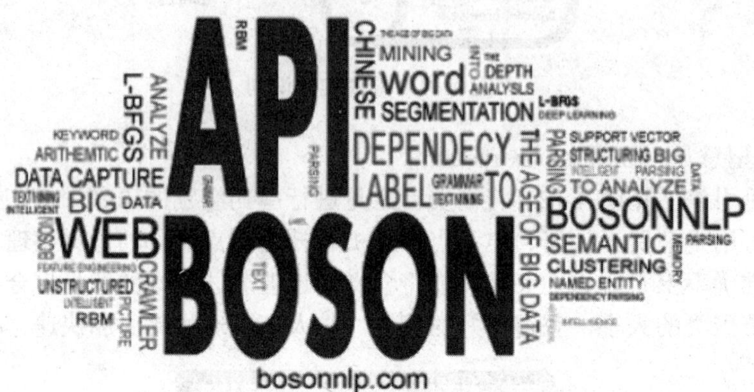

图 4-14 玻森关键词提取引擎

应用 Bosonnlp 的示例分析见图 4-15。图 4-15（a）展示了示例文本的词性分析结果，图 4-15（b）展示了示例文本的实体识别结果，图 4-15（c）展示了示例文本的情感分析结果，图 4-15（d）展示了示例文本的关键词提取结果。

（a）文本词性分析结果

图 4-15 Bosnnlp 网站示例

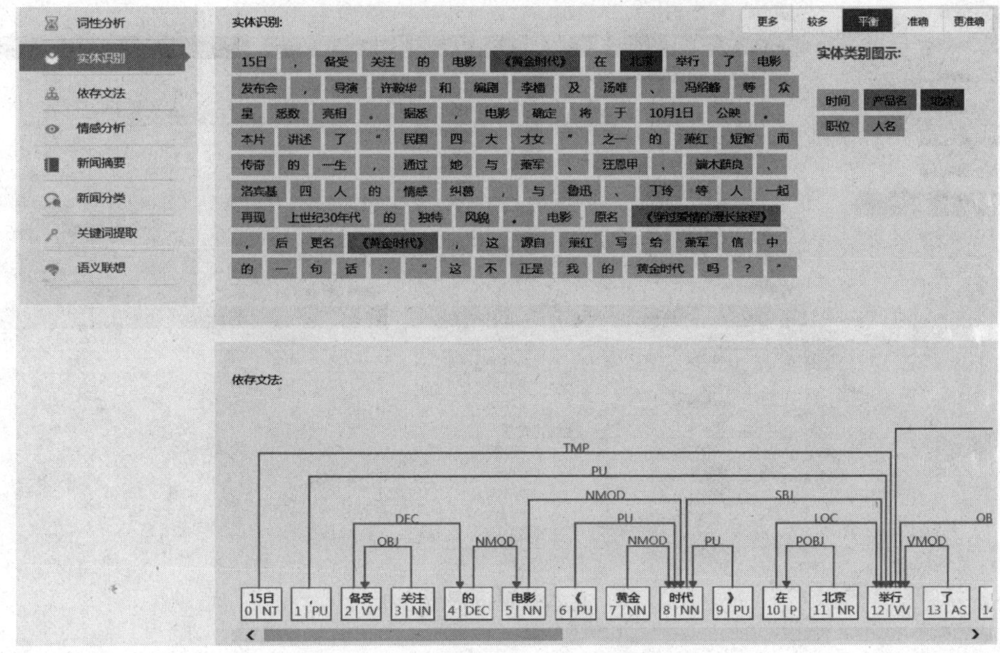

（b）文本实体识别结果

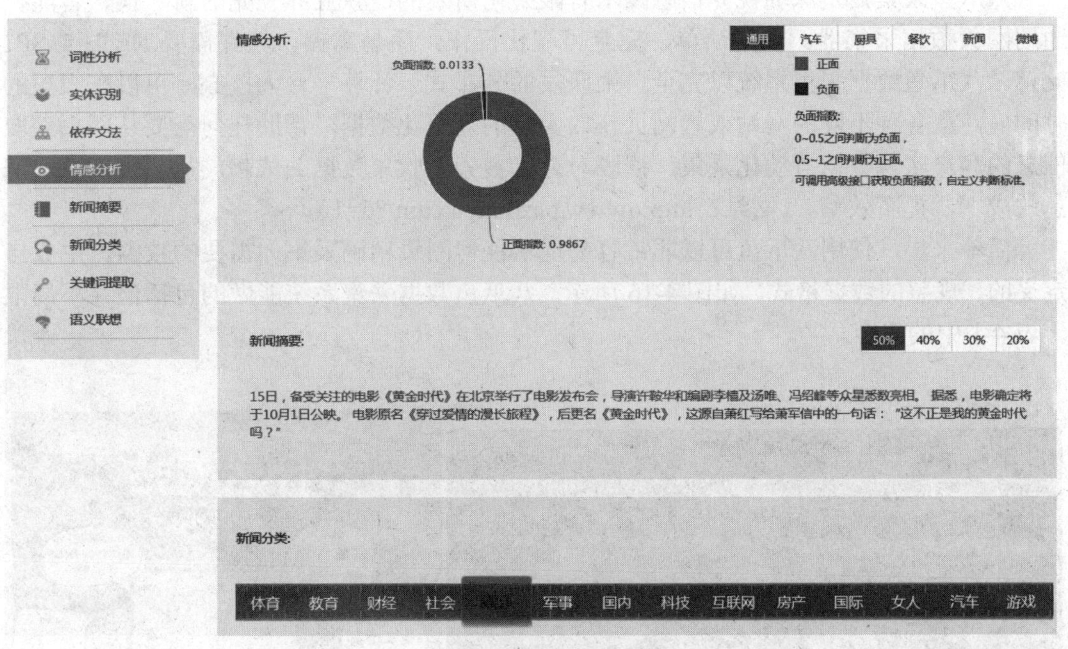

（c）文本情感分析结果

图 4-15（续 1）

（d）文本关键词提取分析

图 4-15（续 2）

2. 八爪鱼

八爪鱼采集器是深圳视界信息技术有限公司研发的一款业界领先的新一代、智能、通用网页数据采集器。使用简单，完全可视化操作，简易掌握。软件需要.NET3.5 SP1支持。八爪鱼数据采集系统以完全自主研发的分布式云计算平台为核心，可以在很短的时间内，从各种不同的网站或者网页获取大量的规范化数据，帮助任何需要从网页获取信息的客户实现数据自动化采集，摆脱对人工搜索及收集数据的依赖，从而降低获取信息的成本，提高效率。（网站：http://www.bazhuayu.com/?d=1）

简单来讲，使用八爪鱼可以非常容易地从任何网页精确采集你需要的数据，生成自定义的、规整的数据格式。如图 4-16 所示，八爪鱼数据采集系统能做的包括但并不局限于表 4-1 中的内容。

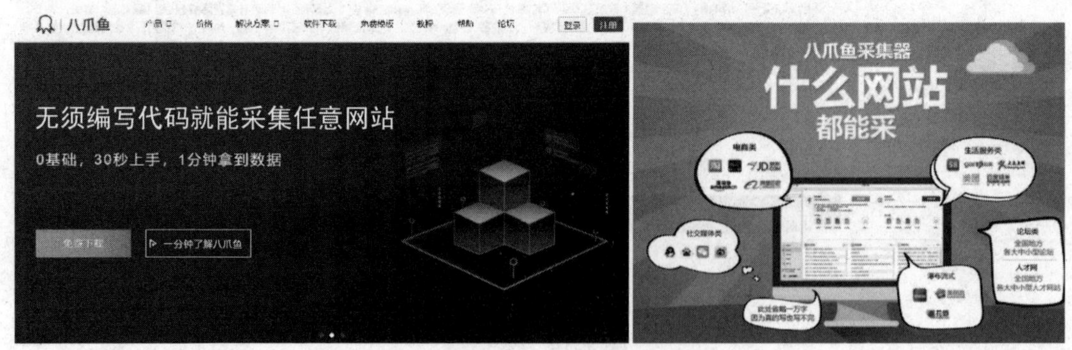

图 4-16 八爪鱼网站

表 4-1 八爪鱼数据采集内容

序号	内　容
1	金融数据，如季报，年报，财务报告，包括每日最新净值自动采集
2	各大新闻门户网站实时监控，自动更新及上传最新发布的新闻
3	监控竞争对手最新信息，包括商品价格及库存
4	监控各大社交网站，博客，自动抓取企业产品的相关评论
5	收集最新最全的职场招聘信息
6	监控各大地产相关网站，采集新房二手房最新行情
7	采集各大汽车网站具体的新车二手车信息
8	发现和收集潜在客户信息
9	采集行业网站的产品目录及产品信息
10	在各大电商平台之间同步商品信息，做到在一个平台发布，其他平台自动更新

八爪鱼网址使用的示例分析见图 4-17。第一步，打开客户端，选择简易模式和相应网站模板［见图 4-17（a）］；第二步，预览模板的采集字段，设置参数和示例数据［见图 4-17（b）］；第三步，设置对应的参数，保存运行完成数据采集［见图 4-17（c）］。

（a）步骤一：选择简易模式和相应网站模板

图 4-17　八爪鱼网站示例

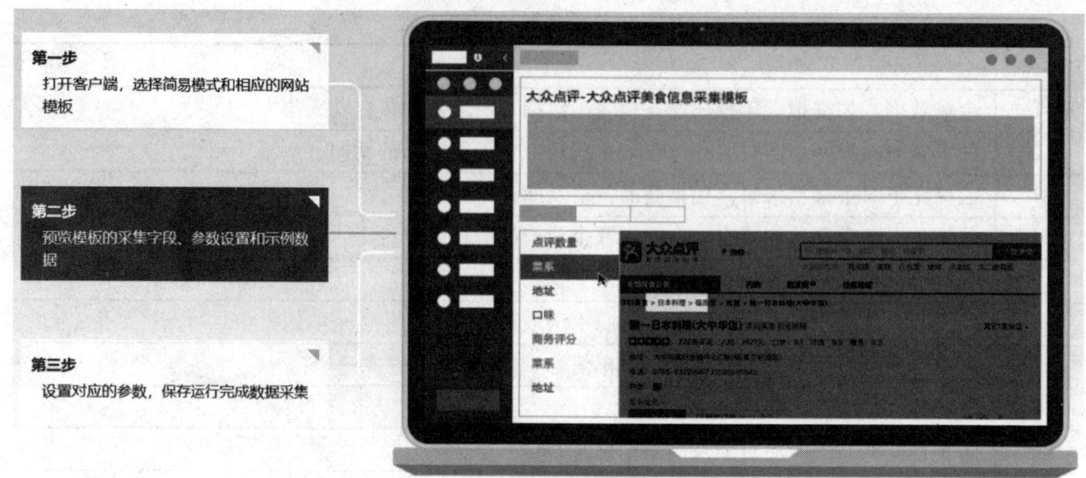

（b）步骤二：预览采集字段，设置参数和数据

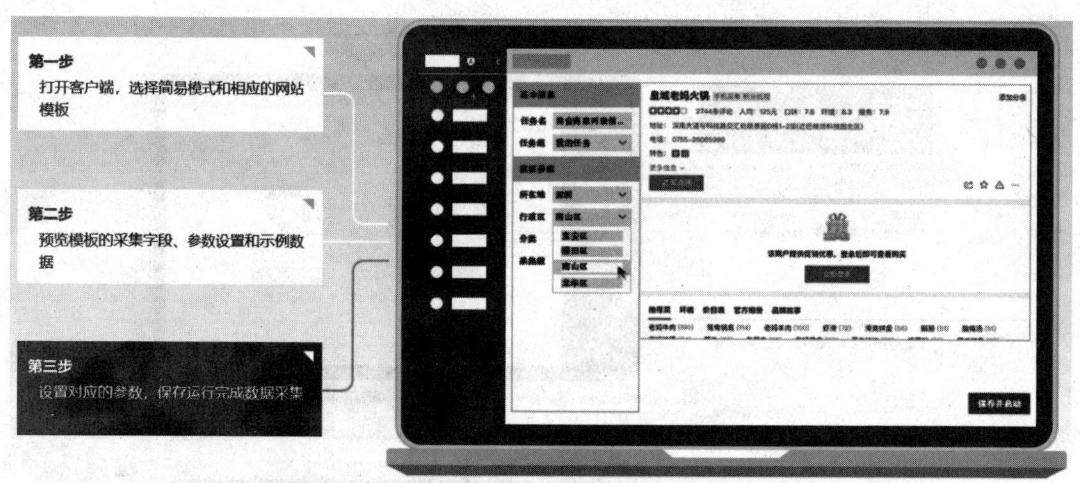

（c）步骤三：运行并完成数据采集

图 4-17（续）

3. Cytoscape

Cytoscape 是一款图形化显示网络并进行分析和编辑的软件（见图 4-18），它支持多种网络描述格式，也可以用以 Tab 制表符分隔的文本文档或 Microsoft Excel 文件作为输入，或者利用软件本身的编辑器模块直接构建网络。Cytoscape 还能够为网络添加丰富的注释信息，并且可以利用自身以及第三方开发的大量功能插件，针对网络问题进行深入分析。Cytoscape 对非营利性客户免费，官网上有下载地址。（网站：http://www. Ytoscape.org/）

图 4-18 Cytoscape 网址及官网示例

4. Tableau

Tableau 公司将数据运算与美观的图表嫁接在一起。它的程序很容易上手，各公司可以用它将大量数据拖放到数字“画布”上，转眼间就能创建好各种图表。这一软件的理念是，界面上的数据越容易操控，公司对自己所在业务领域里的所作所为到底是正确还是错误，就能了解得越透彻。软件分析界面如图 4-19 所示。（网站：http://www.tableau.com/zh-cn）

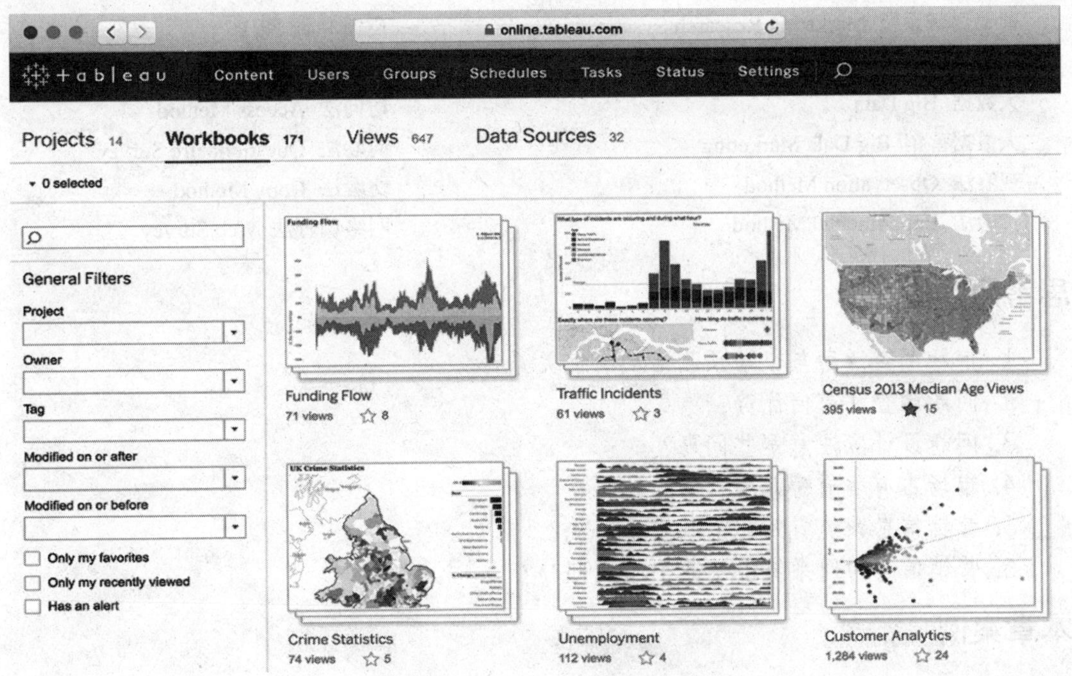

图 4-19 Tableau 官网示例

综上所述，随着网络技术、数据获取和处理技术的发展，营销决策和管理者可以得到更多的市场调查方法和手段，获得市场信息的变化将会越来越及时和准确，为及时调整营销决策提供了方便。随着获得的消费行为特征数据越来越系统，为精准地刻画顾客行为特征提供了条件。

4-4 营销信息系统构成要素、营销信息收集与处理之发展新动向

本章重点术语

市场调查 Market Research
市场预测 Market Forecast
市场营销系统 Marketing System
营销信息系统 Marketing Information System
营销信息沟通系统 Marketing Communication System
内部报告系统 Internal Reporting System
营销情报系统 Marketing Intelligence System
营销调研系统 Marketing Research System
营销分析系统 Marketing Analysis System
大数据 Big Data
大数据营销 Big Data Marketing
观察法 Observation Method
实验法 Experimental Method
发送者 Sender
编码 Encoding
信息 Message
媒体 Media
译码 Decoding
接收者 Receiver
反应 Response
反馈 Feed back
干扰 Noise
访问法 Access Method
问卷法 Questionnaire Survey
文案法 Copy Method
网络调查法 Web Survey

思考题

1. 市场调查活动与市场预测活动有何关系？
2. 问卷调查法有何优势？
3. 问卷设计应注意哪些问题？
4. 市场占有率有哪几种计算方法？
5. 营销信息系统有哪几个基本子系统？
6. 营销信息沟通系统由哪几个组成部分？

本章案例

海尔精彩玩转大数据营销

海尔是中国家电行业的领导品牌，除了自身的产品广受认可外，它还是最具互联网精神的创新企业。在海尔30多年的发展历程中，营销经历了三个阶段：营销1.0阶段，以产品为中心，目的是销售。海尔在 1984 年成立，当时处于改革开放初期，产品供不应求，只需要通过传统广告把产品告诉顾客，就能快速实现销售。在当时，将商品交给客户，拿到回款，销售就结束了。营销 2.0 阶段，以顾客为中心，目的是吸引回头客，创造新顾客。这时已经供大于求。大家都看过动画片《海尔兄弟》，海尔兄弟从广告的舞台走到电视屏幕中，这部动画片影响了一代人，他们中的一些观众已经成长为海尔的忠实顾客。海尔从广告发展到营销策划，开始润物细无声地和顾客打交道。营销 3.0 阶段，进一步发展到以人文精神为中心，顾客参与创新。进入网络化时代，顾客开始参与产品、营销等全流程创新。比如，在以海尔兄弟为主题的游戏中玩家扮演的是游戏中的一个角色。

在营销 3.0 阶段，时代发生了变化，商业模式颠覆了，从分工式到分布式；制造模型颠覆了，从大规模制造到大规模定制；消费模式颠覆了，从产品经济到体验经济。随着外部环境变化，海尔开始寻找在 3.0 阶段营销的利器。早在 2012 年，海尔创建了会员制，吸引顾客自主注册，建立了一个精准细分、活跃度高的 SM（社交化顾客关系管理）会员大数据平台。平台定位于打通企业内部的全流程数据，以顾客最佳体验为导向，驱动产品数据、销售数据、供应链数据、服务数据等全流程数据优化增值，同时与企业外部的全网络数据动态联结，最终形成全流程顾客体验生态圈。建平台获取数据不是目的，用平台黏住顾客才是根本。海尔希望建立的 SCRM 数据平台成为企业的顾客主数据平台，就像青岛 100 多年前建立的排水系统一样，从来没有出过问题，因为基础非常牢固。

1．数据的核心是人

海尔秉承这样一个观念：回款不是交易的结束，而是交互的开始。企业需要研究的是顾客需求，数据平台运营要聚焦活生生的人，而不是冷冰冰的数字，要洞察消费者。因此，海尔从两个层面运营顾客数据：底层数据平台是海尔 SCRM 数据平台，打通 8 类数据资产，核心是 1.4 亿顾客数据。上层会员平台是海尔梦享会员俱乐部，活跃会员超过 3 000 万人。图 4-20 为海尔梦享会员俱乐部的首页。

顾客注册梦享会员后会产生很多数据，存放数据的平台叫 SCRM 平台。这个数据平台不仅存放会员注册数据，还存放产品销售数据、售后服务数据、官方网站数据、社交媒体数据等。用一句话概括：只要是和海尔顾客有关的数据，都存在 SCRM 平台上，一个个数据孤岛联结成一个大数据平台。目前，这个数据平台存有 1.4 亿顾客数据，并且进行了清洗、融合、识别，为每个顾客生成了 360 度顾客画像。

这些数据有两个核心用处。第一，采用数据挖掘的办法了解这些顾客什么时候要买家电，这叫作精准营销。第二，了解这些顾客中哪些顾客很活跃，与他们进行交互，满足他们的需求，这叫作交互创新。

2．数据采集的核心是联结

数据不等于有价值的信息，就像产品不等于商品。数据经过联结才能变成信息。海尔以顾客数据为核心，全流程联结企业运营数据，全方位联结社交行为数据，特别是联结网络交互数据和网络行为数据。

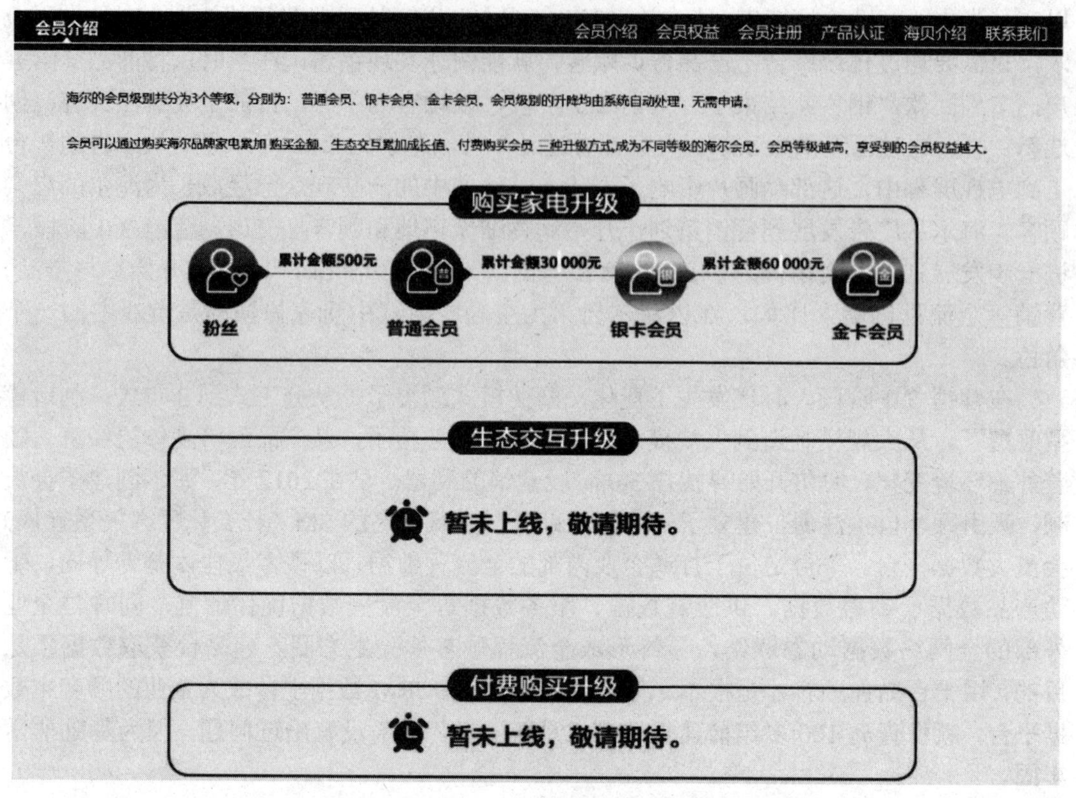

图 4-20 梦享会员俱乐部

大企业在发展过程中，每一个业务部门都会有自己的信息化业务系统，这些系统很容易成为一个个数据孤岛，互相孤立，互不联结。所以，海尔在建立企业级顾客数据平台时，以顾客数据为核心，将分散在各个信息系统中的数据联结起来。海尔已联结 1.4 亿线下实名数据，19 亿线上匿名数据。生成 360 度顾客画像的标签体系包含 7 个层级、143 个维度、5 236 个节点，现在的数据标签超过 11 亿。

顾客识别、顾客画像这些工作没有“结束”一说，永远是个过程，不会存在终点，只要业务还在发生，顾客还在与你交互，顾客识别就不会停止，顾客画像就不会结束。

3．数据挖掘的核心是预测

优秀的企业满足需求，伟大的企业创造需求。在进行数据挖掘时，最核心的是预测，预测消费者接下来会发生什么样的行为，会有什么样的需求，或者对已有的产品、方案有什么新的需求。

海尔经过数据融合、顾客识别生成数据标签，建立数据模型。海尔现已建立 3 类、10 个数据模型，用量化分值定义顾客潜在需求的高低。

4．数据应用的核心是场景

数据的灵魂是应用，数据采集和挖掘的最终目的是使用数据。数据平台要分析业务部门在什么时候开展什么业务，可能遇到什么问题，在解决问题时需要用到哪些办法，这些办法中哪些可以用数据挖掘来达到目的。把这些业务应用场景梳理出来后，就可以开发出一个个数据产品。从其中一个角度可以将场景分为线上场景和线下场景。线上场景有上网浏览、电商购物、线上社交；线下场景有居家生活、门店购物、电话交流等。消费者无论出现在哪个场合，企业都需要在正确的时间、正确的地点，为消费者提供想要的产品或服务。

数据联结的目的是生成360度顾客画像，精准洞察顾客。SCRM把分散在不同系统中的顾客数据聚到一起，把销售数据、售后数据、会员注册数据等，进行数据融合。通过数据清洗，识别出每个海尔顾客的姓名、年龄、住址、邮箱、电话、产品等。为了更全面地认识海尔顾客，SCRM获得了顾客在网上的行为数据，进行全网顾客识别，生成360度顾客画像。这样一来，海尔得以了解每一个顾客的特点、爱好和生活习惯，并给顾客打上数据标签。

例如，海尔近年来的新产品帝樽空调，因其外形由方到圆的颠覆性创新，被ICEC评为"影响世界的十大创意产品"，这款产品有很多特点：健康，除PM2.5；舒适，3D立体送风；智能，Smart风随人动。哪些人群会购买这款健康智能的空调？为了找到新产品的目标市场，实现精准营销，为顾客提供个性化的服务，海尔用SCRM大数据平台快速锁定目标顾客，提取数以万计的已经购买海尔帝樽空调的顾客数据，与中国邮政的名址数据库匹配，建立"look-alike"模型。这个模型将已经购买帝樽空调的几万名顾客所在的省份、城市、城区甚至小区分成几类，并打上标签；再把这些数据标签映射回中国邮政的名址数据库，找到有相似特点的所有区域；锁定区域后，SCRM开始分析范围内的潜在顾客，通过与社交媒体、杂志等的合作获取顾客的兴趣、产品偏好等数据，通过这些信息锁定目标顾客，对这些顾客实施针对性营销，比如直邮单页广告等，这样精准营销的成功概率大大增加。

目前，海尔的SCRM大数据应用逐步产品化、常态化。海尔开展过一次"海尔、新浪微博、国美三方联合数据精准营销"。SCRM大数据平台将海尔顾客数据和新浪微博顾客数据进行匿名匹配，当匹配的共同顾客在微博上出现的时候，直接把顾客引流到国美渠道购买海尔家电产品。具体过程分为三步。第一步，SCRM大数据平台基于底层的需求预测数据模型精准预测出海尔1.4亿忠实顾客中有超过3 000万人存在更新换代、交叉购买等潜在需求。第二步，海尔SCRM、新浪微博都对自己的数据进行加密处理，在同一个第三方"数据安全港"进行匿名匹配。结果发现，在海尔的3 000多万潜在顾客中，有500多万人在新浪微博也有数据，属于"重合潜在顾客"。第三步，海尔、国美联合策划，一个营销方案，并在新浪微博上向这500多万"重合潜在顾客"精准投放。活动期间，这500多万目标顾客中有120多万人登录新浪微博，成为这次大数据营销的精准受众。精准转化率超过平时营销活动的3倍。

为了开展线下精准大数据营销，SCRM大数据平台开发了两个数据产品：海尔营销宝和海尔交互宝（见图4-21）。海尔营销宝是为营销及销售人员开发的具有精准营销功能的大数据产品，可辅助其面向区域、社区和顾客个体开展精准营销。营销宝其实就是一个App，海尔几万名终端销售和营销人员的手机上都可以安装海尔营销宝，打开就可以看到功能区：社区热力图、顾客热力图、小微播音台。

图 4-21 海尔交互宝和海尔营销宝

社区热力图体现的是互联网社区。告诉营销人员目标区域在哪里，区域里的目标人群有多少。底层的基础是需求预测数据模型。打开社区热力图时，它会基于所在的地理位置把周边小区显示出来，这样就可以知道每个小区有多少海尔顾客，哪些顾客需要对他的家电产品进行更新换代。这便于营销人员在正确的时间、正确的地点把产品信息传达给有需求的人。

顾客热力图本质上就是互联网加门店，它可以告诉门店人员在周边 5 公里范围内，有多少海尔顾客可能需要进行产品更新换代。门店人员可以和这些顾客直接联系。在这个过程中，使用原则是“数据可用不可见”，即顾客的个人隐私是看不见的。顾客热力图使用大数据告诉门店销售人员每个顾客的潜在需求是什么，销售人员可以直接和顾客进行精准交互。

小微播音台是给海尔 42 个区域的小微公司使用的，当它们想和所在区城有需求的顾客进行精准沟通时，数据平台可以告诉公司这个区域有多少海尔顾客，他们对海尔的哪一款产品有需求，公司可以和顾客精准联系。

为了基于数据进行交互创新，海尔的数据产品“海尔交互宝”可以帮助研发、设计和企划人员更全面地了解顾客特点、受欢迎的产品特征、顾客的兴趣分布与可参与交互的活跃顾客。当企业人员想找到可以跟企业进行交流的顾客、了解产品的优劣势及顾客的产品偏好时，就可以使用交互宝。顾客可以通过平台反馈自己的意见和想法，这些建议会通过平台传到海尔的企划部门。海尔有一个营销理念：顾客参与设计才是真正的营销。事实上，在 SCRM 大数据平台上与顾客的互动不只是精准营销，更是让顾客参与设计，与顾客分享价值。

小训练

2013 年 5 月，阿里巴巴集团、银泰集团联合各大快递机构宣布组建菜鸟网络科技有限公司。“菜鸟”名字小志向大，其目标是通过 5~8 年的时间努力打造一个开放的社会化物流大平台，在全国任意一个地区都可以做到 24 小时送达。作为淘宝大物流计划的新企业，许多专家都曾预料菜鸟的诞生将引发新一轮电商物流竞赛。

收集资料能力训练：请您为新企业“菜鸟”进行市场调研，选择调查方式与渠道（说明理由），并撰写调查报告。

［附四］　市场调查问卷设计范例四则

某营销杂志读者调查问卷

凡阅读该杂志并如实填写刊内读者问卷且寄回或传真至本刊发行部的读者，将会得到本刊的精美礼品一份：图书一本或最新杂志一期。如需订阅全年，请拨打订阅发行电话 010-××××××。

读者信息

姓名：　　　　　　　电话/手机：　　　　　　　E-mail：

单位：　　　　　　　通信地址：　　　　　　　邮编：

调查表

1. 请您在相关栏目适当选项处画“√”并评分（满分 5 分）。

封面文章	满意□	尚可□	不满意□	评分□
特别关注	满意□	尚可□	不满意□	评分□
特别策划	满意□	尚可□	不满意□	评分□
评　　论	满意□	尚可□	不满意□	评分□
海外前瞻	满意□	尚可□	不满意□	评分□
营销博客	满意□	尚可□	不满意□	评分□
营销解读	满意□	尚可□	不满意□	评分□
企业报道	满意□	尚可□	不满意□	评分□
网络营销	满意□	尚可□	不满意□	评分□
调研报告	满意□	尚可□	不满意□	评分□
随　　笔	满意□	尚可□	不满意□	评分□
读　　书	满意□	尚可□	不满意□	评分□
专　　栏	满意□	尚可□	不满意□	评分□

2. 您是通过何种方式得到本期杂志的？

a. 机场□　b. 超市□　c. 书店□　d. 订阅□　e. 赠阅□

3. 您为何购买本杂志？

a. 封面标题□　b. 封面图片□　c. 整体内容□　d. 凭感觉□　e. 其他□

4. 列出您每期必读栏目：________________

5. 您最希望增加哪些方面内容：________________

6. 其他宝贵意见：________________

请您填好后寄至：北京市××区××街 68 号××楼某杂志社，邮编：××××××；或传真：010-××××××。

咨询电话：010-××××××，E-mail：××××××@.××.com.cn

某会员俱乐部会员情况调查表

会员信息

姓名：　　电话/手机：　　E-mail:

单位名称：　　通信地址：　　邮编：

调查表（每题限选一项）

1. 您的学历

a. 博士□　b. 硕士□　c. 本科□　d. 专科□

e. 其他（请说明____________________）□

2. 您的个人年收入（单位：万元）

a. 10 以下□　b. 10～30□　c. 30～50□　d. 50～100□　e. 100 以上□

3. 您的职位

a. 董事长/总裁□　b. 副董事长/副总裁□　c. 总经理/厂长□

d. 企业所有人/企业合伙人□　e. 财务总监/总会计师□　f. 高级工程师□

g. 首席信息官□　h. 市场营销/销售总监□　i. 人事经理/行政经理□

j. 部门经理□　k. 专业人士（会计/律师/教授等）□

l. 政府官员□　m. 其他（请说明____________________）□

4. 公司类型

a. 国有/集体□　b. 外商独资□　c. 民营□　d. 政府机构□

e. 事业单位□　f. 其他（请说明________________）□

5. 是否为上市公司

a. 是□　b. 否□

6. 公司行业类型

a. 制造业□　b. 进出口□　c. 批发/零售□　d. 银行/金融□

e. 保险□　f. 电信□　g. 邮政□　h. 网络/信息服务□

i. 公共事业□　j. 酒店/旅游□　k. 房地产□　l. 建筑□

m. 政府机构□　n. 文化/教育/培训□　o. 交通运输□　p. 法律/会计□

q. 商业咨询□　r. 媒体/公关□　s. 其他（请说明________________）□

7. 公司生产的产品

a. 计算机及其配件□　b. 电子元器件□　c. 电子消费类产品□

d. 汽车及其用品□　e. 通信、电力、网络等硬件设备□　f. 工业机械设备□

g. 建筑、家具□　h. 造纸□　i. 五金品□　j. 食品、饲料□

k. 化工□　l. 生物工程□　m. 服装及饰品□　n. 钟表、相机□

o. 礼品、玩具□　p. 其他（请说明________________________）□

8. 公司职员人数（单位：人）

a. 100 以下□　b. 100～250□　c. 500～1 000□

d. 1 000～5 000□　e. 5 000～10 000　f. 10 000 以上□

9. 公司年营业额（单位：元）

a. 500 万以下□　　b. 500 万～1 000 万□　c. 1 000 万～5 000 万□
d. 5 000 万～1 亿□　e. 1 亿～50 亿□　f. 50 亿～100 亿□　g. 100 亿以上□

请您填好后立即交给调查员。也可打电话咨询。
咨询电话：010-××××××，E-mail：××××××@.××.com.cn

加多宝凉茶问卷调查

您好，我们正在通过网络开展一项关于加多宝凉茶的市场调查，主要是针对这次加多宝集团王老吉更名的信息调查，我们真诚希望您能配合。请您填写完之后按照提示提交。非常感谢您的合作！

1. 您的性别是：
男（　）　女（　）
2. 您的职业是：
学生（　）　教师（　）　工人（　）　白领（　）　其他（　）
3. 您的年龄是：
20～30（　）　31～40（　）　41～50（　）　51 以上（　）
4. 您平时喝凉茶吗？
喝（　）　不喝（　）
5. 您喜欢喝王老吉凉茶吗？
不喜欢（　）　一般（　）　喜欢（　）　很喜欢（　）　其他（　）
6. 您知道加多宝吗？
没听说（　）　有点印象（　）　知道（　）
7. 您知道加多宝与王老吉是什么关系吗？
王老吉从属于加多宝（　）　加多宝从属于王老吉（　）
两者属不同品牌（　）
8. 是否注意过王老吉凉茶标志的变化？
没有（　）　有（　）
9. 您知道加多宝与广药的王老吉商标之争吗？
不知道（　）　知道不了解（　）　知道（　）
10. 您知道现在的加多宝凉茶是以前的王老吉凉茶吗？
不知道（　）　知道（　）
11. 对加多宝现在的包装，您的感觉如何？
非常满意（　）　满意（　）　一般（　）　不好（　）
12. 对商标之争您的看法是：
____
____

2013年空调消费调查表

空调销售旺季正向我们走来，为此《参考消息·北京参考》数码电器周刊将进行空调系列专题报道。为更好地贴近读者需求，本刊从即日起刊登调查问卷，以深入了解广大消费者在空调选购、安装、售后服务等方面的想法与需求。您的宝贵问卷可能会成为我们专题的素材！

1. 您在购买空调时，最注意哪些因素？
   A. 价格　B. 产品性能（如节能、静音等）　C. 售后服务
   D. 品牌影响力　E. 外观设计　F. 熟人推荐　G. 其他
2. 您在决定购买空调前，主要从哪里获取信息？
   A. 销售员　B. 熟人或亲友　C. 报纸或杂志　D. 互联网
   E. 电视或广播　F. 其他
3. 您目前使用的空调是：
   A. 定速（定频）空调　B. 变频空调　C. 不清楚
4. 您目前使用的是以下哪个（些）品牌的空调？（排名不分先后）
   A. 海尔　B. 美的　C. 松下　D. 格力　E. 奥克斯　F. 志高
   G. 海信　H. 科龙　I. 格兰仕　J. 三菱　K. 大金　L. 其他
5. 您对目前使用的空调产品质量评价是：
   A. 好（品牌名：_______）B. 一般（品牌名：_____）C. 不好（品牌名：_____）
6. 如果该产品质量一般或不好，您认为哪些地方有待改进或存在不足？
   A. 基本性能不好　B. 附加功能不实用　C. 涉嫌虚假宣传　D. 其他
7. 您对目前使用的空调的售后服务质量评价是：
   A. 十分满意（品牌名：__________）　B. 满意（品牌名：__________）
   C. 基本满意（品牌名：__________）　D. 不满意（品牌名：__________）
8. 如果对该品牌的售后服务基本满意或不满意，您认为哪些地方有待改进或存在不足？
   A. 服务人员态度　B. 送货时间　C. 安装或维修技术
   D. 服务价格（超出包修范围内容的服务）
9. 您购买空调后，销售人员在购买前的承诺是否全部兑现？（如选B，请在横线处写明）
   A. 是　B. 不是______________________
10. 您在寻求空调售后服务时，遭遇最多的问题是哪一个（些）？
    A. 承诺不兑现　B. 漫天乱收费　C. 安装速度慢　D. 服务水平差
    E. 服务热线难以拨通　F. 服务态度差　G. 服务人员推三阻四
11. 对目前的空调产品服务，您认为最应该提升的是哪一个（些）方面？
    A. 服务内容　B. 服务响应速度　C. 维修技能水平　D. 收费规范与清晰
    E. 服务人员素质
12. 当厂家承诺的售后服务期满后，如果空调出现问题，您会选择哪种方式维修？
    A. 找原厂售后　B. 找家电维修店（空调维修店）

C. 找路边楼道粘贴的小广告的维修　　D. 找大型连锁卖场　　E. 其他

13. 如果近期准备购买空调，您会购买哪个品牌？（排名不分先后）

A. 海尔　B. 美的　C. 松下　D. 格力　E. 奥克斯　F. 志高

G. 海信　H. 科龙　I. 格兰仕　J. 三菱　K. 大金　L. 其他

14. 如果近期准备购买空调，您会购买：

A. 定速（定频）空调　B. 变频空调　C. 不清楚

读者个人信息：

姓名：__________ 性别：__________ 职业：__________ 电话：__________

地址：____

以上调查表已在北京参考网 www.bjcankao.com 同步上线，消费者可通过网络投票或信件形式反馈给我们。

参与调查的读者将会有机会获赠《参考消息·北京参考》为您精心准备的小礼品一份。

本章参考文献

[1] 法国企业钻研中国市场“生意经”[N]. 参考消息，2006-12-11.

[2] 王永德，王杜春. 市场营销学（第1版）[M]. 北京：中国大地出版社，2005.

[3] 晁钢令. 市场营销学教程（第3版）[M]. 上海：上海财经大学出版社，2008.

[4] 吕一林，李蕾. 现代市场营销学（第4版）[M]. 北京：清华大学出版社，2007.

[5] 吴健安等. 营销管理[M]. 北京：高等教育出版社，2005.

[6] 菲利普·科特勒，凯文·莱恩·凯勒. 营销管理（第6版）[M]. 王永贵，华迎，译. 北京：清华大学出版社，2016.

[7] 菲利普·科特勒. 营销管理——分析、计划、执行和控制（第9版）[M]. 梅汝和，等，译. 上海：上海人民出版社，1999.

[8] 菲利普·科特勒，加里·阿姆斯特朗. 市场营销：原理与实践（第16版）[M]. 楼尊，译. 北京：中国人民大学出版社，2015.

[9] 彼得·多伊尔. 营销管理与战略[M]. 杨艾琳，朱翊敏，王远怀，译. 北京：人民邮电出版社，2006.

[10] 赵涛. 市场营销工作制度规范与流程设计[M]. 北京：北京工业大学出版社，2009.

[11] 洪琦责. 世界迎来大数据时代[N]. 参考消息，2013-05-06.

[12] 加多宝凉茶问卷调查. http://wenku.baidu.com/view/3a677ec189eb172ded63b751.html，2013.

[13] 2013年空调消费调查问卷[N]. 参考消息·北京参考，2013-05-07.

[14] 孔锐，高孝伟，何大义，韩丽红. 统计学：原理及应用[M]. 北京：清华大学出版社，2016.

[15] 维克托·迈尔·舍恩伯格，肯尼思·库克耶. 大数据时代[M]. 盛扬燕，周涛，译. 杭州：浙江人民出版社，2012.

[16] 鲍勇剑. 把大数据装到笼子里[N]. 文摘周报，2013-05-07.

[17] 魏伶如. 大数据营销的发展现状及其前景展望[J]. 现代商业，2014(15): 34-35.

[18] 大数据营销案例与如何实施百度文库. http/enku.baidu.com/view/739679e87101f693195blhl，2015.

[19] 董大海.营销管理［M］. 北京：清华大学出版社，2010.

[20] 阿尔文 · C.伯恩斯，罗纳德 · F.布什. 营销调研［M］. 北京：中国人民大学出版社，2001.

[21] 威廉 · G.齐克芒德，巴里 · J.巴宾. 营销调研精要（第 6 版）［M］. 北京：清华大学出版社，2015.

[22] 孟韬，毕克贵. 营销策划：方法、技巧与文案（第 3 版）［M］. 北京：机械工业出版社，2016.

[23] 赵国栋. 网络调查研究方法概论（第 2 版）［M］. 北京：北京大学出版社，2014.

[24] 孟韬. 市场营销——互联网时代的营销创新［M］. 北京：中国人民大学出版社，2018.

[25] 5000 字解密：海尔 SCRM 大数据精准营销. http://mini.eastday.com/a/160615074759814.html.

自测题

第五章

目标市场营销战略及营销战略计划

本章概要

本章目的是让学习者明确市场营销战略决策和管理的基本内容和思路，了解大数据时代背景下给企业制定目标市场营销战略可能带来的机遇与挑战。在对市场细分战略分析过程的基础上，概述了营销战略计划的制定过程，阐述了目标市场选择战略方向决策和战略模式，分析了影响目标市场战略选择的因素，为后续的市场定位战略的制定打好基础，并结合相关案例加深理解。

第一节 市场细分

从事营销活动，企业首先必须选择适合自己并能充分发挥自身资源优势的目标顾客群，确立企业在市场中的位置。这是企业营销管理中的战略决策问题。这个决策过程是由相互联系、缺一不可并依次进行的市场细分、目标市场选择和市场定位三个环节组成。而市场细分是目标市场选择和市场定位的基础和前提。

一、市场细分概述

随着社会经济的发展和人们可支配收入的增长，消费者对商品和服务的需求日趋多样化，但由于企业的营销资源是有限的，不可能生产出满足市场上所有消费者需求的产品或服务。为此，市场消费需求的“多样性”与企业营销资源的“有限性”之间的矛盾导致了目标市场概念的产生，从而使作为目标市场决策前提的市场细分成为必要。任何企业要确定自己的目标市场，基础工作就是要分析消费者的不同需求，进行市场细分。

（一） 市场细分的基本概念

市场细分，也称市场区别、市场划分或者市场区隔，是市场营销理论发展到20世纪50年代出现的一个重要概念。美国著名营销专家温德尔·斯密（Wendell Roomith）总结在企业的实践经验的基础上提出了这一概念这一概念立即为理论界接受，并受到企业普遍重视和广泛利用。使企业的市场营销由大量营销进入目标营销，延续至今。

市场细分（Market Segmentation）是指根据消费需求，把某一产品（或服务）的整体市场划分为需求近似的若干个市场部分，形成不同的细分市场（即子市场），从而有利于企业选择目标市场和制定营销策略的一切活动的总称。

市场细分不是以物为分析依据，而是以消费者需求差异性作为划分依据的，即根据消费者需求的差异性，把整体市场划分为若干不同的细分市场，以便企业选择适合自己并能充分发挥自身资源优势的目标顾客群，实施相应的营销策略。消费需求差异性是客观的，消费者所处的地理环境、社会环境及自身所受的教育、心理因素都是不同的，他们对产品的价格、质量、款式、服务等的要求也不尽相同，因而必然存在消费需求的差异性。

（二）市场细分的作用

市场细分能更加深入地研究消费需求，更好地适应消费需求，使企业所提供的产品和服务更好地满足目标顾客（或客户）的需要。市场细分对企业的营销实践有着重要的意义。

1. 有利于企业发现新的营销机会

通过市场细分，企业易于发现未被满足的消费需求，寻找到市场的空白点即市场机会，为企业的市场开拓提供帮助。

唯品会是一家专门做特卖的线上购物平台。中国电商行业市场早已被阿里巴巴、京东等大公司占领，唯品会却在激烈的市场竞争中得以存续。在人们都习惯使用搜索引擎的情况下，唯品会始终不设置搜索。很多用户可能因为没有搜索功能而放弃了唯品会，但是，留下来的那些人则是具有深度消费能力且具有较高忠诚度的优质消费者。被唯品会吸引的这一部分消费者80%为女性，她们具备有钱和有时间等特征，是构成中国新中产阶层的主流之一。

2. 有利于企业针对目标市场，制定正确的营销策略与战略

通过市场细分，企业可以了解现有市场各类顾客的不同消费需求和变化趋势，针对目标市场制定适当的营销方案，使商品、价格、地点、促销等策略更加适合目标市场的特点，最大限度地满足市场需求，从而达到让现有顾客满意、巩固现有市场的效果。

美国宝洁公司（Procter & Gamble）在发现了洗发护发市场更精细的需求差别后，针对“去头屑”“使头发柔顺”“营养发质”“呵护头发”等精细需求差异特点，分别开发出了“海飞丝”“飘柔”“潘婷”“沙宣”等洗发护发产品，供不同顾客选择。以此巩固了自己在世界洗发护发市场上的地位。

3. 有利于企业有效地利用营销资源

通过市场细分，可以利用大企业留下的市场空缺，集中企业营销资源，选择最适合自己发展的细分市场，发挥营销优势和特色，在竞争激烈的市场中得以发展。

20世纪90年代，国内饮料界一改80年代汽水独霸市场的常态，发展成为新品类不断分化、多元共生的竞争格局。其中，以可口可乐和百事可乐为代表的碳酸饮料，健力宝为代表的运动饮料，乐百氏和娃哈哈为代表的纯净水，农夫山泉为代表的天然水等为市场主流，旭日升冰茶也红极一时，椰树椰汁开始由南向北进军，而露露杏仁露逐渐由

北向南扩张，红牛功能饮料也进入并加紧开拓中国市场，正可谓群雄逐鹿饮料市场。汇源正是在这样的背景下诞生的，并于 1995 年成功推出国内第一包 250ml 的 100%纯果汁，由此获得了国内消费者的持续关注。汇源纯果汁的出现，填补了国内市场空白，成为国内 100%纯果汁这一新品类的代表品牌，并延续至今，汇源果汁也成为 100%纯果汁这一新品类的代名词。

二、市场细分的标准

由于市场细分是建立在市场需求差异的基础上的，因此形成需求差异的各种因素均可作为市场细分的标准。消费者市场与生产者市场的细分标准是有所区别的，需作区别分析。

（一） 消费者市场细分标准

消费者市场是一个人群庞大的市场。由于不同的社会文化背景和生活的地域差别，人们消费需求和消费行为更加多样化，消费者市场更显复杂。但可以归为四大类变数，即地理变数、人口变数、心理变数和行为变数。

1. 地理细分变数

根据消费者所处的地理位置如洲、国家或地区、城乡、省市等，以及地理环境和气候条件等方面的差异，将整体市场分为不同的子市场（见表 5-1）。地理变数之所以可以作为市场细分的依据，是因为处在不同地理位置或环境下的消费者对于同一类产品往往有不同的需求与偏好，他们对企业采取的营销策略与措施会有不同的反应。

表 5-1　地理细分变量

划分标准	典型变量
地理位置	洲、区域、国家、省市县、城乡、方位
地理环境	地形、地貌
气候条件	气候带、湿度、温度、日照量、降雨量

我国不同区域间的饮食习惯、饮食文化存在很大的差异，消费者所偏好的口味也各不相同，大体呈现从北到南，口味由咸转淡；从西到东，口味由辣转甜；从陆到海，味道由重转轻的现象。基于不同区域消费者需求的不同，“康师傅”方便面将全中国内地从北到南分为西北、东北、华北、华东、华中、华南和西南七大市场，根据各地方的饮食文化差异进行口味调整，建构完善口味体系，做地方化口味。东北以东北炖系列为主的小鸡炖蘑菇面、酸菜炖排骨面、西红柿炖牛腩面；华北以酱香系列为主的酱爆牛肉面、酱烧排骨面；西北以酸香世家系列为主的酸香牛柳面、酸汤肥牛面、酸汤羊肉面；华中以蒸行家系列为主的香熏腊肉面和豉汁排骨面；华东以江南美食系列为主的笋干老鸭煲面、东坡红烧肉面、蟹粉狮子头面；华南以海鲜和煲汤系列为主的花旗参炖乌鸡面、老火煲猪骨面、冬瓜煲老鸭面；西南以油辣子系列为主的麻辣排骨面、麻辣牛肉面、香辣

牛肉面。甚至还有针对上海推出的“本帮烧”系列，针对福建推出“山珍海烩”系列，以及针对沿海地区推出的鲜虾鱼板面。

2. 人口细分变数

按人口统计变量细分整个市场，如人口总量、年龄、性别、家庭规模、家庭生命周期、收入、职业、教育程度、宗教、种族、国籍等。

男性与女性因为心理、生理方面的区别，对服饰、化妆品等各类产品的需求与偏好有很大不同。例如，绫致时装在中国主要经营定位于女性市场的Only和Vero Moda以及针对男性市场的Selected和Jack Jones四个品牌，让消费者可以通过服装展现独特的个性，展现女性的激情和男性从容睿智、时尚儒雅的风格。美国的汽车制造商过去一直是迎合男性要求设计汽车，现在随着越来越多的女性参加工作和拥有自己的汽车，使得汽车制造商需要研究设计吸引女性消费者特点的汽车。烟、酒、香水、西服、皮鞋、公文包等用品也都出现了这些趋势。

根据年龄可以把消费者市场分为儿童市场、青年人市场、中年人市场和老年人市场。

儿童市场，也称“向阳市场”。由于日益强化的家庭中心地位和儿童的好奇心理以及随意性，儿童消费日益成为家庭消费的中心。特别是儿童玩具、文具、书籍、乐器、运动器材、食品、营养品和服装等，存在巨大的市场空间。

中青年人市场，也称“活力市场”。中青年人领导着时代的消费潮流，成为消费群体中的“生力军”。“能挣会花”“能拼搏会享受”，成为一些年轻人的追求口号和生活目标。在这个市场中，高档服装、家具、住宅、生活用品等的消费比较活跃。

老年人市场，也称“银色市场”。随着经济的发展、社会的进步和医疗水平的不断提高，人类的寿命在不断地增长，尤其是一些经济发达的国家或地区，人口老龄化程度不断提高，形成了一个庞大的、特殊需求的市场，对保健食品、医疗、旅游服务、娱乐等有着特殊的需求。

据联合国经济和社会事务部人口司发布的统计数据显示，截至2018年7月11日，全球范围内60岁及以上人口约为9.62亿，预计到2050年将增长至31亿。据全国老龄办的统计，截至2017年年底，中国60岁以上老年人口达2.4亿，约占中国总人口的17.3%，约为全球60岁及以上老年人的25%，即全球每4个老年人中就有1个是中国的老年人。“银色浪潮”奔涌而来，老年人市场在中国有待进一步开发。

收入不同，消费者在产品选择、休闲时间的安排、社会交际等方面都会有所不同。所以，在诸如服装、化妆品、汽车、旅游服务等领域根据收入细分市场会非常有用。消费者职业的不同、所受教育的不同会造成需求有差别的细分市场。如农民购买自行车偏好载重自行车，而学生、教师则喜欢轻型的、样式美观的自行车。

家庭生命周期是指一个家庭建立、发展过程中家庭成员的年龄和结构状况的变化过程。按年龄、婚姻和子女状况，可划分为五个阶段，见表5-2。

人口统计因素是市场细分的重要变量，也是企业了解市场的第一步，即便企业选择其他方式进行市场细分，也需要了解市场的人口统计特征，这样才能作出更为有效的营销策划。表5-3为常用的人口细分变量汇总。

表 5-2 家庭生命周期

阶段	家庭成员年龄	家庭结构	特征
单身	年轻	单身	几乎没有经济负担，娱乐导向型消费
新婚	年轻	夫妻，无子女	经济条件好，对耐用品、大件商品的欲望和需求强烈
满巢	年轻	夫妻，7 岁以下子女	家庭用品购买的高峰期，购买较多儿童用品
		夫妻，7 岁以上未成年子女	注重档次较高的商品及子女的教育投资
	年长	夫妻，有未独立成年子女	注重储蓄，购买冷静、理智
空巢	年长	子女离家自立	购买老年人用品，如医疗保健品
孤独	年老	独居	收入锐减，特别注重情感、关注需要及安全保障

表 5-3 人口细分变量

变量	细分市场
年龄	婴儿、学龄前儿童、学龄儿童、少年、青年、中年、老年等
性别	男、女
民族	汉、满、维、回、蒙古、藏、瑶、土家、白族等
职业	教师、工人、学生、科研人员、文艺工作者、企业管理人员、私营企业主、自由职业者等
家庭月收入（元）	1 000 以下、1 000～10 000、10 000～20 000、20 000～30 000、30 000～50 000、50 000 以上等
家庭人口	1～2、3～4 人、5 人以上等
家庭生命周期	年轻单身、年轻已婚无小孩、年轻已婚有 6 岁以下小孩、年轻已婚有 6 岁以上小孩、中年已婚儿女 18 岁以上、老年已婚、老年单身等
受教育程度	小学以下、小学程度、初中程度、高中程度、大学程度、研究生以上等
宗教	佛教、道教、基督教、天主教、伊斯兰教、犹太教等
民族	汉族、彝族、满族、蒙古族、藏族、朝鲜族、回族、哈萨克族、日耳曼族、俄罗斯族等
国籍	中国籍、美国籍、英国籍、新加坡籍、澳大利亚籍、奥地利籍、法国籍、德国籍等

3. 心理细分变数

根据购买者所处的社会阶层、生活方式、个性、价值观和动机等心理因素特点来细分市场。常用的心理细分变量见表 5-4。

表 5-4 心理细分变量

变量	细分市场
社会阶层	上上层、上层、中上层、中层、中下层、下层、下下层等
生活方式	平淡型、时髦型、知识型、名士型等
个性	外向型或内向型、理智型或冲动型、积极型或保守型、独立型或依赖型等
价值观	反应型、部落型、自我中心型、坚持己见型、玩弄权术型、社交中心型、存在主义型
动机	感情动机、理智动机、惠顾动机

处于同一阶层的成员具有类似的价值观、兴趣爱好和行为方式，不同阶层的成员则在上述方面存在较大的差异。

人们追求的生活方式各不相同。如有的人追求新潮时髦，有的人追求恬静、简朴，有的人追求刺激和冒险，有的人追求稳定和安逸。

西方的一些服装生产企业，为“简朴的妇女”“时髦的妇女”和“有男子气的妇女”分别设计不同服装。一家男用牛仔裤生产厂专门为几种特定生活方式的消费者设计新的牛仔裤。如“积极进取型”“放纵自我型”“寻欢作乐型”“传统家居型”“蓝领阶层的户外劳动者”和“企业家”等。每一种类型的人都配以不同的牛仔裤式样、价格和销售方式。

个性可以通过自信、自主、支配、顺从、保守、适应等性格特征表现出来。因此，个性可以按这些性格特征进行分类，从而为企业细分市场提供依据。

20 世纪 50 年代末，福特汽车和雪佛莱汽车在促销方面极其强调个性的差异。福特汽车的购买者被认为有独立性、易冲动、有男子汉气概、敏于变革并有自信心。而雪佛莱车的购买者被认为保守、节俭、缺乏阳刚之气、恪守中庸之道。

在美国、日本等市场经济发达国家，生活方式早已成为市场研究中的一项重要内容与方法。比如，日本的博报堂在中国曾经通过研究当前中国知识型青年的生活方式，进一步把握未来 21 世纪中国市场的消费模式。其调查方式非常独特：采用以拍照为主，简单答卷为辅的调查手段。即用照相机拍下你周围环境和人物，包括你喜欢的或不喜欢的。通过这种方法，个人的生活方式跃然纸上。日本的厂商可以根据博报堂对生活方式的统计结果来细分市场，组合营销策略。另外，按照生活方式来细分市场、把握市场动向和潮流趋势。例如，它可以更为准确地把握原先单靠人口统计指标、地理指标等难以划分的市场，如艺术、娱乐、旅游等。甚至生活方式也可以体现在百货商店、购物中心、超级市场中的商品摆放上。商品的传统摆放法已让位于有组织、有创意的摆放方法，商品不再根据其类型摆放，而是按照生活方式进行摆放。法国著名的拉法耶特百货商店就做到了这一点。其管理者认为这样的摆放对消费者更具视觉刺激，更能激发购买欲望，更能使消费者在店中保持一种持久的兴奋感和冲动感。

4. 行为细分变数

根据购买者对产品的了解程度、态度、使用情况及反应等可以划分成不同的群体。如购买时机、追求的利益、使用或购买数量、对品牌的忠诚度、使用者情况等（见表 5-5）。

表 5-5 行为细分变量

变　量	细 分 市 场
购买时机与频率	日常购买、特别购买、节日购买、规律购买、不规律购买等
追求的利益	廉价、时髦、安全、刺激、新奇、豪华、健康等
使用情况	从未使用者、曾经使用者、潜在使用者、初次使用者、经常使用者等
使用率	很少使用者、中度使用者、大量使用者
忠诚程度	完全忠诚者、适度忠诚者、无品牌忠诚者
使用者态度	狂热、喜欢、无所谓、不喜欢、敌视等

城市公共汽车运输公司根据上下班高峰期和非高峰时期乘客的需求特点划分不同的细分市场并制定不同的营销策略。开学之初，电信公司、文具公司、运动服装公司等与学生市场有关的企业都会乘机大做文章。节假日期间，礼品行业、旅游行业、传媒业和运输业也都会把握各种商机。这些都是要利用消费者的“购买时机”不同而采取不同的对策。

消费者购买产品有的追求经济实惠、价格低廉，有的追求耐用可靠和维修方便，还有的则偏向于显示社会地位等。如购买牙膏的人所追求的利益点可以是物美价廉，或保健能防蛀固齿，或美白牙齿和口味清凉等。

企业要努力吸引目标市场的非使用者，同时要留住曾经使用者，使其成为经常使用者或大量使用者。例如，初次购买瑞幸咖啡时可以免费品尝一杯，以后会不定期收到商家发放的优惠券，老用户通过分享邀请可以与新用户同时获得一杯免费的咖啡。

一家啤酒公司发现，公司 80%的啤酒是被 50%的顾客消费掉的，这些消费者多是工人，年龄在 25～50 岁之间，喜欢看体育节目，每天看电视的时间不少于 3～5 小时。很显然，根据这些信息，企业可以大大改进其在定价、广告传播等方面的策略。

有些消费者经常变换品牌，另外一些消费者则在较长时期内专注于某一或少数几个品牌，表现出不同的品牌忠诚度。消费者品牌忠诚度可以为企业细分市场提供依据。根据消费者对品牌的忠诚情况可以分为不同的类型（见表 5-6）。

表 5-6　品牌忠诚与购买模式

类　型	行 为 表 现	购 买 模 式
坚定忠诚者	始终不渝地购买一种品牌	A-A-A-A-A-A
中度的忠诚者	忠诚于两种或三种品牌	A-A-B-B-A-B
转移型的忠诚者	从偏爱一种品牌转换到另一种品牌	A-A-A-B-B-B
非忠诚者	对任何一种品牌都不忠诚	A-C-E-B-D-B

20 世纪 90 年代，美国沃尔玛超市管理人员分析销售数据时发现了一个令人难于理解的现象：在某些特定的情况下，“啤酒”与“尿布”两件看上去毫不相干的商品会经常出现在同一个购物篮中，这种独特的销售现象引起了管理人员的注意。经过后续调查发现，这种现象出现在年轻的父亲身上。沃尔玛开始在卖场尝试将啤酒与尿布摆放在相同的区域，让年轻的父亲可以同时找到这两件商品，并很快地完成购物；而沃尔玛超市也可以让这些客户一次购买两件商品而不是一件，从而获得了很好的商品销售收入。这得益于沃尔玛良好的大数据分析能力，沃尔玛从 20 世纪 90 年代就尝试将 Aprior 算法引入 POS 机数据分析，通过分析购物篮中的商品集合，从而找出商品之间关联关系的关联算法，并根据商品之间的关系，找出客户的购买行为。

（二）生产者市场细分标准

生产者市场与消费者市场有很大的区别，在第三章中已有论述。虽然消费者市场细分标准很大一部分可以在此借用，但是也需要改换描述形式。与中间商市场、政府市场一样，由于属于集团性购买，生产者市场的购买行为有其特殊性。例如，消费者市场行为细分变数中的购买量或购买频率，在生产者市场中就描述成购买力。因此，根据生产者市场的特殊性，其常用细分标准有最终用户要求、用户规模、购买力、地理位置等。

1. 最终用户要求

这是生产者市场细分最通用的标准。生产者市场的购买活动是为了不同的生产需要或为了再出售。因此，衍生需求在很大程度上决定了购买活动的细节。而最终用户的不同要求或追求的不同利益，就会对产品提出不同的质量标准和使用要求。有时，用户的直接要求就是一个细分市场。

在经济发达的国家和地区，企业管理者通常用最终用户这个变数来细分产业市场。因为不同的最终用户对同一种产品的市场营销组合往往有不同的要求。例如，计算机制造商采购产品时最重视的是产品质量和可用性，服务和价格也许不是最主要因素。飞机制造商所需要的轮胎，必须达到相关安全标准，比农用拖拉机制造商所需轮胎达到的标准高得多，豪华汽车制造商比一般汽车制造商需要更优质的轮胎等。这不仅包括标准的指标数差异，还包括标准的指标值水平差异。

2. 规模与购买力大小

用户的规模是生产者市场细分的重要标准。用户规模大，购买力往往也大。按用户规模，生产者市场可细分为大量用户、中量用户、少量用户、非用户。一般情况下，大用户数量少，但其生产和经营规模大，购买数量和金额多；小用户数量多，但分散且购买数量和金额有限。

生产者市场用户规模和购买力的大小，可通过分析用户的职工人数、销售对象户数、销售规模（销售额、销售量或利润等）、市场占有率等用户的经营状况、财务支出或营业额来衡量，也可通过对用户内部情况进行相应的分析而得出。

在掌握用户规模的基础上，可对用户进行 A、B、C 分类后，再细分每类中各自的差异性和特征。

A 类为规模大，市场占有率高，销售面广的用户。这类用户购买力强，是企业销售商品的重要目标，必须采取相应的营销策略，以便建立和保持长期稳定的购销关系。

B 类为规模中等的用户，企业要争取尽可能多的 B 类用户为自己的目标顾客，有必要派出销售人员访问联络、沟通信息和感情。

C 类用户一般经营规模小、资金薄弱，对这类用户可通过加强促销策略取得联系。

3. 地理位置

地理位置是指用户所在的空间位置和地理环境情况。许多国家大都因为资源、气候和历史传统等因素形成若干产业集中地区。因此，生产者市场比消费者市场在地理位置上更加集中。按地理位置来细分市场，方法简便，易于操作。

按用户的地理位置来细分市场，可使企业把一个地区的目标用户作为一个整体考虑。这样，企业的促销宣传针对性强，同时节省了推销人员往返于不同用户之间的时间，因此能够大大节约促销费用。还可以更加有效地规划运输路线，从而节省运输费用和提高效率，给企业带来经济效益的提高。

4. 行业特点

不同的行业因为向社会提供的产品和服务是不同的，所以各行业运作特点有很大的不同。但同一行业市场往往具有同类性质的需求。因此可以作为生产者市场的细分标准。按行业特点细分市场，使得目标市场更加集中，容易分析研究市场的变化，及时掌握市场动态，有助于节省企业的研究和开发支出以及节省促销宣传费用。

对于上述生产者市场的细分标准，同消费者市场的细分标准一样，企业并不只用一种单一的标准来进行细分，而是有层次地交错使用一系列因素来细分。

一家铝制品公司为了系统地研究其用户市场需求差异，分三阶段进行了市场分析。第一阶段，公司按照“最终用户”这个变量把铝制品生产者市场细分为汽车制造业、住宅建筑业和饮料容器制造业三个子市场，然后从三者中选择一个目标市场。第二阶段，按照这家公司的“产品应用”变量进一步细分，分为半成品、建筑部件和铝制活动房屋三个子市场，然后从其中再一次选择目标市场。第三阶段，按“顾客规模”这个变量，把建筑部件市场进一步细分为大顾客、中顾客和小顾客三个子市场。铝制品公司还要在大顾客建筑部件市场的范围内进行微观细分，按大顾客的不同要求（如质量、价格、服务等）来细分市场。

三、市场细分有效性的条件

企业进行市场细分的目的是为了进一步明确根据自己的实力可以服务的顾客群，通过对顾客需求差异予以定位，以取得较大的经济效益，增强竞争力。众所周知，产品的差异化必然导致生产成本和销售费用的相应增长。所以，企业必须在因市场细分所得收益与所增成本之间进行权衡。由此，对于企业来说，有效的细分市场应该是可衡量的、可盈利的、可进入的、有差异并相对稳定的。

1. 可衡量性

可衡量性是指用来细分市场的标准和变数及细分后的市场是可以识别和测量的，即有明显的区别，有合理的范围。如果某些细分变数或购买者的需求和特点很难衡量，细分市场就无法界定，难以描述，市场细分就失去了意义。通常，客观性程度高的变数，如年龄、性别、收入、地理位置、民族等，易于确定，且有关的信息和统计数据也比较容易获得，则可衡量性好。而一些主观性程度高的变数，如价值观和性格等变数，就难以用数据描述和确定，则可衡量性差。

2. 可盈利性

可盈利性是指细分市场能够让企业获利，使企业值得为它设计一套营销规划方案，以便顺利地实现其营销目标，保证按计划能获得理想的经济效益和社会效益。盈利性与市场规模大小通常成正比。如一所普通大学，专门开设一个西餐馆来满足少数师生酷爱西餐的要求，可能会由于这个细分市场太小而得不偿失。

3. 可进入性

可进入性是指所选定的细分市场必须与企业自身状况相匹配，企业有优势占领这一市场。可进入性具体表现在信息进入、产品进入和竞争进入。考虑市场的可进入性，实际上是研究其营销活动的可行性。所以可进入性也指企业能够进入所选定的市场部分，能进行有效的促销和分销。一是企业能够通过一定的广告媒体把产品的信息传递到该市场众多的消费者中去，二是产品能通过一定的销售渠道抵达该市场。

4. 差异性

细分市场之间必须异质或有别，但是每个细分市场中的顾客有需求共性。不同的细分市场中的顾客，在对营销组合变数及其细分方案做出的反应方面也可能不同。如果每个细分市场间的需求区别不大，那么企业就无法明确是这个细分市场还是那个细分市场的需求，细分工作是无效的。

5. 相对稳定性

细分后的市场应在一段时间内具有相对稳定性。这直接关系到企业生产营销的稳定性、进入市场的可能性和可营利性等。特别是大中型企业以及投资周期长、转产慢的企业，无效的市场细分将直接导致目标市场的错误选择，造成经营困难，严重影响企业的经营效益。

	5-1-1 市场细分标准之消费者市场细分标准		5-1-2 市场细分标准之生产者市场细分标准

第二节 目标市场选择

一、目标市场的含义

所谓目标市场选择（**Target Marketing Selection**），是指企业在市场细分之后得到的若干“子市场”中，运用企业营销活动之“矢”而瞄准市场方向之“的”的优选过程。

著名的市场营销学者麦卡锡提出应当把消费者看作一个特定的群体，称为目标市场。通过市场细分，有利于明确目标市场。通过市场营销策略的应用，有利于满足目标市场的需要。目标市场（Market Target）就是通过市场细分后，企业准备以相应的产品和服务满足其需要的一个或几个子市场。

按消费者的特征把整个潜在市场细分成若干部分，根据企业需求，选定其中的部分或全部的消费者作为综合运用各种市场策略所追求的销售目标，选定的部分即为目标市场。

由于企业能够生产的产品是有限的，而顾客的需求是无限的。因此，企业只能在市场细分的基础上，选择部分顾客群体作为目标市场。被选的细分市场应该是：组成细分市场的顾客群体具有类似的消费特性；细分市场尚未被竞争者控制或垄断，企业能够占领市场；细分市场上有一定的购买力等。

一种商品在上市时一般只能满足社会中一部分人的需求。如近视眼镜是专门为患近视症的人所生产的；羽绒服是为在寒冷地带生活的人生产的。

例如，“95后”年轻人作为市场消费的主力军，一举一动都被手机厂商所关注。由于男女生思维方式不同，因此消费理念也不同，身边的年轻女孩一提到买手机会更多地关注两点：机身是否漂亮？拍照是否给力？男生则注重手机的性能配置、性价比、材质等。因此，如果某手机厂商生产的手机能够同时满足这些需求，推出外观美观，性能良好的手机，就可能获得更大的市场占有率。

企业选择目标市场不是子市场越多越好，任何企业都没有足够的人力资源和资金满足整个市场或追求过分大的目标。只有找到有利于发挥本企业现有的人、财、物优势的子市场，才不至于在庞大的市场上毫无目标地进攻。

二、目标市场选择标准

（一）有一定的规模和发展潜力

企业进入某一市场是期望能够有利可图，如果市场本身狭小或者趋于萎缩状态，进入后就难以获得发展，因此应审慎考虑，不宜轻易进入。从另一方面说，目前规模不大并不代表将来，所以市场的发展潜力也是一个关注点。能否发现市场潜力，考察的是企业决策者高瞻远瞩的水平。

（二）细分市场竞争结构具有吸引力

细分市场可能具备理想的规模和发展特征，然而从盈利的观点来看，它未必有吸引力。特别是应力求避免“多数谬误”，即与竞争企业遵循同一思维逻辑，将规模最大、吸引力最大的市场作为目标市场。当众多企业共同争夺同一个顾客群时，会造成过度竞争和社会资源的浪费，同时使本应得到满足的需求遭受冷落和忽视。如中国国内一些企业动辄将城市尤其是大中城市作为首选市场，对小城镇和农村市场不屑一顾。这很可能就步入了误区。转换一下思维角度，一些目前经营尚不理想的企业，说不定会出现“柳暗花明”的局面。

波特认为有五种力量决定市场内竞争结构吸引力。这五种力量是：同行业现有的竞争者、潜在的竞争者、替代产品、顾客和供应商。其关系见图5-1。

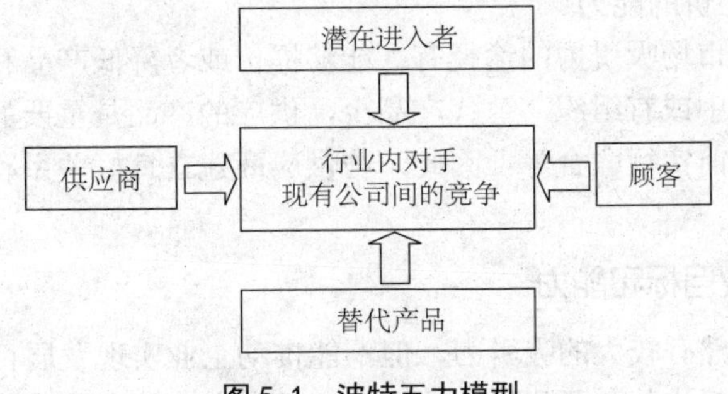

图5-1 波特五力模型

1. 细分市场内激烈竞争的威胁

如果细分市场已经有了众多的、强大的或者竞争意识强烈的竞争者，那么该细分市场就会失去吸引力。而细分市场处于稳定或者衰退阶段时，企业生产能力不断大幅度扩大，固定成本过高，撤出市场的壁垒过高，竞争者投资大，常常会导致价格战、广告争夺战的发生。这种情况下，公司要参与竞争就必须付出高昂的代价。

2. 潜在竞争者的威胁

如果细分市场吸引了具有新的生产能力和资源的新进入竞争者，争夺市场份额的结果是该细分市场的吸引力下降。如果新的竞争者进入这个细分市场时遇到森严的壁垒，并且遭受到细分市场内原来的公司的强烈阻挠，它们便很难进入。

细分市场的吸引力随其进退难易的程度而有所区别。根据行业利润的观点，最有吸引力的细分市场应该是进入壁垒高、退出壁垒低的子市场。在这样的细分市场里，新的企业很难打入，但经营不善的企业难免黯然退出。如果细分市场进入和退出的壁垒都高，那里的利润潜量就大，但也往往伴随较大的风险，此时经营不善的公司难以撤退，必须坚持到底。如果细分市场进入和退出的壁垒都较低，公司便可以进退自如，获得的报酬虽然稳定但不高。最坏的情况是进入细分市场的壁垒较低，而退出的壁垒却很高。于是在经济良好时，众多企业蜂拥而入，但在经济萧条时，却很难退出。其结果是这些企业都生产能力过剩，盈利能力下降。

3. 替代产品的威胁

细分市场如果存在着替代产品或者有潜在替代产品，那么该细分市场就失去吸引力。替代产品会限制细分市场内价格和利润的增长。如果在这些替代产品行业中技术有所发展，或者竞争日趋激烈，这个细分市场的价格和利润就可能下降。

4. 购买者讨价还价的能力

细分市场中购买者的讨价还价能力很强或正在加强，该细分市场就没有吸引力。购买者便会设法压低价格，对产品质量和服务提出更高的要求，并且使竞争者互相斗争，所有这些都会使销售商的利润受到损失。购买者的讨价还价能力增强可以通过以下途径：购买者比较集中或有组织，购买者的支出成本比重大，产品无法实行差别化，购买者的转换成本较低，由于购买者的利益较低而对价格敏感，能够向后实行联合等。

5. 供应商讨价还价的能力

供应商降低细分市场吸引力的途径有：能够提价或者降低产品和服务的质量，减少供应数量，供应商集中或有组织，替代产品少，供应的产品是重要的投入要素，转换成本高，供应商可以向前实行联合等。因此，与供应商建立良好关系和开拓多种供应渠道才是防御上策。

（三） 符合企业目标和能力

某些细分市场虽然有较大的吸引力，但不能推动企业实现发展目标，甚至分散企业的精力，使企业无法完成其主要目标，这样的市场应考虑放弃。还应考虑企业的资源条件是否适合在某一细分市场经营。只有选择那些企业有条件进入、能充分发挥其资源优势的市场作为目标市场，企业才会立于不败之地。

创建于2006年的传音公司（TECNO）于2010年跻身非洲智能手机的三甲之列；2011年9月，传音公司开始在埃塞俄比亚投资设厂；今天，传音的产品仍然在非洲市场居于主导地位。虽然TECNO的母公司传音控股就坐落在深圳，但TECNO在中国却鲜为人知。TECNO的份额甚至无法挤进国内手机市场的前十名。同时，这一品牌在欧美国家也少有拥趸，而原因就在于，发达国家并非该公司的主要目标市场。传音的“主场”其实是在非洲。在整个非洲大陆，包括TECNO、ITEL在内的传音各类子品牌手机已经占据了智能手机市场将近五成的份额。

传音在短短十年的时间内，取得巨大的成功，很大程度上归功于它剑走偏锋的战略眼光——避开竞争激烈的中国市场，聚焦非洲作为唯一目标市场。简言之，就是全心全意为非洲人民服务，一心一意为非洲人民制造手机。这也是传音一直坚持的战略。从其最近三次的产品发布上就可见端倪——2016年4月在尼日利亚，2016年8月在埃及，2017年3月在肯尼亚。这个目标市场战略是非常成功的。一是市场容量足够大。在全球的手机市场中，中国、印度分别都是10亿人口的大市场，非洲如果作为一个整体来看，也是一个10亿人口的市场，这些新兴市场的空间都很大。二是市场机会足够多。在2005年前后，非洲大陆的手机普及率仅为6%。到了2008年，这个数字增长迅猛，提升到了30%，而与当时的印度和中国的手机普及率相比，还是有很大的差距，因此非洲是一个空间很大的市场。

三、目标市场选择战略

（一）市场集中化

企业选择一个细分市场，集中力量为之服务（见图5-2）。中小企业一般专门填补市场的某一部分。集中营销使企业深刻了解该细分市场的需求特点，采用有针对性的产品、价格、渠道和促销策略，从而获得强有力的市场地位和良好的声誉。但同时隐含较大的经营风险。如某服装企业只生产销售中档女士服装，高教书店只出售高教图书。

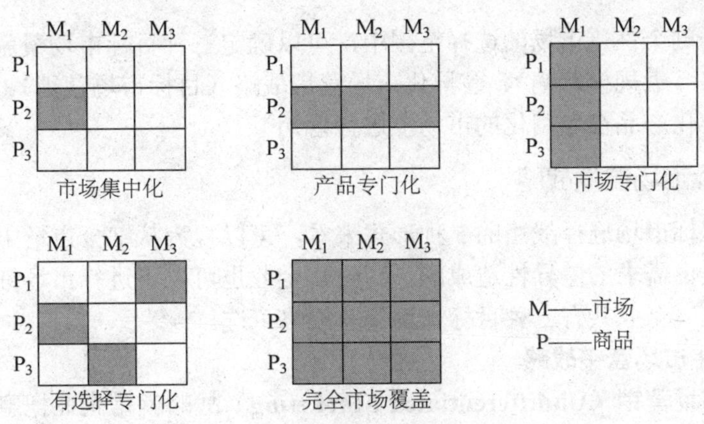

图5-2 目标市场选择战略

（二）产品专门化

企业集中生产一类产品，并向所有可能的顾客销售这种产品，以降低市场面太窄的风险（见图 5-2）。如某服装企业为青年、中年和老年消费者生产销售中档服装。这样，企业可以在中档服装产品方面力争树立更高的声誉。不过，一旦出现其他品牌的替代品或消费者流行的偏好转移，企业将面临巨大的风险。

（三）市场专门化

企业专门服务于某一特定顾客群，尽力满足他们的各种需求（见图 5-2）。企业专门为这个顾客群服务，能建立良好的声誉。但如果这个顾客群的需求潜量和特点发生突然变化，企业就要承担较大风险。如某服装企业专门为女性消费者提供各种档次的服装；某公司专门向政府机构提供所有办公设备，包括计算机、传真机、复印机、打印机等，并成为这个客户所需各种新产品的销售代理商。

（四）有选择专门化

企业选择几个细分市场，每一个细分市场对企业的目标和资源利用都有一定的吸引力。但各细分市场彼此之间很少或根本没有任何联系（见图 5-2）。这种策略能分散企业经营风险，即使其中某个细分市场失去了吸引力，企业还能在其他细分市场盈利。如某服装企业为女性消费者提供服装，为男性消费者提供领带等。

（五）完全市场覆盖

企业力图用各种产品分别满足各类顾客群体的需求。即以所有的细分市场作为目标市场（见图 5-2）。一般只有实力强大的大企业才能采用这种策略。如某服装企业为不同年龄层次、性别的顾客提供各种档次的服装。再如 IBM 公司在计算机市场、可口可乐公司在饮料市场中都开发了众多的产品，满足多种消费需求。

四、目标市场覆盖战略及选择影响因素

从整体市场到个性化市场的选择范围中，可以确定三种目标市场覆盖战略：无差异化市场营销战略（大规模营销）、差异化市场营销战略（目标市场营销）、集中化市场营销站略（用差异化产品在专门化的市场上进行营销）。

（一）目标市场覆盖战略

从以上的目标市场选择战略的 5 种形式来看，可以视为从细分市场中选择一个或几个或全选，这是由需求的差异性造成的。同时，企业也可以不进行市场细分，不考虑需求差异性。因此，企业共有三种目标市场覆盖战略可选。

1. 无差异化市场营销战略

无差异化市场营销（Undifferentiated Marketing）战略就是企业把整个市场作为自己的目标市场，只考虑市场需求的共性，而不考虑其差异，运用一种产品、一种价格、一种推销方法，吸引尽可能多的消费者的战略。

当企业断定各个细分市场之间差异很小时，或不考虑差异时，可考虑采用该战略。

采用这一战略的企业，一般都是实力强大，具有独到的产品并可进行大规模生产，又有广泛而可靠的分销渠道以及独到统一的广告宣传方式和内容。

美国可口可乐公司从1886年问世至20世纪60年代之间一直采用无差别市场战略，生产一种口味、一种配方、一种包装的可口可乐产品满足世界156个国家和地区的需要，称作“世界性的清凉饮料”，资产达74亿美元。由于百事可乐等同行的竞争，1985年4月，可口可乐公司宣布要改变配方的决定，即意味着改变可口可乐的口味，却不料在美国市场掀起轩然大波，许多电话打到公司，对公司改变可口可乐的配方表示不满和反对，可口可乐公司不得不继续大批量生产传统配方的可口可乐。可见，采用无差别市场策略，产品在内在质量和外在形体上必须有独特风格，才能得到多数消费者的认可，从而保持相对的稳定性。该战略的优点是产品品种简单，容易保证质量，能大批量生产，降低生产和销售成本。它一般适用于初创的企业，或者是垄断性比较强的企业。

2. 差异化市场营销战略

差异化市场营销（Differentiated Marketing）战略就是把整个市场细分为若干子市场，针对不同的子市场，设计不同的产品、提供不同的服务，制定不同的营销策略，满足不同的消费需求战略。

海尔集团的洗衣机产品是我国洗衣机行业跨度最大、规格最全、品种最多的产品。公司根据不同地区的环境特点，考虑不同的消费需求，提供不同的产品。如针对我国江南地区“梅雨”天气较多，洗衣不容易干的情况，海尔集团及时开发了洗涤、脱水、烘干于一体的海尔“玛格丽特”三合一全自动洗衣机，以其独特的烘干功能，满足了饱受“梅雨”之苦的消费者的需求。这款产品在我国上海、宁波、成都等市场引起轰动。针对我国北方水质较硬的情况，海尔集团开发了专利产品“爆炸”洗净的气泡式洗衣机，即利用气泡爆炸破碎软化作用，提高洗净度20%以上，受到消费者的欢迎。针对农村市场，研制开发了下列产品：①“大地瓜”洗衣机，适应盛产红薯的西南地区农民图快捷省事，在洗衣机里洗红薯的需要；②小康系列滚筒洗衣机，针对较富裕的农村地区；③“小神螺”洗衣机，价格低、宽电压带、外观豪华，非常适合广大农村市场。

该战略的优点是能满足不同消费者的不同需求，有利于扩大销售、占领市场、提高企业声誉。但由于产品、服务、促销方式等差异化，增加了管理难度和生产销售成本。因此，只有那些力量雄厚的大企业方可采用这种战略。

3. 集中市场营销战略

集中市场营销（Centralized Marketing）战略就是在细分后的市场上，选择一个或少数几个细分市场作为目标市场，实行专业化生产和销售。采用这种战略可以使企业对目标市场有较深的了解，在个别少数市场上发挥优势，提高市场占有率，这是大部分中小型企业适合采用的战略。

日本尼西奇公司成立时是一个专营生产雨衣、尿布、游泳帽、卫生带等多种橡胶制品的小厂，由于订货不足，面临破产。总经理多川博在一个偶然的机会，从一份人口普查表中发现，日本每年约出生250万个婴儿，如果每个婴儿用两条尿布，一年需要500万条。于是，他决定放弃尿布以外的产品，实行尿布专业化生产。一炮打响后，又不断研制新材料、开发新品种，不仅垄断了日本尿布市场，还远销世界70多个国家和地区，成为闻名于世的“尿布大王”。再比如我国的药品市场，东阿阿胶专注于补血市场，正大天晴药业专注于肝药市场，贵州益佰专注于止咳市场，修正药业专注于胃药市场，九鑫集团专注于除螨市场，傅山药业专注于心脑血管及肝病用药市场等。

采用集中性市场营销策略，能集中优势力量，有利于产品适销对路，降低成本，提高企业和产品的知名度。但有较大的经营风险，因为它的目标市场范围小，品种单一。如果目标市场的消费者需求和爱好发生变化，企业就可能因应变不及时而陷入困境。同时，当强有力的竞争者打入目标市场时，企业就要受到严重影响。因此，许多中小企业为了分散风险，仍应选择一定数量的细分市场为自己的目标市场。

选择适合本企业的目标市场营销战略是一项复杂的工作。企业内部条件和外部环境在不断发展变化，经营者要不断通过市场调查和预测，掌握和分析市场变化趋势与竞争对手的情况，扬长避短，发挥优势，把握时机，适应市场态势，以争取较大的利益。

（二）影响目标市场选择的因素

上述目标市场覆盖战略各有优劣势，企业在进行决策时会受到不同因素的影响和制约。这些因素从企业的内部条件和所在的宏观、微观环境来看具体内容很多，可以归纳为以下几个方面。

1. 企业所处的环境特点

企业作为一种营销组织都处于外部环境之中，不可避免地受到外部环境的影响和制约。这些外部环境因素通常不由企业所控制，主要有经济环境、社会文化、人口环境、科学技术环境、政治法律环境等。例如企业在实施国际化战略，选择国际目标市场时，需考虑目标市场所处母国的制度环境。再比如，企业身处大数据环境中就需借助强大的数据分析，选择更为精准的目标市场。

2. 企业的资源特点

资源雄厚的企业，如拥有大规模的生产能力、广泛的分销渠道、标准化程度很高的产品、好的内在质量和品牌信誉等，尤其是有特别有效的技术专利等，可以考虑实行无差异市场营销战略。如果企业没有特别有效的技术专利，但拥有雄厚的设计能力和优秀的管理素质，则可以考虑施行差异市场营销战略。否则就施行集中市场营销战略，该战略特别适用于中小企业。另外，企业初入市场时，一般而言，采用集中市场营销为好。

3. 产品特点

产品的同质性表明了产品在性能、特点等方面的差异性的大小，是企业选择目标市场时必须考虑的因素之一。一般情况下，对于同质性高的产品可以施行无差异市场营销，而同质性低或异质性产品，更适合差异市场营销或集中市场营销。

此外，产品因所处的生命周期的阶段不同而表现出的不同特点亦不容忽视。产品处于导入期和成长初期，消费者刚刚接触新产品，对它的了解还停留在较粗浅的层次，竞争尚不激烈，企业这时的营销重点是挖掘市场对产品的基本需求，往往采用无差异市场营销策略。等产品进入成长后期和成熟期时，消费者已经熟悉产品的特性，需求向深层次发展，表现出多样性和不同的个性，竞争空前激烈，企业应适时地转变策略为差异市场营销或集中市场营销。

4. 市场特点

供与求是市场中两大基本力量，它们的变化趋势往往决定市场发展方向。供不应求时，企业重在扩大供给，无暇考虑需求差异，所以采用无差异市场营销策略；供过于求时，企业为刺激需求、扩大市场份额，多采用差异市场营销或集中市场营销策略。

从市场需求角度看，如果消费者对某产品的需求偏好、购买行为相似，则称之为同质市场，可采用无差异市场营销策略；反之，异质市场应该采用差异市场营销或集中市场营销。

5. 竞争者的策略

企业应当尽量与竞争对手选择不同的目标市场覆盖。竞争者采用无差异市场营销时，企业可选用差异市场营销或集中市场营销，以发挥自身优势，取得更好的竞争效果。

企业应慎重选择目标市场，一旦确定，应该有相对的稳定性，不能朝令夕改。但灵活性也不容忽视，没有永恒正确的策略，一定要密切注意市场需求的变化和竞争动态。

	5-2-1　目标市场选择战略		5-2-2　目标市场覆盖战略

第三节　市场定位

一、市场定位的含义

市场定位是20世纪70年代由美国营销学家阿尔·里斯（Al Ries）和杰克·特劳特（Jack Trout）提出的。**市场定位（Market Positioning）**是指企业根据竞争者现有产品在市场上所处的位置，针对顾客对该类产品某些特征或属性的重视程度，为本企业产品塑造与众不同的鲜明形象，并将这种形象生动地传递给顾客，从而使该产品在市场上确定适当的位置，即确定企业及产品在目标市场上所处的位置。市场定位不是确定地理位置，而是确定企业及其产品服务在顾客心中的位置，是一种心理定位。

市场定位根据不同的分类标准可以分为不同的类型。根据是否有过定位，可以分为新定位和再定位；根据定位的具体内容，可以分为产品定位、企业定位、竞争定位和消费定位等。市场定位是产品定位、企业定位、竞争定位及消费者定位的总和，它们共同构成企业市场定位的核心范畴。

产品定位是企业根据市场定位，调整或建立企业产品结构体系、产品创新、产品卖点（产品功能属性定位、产品线定位、产品外观及包装定位、产品卖点定位、基本营销策略定位），以适应目标市场内目标消费群体需求，侧重于产品实体定位质量、成本、特征、性能、可靠性、款式。

企业定位是通过产品及品牌，在基于消费者需求的基础上，将企业独特的个性、企业文化和企业形象，塑造于消费者的心目中，并占据一定位置，以形成对消费者的率先吸引力。

竞争定位是突出本企业产品与竞争产品的不同特点，通过评估选择，确定本企业最有利的竞争优势，并加以开发的过程。

消费定位是对企业产品的潜在消费群体进行定位，根据消费群体的不同属性，确定核心消费群体。消费定位可以从若干属性上来进行，例如年龄、地区、性别、教育水平、家庭组成等对消费行为形成直接或间接影响的因素。

市场定位还可以根据定位的时间分为对当前市场和潜在市场的定位。例如，产品定位可分为对现有产品的再定位和对潜在产品的预定位。对现有产品的再定位可能导致产品名称、价格和包装的改变。这些外表变化的目的是保证产品在潜在消费者的心目中留下值得购买的形象。对潜在产品的预定位，要求营销者必须从零开始，使产品特色确实符合所选择的目标市场。无论是再定位还是预定位，都要一方面了解竞争对手的产品具有何种特色，另一方面研究消费者对该产品的各种属性的重视程度。根据对这两方面的分析，选定本公司产品的特色和独特形象。

二、市场定位战略

因为对市场定位的研究可以从不同的角度进行，所以市场竞争战略的具体表现内容也可以从不同的角度显示。如竞争方面、技术方面、产品方面、与顾客的接触方面等。在此重点介绍企业最常用、最基本的竞争和产品这两个方面。

（一）竞争定位战略

从竞争的角度来看，市场上的企业大致可以分为**市场领导者（Market Leader）**、**市场挑战者（Market Challenger）**、**市场追随者（Market Follower）**和**市场补缺者（Market Stopgap）**4 种类型，其市场占有率大致上分别为 40%、30%、20%和 10%。

无论哪种类型的企业，从战略的角度看，其决策不外乎是选择挑战还是回避竞争对手。如果市场空间允许且企业与竞争对手实力相当时，在同一个市场里企业与竞争对手的“挑战”程度就会低一些。如果市场空间狭小，或某一家企业实力强大，那么在同一个市场里企业与竞争对手的“挑战”程度就会高，甚至会有将对方挤出市场的结局发生。因此，目标市场竞争定位战略有 3 种情况。

1. 取代定位

企业力图将竞争对手挤出原来的市场，或取代其竞争地位。一般情况下，这种定位战略适用于实力非常强的企业、有自己独特的产品或营销技巧的企业。

这时，市场竞争残酷，有特色的企业取代一般企业。市场领导者企业或市场挑战者企业往往可以选择该战略。

例如，雀巢公司在马来西亚遇到了当地一个新兴品牌在薯片市场上的残酷竞争。这个新兴品牌认为雀巢在马来西亚市场的薯片产品较为薄弱，因此试图以低价策略抢占薯片产品的市场份额。由此，导致雀巢公司在全球市场采取强硬的防御策略。为了抵御竞争，雀巢公司在马来西亚市场采取了削价20%的销售策略，成功打击了竞争对手。

2. 并存定位

企业与竞争者共同服务于同一个目标市场。一般情况下，当市场有足够大的容量，或市场里的企业实力不强或相当时，这种战略才可能被选择。

这时市场表现出企业间和平共处，竞争程度低，同时产品近似（仿制）但各有自己的特色。这往往是市场追随者选择的战略。

例如，在中国市场上，中石油和中石化两大石油公司生产的汽油、柴油、润滑油等并存于同一个市场。在中国，这些产品目前都供不应求，标准化程度高竞争不激烈。

3. 补缺定位

企业选择市场中空缺部分，不与竞争者直接发生冲突。从理论上说，这种战略无论哪家企业都可以选择。

市场上的空缺部分是由于顾客的需求发生变化而产生的。因此，这种空缺有可能随时间而消失。所以，为了充分发挥企业优势，降低风险，选择这种战略时应该遵守4个原则。一是专门化原则，即开发的产品或提供服务要有针对性和独到之处。二是多种补缺原则，即找多个“空缺”市场同时进行，以减少风险。三是速战原则，即抓住时机迅速开发进入。四是顺应潮流原则，即其开发的产品或服务要有顺势而行的灵活性。

（二）产品定位战略

产品定位并不是指产品本身，而是指产品在消费者心目中的地位，是公司为建立适合消费者心目中特定地位，所采用的产品决策及营销组合活动。

1. 标准化和差异化定位

产品标准化定位是指从产品的基本功能到质量、款式、品牌及配套服务等与竞争对手的同质性程度高，在消费者心目中的地位基本相当的定位。当市场空间足够大时，不同竞争地位企业都可以选择该定位，否则，只有市场领导者企业才可以选择该定位。

产品差异化定位是指产品的基本功能、质量、款式、品牌和服务等与竞争对手的差异性程度高，在消费者心中的地位差别很大的定位。理论上讲，任何企业都可以选择该定位。

例如，恒大冰泉定位高端市场，打出广告语“我们搬运的不是地表水”，用简单的语言表明其产品与农夫山泉等同类商品的差异，成为瓶装矿泉水市场中的一匹黑马。

Famous Fixtures公司是为零售企业生产提供零售设备的企业，它把自己定位为对零售店拥有丰富经验的公司，声称“Famous Fixtures：零售业所拥有、零售业所创设，并经零售业测试过的公司”。

2. 新定位和再定位

新定位是指新产品的第一次定位，即产品和定位都是新的，也称创新定位。采用这种定位方式时，企业应明确创新定位所需的产品在技术上、经济上是否可行，有无足够的市场容量，能否为公司带来合理而持续的盈利。

再定位是指在产品不变的情况下，因服务的人群发生变化，而对过去的定位进行修正后的定位。企业在选定了市场定位目标后，如定位不准确或虽然开始定位得当，但市场情况发生变化时，如遇到竞争者定位与本公司接近，抢占了本公司部分市场，或由于某种原因，消费者或用户的消费需求转移到竞争者方面时，就应考虑重新定位。重新定位是以退为进的策略，目的是为了实施更有效的定位。

例如，王老吉凉茶刚推向中国市场时，其定位为全家人爱喝的凉茶，不论老人还是孩子。但当时的饮料市场已被中国的汇源、娃哈哈等，境外的红牛、可口可乐、百事可乐等所垄断。这些产品传递给消费者的定位信息也是全家人都可以喝、都爱喝的饮料。当初，王老吉并没有被广大消费者关注、接受。后来，王老吉凉茶产品本身没变，而是重新再定位，传递给消费者的定位信息是“中药配方凉茶”，具有降火作用。消费者找到了需要王老吉的理由：天热上火需要，吃火锅上火需要，年轻人和热体质的人需要等。满足消费者的特定需求，体现了王老吉产品定位区别于其他企业产品的差异化定位战略。

产品定位无论是差异化还是标准化，无论是新定位还是再定位，其定位目标都可以从主要属性/利益、使用者、使用时机或场所等内容中选择。

一家医院调查发现，大多数人认为“个人保健”是医院非常重要的利益增长点，而许多医院没有意识到这一点。因此，该医院推出“个人保健”产品，并定位为：“我们关心你的……还有很多。”这一定位使这家医院在“个人保健”项目上由行业排名第三迅速提升为第二名。一家纺织品连锁店利用明确的使用者定位方式告知消费者：为喜爱缝纫的妇女提供“更多构想的商店”。Coors 啤酒公司告知消费者，该公司的啤酒定位为“夏季欢乐时光”“团体活动场所”饮用的啤酒。而 Michelob 啤酒公司却将自己的啤酒定位从原来“周末饮用的啤酒”改为“每天晚上饮用的啤酒”。

5-3 市场定位战略

第四节 营销战略计划规划概论

企业战略计划确定企业营销活动的方向、中心、重点、发展模式及资源的调配。驾驭环境的发展变化，结合企业的资源状况，规划出企业较长期的发展趋向，制定出具有远见而切实可行的发展战略，关系到企业未来营销活动的成败，关系企业的发展与命运。

一、企业战略与市场营销战略

（一） 企业战略概述

企业战略指导企业的发展方向，是企业根据环境的变化以及自身的资源和实力，选择合适的经营领域和产品，形成核心竞争力，以保证在竞争中取胜的谋划。随着世界经济全球化和一体化进程的加快，随之而来的国际竞争加剧，对企业战略的应变能力要求越来越高。

企业战略的内容包括企业宗旨（使命）、企业目标、业务组合、发展战略等。从管理层面上看，企业战略可以从企业战略、业务单位战略和职能部门战略三个层面显示。

企业战略是以企业宗旨（使命）为指导，选择企业要进入的业务领域，达到合理利用企业资源，使企业各项业务相互支持、协调配合的总体安排。业务单位战略又称经营战略。企业把一些具有许多相似战略因素的业务归为同一个二级单位（事业部等），这些二级单位为了获取市场竞争力而制定相应的发展战略。职能部门战略是为完成总体战略中的任务，有效地运用有关管理职能，保证企业目标实现而制定的战略。如新产品研发战略、生产运作战略、营销战略、人力资源战略等。

（二）市场营销战略

市场营销战略是企业战略的一部分，是企业市场营销职能有效履行的方向指南，属于企业的职能部门战略。市场营销战略应符合企业战略的基本特征和要求。科特勒认为：**营销战略**（**Marketing Strategy**）是指企业对营销活动的总体的、全局的、动态的和长期的谋划，其实质是企业在资源配置的基础上发展其核心能力的过程。

因此，从管理活动的角度可以认为，市场营销战略包括营销战略计划制订、营销战略计划实施、营销战略控制和营销战略评价。而后三项活动依赖于第一项活动，是在第一项活动完成后才可能进行的。专门从事战略研究的诺顿·佩利认为，营销战略计划是一个创立并维持组织与其外部不断变化的市场机会相适应的管理过程。它有赖于制定一项任务或战略方向、阶段性目标、增长战略和由不同市场和商品构成的企业经营组合。

二、企业营销战略计划规划步骤

根据诺顿·佩利对战略计划的解读，企业的战略计划规划工作应随着组织外部环境的变化而开展，工作可以分为四个主要部分。一是企业的“任务或战略方向”确定，这是一个较长时间段的企业发展方向或任务。二是“阶段性目标”分解，是在前一个较长时间的发展目标下，分阶段实现的目标。每个阶段目标实现后，就是这一次企业的“任务或战略方向”的实现。三是明确企业的“增长战略”类型以及类型组合方法。四是确定实现阶段目标或总发展目标的“业务组合”的内容和方法。企业的营销战略计划规划可以据此关系进行。

（一）明确企业任务或目标

由营销战略与企业战略的关系可知，要制定营销战略，首先要明确企业的战略。

当企业确定或调整生产和销售任务时，首先必须确定企业的经营范围，包括产品范围、顾客范围、市场的地理范围等。此外，还要考虑一些其他的影响因素，如企业的历史、管理者和资产拥有者的意图、企业所处环境特征和企业自身优势等。

企业在确定任务时，可向股东、顾客、经销商等有关方面广泛征求意见，并且需考虑相关因素。第一，企业的历史因素，主要是认识其突出特征。例如，某家豪华饭店，其最高管理层明确现在或将来的任务是尊重历史，“豪华”不变。第二，企业主或最高管理层的意图。例如，北京燕莎友谊商城最高管理层的意图是为较高收的消费者群服务。第三，企业所处周围环境的发展变化会给企业造成环境变化压力或带来新的市场机会。第四，企业的资源情况，将决定企业可能经营什么业务。第五，企业应扬长避短。例如，麦当劳公司也许能进入太阳能行业，但是其特长是经营为大众服务的廉价快餐。

按照市场营销观念，企业的业务活动应当被看作是一个满足顾客需要的过程，而不仅仅是一个制造或销售某种产品的过程。

不同的企业有着不同的战略目标或任务，同一家企业在不同的时期，其战略目标或任务也可能有所差别。例如，奥迪斯电梯公司的业务使命是：以比世界上任何一家同类公司都要高的可信度，为任何一家客户提供一种将人和物上下左右做短距离移动的搬运工具。长虹集团的最高目标是：以产业报国，以振兴民族工业为己任；公司的产品目标是：创世界名牌；公司的发展目标是：成为世界现代跨国公司，立足四川、占领西南、走向全国、进军世界。

（二） 确定企业营销战略目标

当明确了企业的战略目标或任务后，还需要把企业任务具体化为一系列的各级组织层次的目标或任务。因此，根据企业任务和目标分解为各个职能任务和目标，其中包括营销战略目标和任务。可以利用目标管理制办法来实现。

企业营销战略目标是企业营销任务的具体化。它是企业在分析内外诸方面因素基础上做出的较长时期的营销活动的预期结果。企业的营销目标可以有“量”和“质”。“量”的目标包括销售量、利润额、市场占有率等；“质”的目标包括品牌形象或知名度、顾客流失率、新产品开发和推广速度等。

（三） 制订营销业务组合计划

企业的最高管理层确定了企业的任务和目标之后，就要制订业务投资组合计划。任何企业的资源都是有限的，无论是资金还是技术，只有对各种可能开展的业务（产品）加以分析和评价，才能决定如何进行业务（产品）组合。即确定发展哪些业务或产品能使企业扬长避短，发挥竞争优势，从而能有效地利用市场机会和占领市场。

这项工作需分两步进行。一是分析现有的业务（或产品）组合，以确定对哪些业务或产品追加投入，对哪些减少投入。其分析办法见本节第三部分“营销战略业务分析方法”。

二是制定企业的增长战略，即增加哪些新业务和新产品，从而达到优化业务（或产品）组合的目的。通过业务组合分析，企业管理部门可对各项业务进行分类和评估，然后根据其经营效果的好坏，决定投入的比例。对盈利的业务（或产品）追加投入，对亏损的业务（或产品）维持或减少投入，以便使企业资源得到合理配置。

（四）制订营销战略计划

在明确了企业战略目标的基础上，进行营销业务组合之后，可以制定营销战略计划。包括构建营销战略业务单位和选择并解读营销战略内涵两部分。

1. 战略业务单位划分

企业的最高管理层在制定业务组合计划时还需要考虑业务内容的构成，以及开展业务的组织形式。即构建**战略业务单位**（**Strategic Business Units，SBU**）。

一个战略业务单位具有 7 个基本特征。第一，它是单独的业务或一组有关联的业务；第二，它有不同的任务内容；第三，它有明确的竞争者；第四，它有认真负责的经理（这是从组织管理上来体现）；第五，拥有或占有一定的资源；第六，能从战略计划中得到好处；第七，可以独立计划其他业务。

一个企业的战略业务单位可能包括一个或几个部门，或者是某部门的某类产品，或者是某种产品或品牌。

2. 企业营销战略选择

根据对各业务单位分析的结果，可以确定对各个单位的营销战略措施。企业的基本营销战略有 4 种。这 4 种战略选择是以波士顿矩阵图法分析单位（业务）为基础（见图 5-3）。

（1）拓展战略

也称为发展战略、增长战略。这种战略是要设法提高市场占有率。必要时可放弃短期利润。适用于明星类单位（业务），或问题类中有希望转为明星类的单位（业务）。对这类单位（业务）应大量投入资金和精力，促其成长。

（2）维持战略

这种战略在于保持现有的市场占有率。适用于金牛类的单位（业务）。目的是使其继续为企业提供大量现金。对其投入可维持现状。

（3）收割战略

也称为收获战略、或榨取战略、缩减战略。这种战略的目的在于增加短期现金收入，而不管其长期效果，是一种短期行为。主要适用于金牛类中前景黯淡的单位（业务），对瘦狗类和问题类单位（业务）也适用。

（4）放弃战略

也称为淘汰战略。顾名思义，这种战略就是变卖和处理某些业务单位，以便使企业资源转移到那些盈利的业务单位上。适用于给企业造成很大负担，而又没有发展前途的瘦狗类和问题类的业务单位。

三、营销战略业务分析方法

对业务（或产品）组合进行分析和评估有许多方法。分析评价所用指标可以只有两个，是二维的，如波士顿矩阵法（BCG Approach）。也可以是三个指标，是三维的，或更多指标维数的。还可以将多因素归类简化后再进行分析，如通用电器公司法（GE Approach）。

（一）波士顿（BCG）矩阵

波士顿咨询集团（Boston Consulting Group）是美国一家著名管理咨询公司，该公司建议企业用“市场增长率—市场占有率” 矩阵对各业务单位进行评估，称为BCG法。

利用两阶矩阵，共分4个战略决策区。图5-3中，纵坐标表示市场增长率，即产品销售的年增长速度，以10%为分界线分高低两个部分。横坐标表示相对市场占有率，以1.0为分界线分高低两个部分。

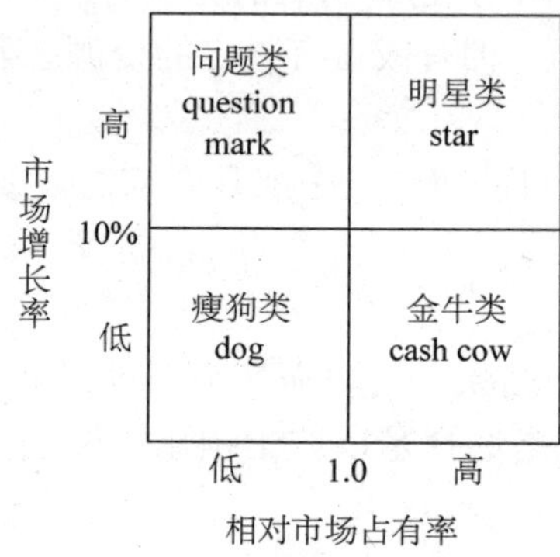

图5-3 波士顿矩阵图

相对市场占有率是本企业某种产品的市场占有率与最大竞争对手市场占有率之比。如果相对市场占有率为0.1，则表示自己的市场份额为最大竞争对手市场份额的10%；相对市场占有率为10，则表示自己的市场份额为最大竞争对手市场份额的10倍。

图5-3中的明星类，表示市场增长率和相对市场占有率都高的单位（业务）。该区的单位（业务）具有良好的发展前景，企业需投入大量投资，以支持其快速发展。当其市场增长率降低时，这类业务单位就由“现金使用者”变为“现金提供者”，即“金牛类”。对于“明星”类业务需要重点发展。

图5-3中的金牛类，表示市场增长率低、相对市场占有率高的单位（业务）。是企业的主要利润来源，不需大量资源投入，为其他业务单位的发展提供财力支持，企业应大量培植金牛类业务，尽量延长其生命周期。所谓“金牛”是产品金牛，类似中国所说的“摇钱树”之义。这类单位的多少，是企业实力强弱的标志。对于“金牛”类业务一般适用维持战略。

图5-3中的问题（问号）类，表示市场增长率高但相对市场占有率低的单位（业务）。现金需求量大，市场占有率低，存在各种问题，前景未卜，需慎重考虑、认真筛选，一部分进行必要的投资促使其成为“明星”产品，对于没有前景的或无法解决问题的应坚决淘汰。对于“问题”类单位（业务）应区别对待，择优发展。

图5-3中的瘦狗类，表示市场增长率和相对市场占有率都低的单位（业务）。该类业务多处于成熟后期或衰退期，通常是微利、保本甚至亏损，一般应放弃，但在少数情况下，经过努力可发展成为金牛业务。对于“狗”类业务一般适用放弃战略。

（二）通用电器公司法（GE Approach）

该方法的实质是“战略业务规划网格（Strategic Business Planning Grid）”。因为通用电器（General Electric）公司所提供并大力推广，因此也被称为“GE 法”。

“GE 法”在评估单位（业务）时，不仅要考虑上述两个要素，还要考虑更多的因素（见表 5-7）。这些因素可分为行业吸引力和业务实力即竞争能力两大类。一般情况下，在 GE 法的图中，纵轴表示行业吸引力，横轴表示业务实力（见图 5-4）。

企业对表 5-7 中两类因素评估，逐一评出分数，再按其重要性分别加权合计，就可计算出行业吸引力和企业业务实力的数据。然后利用图 5-4 加以分析。

表 5-7　行业吸引力—业务实力要素

大　类	因素内容	作　用
行业吸引力	市场规模	规模越大，吸引力越大
	市场增长率	增长率越高，吸引力越大
	利润率	利润率越高，吸引力越大
	竞争激烈程度	竞争越相对缓和，吸引力越大
	周期性	受经济周期影响越小，吸引力越大
	季节性	受季节性影响越小，吸引力越大
	规模经济效益	单位成本随规模扩大而降低，吸引力大
	学习曲线	单位成本随着经营管理经验增长而降低，吸引力大
业务实力	相对市场占有率	相对市场占有率越高，业务实力越强
	价格竞争力	价格竞争力越强（即较竞争者成本低），业务实力越强
	产品质量	产品质量较竞争者越高，业务实力越强
	顾客了解度	对顾客了解程度越深，业务实力越强
	推销效率	推销效率越高，业务实力越强
	地理优势	生产和市场的地理位置优势越大，业务实力越强

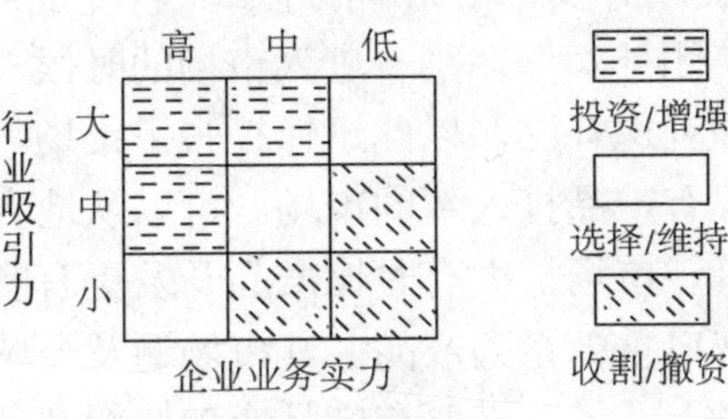

图 5-4　GE 法

在图 5-4 中，行业吸引力分为大、中、小 3 档，企业的业务实力分为高、中、低 3 档。则共分得 9 个方格、3 个区域。这 3 个区域分别用不同底纹显示。

底纹为横线的区域是最佳区域。由左上方 3 个格组成，即“大强”“大中”和“中强”3 个方格。落在该区域的单位（业务）应该采取“拓展”战略，即追加投资，促进其发展。

白色区域是中等区域。由对角线上 3 个方格组成，即“小强”“中中”和“大弱”3 个方格。落在该区域的单位（业务），应采取“维持”战略，即维持现有投资水平，不增不减。

底纹为斜线的区域是较差区域。由右下角 3 个格组成，即“小中”“小弱”和“中弱”3 个方格。因为该区域的行业吸引力和企业竞争能力都低，所以应采取“收割”或“放弃”的战略，不再追加投资或收回现有投资。

四、营销发展战略类型

企业除对现有营销业务进行评估和规划外，还应对未来的营销业务发展方向做出战略规划，即制定企业营销增长战略以增强企业营销竞争实力。增长战略包括 3 大类，见表 5-8。

表 5-8 营销增长战略类型

大　类	密集性增长	一体化增长	多角化增长
形式	市场渗透	后向一体化	同心多角化
	市场开发	前向一体化	横向多角化
	产品开发	横向一体化	综合多角化

（一）密集性增长战略

企业的现有产品和现有市场还有盈利潜力的情况下，可采用密集性增长战略。密集性增长可以通过市场渗透、市场开发和产品开发来实现。

市场渗透可以通过各种营销策略，尤其是通过促销策略来实现。如增强广告攻势，增加销售网点，加强人员推销以及降价等措施来吸引更多的顾客，增加现有产品在现有市场上的销售量。例如，“美团外卖”相比“饿了么”较晚进入外卖市场，但是却在短短几年间赶超“饿了么”。“美团外卖”在刚一进入市场的时候，就和“饿了么”搞起了价格大战，疯狂地给用户发福利送补贴，以此迅速扩张了市场。

市场开发是要努力使现有产品打入新的市场。可以从地方市场扩展到全国市场，从国内市场扩展到国外市场等。市场扩大有时比产品开发更有利，因为产品的生产可以实现规模化。例如，美国箭牌口香糖系列产品，其市场遍及全球。

产品开发是在现有市场上通过改进原有产品或增加新产品来达到增加销售的目的。如，原来只生产一种化妆品，现在发展为系列化妆品；原来只生产一类汽油卡车，现在发展为生产柴油车、自动装卸车、越野车、专用车等新产品。

（二）一体化增长战略

如果企业所属行业的吸引力和增长潜力较大，或实行一体化战略后可提高效率，提高盈利能力和控制能力，则可采取一体化增长战略。根据一体化的方向可以将其分为 3 种形式。

后向一体化。生产企业向后控制供应商，使供应和生产一体化，实现供产结合。例如，某汽车制造商原来向其他厂商购进汽车轮胎，现在发现汽车市场需求增长很快，改为自己开办轮胎厂或通过收购股份参与控制现有的轮胎企业。但不能把后向一体化理解为在一个工厂内搞“大而全”。如汽车厂自己生产轮胎，大零售商附设（或控制）加工企业，实行供销一体化。

前向一体化。企业向前控制分销系统（如控制批发商、代理商或零售商），实现产销结合，如汽车制造商自设分销系统等。

横向一体化。兼并或控制竞争者的同类产品的企业，如实力雄厚的汽车公司收购或控制若干弱小的汽车公司。

（三） 多角化增长战略

多角化增长战略也称多样化或多元化增长战略。即向本行业以外发展，扩大业务范围，向其他行业投资，实行跨行业经营。当企业所属行业缺乏有利的营销机会，或其他行业的吸引力更大时，可实行多角化增长战略。但多角化并不意味着毫无选择地利用一切可获得的机会，而是要扬长避短，结合自身的资源优势来选择市场机会，以充分发挥资源潜力并使风险分担。根据多角化发展方向和范围可以分为 3 种形式。

同心多角化，以现有产品为中心向外扩展业务范围。或利用企业现有技术和营销力量，发展与现有产品近似的新产品，吸引新顾客。例如，汽车厂商除增加汽车品种外，还可发展拖拉机、摩托车等产品。

横向多角化，为稳定现有的顾客，发展与现有产品无关的新产品。例如，大型百货商店内开办餐厅、酒吧、美容店等。

综合多角化，发展与企业现有产品、技术和市场无关的新产品，吸引新顾客。例如，百货商业企业经营房地产、开办饭店、剧院等。

由于多角化战略可以帮助企业取得更多的竞争优势，因此许多大型企业都采用了这一战略。例如，日本一些大商社的多角化经营几乎达到了“从鸡蛋到导弹”无所不有的地步。中国的一些大企业在“改革开放”的新形势下，也打破了长期以来的“条块分割”、行业界限森严的局面，实行多角化战略。例如，广东白云山药厂、健力宝饮料公司、三九集团等，都实行跨行业的多角化经营，收到很好的经济效益和社会效益。跨行业经营必须慎重决策，不可贸然进入陌生行业，以防经营不善造成重大损失。

战略规划规定了企业的任务、目标、发展方向与增长战略，并对各业务单位做出安排。各业务单位为了实现企业的任务和目标，应当制订各项具体的职能计划，如市场营销计划、财务计划、生产计划、人事计划等。在制订这些职能计划时，应明确市场营销在企业战略规划中的地位，处理好各种职能之间、各个部门之间的关系，特别是营销部门同其他职能部门之间的关系，正确处理各个职能部门之间的矛盾。

5-4 营销战略业务分析方法（波士顿矩阵）及战略选择

本章重点术语

市场细分 Market Segmentation
目标市场选择 Market Targeting
市场集中化 Market Concentration
无差别性市场营销 Undifferentiated Marketing
差别性市场营销 Differentiated Marketing
集中性市场营销 Centralized Marketing
市场定位 Market Positioning
市场领导者 Market Leader
市场挑战者 Market Challenger
市场追随者 Market Follower
市场补缺者 Market Stopgap
市场渗透 Market Penetration
市场开发 Market Development
产品开发 Product Development
后向一体化 Backward Integration
前向一体化 Forward Integration
横向一体化 Horizontal Integration
同心多角化 Concentric Diversification
横向多角化 Horizontal Diversification
综合多角化 Comprehensive Diversification
营销战略 Marketing Strategy
战略业务单位 Strategic Business Units

思考题

1. 简述市场细分的作用和基本原理。
2. 目标市场选择战略有哪些？各自的适用性怎样？
3. 哪些因素会影响企业的目标市场选择？
4. 什么是市场定位？如何进行企业的竞争定位？
5. 营销战略与企业战略有何关系？
6. 战略业务单位划分有何作用？

本章案例

屈臣氏集团旗下有现阶段亚洲地区最具规模的个人护理用品连锁店，是目前全球最大的保健及美容产品零售商和香水及化妆品零售商之一。屈臣氏在1989年到1997年这段时间，同很多中国本土企业一样，在华的业务发展一度非常吃力、也走了很多弯路。屈臣氏在市场调研中发现，亚洲女性会用更多的时间逛街购物，她们愿意投入大量时间去寻找更便宜或是更好的产品。这与西方国家的消费习惯明显不同。中国内地的女性平均在每个店里逗留的时间是20分钟，而欧洲女性只有5分钟左右。这种差异，让屈臣氏最终将中国内地的主要目标市场锁定在18～40岁的女性，特别是18～35岁，月收入在2 500元人民币以上的时尚女性。屈臣氏认为这个年龄段的女性消费者是最富有挑战精神的。她们喜欢用优质的产品，寻求新奇体验，追求时尚，愿意在朋友面前展示自我。她们更愿意用金钱为自己带来大的变革，愿意进行各种新的尝试。屈臣氏之所以更关注 40 岁以下的消费者，是因为 40 岁以上的女性大多已经有了自己固定的品牌和生活方式了。

屈臣氏以“个人护理专家”、低价作为吸引点，围绕“健康、美态、快乐”三大理念，为消费者提供了别出心裁的产品，营造了一个优雅的购物环境，配合专业的资讯等服务，传达积极美好的生活理念，帮助热爱生活、注重品质的人们塑造自己内在美与外在美的统一。

小训练

尤伯罗斯于1980年至1984年任洛杉矶奥运会组委会主席。他首创了奥运会商业运作的“私营模式”。第一个商业创意就是电视转播权的招标。组委会规定每个有意愿转播奥运会的电视公司必须支付 75 万美元的招标保证金。很快，包括美国三大电视网的 5 家电视机构往账上打入了保证金。这样，从招标期到最后公布中标，每天的利息有 1 000 美元。

第二是没忘了再捞点“碎银”。按分成规定要给国际奥委会（IOC）支付 2 500 万美元的支票，但他故意拖延了一天，到星期五才把支票给了 IOC 的律师莫特罗，而莫特罗急着去印度，没有时间把支票存银行，结果又得到了一天的利息 9 000 美元。

获利方法思考训练：讨论获利的各种可能途径。

［附五］ 营销管理计划纲要

营销管理计划是在对企业市场营销环境进行调研分析的基础上，按年度制定的关于企业营销目标以及实现目标所应采取的策略、措施和步骤的明确规定和详细说明。基本内容可以分为 8 个部分。

1. 内容概要

该部分是对主要营销目标和措施的简短摘要，目的是使营销管理者迅速了解该计划的主要内容，抓住计划的要点。

2. 当前营销状况分析

主要提供该产品目前营销状况的有关背景资料，包括市场形势、产品状况、竞争态势、分销情况以及宏观环境状况的分析。

市场形势指不同地区的销售状况、购买动态以及可能达到的市场空间。

产品状况指对原来产品资料进行了解，找出其不足和有待加强、改进的地方。

竞争态势是对竞争者的情况有一个全方位的了解，包括其产品的市场占有率、采取的营销战略等方面。

分销情况是对各地经销商的情况及变化趋势进行适时调查，了解他们的需求。

宏观环境指对整个社会大环境有所了解和把握，从中找出对自己有利的切入点。

当前营销状况的分析是整个市场营销计划的基础，只有充分掌握了企业、产品的各方面情况，才能为后续的策划打下基础。

3. 风险与机会分析

对计划期内企业的某种产品所面临的主要机会和风险、企业的优势和劣势以及主要问题进行系统分析。

机会与风险的分析。风险是指营销环境中存在的对企业的不利因素，机会是指营销环境中对企业营销的有利因素，比如说政治的稳定性，社会经济的发展是增长还是倒退，是否有可预见的新产品出现对现有的产品有替代性等。通过机会与风险的分析可以得知市场上该产品可能受到的冲击和遇到的机遇，从而寻找和抓住市场上的机会和“空当”。

优势与劣势分析。优势是企业内部存在的有利于促进生产经营发展，提高企业生产力，保证企业竞争制胜的资源，如雄厚的科研力量、充足的人才储备、先进的企业文化、先进的生产设备、高效的管理等。劣势是企业内部存在的不利于促进生产经营发展的因素，如冗余的组织机构、落后的生产设备、缺乏高素质人才、管理者无远见卓识等。认清企业的优势与劣势，能使企业充分发挥优势，改正劣势，保持企业的稳定和发展。

结果汇总。通过对整个市场综合情况的综合考虑分析，为制定营销目标、营销战略和措施等打好基础。

4. 计划目标

确定企业的计划目标是市场营销计划的核心内容。企业管理者在分析市场营销活动现状和预测未来的机会与威胁的基础上必须对计划目标做出决策。主要应建立两种目标，即财务目标和营销目标。

企业整体目标是指企业作为一个利益共同体的目标，它往往分解为由若干具体目标组成的目标体系。企业整体目标包含管理目标、营销目标、销售目标、财务目标、生产目标、人力资源目标、研发目标等具体目标。

营销目标是指通过营销策划的实施，希望达到的销售收入及预期的利润率和产品在市场上的占有率、投资收益率等。

能否制定一个切合实际的目标是营销策划的关键。有的营销策划方案脱离实际，制订目标过高，其结果必然与实际相差甚远；而有的营销策划则显得过于保守，同样也会影响营销组合效力的发挥。

5. 营销战略计划

营销战略计划是简要表述企业将采用的营销战略，包括目标市场选择和市场定位战略、营销组合战略、营销费用战略等。

目标市场战略是指采用什么样的方法、手段去进入和占领自己选定的目标市场，也就是说企业将采用何种方式去接近消费者以及确定营销领域。

市场定位战略是指为企业的产品在市场上塑造位置，这种位置取决于消费者怎样认识这种产品，也就是说企业打算让消费者看到产品的哪些方面，让消费者对产品产生怎样的认知。

营销组合战略是指对企业产品进行准确的定位，找出其卖点，并确定产品的价格、分销和促销的政策。

营销费用是企业实施营销管理与实践活动而发生的各种费用，包括固定营销费用（如办公费、水电费、固定工资等）和变动营销费用（促销费用、广告宣传费、赠品费等）。合理的营销费用安排能够使企业以最低的成本产生最高的营销收益。

6. 行动方案计划

即对各种营销战略的具体实施制订详细的行动方案。如每项营销活动何时开始、何时完成、何时检查、费用多少等。同时要保证各种营销活动之间的协调和合理搭配。要为每项活动编制出详细的程序，以便执行和检查。

7. 营销预算

即开列一张实质性的、详细的预计损益表，也是一个关于预计盈利或亏损的报告。该表能够综合反映计划期内预计销售收入、销售成本和预计可实现的利润或可能发生的亏损，见表附五-1。

表附五-1　××年度预计损益表

项　　目	金　额（万元）
销售收入	
减：产品销售成本（变动成本）	
变动性销售费用	
贡献边际	
减：固定性制造费用	
固定性销售费用	
管理费用	
财务费用	
利润总额	
减：所得税	
净利润	

8. 营销控制

为便于监督检查，营销控制的典型做法是将计划规定的营销目标和预算，按月或季分别制定。企业高级管理者每期都要审查各部门的业务实绩，从而使组成整个营销计划的各个部门的工作受到有效的控制，保证整个计划能井然有序并卓有成效地付诸实施。要充分考虑到营销过程中可能遇到的各种困难，可以简明扼要地列举出最有可能发生的某些不利情况，指出有关部门、人员应当采取的对策，进行营销的风险控制。

本章参考文献

［1］ 吴建安. 市场营销学［M］. 北京：清华大学出版社，2017.
［2］ 吴少平. 营销主管一日通［M］. 广州：广东经济出版社，2004.
［3］ 王世英. 采购和推销人员知识大全［M］. 长沙：湖南人民出版社.1986.

［4］ 屈云波. 零售业营销［M］. 北京：企业管理出版社，1996.
［5］ 理查德·L.桑德霍森. 市场营销学［M］.上海：上海人民出版社，2004.
［6］ 艾·里斯，杰克·斯劳特. 定位［M］. 北京：机械工业出版社，2017.
［7］ 海天电商金融研究中心. 大数据分析与营销完全攻略［M］. 北京：清华大学出版社，2016.

自测题

第六章

产品决策

本章概要

本章目的在于让学习者掌握企业的产品决策与管理的各项内容,以及方法和策略。本章内容包括在介绍产品整体概念的基础上,研究产品的分类和产品组合的管理决策,详细阐述产品生命周期理论和新产品开发决策与管理问题,以及产品的包装、品牌和企业的服务管理的方法与手段,尤其是利用大数据获取和分析手段帮助企业以更快的速度得知顾客的反应状态。

第一节　产品及产品生命周期

产品是企业将一定的资源转化为符合市场需要的“东西”。在这个过程中也显示了企业的基本功能，即企业是通过生产和加工将原来可能无价值的资源转换成可用于交换的价值资源。这个过程可以是产品的有形部分发生改变，也可以是产品的有形部分基本不变但赋予了更多的无形服务内容，还可以是产品本身在时间和空间上产生了变化。因此，企业的营销管理决策就是决定向市场提供哪种产品。

另外，企业不一定都能从所经营的这些产品中获得期望的经济利益。因为这与满足市场需要程度和实现的价值高低有关。同时，站在顾客一方看，顾客除了满足基本的需要以外，还可能会有其他的欲望，形成的“需求”内容会更加丰富。因此，为了使产品满足市场需要程度提高，产品的价值高于其成本，就应该关注产品所包含的内涵和层次内容。

一、产品的整体概念

产品是一个具有广泛的外延概念的市场营销学用词。从营销管理的角度看，可以外延出不同层面的内容。对不同层次产品的深入理解，可以帮助营销管理者进行有效的新产品开发决策、产品组合决策。

产品（Product）是能够供给市场并能满足人们某种需求的任何东西。产品的概念并不限于实物，任何能够满足需求的东西都可以被称作产品。除了货物和服务以外，产品还包括人员、地点、组织、活动和构思。（菲利普·科特勒、加里·阿姆斯特朗，1999）

（一）产品的整体概念

对产品的整体概念的理解应从消费者的需求出发。菲利普·科特勒认为，产品最基本的层次有三层：核心产品、形态产品和附加产品（见图 6-1）。

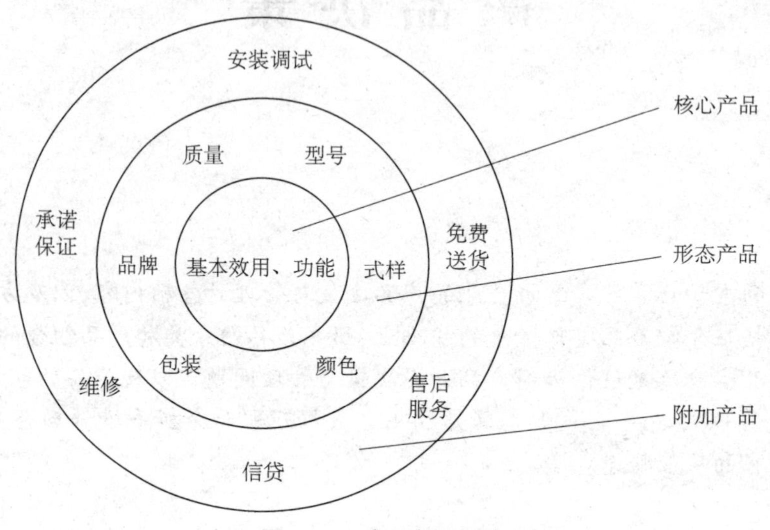

图 6-1　产品整体概念

第一层，**核心产品**（Core Product）。是指产品的基本效用和基本功能，或利益。如电灯的照明功能，空调的调温功能，电视机的获取信息和娱乐的功能。因此，向顾客销售的任何产品均必须具有满足顾客的基本需要的功能。

第二层，**形态产品**（Actual Product）。是指产品的实现形式。表现为质量、品牌、包装、式样和颜色等。由于现在市场上具有相同或相似功效的产品较多，因此这一层是企业获取竞争优势，吸引顾客的重要部分。如电灯发光的颜色、灯泡外形等，空调有交换空气、除湿功能等，电视机还可以同屏显示不同的节目等。

产品的质量问题是每个顾客所关心的。因此，各个国家对产品质量的控制力度不断加大。如中国国家技术监督局公布，截至 2012 年 7 月底，全国各地发现存在隐患的电梯 11 896 台，占检查总数的 5.14%。

第三层，**附加产品**（Augmented Product）。是指顾客购买产品时所获得的附加利益。如免费安装、免费送货、免费培训、免费维修，以及承诺退换等。市场上的产品第一层和第二层均无太大差异时，将产品的外延部分扩大，提高产品的价值，也能吸引更多的顾客，从而增强竞争力。如空调企业送货上门、安装、调试，并对顾客承诺压缩机保修五年等。

顾客将产品看成是满足需要的复合体，具有体现复杂利益的可能性。顾客是否认同产品，主要取决于对产品的满意程度。因此，企业还应根据顾客的需求发展变化来完善其产品的整体概念。如麦当劳公司是一家餐饮零售服务型企业，在市场竞争越发激烈的当今，对服务视如生命般重要。为了保证其产品的质量，对生产汉堡包的每一具体细节都有着详细的规定和说明，从管理经营到具体产品的选料、加工流程和工艺等，甚至包括多长时间必须清洗一次厕所、炸薯条的油应有多热等细节。

理查德·黑斯认为，对产品的认识还应该从顾客满足需求的进程体系考虑，产品应该是为顾客提供某种预期效益（广泛性）而设计的物质属性、服务和标记。因此，要充分体现顾客个性化需求，对产品的理解应该有五个层次（见图6-2）。

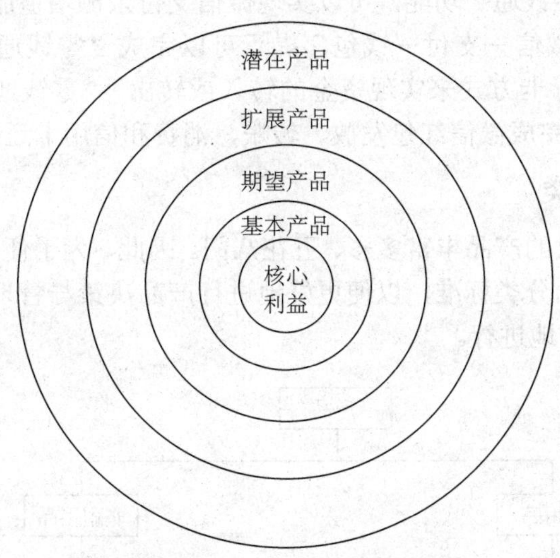

图 6-2 产品需求五层次

第一层是**核心利益**（Core Benefit），顾客利用产品所获得的基本需要。如人们购买空调机是为了在炎热的夏季或冰天雪地的冬天，满足凉爽舒适或温暖的需要；人们对宾馆的需要是休息，即睡觉或休闲等。

第二层是**基本产品**（Basic Product），满足顾客核心利益需要的实质性产品，也称为形态产品。主要包括质量、型号、式样、品牌、包装和颜色等要素。如空调的质量状况、品牌和外观等是顾客非常看重的；宾馆的房间卫生、床位舒适等条件也是顾客在意的。

第三层是**期望产品**（Expected Product），顾客对其需要满足程度的特定要求，是购买产品或享受服务之前的期望值。如顾客对空调机制冷或加热速度的要求，对宾馆的安静、舒适、卫生和整洁的要求。

第四层是**扩展产品**（Extended Product），也称附加产品，是顾客在核心利益得到满足情况下所产生的关联性需要。顾客在获得产品时所产生的关联需要往往是企业可以大做文章之处。如顾客在买空调时需要送货上门，并安装调试，以及售后的维修承诺等；住宾馆时需要房间里配备电视机、空调机甚至是冰箱等。

第五层是**潜在产品**（Potential Product），顾客因使用产品而产生出的新的需求。可能发展成未来产品的潜在状态产品。如电视机与计算机设备功能合一，或手机与计算机功能合一，产生出新型的产品，既可以娱乐，又可以上网查资料、传递信息等。

产品的核心利益、基本产品（也称形态产品）和扩展产品（也称附加产品）是产品整体概念最基本的内容，期望产品和潜在产品的具体内容可以从这三个层面中的任何一个部分延伸出来。如顾客的潜在产品可以是核心利益的功能能否更强大、更多，颜色和外观形状有更多的挑选余地等，还可以是扩展产品中的附加服务增加新的内容。

例如，手机微信软件起初的主要功能是文字聊天、通话、上传文件和图片等。由于手机移动终端的方便携带，顾客需要更多的信息查询和手机端下订单等功能也被开发出来。后来又开发出“零钱通”功能，可以实现微信支付余额增值服务核心资金管理服务功能。即顾客通过“微信—支付—钱包”提示可以完成“零钱通”功能开通，然后选择微信中的零钱或银行卡方式来实现资金的转入或转出。“零钱通”区别于过去的“理财通”，可以实现直接完成微信红包发放、转账、消费和信用卡还款等。

（二） 产品的分类

企业向市场上提供的产品丰富多彩、五花八门。因此，为了便于研究产品市场战略，营销人员需要建立产品分类标准，以便更好地进行产品决策与管理。产品的分类标准设计可以按照图 6-3 系统地进行。

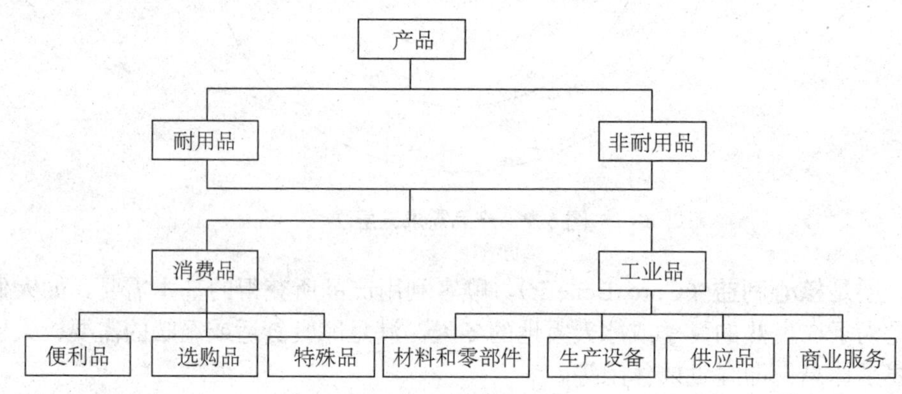

图 6-3 产品分类

1. 按照产品是否耐用分类

可以分为耐用品、非耐用品和服务。这种分类办法可以帮助企业通过产品策略管理来为价格和分销决策与管理打下基础。

耐用品（Durable Product）是指在正常使用情况下，能多次使用、长期使用的产品，如电视机、洗衣机、空调等。一般情况下，耐用品的生产成本和价格较高，通常需要加大推销和服务力度，提供售后服务。

非耐用品（Non-Durable Product）是指使用次数较少、消费者需经常购买的商品，如肥皂、洗衣粉、牙膏、糖果、饮料等。一般情况下，非耐用品的价格和生产成本较低，通常需建立众多商业网点出售。

2. 按照产品是否有形分类

这种分类办法不仅便于制定服务策略，而且也对价格、分销和促销的管理决策提供了相关基础资料。

有形产品（Tangible Product）通常是指组建或流程材料式产品。如电视机、洗衣机、空调机等这些组建式产品，洗衣粉、牙膏、饮料、自来水、管道煤气等这些流程材料式产品。前者的技术含量高，需要的售后服务较多。

无形产品（Intangible Product）是指知识、概念性产品，包括服务。这类产品与产品的提供者具有不可分割、易改变的特点。需要的咨询服务可能较多。

3. 按照产品的用途分类

产品依据用途或销售目标对象可以分为消费品和工业品。该分类办法可以更加有利于企业进行顾客分类管理。

（1）消费品

消费品（Consumer Product）指由最终消费者购买并用于个人消费的产品。消费品根据不同的分类指标可以细分为不同的类别。

根据顾客购买行为方式可以分为便利品、选购品和特殊品（见表 6-1）。根据购买价格可以分为低档品、中档品和高档品。

便利品（Convenience Product）指顾客经常购买、花很少的精力做比较的日常生活用口。该类产品一般价格低，利用众多的销售网点将产品销售延伸到居民区，以方便购买。如洗衣粉、牙膏、饮料、毛巾、手纸等是典型的便利品。

选购品（Shopping Product）指顾客购买时会仔细比较其实用性、价格、质量等，购买频率较低的消费品。选购品的价格往往高于便利品。如服装、家电、皮鞋、家具等是典型的选购品。

特殊品（Specialty Product）指顾客愿意花特殊的精力去购买的，有特殊性质、品牌的产品。顾客注重的是该类产品的品牌、质量或信誉。如汽车、高配置照相器材、特制西服等。

表 6-1　消费品类型

市场营销分析	便　利　品	选　购　品	特　殊　品
消费者购买行为	频繁购买，绝少计划，很少比较和花精力，低参与度	较低购买频率，较多计划和精力，购买时进行比较	品牌好，特别花精力，对价格不敏感
价格	低价	较高价	高价
销售	销售广、便利购买	营销点较少，有选择性销售	营销点很少或独家分销
促销	大量广告，减价促销	广告，直接销售或有中间商	有针对性的促销
实例	牙膏、洗衣粉、杂志、报纸	家用电器、家具、服装	名牌手表、高档汽车

随着社会的发展变化，消费者对消费品的消费需求也会发生转变。美国考恩智库的大数据分析发现，中国运动鞋市场正在发生新变化，尤其是上海正成为全球运动鞋产业的前沿。一般情况下，运动鞋应归为便利品类，但是在中国有一群消费者成为“运动鞋爱好者”。他们拥有耐克、阿迪达斯和彪马等国际大牌运动鞋不是为了穿，而是为了收藏，尤其对一些珍稀的限量版的鞋更是追崇有加。在这种情况下，运动鞋便归为特殊品。

（2）工业品

工业品（Industrial Product）指为了进一步用于生产或办公而购买的产品。利用杰罗姆·麦卡锡的分类办法又分为**原材料**（Raw Materials）和**零部件**（Component Parts）、生

产设备（Production Equipment）、**供应品**（Supplies）、**商业服务**（Business Services）。

原材料和零部件。材料包括原材料、合成材料。原材料指农、林、渔、畜、矿产等部门提供的产品。如粮食、牛奶、石油、铁矿石等，这类产品一般有专门的销售渠道，按照标准价成交，且往往会订立长期供应合同。钢锭、聚丙烯颗粒等为合成材料，在社会的产品加工活动中往往又称为半成品，需要进一步加工。螺钉、马达、轮胎、电瓶等为零部件或部件，在不改变其原来形态的情况下，成为最终产品的一部分。

生产设备包括装备和附属设备。是用于生产和管理的工业产品。生产设备又分为**大型设备**（Installation）如建筑物（生产用房、办公用房等）、重型机械（钻床、发电机、锅炉等）和**附属设备**（Accessory Equipment）（如各种工装器具、办公设备等）。

供应品如作业用品（纸张、笔、墨等）和维修用品（铁钉、扫帚、油漆等）。这类产品主要是标准品，消费量大，往往会由中间商销售。

商业服务、维修服务和行业建设服务。这些服务有助于生产过程顺利进行。如各类设备的维修服务、业务咨询、法律咨询、广告等。

产品的分类还有多种形式，可以根据购买目的不同、购买组织形式不同等进行。采用哪种分类办法，要根据其研究的目的和营销策略的制定方便、有效来决定。

二、产品生命周期的概念

由于顾客的需求不断变化，所以任何一种产品都有从市场退出的那一天。产品生命周期还与生产技术、社会环境等的发展，以及市场的竞争状态等有着密切的联系。企业推出新产品时，尽管知道不可能永久地在市场上销售，但是却希望产品有较长的销售生命周期，能赚到足够的利润来弥补开发时的投入成本。

产品生命周期（Product Life Cycle，PLC）是指产品从进入市场开始到退出市场为止的周期性变化过程。要注意产品生命周期与产品使用寿命周期的区别（自然使用寿命、耐用程度）。

（一）产品生命周期的基本形态

理想的产品生命周期可以分为四个阶段：导入期（投入期）、成长期、成熟期和衰退期（见图 6-4）。但是也可能出现其他的状态（见图 6-5）。

导入期（Introduction Stage）是指新产品进入市场的时期。表现为销售缓慢长。由于新产品进入市场而投入了巨额的费用，所以此时几乎没有利润。这个时候，产品知名度低，产量也较低，属于试销期。

成长期（Growth Stage），从图 6-4 可以看出，销售量或销售额增长幅度较大，产品的单位成本降低，利润也随之迅速增加。另外，产品的知名度提高，产品的销量增加，产品逐渐定型。

成熟期（Maturity Stage）的产品在市场上销售趋于饱和，销售量增加缓慢，甚至趋于下降。此时，产品的生产成本最低，销售利润获得最大值后下降，有竞争品进入市场。

衰退期（Decline Stage）的产品销量呈现下降趋势，顾客的兴趣转移到了其他新产品上，替代品的攻势加强。

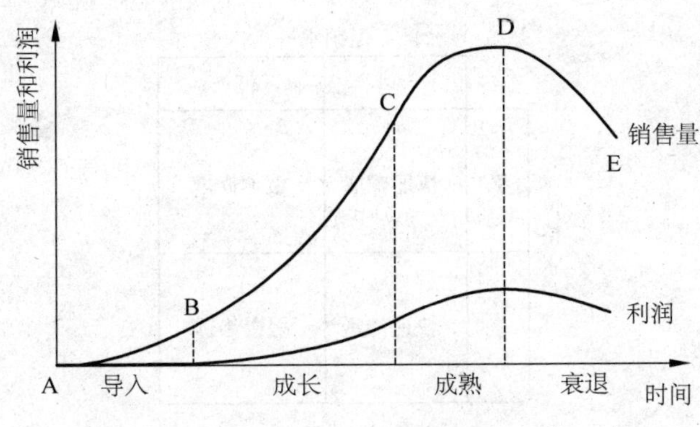

图 6-4　产品生命周期

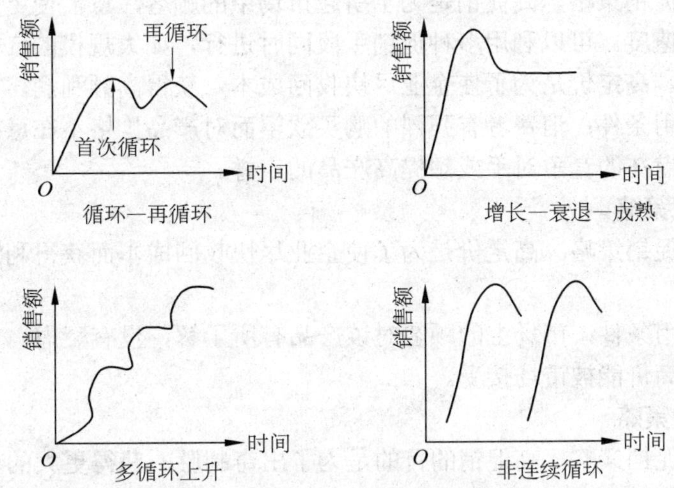

图 6-5　产品生命周期其他形式

（二）产品生命周期的其他形态

产品生命周期分为四个阶段，是一种理想状态（见图 6-4），并非所有的产品都呈现该特征，可以有图 6-5 所表现出的多种形态。有的在导入期还没进入成长期可能就夭折了，有的可能成长期特别长，还可能有到达成熟期后持续一段时间又进入另一个成长期等。如图 6-5 中的“循环—再循环”“增长—衰退—成熟”“多循环上升”和“非连续循环”等。

三、产品生命周期各阶段特征及其策略

（一）导入期

导入期的市场呈现竞争力度非常小的态势，是进入市场的发展阶段。可有四种策略供选择（见图 6-6）。

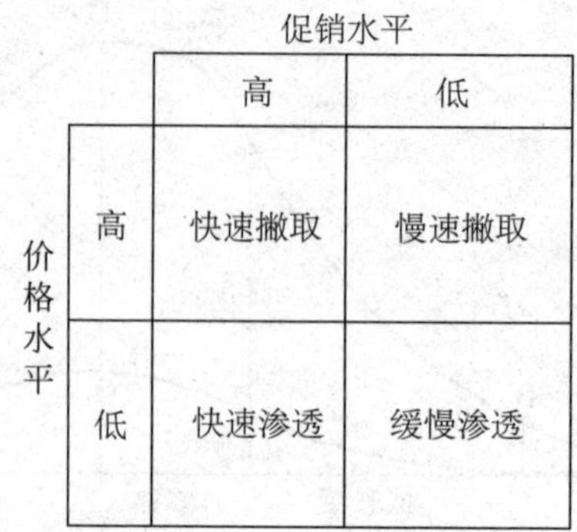

图 6-6 导入期的策略

1. 快速撇取策略

即高定价高促销策略。高促销是为了引起市场中的顾客注意，使更多的人了解该新产品，加快渗透速度。可以利用多种促销手段同时进行，如大规模的广告，赠送样品让顾客免费使用等。高定价是为了使企业尽快收回成本，获得高额利润。

该策略的使用条件：消费者有强烈的购买欲望而对产品价格不在意；市场有较大的需求潜量；存在潜在的竞争对手或想提高产品的声誉。

2. 缓慢撇取策略

即高定价低促销策略。高定价是为了使企业尽快收回成本而获得利润，低促销可以减少营销成本。

该策略的使用条件：市场上的顾客对该产品有所了解，没有疑虑；市场规模不大；潜在竞争者少；高价能被市场接受。

3. 快速渗透策略

即低定价高促销策略。高促销的目的是为了出奇制胜，获得更大的市场份额。而低定低价，顾客更能接受，能赢得更多的顾客。

该策略的使用条件：市场容量大；顾客对该产品了解不多；可能潜在竞争对手多。

4. 缓慢渗透策略

即低定价低促销策略。低价格能降低竞争成本，促使顾客更快地接受该产品。另外，低促销还能降低营销成本，以确保获得利润。

该策略的使用条件：顾客关注价格；市场庞大；产品的知名度较高；潜在竞争力度大。

（二） 成长期

成长期的产品基本定型，经营成本急剧下降，其后期表现出可以获得较高的利润，但这也会促使竞争对手加快竞争步伐。

企业首先要不断地提高产品质量，根据市场需求不断地开发新产品，巩固自己的地位。第二，加强渠道建设，扩大市场，建立更多的销售网点，方便顾客购买。第三，加强企业和产品形象建设，利用广告宣传等手段树立品牌，以赢得更多的顾客。第四，选择时机调整价格，吸引顾客，以阻止竞争者的进入。

以上策略既可能提高竞争能力，也可能增加相应的成本。因此，对于企业来说，要根据自己的发展目标和长远规划选择“高利润”还是“高占有率”。

（三）成熟期

此时产品的销售量达到最高点，利润达到最大值。同时也可能表现出因替代品的进入，而导致价格竞争。因此企业应采取积极攻略，稳定销量，使得该阶段尽量延长。

这时企业可以改进产品，以吸引新的顾客，扩大现有市场。可以在产品的质量、性能、特色、颜色等方面做文章。这也是抵御竞争对手的有力武器。

（四）衰退期

衰退期，产品的销量或利润下降很快，价格竞争已成为明显的特征。此时有四种基本的营销决策可供选择。

一是利用集中策略，将企业的资源集中使用于最有竞争力的市场或产品上，收缩战线。二是利用维持策略，针对市场形势保持一定的产量和销量，做好退出的准备。三是利用榨取策略，降低产品在该市场上的销售费用、促销费用等，尽量使得利润下滑速度放慢。第四种是最有积极作用的策略：开发新产品，有计划地使新旧产品顺利替代旧产品。

四、产品生命周期阶段的判定

每种产品在不同的市场上，或在不同的时期，处于产品生命周期的阶段有可能不同，企业需随之改变营销的战略与策略。尤其是要正确地判断变化转折点，及时调整营销策略。判断产品的生命周期阶段状态，是企业营销工作的重要内容。精确地判断变化转折点是非常困难的，类比法是最常用的初步判定办法。

（一）类比法

在同类产品的市场中，产品寿命周期是近似的。比照同类产品的市场寿命周期发展状况，预测当下产品的市场寿命周期的变化情况显得尤为必要。

（二）计算销售增长率法

从产品生命周期曲线的变化来看，四个不同阶段的产品销售增长率有着明显的差别。因此，设时间以年为单位，x 为前一年的销售量，Δy 为本年度销售量比上年同期销售量的增长量，可以得到，$\Delta y/x \geqslant 10\%$ 为成长期；$1\% < \Delta y/x < 10\%$ 为成熟期；$\Delta y/x \leqslant 1$ 为衰退期。（晁钢令，2003）

（三）计算商品普及率法（P）

当 $P < 5\%$ 为投入期；当 $5\% \leqslant P < 80\%$ 为成长期；当 $80\% \leqslant P < 100\%$ 为成熟期；当 P 接近 100%为衰退期。

商品的普及率可以用市场上历年产量、进口量和购买量的比值进行计算，见式(6-1)。也可以将市场分成若干个小市场进行抽样调查，获得小市场的普及率后再推断整个市场的普及率值，见式（6-2）。

$$P = \frac{Q_1 + Q_2 - Q_3 - Q_4}{\sum F_i} \times 100\% \tag{6-1}$$

其中：Q_1——市场历年累计生产产量；

Q_2——市场历年累计进口量；

Q_3——市场历年累计出口量；

Q_4——市场历年累计社会集团购买量；

$\sum F_i$——市场家庭户数。

$$\overline{P} = \frac{\sum F_i P_i}{\sum F_i} \tag{6-2}$$

其中：P_i——抽查的 i 市场的商品家庭普及率；

F_i——抽查的 i 市场的家庭户数。

综上所述，产品的生命周期问题是企业产品决策管理中影响面最广的问题。不仅影响到产品组合决策管理，也影响到新产品开发决策的周期问题。而且产品生命周期理论也可以描述其包装的生命周期、品牌的生命周期等产品具体内涵的变化状态。

6-1-1　产品的整体概念

6-1-2　产品分类与特点

6-1-3　产品生命周期的基本形态及其策略

第二节　产品组合策略

企业为了降低经营风险，扩大市场范围，满足更多的需求，往往经营的产品是多种多样的，这些产品可能横跨不同的行业或领域。如三九集团在 2002 年时提出要从一个大型的医药企业发展成为亚洲制药行业第一大的规模企业，经营的产品就要由单一的药品生产转化为全方位的健康服务。由此确立了“生命健康产业”的发展方向。突出“健康就是幸福”为主题，以“优质服务”为核心。因此，除了药品、保健品、医疗器械外，还开展了医疗服务、产品服务、医疗信息服务。通过自主开发和并购方式获得上千种药品的生产经营权，全方位、立体化满足市场需求。由此可见，产品组合策略是企业经营管理的重要组成部分。

一、产品组合的概念和要素

（一）产品组合的概念

产品组合（**Product Mix**）是指某一企业所生产和经营的全部产品线、产品项目的组合。即产品的各种花色品种的集合（Product Assortment）。

产品线（**Product Line**）是指产品核心内容相同的一组密切相关的产品。如满足某种需要，卖给相同的顾客群，属于一定的价格区间等。也称为产品大类或产品系列。往往包括一系列的产品项目。

产品项目（**Product Item**）是指产品线中的一个明确的产品单位。可以用品牌、型号、档次、外观、尺寸等区分。

（二）产品组合分析要素

产品组合有四大要素需要考量：广度、深度、长度和相关度。考量这四个要素便于企业更加有效地管理产品，帮助新产品开发决策。

产品组合的广度也称为**产品线宽度**（**Product Line Width**），是指企业生产或经营的产品线数目，产品线数目越多，产品组合就越广（宽）。产品组合的深度及**产品线深度**（**Product Line Depth**），是指某一产品线中产品项目的多少，产品线中产品项目数越多，则产品组合的深度越深。产品组合的长度也称为**产品线长度**（**Product Line Length**），是指企业生产或经营所有产品线中产品项目的总和，该值等于企业生产或经营各产品项目之和。**产品线关联程度**（**Product Line Correlation Degree**）是指各产品线在最终用途、生产条件、销售方式等方面的相互关联程度，关联程度越高，越有利于企业的经营管理。

由表 6-2 所列，根据产品满足某种需要，海尔集团的消费类产品分成了 9 大类，因此其产品组合宽度（广度）为 9（9 条产品线）；产品组合的深度，冰箱冷柜类、生活小家电类和手机数码类各为 6，厨房电器类为 5，彩电类、热水器类和整体厨房类各为 4，洗衣机类为 3，空调类为 2；产品组合的长度等于 9 类的深度之和为 40。其冰箱冷柜类与空调类的关联程度最高，厨房电器与整体厨房的关联程度次之。

表 6-2 海尔集团消费类产品组合

功能（宽度）	型号/功能（深度）					
冰箱冷柜	对开门冰箱	多门冰箱	三门冰箱	两门冰箱	冰吧	冷柜
洗衣机	滚筒洗衣机	波轮洗衣机	干衣机	—	—	—
空 调	壁挂空调	柜式空调	—	—	—	—
彩 电	3D 彩电	LED 彩电	LCD 彩电	电视外设	—	
热水器	电热热水器	燃气热水器	太阳能热水器	采暖炉	—	—
厨 电	吸油烟机	燃气灶	消毒柜	洗碗机	电烤箱	—
整体厨房	A1 型	A2 型	B1 型	B2 型	—	—
生活小家电	净水机	饮水机	吸尘器	厨用小家电	个人护理家电	无尾小家电
手机数码	2G 手机	3G 手机	数码摄像机	数码照相机	投影机	行车记录仪

二、产品组合的优化分析

产品组合的优化分析包括对产品线的长度、弹性和定位进行分析。

（一）产品线长度分析

产品线长度分析指对产品线深度情况的研究。分析的立足点在于产品线的获利性。即以产品线的总利润变化情况为准。

分析办法：如果增加产品项目能够增加利润，则原来的产品线太短，可以加长；如果减少产品项目产品线能够增加利润，则原来的产品线太长，可以缩短。

（二）产品线的弹性分析

产品线弹性分析即对产品线抗争压力情况的研究。分析立足点在于产品线的获利分布情况。即产品线的各产品项目的获利分布均匀情况。

分析办法：计算产品线上每一种产品项目所获得的利润占该线总利润额的比重。产品线的利润若集中在少数几个项目上，则表明产品线的弹性太差。如果总利润较均匀地分散在多个产品项目中，则该产品线的弹性较好，抗竞争性较强。

例如，图 6-7 为一条拥有 5 个产品项目的产品线。A 产品的销售额和利润分别占整个产品线的 50%、30%，B 产品的销售额和利润分别占整个产品线的 40%、30%。如果这两种产品受到竞争者攻击或市场疲软，则企业将面临这两种产品线的销售额和利润迅速下降的局面，这意味着该产品线比较脆弱，需要加以保护。

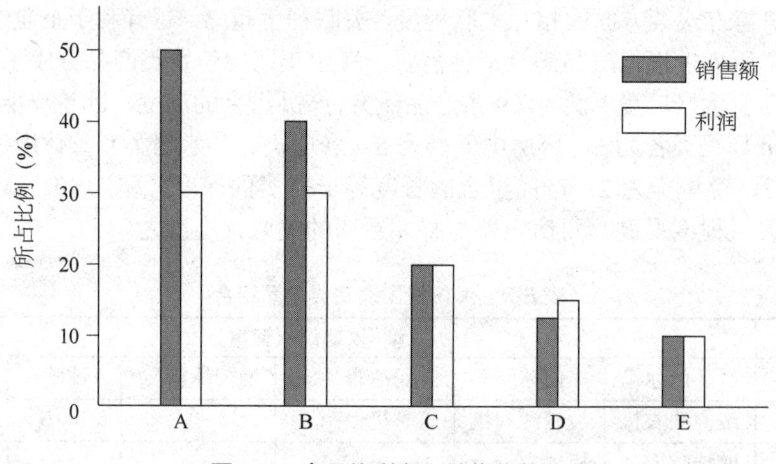

图 6-7 产品线利润和销售额状况

（三）产品线的产品项目定位分析

产品项目定位分析是将本企业的产品项目与竞争对手的产品项目在市场竞争中的位置进行分析。可以利用定位图发现企业产品与竞争者产品的竞争状况，采取相应措施，并帮助确定新的产品项目。

三、产品组合决策

产品组合决策指企业根据市场情况和自身经营实力，对产品组合的广度、深度、长度和关联程度实行有机结合的方式。

产品组合策略应从产品组合的宽度、长度、深度和关联程度上进行综合考虑。

（一）产品线的长度决策

产品线的加长与缩短，就是对产品线长度进行调整，这取决于企业的经营目标，也是企业创造最大利润的有效办法。

如果产品线需要加长，可以利用定位图中的空当，发掘尚未被满足的部分。或者向定位图中的薄弱环节扩展，如寻找竞争对手的不稳定项目来开发新产品。此时，企业的经营目标是提高市场占有率和市场增长率。产品线加长有时表现为某些项目本身缺乏获利能力，但是它的补充可以使整个产品线利润增加。

产品线可以向下延伸、向上延伸和双向延伸。向下延伸是由高档品向中、低档产品项目扩大。向上延伸是在原有的产品线内增加高档品项目。双向延伸是企业原定位的中档产品项目有了优势后，向产品线的上、下两个方向延伸。

如果产品线需要缩短，可以削减利润低的项目或亏损的项目，以减少成本，集中优势。此时，企业的经营目标是取得较高利润。

（二）产品线的现代化决策

当产品线的长度适当时，还应考虑产品的质量、外观等问题是否满足现代顾客的需要。当产品线不能满足或不能完全满足当今顾客的需要时，就要更新。更新的决策有逐渐更新和全面更新两种。

逐渐更新即产品线上不符合现代化要求的产品项目逐渐被更新。这种更新有助于充分了解顾客的消费需求，但是容易被竞争者洞悉意图。如果立即全面更新，即同时更新产品线上不符合现代化要求的所有产品项目，可以出奇制胜，但也有可能给顾客带来不便。

（三）产品线的特色决策

一般来说，以低档廉价产品吸引顾客，以高档名牌产品树立声誉，是企业常用的销售策略。只要企业的产品线区别于竞争对手，又能获得顾客的青睐即可。

由此可见，产品组合决策所考虑问题的立足点在于，不仅有当期产品的经营风险分担问题，也有由于生命周期衰退的产品接替问题。所以，产品组合决策管理与企业其他产品策略决策密不可分。

	6-2-1 产品组合的分析要素及其优化分析		6-2-2 产品组合决策

第三节　新产品开发策略

由于科学技术和社会的不断发展，以及市场竞争的快速变化，企业必须持续不断地开发新产品以应对产品市场的衰退问题。新产品开发是企业生存发展的根基，是满足顾客新的需要的保证，也是开发潜在需求的引线。

例如，手机产品的普及，得益于消费者方便获取信息、传递信息、上网玩游戏等功能。手机的某些功能可以替代计算机，甚至成为教育培训的终端平台。上机上网得到孩子们宠爱的同时，家长们有了新的烦恼，那就是网上充斥着许多儿童不宜的信息。有需求，就有市场，就会有新产品的推出。目前，有平台推出了“儿童搜索模式”软件。该软件可以利用顾客语音搜索功能，通过对声音进行声纹识别，判断使用者是否是儿童。如果是儿童在使用，就会自动切换儿童版搜索平台，推送适合儿童的内容信息。

一、新产品的含义及类型

新产品研发是推动社会不断进步的标志，这是任何一个时代都需要关注的问题。在大力提倡节约型社会的今天，有人想到了节约用纸到极限的办法，提出“电子橡皮擦”的概念设计。2013 年的“3・15”报道显示，信息化的今天，电子技术为每个人的生活带来便捷的同时，也带来了不安全因素。因此许多人从不同角度开始研发保密的“武器”。如已设计出采用 256 位 AES 加密技术，并配备一个指纹读取器的加密 U 盘。

（一）新产品开发的重要性

1. 获得稳定利润，保持竞争优势

产品生命周期理论告诉我们，企业只有不断创新、开发新产品，使得自己在市场上的产品一种衰退了，另一种进入成熟期或快速成长期，才能获得持续稳定的利润。旧产品营销防卫成本较高，快速淘汰旧产品，可以充分利用本企业的资源，在竞争激烈的市场上保持自己的优势。

2. 推动需求的手段

在饱和的市场中，产品更新可以显著地拉动需求。通过主动地淘汰过时产品，促使顾客考虑重新购买新产品。

例如，随着中国居民私家车的普及，私家车新产品不断推出，二手车交易市场快速发展。“天天拍车”利用大数据（2019 年 4 月数据）分析，发现二手车的整体车龄呈现缩短趋势，“90 后”的买车周期更短。新车磨合 3 年后，有 34.8%的“90 后”车主会换车，比平均值高出 25.7%。

日常生活中用电随处可见，使用插座不可避免。目前，市面上的插座在更换插槽时放电现象普遍，同时不知哪个插孔有问题。于是，中国的设计师邓凯设计了一款像火车车厢的插线板（见图 6-8）。它的每个插槽是单独个体，与链条的链接相似，通过底部的通电片，将各部分电流连通，构成一个整体。连接处由白色 PC 材料制成，插槽底部由软橡胶材料制成，以免更换插槽时触电。每个插槽边缘配有 LED 灯，当有电流通过时灯会亮起。

图 6-8　火车厢式插座

3. 获得竞争优势的有力武器

创新是企业间艰巨谈判的最有效的制胜武器。无论是合作开发生产还是合作销售，对方会非常关心其创新之处，对新产品兴趣度加大。

（二）新产品的含义及类型

从本章第一节所述产品的基本概念可知，在市场营销范围内讨论新产品，不仅从纯技术角度去理解，因为产品的概念告知我们其内容丰富，还可以从一般功能、形态等方面考虑。

因此，凡是产品整体概念中任何一部分的创新和改变，使产品有了新的结构、功能、品种或增加了新的服务，均可属于**新产品**（New Products）。

新产品的种类可以从其技术创新的程度不同来分。创新程度越高的新产品，开发时间越长，成本越高，难度越大。

1. 全新产品

全新产品（New Products）采用新原理、新材料、新技术制成的具有全新功能的产品。该类产品与现有产品基本无雷同，因此有人称为非连续性新产品。此类新产品的研制时间长，人力、物力、财力的消耗量大，而且可能会给顾客的消费行为带来改变，顾客接受和普及使用过程长。

如 19 世纪到 20 世纪发明的电报、电话、飞机、电视、计算机等产品，是世界上公认的科学技术飞跃发展的代表之作。英国的渔夫们为了制作出防水又保暖的工作服，从编制渔网中获得灵感，将未脱脂的羊毛搓成线编织成衣服，制作出了早期的“羊毛衫”。

2. 换代新产品

换代新产品（Replacement Products）是对市场上现有产品进行较大改变和突破，给消费者带来新的利益的产品。此类产品是在原有产品的基础上部分突破而来，因此研制过程较第一种短，开发成本也有所降低，对顾客的消费行为改变作用不大，顾客接受和普及较容易。

如电视机由电子管产品，发展到晶体管产品，又发展到集成电路产品，以及当今的

3D 液晶电视机产品等。

3. 改良新产品

改良新产品（Improvement Products）是在原有产品的材料、结构、性能、颜色、包装等基础上改进的产品。此类产品是在原有产品的基础上进行部分改变而来，因此对科技开发的要求不高，新旧产品的差别不大。

如酸奶产品改良成水果酸奶产品，洗发水由 400ml 包装改为 200ml 包装，时钟由圆形到方形或矩形等。

4. 仿制新产品

仿制新产品（Imitational Products）是市场上已存在而企业没有生产过的模仿的产品，或其他市场上已有生产销售而本市场刚开始生产销售的产品。此类产品的意义在于有利于企业技术水平的提高，满足市场上尚未满足的消费要求。

如 20 世纪 80 年代初，中国的企业生产黑白电视机均是日本等国早已生产并销售的产品，而中国企业当时没有生产此类产品的技术和设备。1987 年，Maggi 和 Knorr 公司推出盒装速食汤，使用的是几个月前 Liebig 公司推出的速食汤相同的技术。（雅克·朗德维，2000）

随着经济的发展，能源供应紧张、环境保护要求等已成为世界各国共同面对的课题。由此推动了清洁能源新产品的开发和利用。洛克希德·马克公司是一家因制造战斗机核导弹而闻名的公司，其核心业务是航空、电子、信息技术、航天系统和导弹。但是近十年来，该公司在海洋热能转化技术领域一直处于世界领先地位。洛克希德·马克公司 2013 年 4 月 16 日宣布，与中国的一家私人企业签署了一项合同，将在中国海南省的近海建设一座利用海洋温差发电的绿色发电厂，装机容量为 10 兆瓦特。这是一座有史以来最大规模的海洋热能技术发电厂，可以满足一个社区的能源消耗需求。为未来建造 100 兆瓦特的海洋热能技术发电厂，并为一座小型城市供电奠定了基础。中国政府大量投资开发新的清洁能源产品，2017 年 5 月，在中国南海神狐海域成功实现全球首次试开采可燃冰成功，稳定日产 1×10^4 m^3 以上。

二、新产品开发方式

企业可以通过两种方式获得新产品。一是通过收购其他企业或购买专利、产品生产许可证，另一种方式是通过自己的研发部门开发新产品。

由于人类活动范围不断扩大，人口不断增加，社会的城市化发展，导致自然资源供应量越来越紧缺，人们拥有的清洁环境空间也越来越珍贵。为此，亿万富翁、慈善家比尔·盖茨斥资 4 200 万美元，资助全球 8 所大学用以发明新马桶。要求这种马桶必须能够独立使用，不用接上、下水管或电源，可以把人体的排泄物转变成能源、洁净水或养分。类似这种日常用品的新产品开发需求不断地涌现，不断地开发新产品已成为企业生存的基础。

（一） 自行研究和设计制造

企业可根据自身的资源状况，采取自行研制和制造的办法开发新产品。具体来说，可根据自身的资源丰富程度，选择从基础理论开始研究，经应用开发研究，再到试制新产品路径；或在已有基础理论上研究应用开发，直到试制新产品路径；或在已有基础理论、应用研究成果基础上，进行开发性研究，直到试制新产品。

自行研究和设计制造这种方式，可以密切结合企业优势和特点，形成自己独特的系列产品，使得企业在某一领域具有领先地位。选择这种方法，风险均由自己承担，并且要投入大量的资源，因此在当今风云变幻的竞争环境下应当慎重。

（二）引进先进的生产技术

企业可以全套引进制造新产品的生产技术、专利等。可以引进样品进行仿制，也可以购买生产线和专利。

这种引进方式可以大大缩短开发时间，在企业自身技术有限的情况下，能够提高技术实力，加快新产品开发的步伐。引进先进生产技术之前，对其技术的成熟程度、先进性、经济性等要有充分的考虑，防止盲目引进给企业带来损失。

（三）研制与引进相结合

引进关键的新技术应当与自行研制开发新产品其他技术相结合。

这种优势相结合的方法，可以使企业投资少、见效快，及时把新产品推向市场。但是要注意引进部分与自行研制部分的衔接工作，加快消化吸收引进技术。

三、新产品开发的程序

新产品开发是一项巨大的工程，对于企业来说是一项需要不断开展的艰巨工作。据统计资料显示，创新存在巨大的风险。福特在爱德塞尔（Edsel）汽车上损失 3.5 亿美元，RCA 公司在赛莱克塔（Selecta）录像机上损失了 5.8 亿美元（菲利普・科特勒，1999）。可见，提高新产品开发的成功率，降低成本是非常必要的。因此，必须建立科学的新产品开发工作程序，加强管理（见图 6-9）。

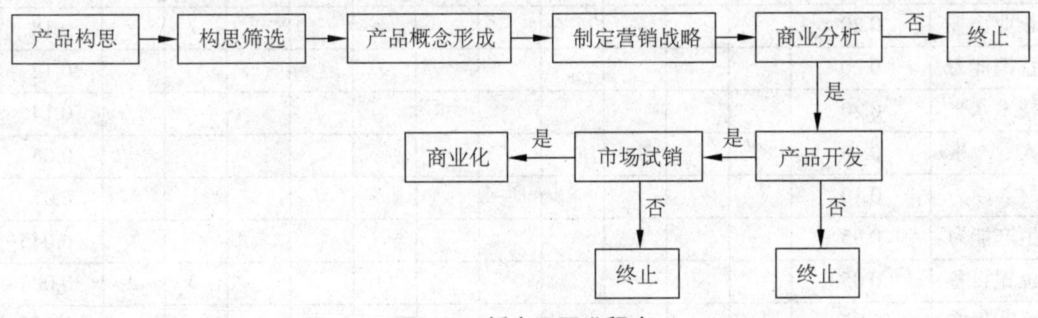

图 6-9 新产品开发程序

（一）构思形成（Idea Generation）

产品构思的主要任务是为满足某种市场需要而提出设想，确定新产品的行业范围和市场战略（目标市场、市场定位），以及收集有关信息和资料。

获得产品构思信息的来源有：企业内部人员、顾客尤其是顾客的潜在产品部分需求、竞争对手、中间商以及其他组织（如研究机构、广告公司等）。

新产品的构思灵感来源于生活。1992 年，一艘从中国出发的货轮打算穿越太平洋抵达美国华盛顿州的塔科马港，但是途中遇到风暴，一个装满 2.9 万只浴盆玩具的货柜坠入大海并破裂，里面的黄色鸭子、蓝色海龟和绿色青蛙漂浮到海面上，形成了一支“鸭子舰队”，从此随波逐流。这些小东西在无边无际的大洋里历时 15 年，从中国漂洋过海，最终抵达英国、美国海岸。这一路充满了各种奇妙经历，颇具童话故事色彩。不仅感动了来自世界各地的“追鸭粉丝”，也激发了荷兰艺术家霍夫曼的创作灵感。他认为这几乎可以将发现新大陆的哥伦布比下去。由此，霍夫曼设计了高 16.5 米、长 19 米的巨型充气黄色橡皮鸭。这只憨态可掬的大黄鸭从 2007 年开始踏上了游历世界的征程，让世界各国的人们回忆童年与小鸭子一起洗澡这一难以磨灭的记忆。

如今，这只大黄鸭已经在水上畅游了日本大阪、澳大利亚悉尼、巴西圣保罗、荷兰阿姆斯特丹在内的 10 个国家 12 个城市，抵达中国香港维多利亚港后，成为香港备受欢迎的景点。

（二）构思筛选（Idea Sreening）

产品构思筛选的任务是选出较好的构思进一步开发，同时对剩余构思进行认真评价。以上两项任务可以利用“产品构思评分表”来进行（见表 6-3）。（晁钢令，2003）

表 6-3 中的“相对权数”和“企业能力水平”值由企业根据自身实际状况给出。然后利用表 6-3 将每项新产品创意构思进行评价，得出的评分值再进行排序，找出排序在前的产品构思开展下一步活动。

表 6-3　产品构思评分表

产品成功必要因素	相对权数（A）	企业能力水平（B）											评分 A×B
		0.0	0.1	0.2	0.3	0.4	0.5	0.6	0.7	0.8	0.9	1.0	
企业声誉	0.20										√		0.18
营销能力	0.20							√					0.12
技术水平	0.20								√				0.14
人　事	0.15					√							0.06
财　力	0.10								√				0.07
生产能力	0.05												0.045
位置设备	0.05		√								√		0.005
采购供应	0.05						√						0.025
总　计	1.00												0.645

（三）形成产品概念（Product Concept）

形成产品概念指的是将产品构思具体化，即对产品的功能、结构、形态等基本特征详细描述。同时还要对产品概念进行评价和测试。评价和测试主要从满足需要和应付竞争对手两个方面考虑。

（四） 制定营销战略（Marketing Strategy）

制定营销战略只是一个营销策略轮廓，是为了把新产品推向市场而设计的最初市场营销战略。主要任务有确定目标市场状况，如规模、结构、购买行为特点、市场定位等；预定价格、渠道、促销预算和方式；预计长期的投资收益率、营销组合等。

在该阶段要形成市场营销报告书。报告书由三部分组成（菲利普·科特勒，1999）：目标市场情况描述，计划中的产品定位，初期的销售额、市场份额和利润目标。

（五） 开展商业分析（Business Analysis）

企业一旦对产品概念和市场战略做出了决策，就应该估计这种产品的商业吸引力。商业分析指考察新产品的预计销售、成本和利润。

内容包括：新产品的绝对价值分析，即产品上市后的预期收益与产品开发成本之间的比较，当预期收益大于开发成本时可开发。相对价值分析，考虑因开发这一产品而放弃其他投资收益所形成的机会成本。

（六） 产品开发（Product Development）

通过以上的各种分析后，将值得开发的产品概念通过一定方式转变为“实体产品”。此时，新产品开发的投资加大。产品研发部门要设计出一个能满足和刺激顾客的产品，同时又要生产方便、成本低。

生产出的样品不仅有必需的性能特色，还能传达心理特征。因此，设计开发者必须知道顾客对产品要表达的心理特征，不同的产品是不一样的。如汽车应该是结实、安全的。

（七） 市场试销（Test Marketing）

市场试销是测定顾客对新产品的反应。也就是测定产品的性能、质量、价格、销售方式、促销方式等。由此在进行大规模生产投资前获得相应的营销经验。

试销所需产品的数量、试销市场范围、试销时间等因素因企业不同、产品不同和市场不同而变化。若产品的开发成本很低，或是产品线延伸产品简单，可能不用试销，或试销时间短、范围小。若推出的产品市场上少见，则试销需要较大投资，时间也较长。

（八） 商业化（Commercialization）

把新产品推向市场要先根据市场试销情况，修正前期制定的营销策略，然后选择适当的时间、地点、价格、方式推出新产品。

企业完成新产品试制，进入批量生产阶段，会支付大量的费用，包括生产费用和营销费用。

四、新产品采用与推广

（一） 新产品开发风险

企业开发新产品需承担一定的风险，风险因素主要由以下几方面造成。

产品市场的确定性，如消费者需要的产品方面的确定性，对产品市场规模大小的分析等。

对新产品开发的估计程度，如产品成本估计、原材料供应状况、生产技术条件等。

对市场竞争状态的分析，如对竞争对手的市场占有率分析、竞争对手综合实力分析、市场空隙的估算等。

对消费者的了解程度，如消费者与新产品相关的其他需求、新产品技术与市场需要的协调性等。

时机把握，如产品开发时机、新产品进入市场的时机、调整营销策略的时机等。

例如，AI 技术的发展，应用于了解顾客需求分析的软件层出不穷。一款名为 DeepNude 的软件，利用人的一张照片就可以生成其裸体图像，由此引发了道德争议，而不得不下架。由此可见，道德伦理为科学进步设定了一个向度和要求。

（二） 新产品的购买

企业希望顾客尽快地接受新产品，但消费者会因自我保护等因素，对市场上推出的新产品经历一个**采用过程（Adoption Process）**。即从认识新产品，到试用新产品，到决定购买新产品，再到决定是否长期购买或拒绝购买新产品的一系列过程。因此，根据采用新产品的时间早晚可以将消费者分成若干种类型。

消费创新者（Consumer Innovator）是指新产品一上市就会购买的消费者。这类消费者富有冒险精神，对新生事物敏感，有较高的收入，受过良好的教育。消费创新者大约占消费者总量的 3%～5%。

早期使用者（Early Adopters）往往对产品信息更新很关注，善于利用和广泛收集相关信息，具有良好的号召力，但是没有消费创新者那样具有敢于尝试的精神。早期使用者大约占消费者总量的 10%～20%。

中期消费者（Medium Term Consumers）考虑问题较为细致、周到，尤其是行为较为谨慎。表现出不甘落后、“随大流”，大约占消费者总量的 30%。

后期消费者（Late Consumers）大都对新事物抱有一定的怀疑态度，只有当大多数人认可新产品之后，才会采取购买行动。这类消费者大约也占消费者总量的 30%。

落后者（Behind Users）是典型的怀旧者，对老物件钟情程度高。往往在新产品进入成熟期或步入衰退期才开始购买。这类顾客大约占消费者总量的 10%～20%左右。

以上各类消费者的比例与市场环境下的经济发展水平、消费者受教育程度等有很大的关系。经济发展水平高、受教育程度高的市场环境中，消费创新者、早期使用者的比例会略有提高，其他类型消费者的比例会减少。反之，消费情况则相反。

（三） 新产品的推广方式

企业向市场推广新产品，推广决策考虑的内容有形象状况、宣传方式以及向哪类顾客推广等。

1. 新产品在市场中的形象目标

新产品在市场中的形象目标可以分为高位型和低位型。

高位型进入。新产品以高质、高价、高品位姿态进入市场，树立高档产品形象。新产品的外观、包装上应该给人以与众不同、品位高雅的感觉。新产品的导入期价位会高，销售渠道要有选择，广告等促销活动要让人获得不同凡响的感觉。

低位型进入。产品以大众化、实惠型、价廉物美姿态进入市场，适应大多数普通消费者。要强调新产品的实效性、实惠性，设计突出基本功效，尽量避免豪华包装和不必要的修饰。价格要相对低廉，通过广泛分销获得市场。

2. 新产品进入市场宣传推广方式

市场宣传推广方式可以分为造势型和渐进型。

造势型是以大张旗鼓宣传推广，以提高产品的知名度而打开市场。这种方式在商品供应丰富的市场上能使顾客慕名而来。

渐进型是以优质产品为基础，采取多渠道广泛渗透方式，让消费者直接与产品和推销员接触，逐渐打开市场。广告宣传低调，而针对性较强。

3. 新产品在品牌延续关系上的不同

在品牌延续关系上可以分为创牌型、传牌型和改牌型。

创牌型是企业在无人知晓的情况下创品牌，进入目标市场。此时的品牌应易于顾客的记忆和传播。品牌名称和品牌标志要极大地反映出产品的特性。

传牌型是企业沿用已有的知名品牌推出新产品。原有品牌在市场上的知名度高，利用原有品牌可以减少新产品进入的障碍。

改牌型是企业新产品进入市场，不用旧品牌。避免旧品牌产品的不良影响。

4. 新产品进入市场的直接促销对象

进入市场直接促销对象不同可以分为拉动型和推动型。

拉动型是以消费者为促销对象，直接进入目标市场。推进型是以中间商为促销对象，间接进入目标市场。

6-3-1　新产品分类

6-3-2　新产品开发的程序

6-3-3　新产品采用与推广

第四节　品牌与包装策略

从“产品”的整体概念图和消费者对“产品”的需求意义上的产品图来看，“产品”是一种多要素组合体。质量是衡量产品使用价值大小的重要标志，体积是衡量产品符合使用、保管、携带要求的指标，款式颜色是吸引消费者的外部要素，包装则是利于产品实体保存、养护、运输、促销和提升产品的要素，品牌能满足消费者心理需要，而售后服务是最能让消费者感觉到获得附加产品的要素。

一、品牌及品牌策略

品牌是产品整体概念中的一个重要组成部分，是产品的生产者、经营者和顾客都不可缺少的。品牌在现实的经营活动中是一个非常活跃、能够有效提升产品价值的要素。因此，企业的品牌是除了技术能带来价值的元素以外的另一个产品元素。

毛衣发源于英国，原称为“渔夫毛衣”（Fisherman Sweater）。早期出现的毛衣都以发源地命名，最有名的毛衣品牌是阿兰（Aran）、费尔（Fair）和耿西（Guernsey）。

（一） 品牌及其特性

1. 品牌的含义

品牌（Brand）是用来识别产品或企业的某种特点的标志，通常由名称、术语、记号、图案或其他识别符号所组成。包括品牌名称和标志。

品牌名称（Brand Name）是指品牌中可以用语言称呼的那部分。如“格力”“联想”“娃哈哈”“奔驰”“奥迪”等制造行业中耳熟能详的品牌名称，以及网络营销的“淘宝”“京东”“唯品会”和“贝壳找房”等平台公司名。**品牌标志**（Brand Mark）是指品牌中可以被认出，但不能用语言称呼出的那部分。包括记号、图案、设计独特的颜色或印字等（见图 6-10）。

(a) (b) (c)

图 6-10 品牌名称和品牌标志

商标（Trade Mark）是指经过正式登记注册，受法律保护的一个品牌或一个品牌的一部分。品牌和商标是有区别的。中国的商标法规定，申请注册商标后可以在右上角使用“TM”标志，成功注册的使用“®”符号作为“已注册”标志。因此，商标是一种法律名词，而品牌不是法律范畴的概念；从所包含的具体内容讲，只有注册的品牌内容才是商标的内容。但是两者均具有区别不同种类商品的作用，可以印在商品的包装、标签上，且均反映了企业或产品的无形价值。

品牌业务（Branding）是指企业为其产品设计品牌名称、品牌标志，并向政府有关主管部门注册登记的所有业务活动。品牌业务是品牌管理活动中不可或缺的重要部分。

2. 品牌的性质

品牌的性质首先表现为无形性，表现为产品的特征、利益以及服务的一贯性状态。从某种意义上可以认为品牌表达了产品或服务在消费者心目中的意义。

任何一个品牌都是依附于一定的产品或服务而存在的。品牌的声誉和价值与所代表的产品或服务的质量优劣相对等，因此充分体现其依附性。

如果品牌为大多数人所了解，就可能脱离产品或服务独立发挥作用，体现出异化性。例如，品牌被直接看作某种质量象征，出现顾客“认品牌不认物”的现象。

当品牌异化性后，所代表的内涵将会随之延伸到新的产品上去，便出现了延伸性。例如，在一个产品线里产生了新的产品，新产品推向市场延用产品线的品牌，使得顾客能够很快地认可新产品。本田公司将公司名用于公司各类产品上，如汽车、摩托车、吹雪机、割草机、轮机、履带式雪上汽车等。

3. 品牌的内涵

属性是品牌的第一个内涵，即品牌所代表的产品或企业的整体品质状况。如质量、功能、工艺、服务、效率等。

利益即品牌带给消费者的利益。消费者对品牌的属性接受时，要从自身角度理解各种属性能给自己带来的利益。所以当属性转化时，因顾客的不同而体现出利益差异。

价值是品牌因其所代表的产品或企业的品质、声誉等的水平状况，而在消费者心目中形成不同的价值。因此，世界许多著名的咨询公司每年都进行品牌价值估算、排名（见表 6-4）。另外，价值还包括企业在产品设计和推广中的某种特定的价值观。

表 6-4 2018 全球最佳品牌排行榜前十名公司

排名	品牌名称	品牌标志	价值（亿美元）	增幅（%）	国别
1	苹果		2 144.8	16.47	美国
2	谷歌	Google	1 555.06	9.74	美国
3	亚马逊	amazon	1 007.64	55.51	美国
4	微软	Microsoft	927.15	15.90	美国
5	可口可乐	Coca-Cola	663.41	−4.86	美国
6	三星	SAMSUNG	598.9	6.47	韩国
7	丰田	TOYOTA	598.9	6.19	日本
8	梅赛德斯—奔驰	Mercedes-Benz	486.01	1.61	德国
9	Facebook	f	451.68	−6.27	美国
10	麦当劳	M	434.17	4.54	美国

数据来源：品牌咨询公司 Interbrand. 2019.4.18

文化可以通过品牌传载。如品牌的名称和符号本身就是一种显性文化。而由这个名称和符号所联想的各种隐含文化也十分丰富。

例如，中国汽车市场中常见车名，含“威”“斯”“特”“瑞”等字，分别寓意威武、洋气、个性吉祥等意。“马”也是宠儿，因为在中国历史上，车马是身份的象征。

个性是品牌具有识别功能的体现。好的品牌应有鲜明的个性特征，新颖突出而独一无二，使得它所代表的产品或企业能够充分区别于其他竞争对手。

角色感是品牌被某种消费者群体所喜欢和选择而具有某种特定顾客群的角色象征。品牌可以暗示消费者群体的差异。

2019 年 6 月 1 日，品牌咨询公司 Interbrand 在上海发布“2019 中国最佳品牌排行榜”。腾讯、阿里巴巴和中国建设银行蝉联最具价值的品牌前三强（见表 6-5）。小米、美团、顺丰、吉利汽车和苏宁晋身前五十名。

表 6-5 2019 年中国品牌价值排行榜前十名公司

排名	品牌名称	品牌标志	价值（亿元人民币）	增幅（%）
1	腾讯	Tencent 腾讯	3 943.33	39
2	阿里巴巴	Alibaba.com 阿里巴巴	3 208.97	48
3	中国建设银行		1 474.18	4
4	中国平安金融	中国平安 PINGAN	1 352.37	17
5	中国工商银行		1 312.99	3
6	中国移动通信		1 141.36	－11
7	中国银行		991.08	4
8	中国农业银行		758.96	5
9	中国人寿		700.15	－14
10	招商银行		524.67	5

数据来源：快咨询网站. 2019.6.1

4. 品牌的作用

品牌反映了所代表企业的实力、形象、特色和产品质量，是企业的无形资产和财富的象征；品牌代表了企业的个性特征，传递了企业的文化内容，有助于树立企业形象；品牌表明了企业及其产品在市场上的状况，有助于促进顾客产生偏好，培养忠诚感，建立稳定顾客群，促进重复购买，从而扩大销售。品牌会表现企业及其产品在市场上的地位，以利于按品牌区别质量、价格等，向顾客显示出产品档次和品位。

（二）品牌的类型

品牌设计首先要考虑如何获得品牌。依据品牌的得来情况可以分为三类。

制造商品牌（Manufacturer Brand）是由产品制造者对其产品确定品牌。大多数产品使用的都是制造商品牌。该种类型的品牌使用可随产品销售而无区域等限制。也称为“全国品牌”。例如，“红旗”品牌来自于生产红旗轿车的中国第一汽车集团公司。

图 6-11 “红旗”品牌标志

特许品牌（Licensed Brand）是以签订特许协议的方式将品牌转让给产品制造者使用。该种类型的品牌的使用受协议规定范围限制，同时向品牌的所有者交纳一定的特许转让费。会受到诸如产品的质量状况、使用品牌的期限、地区范围等因素的制约。例如，在中国市场上出现的第一个特许品牌就是“洋快餐”经营公司的麦当劳和肯德基。华联商厦集团为了实现做大做实的目标，向加盟店输出品牌及品牌理念和品牌管理。表 6-6 展示了部分中国特许品牌企业。

表 6-6 中国特许品牌企业

品 牌	企 业 名 称	业 态
如家	上海如家酒店管理有限公司	经济型酒店
苏果	苏果超市有限公司	超市
美宜佳	东莞市糖酒集团美宜佳便利店有限公司	便利店
北大青鸟	北京阿博泰克北大青鸟信息技术有限公司	教育培训
业之峰	北京业之峰装饰有限公司	家居装饰

资料来源：http://www.8168168.com，2013.3.8

中间商品牌（Dealer Brand）指使用中间商的品牌销售产品。这种类型品牌的使用，受中间商的市场覆盖面的限制，企业生产的产品因中间商不同而出现不同的品牌。

（三）品牌设计

品牌设计是企业品牌经营链中不可缺少的环节，它具有战略性价值，又显示出战术性的工具特点。

品牌设计可以为品牌的价值带来新的内涵：第一，提高品牌的凸显性，在投入不变的情况下，在品牌的定位、主题、风格指引下的品牌设计，具有独特的造型、色调、风格时，自然可以将产品从拥挤的货架上凸显出，引起消费冲动。第二，品牌设计可以节约成本，在节约品牌设计成本的同时，提升企业的运作效率。第三，提高品牌附加值，品牌的附加值来源于优异的质量、稳定的质量、质量外显优势等。第四，提高顾客忠诚度，从品牌价值、风格和文化的角度提升，不仅可以提高价值差异性，而且能有效地传达出品牌的定位、价值观，以“屏蔽”竞争品牌的诱惑。同时全面保护品牌，提高组织的竞争力。（陈云岗，2004）

品牌设计包括品牌战略性设计和战术性设计。（陈云岗，2004）

表 6-7　战略性设计与战术性设计的差异

要 素 构 成	战略性设计	战术性设计
设计策略	有	无
设计路径	清晰	混杂
主题和风格	鲜明、一致	晦暗、分歧
原创性	强	弱
整体性	强	弱

品牌设计战略是指在进行品牌环境测量的基础上，根据品牌定位和品牌愿景等方面的要求，从建立有价值的品牌识别角度提出的基本品牌设计指南。品牌设计战略包括基础设计战略和延伸设计战略。内容有品牌的解释，如品牌定位、愿景、价值观、个性、谱系等；设计的框架描述，如概念、主题、风格、法则、禁忌、标准、语言等。

品牌设计应遵循以下原则：简洁醒目，易读易记；构思巧妙，暗示属性；富蕴内涵，情义浓重；避免雷同，超越时空。（吴健安，2000）

（四）品牌策略

为了更合理地使用品牌，企业需要进行品牌决策，有以下几种策略可供选择。

1. 无品牌策略

企业所生产、经营的产品不冠以任何品牌，只注明生产企业厂名和地址。

尽管品牌能给企业和顾客带来更多的好处，但并不是所有产品都必须有品牌。当没必要用品牌来加以区别产品的差异性，如某些原材料（煤、工业用油等）、包装袋等，或为了进一步降低成本和价格吸引低收入者购买，或小范围生产和销售时（如一次性生产或加工），产品就会没有品牌。

无品牌策略必须以高品质作为产品销售的保证，或特别低质低价的一次性产品才可使用该策略。

2. 统一品牌策略（家族品牌策略）

生产者或经营者对其所有产品线的产品项目都用统一的品牌。

使用这一策略的品牌在市场上必须已获得良好的声誉，产品项目均须维持同一品质水平。采用该策略可大大降低营销总成本，尤其是新产品推广成本，并且企业和产品的形象可以有效地统一起来，显示企业实力。

如佳能公司生产的复印机、传真机、照相机等均使用“Canon”，娃哈哈集团的口服液、果奶、营养八宝粥、营养燕窝等产品均使用“娃哈哈”，本田公司将公司名用于公司各类产品：汽车、摩托车、吹雪机、割草机、轮机、履带式雪上汽车等。

3. 个别品牌策略

生产者或经营者对不同产品线的产品或同产品线的产品在不同市场中销售使用不同品牌，以便区别产品线或是市场。

这种策略可以充分体现市场和产品的差异性，保证企业的整体信誉不至于受个别产品声誉的影响，有利于顾客根据品牌区别不同的产品类型、质量和档次。但是企业的促销费用会增加。

如宝洁公司（P&G）为了反映其洗发产品的差异性，不同功能的洗发产品冠以不同的品牌，如“海飞丝”“飘柔”“潘婷”“沙宣”和“伊卡璐”（见表 6-8）。五粮液酒厂的白酒为了反映其质量档次的差异，采用“五粮液”“五粮醇”“五粮春”“尖庄”“京酒”等品牌。

表 6-8　宝洁公司品牌名称集合表

产品用途	洗涤剂	洗发护发	牙膏	香皂	除臭剂	果汁	润肤液
品牌名称	象牙雪	潘婷	格利	象牙	秘密	橘山	奇异
	结拂	海飞丝	佳洁士	佳美	确信	阳光乐	诺克西玛
	汰渍	飘柔	彻底	拉瓦		雪山	奥莉油
	欢乐	沙宣	登奎尔	柯克斯		得克森	佳美
	快乐	伊卡璐		风趣		林肯	雨树
	奥克雪多	威娜		舒肤佳		思碧农场	热带褐
	德洗			海岸			贝蒂丝丽
	小瀑布			奥莉油			SK-II
	象牙水						玉兰油
	圭尾						
	黎明						
	碧浪						
	艾拉						
	勇敢者 3 号						
	液体汰渍						

不过，企业为了既区别于产品功能或服务范围，又要成本适宜，则个别品牌策略的“太个别”程度有所差距（常称为类别品牌策略）。海尔公司为了适应发展需要，显示其提供于市场的产品或服务的差别，也采取了个别品牌策略，共有 6 个品牌，但是其“个别的”程度低于宝洁公司，“统一”成分比较明显，见图 6-12。

Haier　Casarte 卡萨帝　Leader 统帅 互联网时代定制品牌　Haier Strauss WATER

传统企业品牌
内涵创新、关爱
(a)

厨电产品品牌
内涵家居艺术
(b)

定制家电产品品牌
内涵消费者即是设计者
(c)

净水产品品牌
内涵健康、生活
(d)

图 6-12　海尔集团的系列品牌

4. 品牌推展策略

企业利用在市场上已享有盛誉的品牌增加新的产品项目。

使用该策略，原品牌在市场上的声誉应当较高，且新产品项目的总体水平不得低于原产品项目。这种策略可促使新产品被消费者认识。

如海尔因其制冷产品而得名，当推出电视机、手机、小型家电产品时，也使用“海尔”及其延伸品牌。春兰集团因空调产品而闻名遐迩，在推出摩托车时采用“春兰虎”“春兰豹”。

5. 品牌创新策略

企业在原有品牌基础上改进或舍弃原品牌，设立新品牌。

品牌过时，或企业改变经营方向，或重新树立形象时，都可能采用此策略，以使品牌更具有时代性，迎合顾客的需求。

例如，2007 年 11 月，吉利集团成立 21 周年的“大喜日子”公布了新车标图案，“飞翔的吉利鸟”成为吉利全球新车标。松下公司在本国销售的产品冠以“National”，由于国际法律规定的限制，在进入世界其他国家市场时用“Panasonic”品牌名称。

（五） 品牌的保护与管理

1. 影响品牌力量的因素

身份因素。品牌就像人的一张脸，其特征应明确，人们可以认出品牌，并与竞争对手区分开来。轻便的米勒牌洗衣机，绿得刺眼的法拉利牌越野车，苹果计算机公司……你能设想它们是保守企业吗？

承诺因素。品牌具有灯塔作用，在产品或服务的海洋中为消费者指明方向。如：奔驰和宝马汽车的差别在于，奔驰名声大、安全、高雅，宝马轻便、有活力、给人驾车的乐趣。

管理因素。虽然品牌在竞争激烈的市场上取得成功变得越来越困难，但这不是毁掉品牌的主要原因，有些品牌是自取灭亡的。美国“骆驼”牌香烟在 1975 年至 1990 年间得到了顾客的认同，市场份额由 3.7%上升到 5.6%，是因为“骆驼”体现了一种特殊的冒险和自由形式，这在心理上对于购买“骆驼”香烟的人很重要。1990 年，该公司改变了品牌形象，结果市场份额下降到 2.6%。

自我约束因素。注意力应集中在其强项上，品牌变为资本进入陌生领域可能会危及品牌。如梅塞德斯—奔驰汽车公司当然可以生产 A 级汽车，并在短时间内上市，但这样与品牌竞争对手的形象标准保持距离是否有利，这才是问题的关键。

结构因素。注意企业品牌、产品线、产品项目品牌的相互配合，简单易懂地塑造品牌，是品牌结构和品牌风格的关键。

环球舆情调查中心在历时 5 年的调查研究后获得报告显示，中国消费者对国产品牌的正面印象由 2015 年的 22.8%上升到 2019 年 83.8%，负面印象由 2015 年的 32%下降到 2019 年的 6%；国产品牌的美誉度由 2015 年的 2%上升到 2019 年的 60%；消费者心目中的十佳品牌均为中国品牌，既包括信息和家电产品制造企业，也包括现代的互联网购物支付品牌等。

2. 品牌管理

从全球最佳品牌所走过的道路来看，决定品牌地位的因素有每个产品在品牌的带动下所创造的销售额、市场领导地位、稳定性和国际影响力。因此应对其加以注意。

第一，一个成功的品牌首先要超脱政治和权力，致力于满足消费者需求。如可口可乐和微软都是全球化运营品牌，其战略指向就是全球的消费者，没有受政府管制的国家界限。第二，要注意品牌的诞生和成长，都离不开相对市场大且电子化、网络化程度高的经济体。这样的经济体有利于向海外扩张时解决质量、标准的统一以及供应等问题。第三，要千方百计地把正确的价值观融入产品，因为这些价值观受社会消费者的欢迎。如利维·斯特劳斯公司的核心价值观是"民主、自由和动力"，这也是美国的道德精髓所在，使得该公司的产品在美国畅销。如耐克公司喊出"Just do it"的口号，符合人类共同的价值观，表达出个人的能力和运动成绩信息，深受欧洲和亚洲人的欢迎。第四，把产品融入地方文化，聘用地域经理，从包装尺寸到品位等多方面适应当地消费者的需求。

全球化程度越来越高的今天，品牌管理在企业经营管理中的地位显得越来越重要，工作越来越艰巨。品牌管理工作有效，其品牌价值就会增加，否则下降。这一点可以从每年公布的全球品牌排行榜中充分地体现。表 6-9 中的数据显示了 10 个具有代表性的品牌，在 2011 年度全球品牌价值排名及品牌相对于 2010 年的价值变化情况。

表 6-9　品牌价值及变化

排名	品牌	2011 年价值（亿美元）	2010 年价值（亿美元）	增幅（%）
8	苹果	334.92	211.43	58
4	谷歌	553.17	435.57	27
14	诺基亚	250.71	287.31	−15
17	三星	234.30	194.91	20
30	雀巢	121.15	127.53	−5
31	宜家	118.63	124.87	−5
35	索尼	98.80	113.56	−15
36	eBay	98.05	84.53	16
69	松下	50.47	43.51	16
76	雅虎	44.13	49.58	−11

数据来源： Best Global Brands. Interbrand 公司. 2012 年、2011 年

品牌管理一般涉及品牌化决策、品牌类型决策、品牌类别决策、品牌战略决策和品牌再定位决策（见图 6-13）。（晁钢令，2003）

品牌化决策是决定企业是否使用品牌，若使用则应选择品牌类型即制造商品牌、中间商品牌和特许品牌，另外还要考虑是单品牌还是多品牌；若是单一品牌还应考虑是同类产品的大类家族品牌，还是全部产品公司家族品牌。再则要考虑是新品牌，还是延伸原有品牌，是改变品牌还是借用其他成熟品牌。最后考虑品牌的定位是否改变，这与企业的经营目标、目标市场等因素有关。

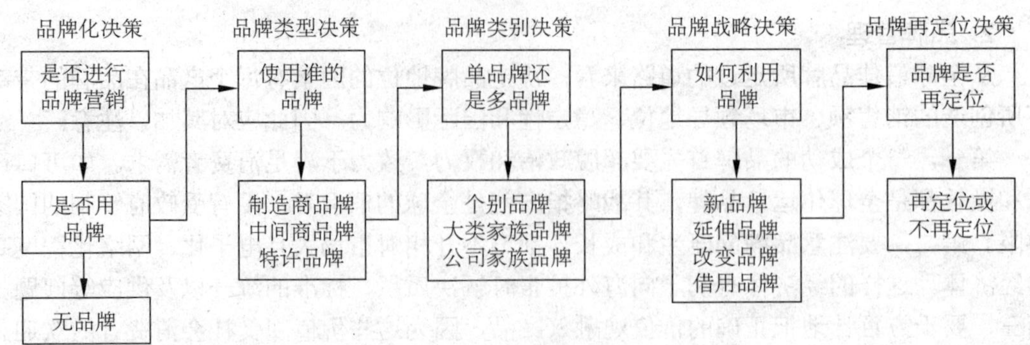

图 6-13　品牌管理决策流程

品牌管理还要注意与商标的关系，注册成为商标的品牌才有可能降低经营风险。另外，在当今网络经济时代，还要注意品牌与域名的关系。不管是商标还是域名，可能因为抢注而使企业失去品牌或品牌的一部分。因此，注意力经济下的品牌必须有实效支撑，浮躁无效的广告不能赢得受众心理认同，只能导致注意力泡沫。品牌是经验、历史的淀积，包括企业树立品牌的经验。品牌的忠诚度是建立在更方便、更友好、更具有个性化的产品或服务之上的。如今，网络品牌不论是在哪个国家或是哪个行业，世界范围内只能有一个，所以还要注意域名对商标权的侵犯问题。

二、包装及包装策略

品牌常常通过产品的包装和外观设计，第一时间让顾客感受到不同之处。有时，产品包装在满足或刺激顾客需求欲望方面不亚于产品的核心功能。所以，包装策略已成为企业扩张市场的有力武器。

（一）包装的基本概念

包装（Packaging）是指产品的容器或包装物及其设计装潢。包装可以分为三个层次：**内包装**（Primary Package）是产品的直接容器或包装物。如牙膏的软管、酒瓶子等。**中层包装**（Secondary Package）是保护内包装的包装物。如装牙膏软管、酒瓶子的盒子。**外包装**（Exterior Package）是为了便于储运、识别某些产品所需的装运包装。如装六支牙膏和一打酒瓶子的瓦楞纸箱。

包装是产品的保护、装饰“衣服”，在产品的运输、储存、销售和使用过程中扮演了重要角色。包装不仅可以保护产品，而且可以美化产品，提升产品的档次和利润。包装还方便了产品的仓储、运输、携带，尤其是便于产品管理中的合理堆码、清点等。也为销售者和使用者识别产品以及经营和消费提供方便，尤其是为包装上注明内容和标识起到了提示作用。同时，包装还可以刺激顾客回忆，以引起顾客对过去生活的怀念。从 Dr Pepper 樱桃香草味软饮料包装就可看出，见图 6-14。

图 6-14 吉百利公司樱桃口味饮料的复古包装设计

一般的超级市场中，平均储存 15 000～17 000 种商品，顾客在超市中购物每分钟可途经 300 种商品，3%的购买行为是出于一时的冲动。在这个竞争激烈的市场环境中，包装可能成为影响顾客消费的最后机会，相当于“五秒钟商业广告”。（菲利普 · 科特勒，1999）

（二） 包装类型

包装的类型很多，按用途可分为首要包装、销售包装和储运包装等；按层次可分为内包装、中层包装和外包装；按保护功能可分为防水包装、防锈包装、防震包装和防腐包装等；按包装物的耐压性可分为硬包装、半硬包装和软包装；按材质可分为纸制包装、木制包装、塑料包装、金属包装和玻璃包装等；按方便性可分为便携包装、易开包装、定量包装、喷雾包装和开窗包装等。

（三） 包装策略

1. 统一包装

企业所生产或经营的产品采取统一包装模式。如材质、颜色、造型、图案等统一。不同产品线的产品包装都一样或相似。

采用此策略可以使顾客通过类似的包装联想到同一企业的其他产品。有利于节省包装设计费用，有利于树立和加强企业形象，扩大企业影响。尤其是便于企业推出新产品，打消顾客对新产品的不信任感。使用该策略必须重视企业所生产的产品质量。

2. 配套包装

配套包装指的是企业将数种在消费上相关联的产品放在同一包装物中销售。

采用此策略可以扩大销路，便于交易、消费和携带，有利于新产品推出。配套包装最好是选择同一品牌的产品，若是不同品牌的产品，应质量水平相当。还有要考虑顾客的购买能力和产品的关联程度。

3. 包装再利用

包装在原产品使用完之后还可移作他用。如，可以改做成果酱瓶、咖啡罐、糖果盒等。

采用此策略可以唤起消费者对使用该产品的回忆，增加了包装的用途，这也是一种促销广告手段，能起到延伸宣传作用。

4. 分档包装

根据消费者的购买力、购买目的的不同，对同一产品采取不同档次的包装。如简装和精装、家庭装和普通装。

采用此策略可以更加满足消费者需求的差异性。如经济实力的差异、购买量的差异、家庭需求状态的差异等。因此，分档的标准可以是“材质”“数量”“精致程度”等。

5. 附赠包装

在产品包装中附送小礼品，可吸引顾客重复购买，有利于推出新产品。包装附赠的小礼品可以是玩具、奖券、图片或其他小商品。

6. 改变包装

对产品的包装材质、颜色、造型、图案等进行修改和更换。

当原包装落后于时代，显得阵旧或材质不符合新需求时，就应改变包装，以便在顾客心目中重新树立形象。质量近似、包装相同的同类产品中，如果某一种打不开销路，为减小其不利影响，就可以改变包装。

包装是一把双刃剑，在提升商品档次的同时，也可能引发环境保护问题。过度的包装可能会出现适得其反的效果。因为消费者的绿色消费观念越来越强，保护环境、节约资源的意识也不断增强，企业不得不考虑这个问题。例如，市面上推出的用铝制小罐包装的茶叶受到不同程度的争议。

	6-4-1 品牌的类型及品牌策略		6-4-2 包装策略

第五节 服务策略

服务在现今社会生产、生活中发挥着越来越重要的作用。服务业的崛起、快速发展已成为当今世界经济发展的一道亮丽的风景线。美国是世界第一大服务经济国，服务业总收入已占据美国国内生产总值的 74%，服务行业提供的工作机会 1993 年达到全美工作机会的 79%。服务行业在世界经济中也以较快的速度发展，达到国际贸易总额的 1/4，全球服务行业的增长率几乎是制造业增长率的两倍。（菲利普 · 科特勒，1999）

一、服务的概念

对“服务（Service）”的理解有多种。瓦拉瑞 · 西莎姆（Valarie A. Zeithaml）和玛丽 · 比特纳（Mary Jo Bither）认为：服务是某种能够使他人得到满足的行为（Deeds）、过程（Processes）及表现（Performances）。这种行为、过程或表现不仅存在于服务企业的活动中，而且也是许多制造商向市场提供产品组合的一部分。

菲利普·科特勒认为，服务是一方能够向另一方提供的基本上是无形的活动或利益，并且不导致任何所有权的产生。它的生产可能与某种有形产品密切联系在一起，也可能毫无联系。（菲利普·科特勒，1999）

不管哪种定义，均描述出服务具有无形性、不可分离性、易变性和不可储存性4个特征，见图6-15。

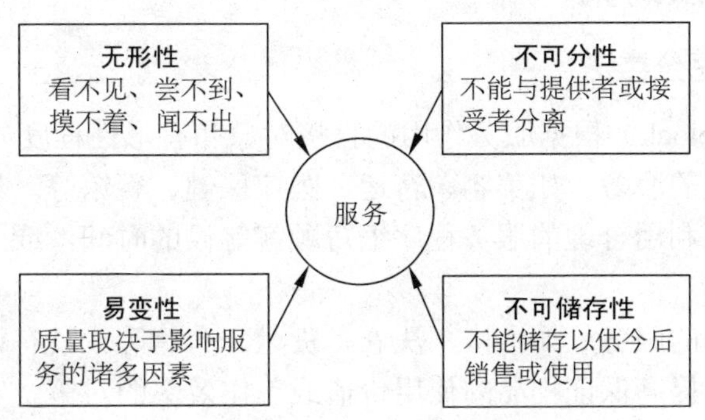

图6-15 服务的四种特性

无形性（Intangibility）是指服务的消费常常是在消费者既未看到，也未感觉到的情况下完成的。一个组织向市场提供的既可能是纯粹的有形物品，也可能是纯粹的无形服务，还可能是两者的结合。

图6-16可以显示，食品、洗涤用品、化妆品、服装、家具、家电、快餐服务、饭店服务、运输服务、咨询管理服务等的无形成分随其顺序往后越来越高，且完全提供纯粹有形物品的组织几乎没有。

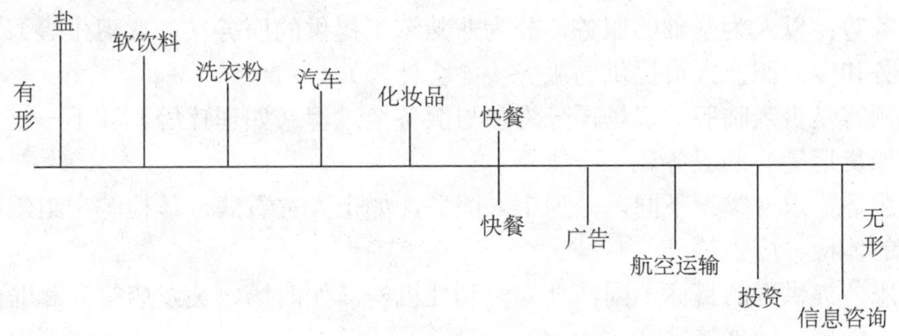

图6-16 产品的有形谱系

不可分离性（Inseparability）是指就有形产品本身来看，其生产、销售、消费可在不同的时间、空间进行。而无形的服务产品必须在提供服务的同时（生产和销售同时进行），由消费者消费或享受。

易变性（Variability）即服务质量与服务提供者、服务接受者、服务的时间、地点、方式等都有极大的关系。易变性表现在两个方面：一是提供服务的人员其本身素质的差异性而造成服务产品的差异性。二是享用服务产品的顾客自身的期望不同，得到的服务也不同。可见，服务产品的标准化是较难实现的。

不可储存性（Not be Stored）即服务产品无法储备、保留、转售、退还。因此，服务产品市场中完全的供需平衡是很难做到的。一次不满意的服务造成的影响将远远大于有形产品。

二、服务的分类及对策

（一） 洛夫洛克分类法

洛夫洛克（Lovelock）根据服务作用的直接对象和有形性程度分类。

直接作用于人体的服务。如美容、客运、医疗保健、餐馆等。具有顾客亲临服务现场的特点。可以采取利用合理的服务程序缩短顾客等候的时间，或向等待中的顾客提供其他服务的对策。

直接作用于物品的服务。如维修、洗衣、货运、仓储等。具有顾客不必亲临服务现场的特点。可以采取提高保证物品的使用价值或工作效率的对策。

直接作用于人类意识的服务。如广告（广义的广告，如公益广告等）、教育、咨询等。具有顾客的思想意识必须参与到服务的过程中的特点。可以采取加强与顾客的思想意识交流的对策。

直接作用于无形资产的服务。如数据传输（网站等）、证券投资等。具有顾客不必亲临服务现场，其服务的对象也是无形产品的特点。可以采取提高无形产品的使用价值的对策。

（二） 菲利普·科特勒分类法

根据服务手段的不同可以分为：以机器设备为基础的服务，如自动售货服务，自动存取款服务等；以人为基础的服务，分为非熟练工提供的服务（如实习生等）、 熟练工提供的服务和专门职业人员提供的服务（如会计等）。

根据顾客是否亲临服务现场，分为参与服务全过程（如理疗等）和不一定参与服务全过程（如货运等）的服务。

根据服务需求者类型不同，分为个人服务，如个人去看病、体检等；组织服务，如单位组织的体检、广告等。

根据服务提供者的目标不同，分为营利性机构（如商场、美发店等）和非营利性机构（如公立学校、敬老院等）。

三、服务决策

向消费者提供服务，企业必须首先进行服务决策。服务决策包括三大部分内容：服务组合决策；服务水平决策；服务方式决策。

（一）服务组合决策

服务组合（Service Mix）决策指的是企业能够提供哪些种类的服务，这些服务对顾客的重要性。在了解了竞争者提供服务方面的情况后，再确定自己的服务组合。

例如：中国移动北京公司推出了一系列“营销包”组成了服务组合。

营销包一：手机导航暑假“游”礼。

新顾客尝鲜“游”礼是首次订购或使用手机导航业务的顾客，当月累计使用手机导航业务并成功扣费2元以上（5元/月或1元/次，按次使用时24小时内不重复收费），可于次月月底前获得1元手机话费奖励（见表6-10），每个手机号码仅有1次获赠机会。

表6-10 奖励办法和金额

当月扣费金额（元）	赠送话费（元）
2	1
3～4	2
5～6	3
7～10	6
>10	按扣费金额的60%返还，且向上取整

老顾客分享“游”礼是通过手机导航用户端向自己的亲朋好友分享位置信息（地图选点或搜索POI—位置分享—输入号码），即可获得抽奖机会。成功分享最多可获得10次抽奖机会，且同一手机号码只能获得1次奖励。奖项设置分为热门分享奖288元超市电子券（共10名），幸运分享奖188元超市电子券（共20名）。

营销包二：精彩彩信连连发，娱乐无限赢大奖。

通过网上营业厅或营业厅人工协助的方式，订购指定彩信类业务，即可获赠相应额度的超市电子券奖励（见表6-11）。

表6-11 奖励办法和途径

业务名称	功能费	赠送方式和额度
5元流量包	5元每月	次月赠送3元超市电子券，若次月未退订，第三个月再赠送3元
15元半年流量包	15元每半年	次月赠送5元超市电子券

营销包三：全球通指定套餐赠送CMCC WLAN上网时长。办理新128元系列套餐、78元上网套餐或88元商旅套餐的全球通客户，均可免费获赠相应的上网时长，活动自开通一年后到期将自动失效。

中国移动北京公司共推出上述三大类服务产品，针对消费者导航、彩信和上网三种需求的服务。

（二）服务水平决策

服务水平（Service Level）决策即对服务的量与质方面的决策。主要是及时性、合理性及服务人员对顾客的态度等。

例如，中国移动北京公司推出了一系列“营销包”，每个“营销包”处于何等服务水平，需与过去的，或与中国移动其他分公司的，甚至是中国联通的相类似服务水平做比较，显示该次的服务产品水平。

（三）服务方式决策

服务方式（Service Form）决策即对服务价值如何体现，如何向顾客提供服务的决策。

例如，中国移动北京公司推出的“营销包（一）”中，针对新、老顾客的服务价值、奖励办法和奖励的价值都有所不同。以显示区别对待各类消费者的决策。

2019 年 4 月底，麦肯锡发布的报告显示，2018 年中国顾客约占全球奢侈品支出的 1/3，预计到 2025 年将会达到 1.2 万亿元人民币。尤其是许多中国顾客开始网购高端商品，因而在豪华门店提供个性化服务的体验如何延伸下去，是对奢侈品企业的挑战。随着贸易保护主义势力的抬头，设法让中国顾客继续购买其产品变得至关重要。因此，外国奢侈品公司与中国互联网公司京东携手，推出戴白手套男管家式快递等在其他国家和地区罕见的服务，以提高顾客购买奢侈品的“仪式感”。一名快递员身穿考究的黑色套装，戴着白手套，手持金色绸带包扎的精美黑盒，轻轻敲门之后，拿出一支钢笔让顾客签收，然后一层又一层打开包装纸，拿出顾客购买的商品，并有一张来自京东提供这种特殊快递服务的感谢信。

四、服务营销组合

无论是制造业还是服务业，提供给顾客的产品均多少含有服务成分。生产有形产品的企业发现，要想使顾客感到物有所值，可以从产品的附加服务部分大做文章。因此，服务营销是每个企业均应关注的问题。

克里斯蒂安·格隆罗斯（Christian Gronroos）提出，服务营销由三部分组成（见图 6-17）。外部营销包括服务提供的准备、定价、促销分销等。内部营销包括员工培训及促使员工更好地向顾客提供服务开展的其他帮助。互动营销强调员工向顾客提供服务的技能，利用互动来达到并提升服务的目标。

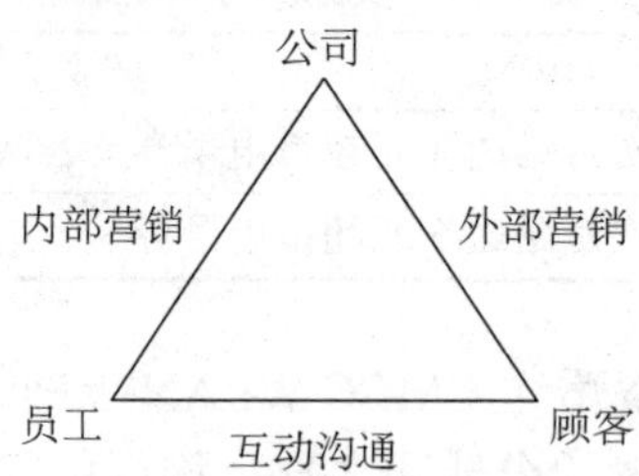

图 6-17 服务营销构成

服务营销要考虑 7Ps，即 4Ps 以外，还包括 People、Process 和 Physical Environment。除了传统的 4Ps 外，要重视人、过程和服务的有形展示。

“人”是企业中担任生产或服务提供的主角。顾客通常认为“人”即是服务产品的一部分（这一点可以从当一个顾客第一次接受某种服务时，会根据经验寻找一个他认为值得信任的服务员看出）。因此，服务行业对于所雇用人员的甄选、培训、激励和控制是非常重要的。

过程是服务提供的经历和历程，是显示服务状态的途径。所以要明确以下几个问题：拟向哪些顾客提供服务，提供哪些服务，怎样提供服务（服务的次序、步骤、时间、地点、接触方式），承担的责任有哪些，以及如何评价服务（顾客/管理人员/员工）等问题。

有形展示是根据顾客能够感受到的有形因素状况来展示无形的服务。所以要尽量找有形线索，使无形的服务产品尽量有形化。有形线索可以从服务的物质环境、信息沟通办法和价格体现等处寻找。例如，位于西班牙巴塞罗那哥特区旧街的“红酒书屋”，书店主人米格尔是位职业作家，也是位酒商和品酒师，他将书与酒融为一体。不仅创作与酒有关的故事，而且将作品出版成书籍与酒一起在书店里销售。

6-5-1　生活中的服务分类及对策

6-5-2　服务决策

本章重点术语

产品 Product
核心产品 Core Product
形态产品 Actual Product
附加产品 Augmented Product
耐用品 Durable Product
非耐用品 Non-Durable Product
有形产品 Tangible Product
无形产品 Intangible Product
消费品 Consumer Product
便利品 Convenience Product
选购品 Shopping Product
特殊品 Specialty Product
工业品 Industrial Product
产品生命周期 Product Life Cycle，PLC
产品组合 Product Mix
产品线 Product Line
产品项目 Product Item
产品线宽度 Product Line Width
产品线深度 Product Line Depth
产品线长度 Product Line Length
产品线关联程度 Product Line Correlation Degree
新产品 New Products
全新产品 New Products
换代新产品 Replacement Products
改良新产品 Improvement Products
仿制新产品 Imitational Products
品牌 Brand
品牌名称 Brand Name
品牌标志 Brand Mark
商标 Trade Mark
制造商品牌 Manufacturer Brand
特许品牌 Licensed Brand
中间商品牌 Dealer Brand
包装 Packaging
内包装 Primary Package
中层包装 Secondary Package
外包装 Exterior Package
服务 Service
服务组合 Service Mix

思考题

1. 举例说明产品的整体概念。

2. 什么是产品生命周期？各周期阶段有何特征？可采取哪些策略？

3. 什么是产品组合？评价产品组合的广度、长度、深度和关联程度对于企业营销活动有什么意义？

4. 新产品有哪些类型？其开发过程怎样？

5. 品牌和商标有何联系与区别？

6. 品牌对于企业来说有何重要性？

7. 包装有何作用？有哪些类型？

8. 举例说明品牌与包装的关系。

9. 结合某企业实际情况，说明品牌与企业的竞争力关系。

10. 简述现代市场条件下，研究服务营销的意义。

本章案例

从京东商品评论信息中挖掘潜在产品

当企业向顾客提供了产品或服务后，都想获得顾客的反馈意见，以便帮助企业进行下一步管理工作的决策，尤其是寻找开发新产品之路。因此，网络技术的发展在此有了用武之地，而大数据的标注获取和分析技术为此增添了助推之力。

以京东商城为例，公司使用 Pycharm 软件进行信息爬取和分析软件。由图 6-18 可以知道，数据爬取过程通过 9 个步骤完成。

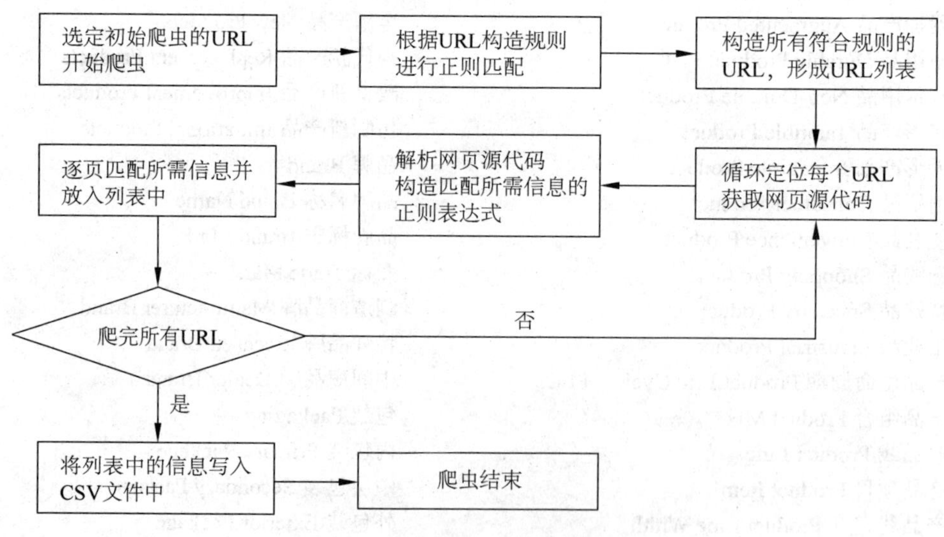

图 6-18　数据爬取过程流程图

使用 Pycharm 软件的第一步是导入爬虫所需要的库，并设置网页证书验证，见图 6-19。

```
# _*_ coding : utf-8 _*_
#开发时间: 2019/3/6 上午9:37
#文件名称: Jd.PY
#开发工具: PyCharm
import re
import json
import time
import math
import requests
import ssl
import random
import csv

ssl._create_default_https_context= ssl._create_unverified_context #网页证书验证
```

图 6-19　导入模块和设置网页证书验证

第二步，设置请求头随机选择的函数（见图 6-20）。尤其要注意，在信息获取的过程中，可能会因为信息获取没有通过相关方的认可而导致 IP 被封。

```
#设置请求头随机选择，必须设置否则ip会被封
def get_headers():
    '''
    随机获取一个headers
    '''
    # user_Agent列表
    user_agent_list = [
        "Mozilla/5.0(Macintosh;IntelMacOSX10.6;rv:2.0.1)Gecko/20100101Firefox/4.0.1",
        "Mozilla/4.0(compatible;MSIE6.0;WindowsNT5.1)",
        "Opera/9.80(WindowsNT6.1;U;en)Presto/2.8.131Version/11.11",
        "Mozilla/5.0(Macintosh;IntelMacOSX10_7_0)AppleWebKit/535.11(KHTML,likeGecko)Chrome/17.0.963.56Safari/535.11",
        "Mozilla/4.0(compatible;MSIE7.0;WindowsNT5.1)",
        "Mozilla/4.0(compatible;MSIE7.0;WindowsNT5.1;Trident/4.0;SE2.XMetaSr1.0;SE2.XMetaSr1.0;.NETCLR2.0.50727;SE2.XMetaSr1.0)
    headers = {'User-Agent':random.choice(user_agent_list)}
    return headers
```

图 6-20　设置随机头请求函数

第三步，通过对每种产品链接进行 web 分析，得出源代码中包含商品评论信息的网址，作为爬虫的起始网址（URL0）。

第四步，定义抓取函数并写入 csv 文件的函数。利用第三步获得的 URL0，进而获取网页源代码并读取，运用正则表达式提取出源代码中的评论内容，计算该商品共有多少页评论（见图 6-21）。创建一个文本文件，并将爬取的商品信息（商品 ID、总评分均值、好评率、中评率、差评率）存入其中。循环提取网页源代码中的信息，包括顾客昵称、顾客等级、评论内容、评论时间和顾客所用客户端；创建名为 phone.csv 的文件，将提取的内容写入其中（见图 6-22）。

```
num=0
#定义一个爬取网页内商品评论的函数并写入文件中
def scrapy_jd(website, writed_file):
    headers=get_headers() #调用随机获取请求头的函数
    url0= website
    req0= requests.get(url0, headers=headers) #请求网页的源代码
    cont0= req0.text  #以文本的形式读取网页
    pattern2= re.compile(r'\w+[(]{1}(.*)[)]{1}') #源代码中内容的提取规则（正则）
    content0= pattern2.findall(cont0)[0] #用正则进行提取
    content= json.loads(content0) #加载json文件
    count= 0
    global num
    num = num+1
    global all_page
    all_page= int(math.floor(int(content['productCommentSummary']['commentCount'])/10))
```

图 6-21　爬取商品评论函数设计

```
        #爬取内容
        lst1=[]
        lst2=[]
        lst3=[]
        lst4=[]
        lst5=[]
        if num ==1:
            with open(writed_file,'a') as f:
                productId= '产品Id:'+str(content['productCommentSummary']['productId'])
                averageScore= '总体评分均值: '+ str(content['productCommentSummary']['averageScore'])
                commentCount= '评论数:'+str(content['productCommentSummary']['commentCount'])
                goodRate= '好评率:'+str(content['productCommentSummary']['goodRate'])
                generalRate= '中评率:'+str(content['productCommentSummary']['generalRate'])
                poorRate= '差评率:'+str(content['productCommentSummary']['poorRate'])
                f.write(productId+', '+averageScore+', '+commentCount+', '+goodRate+', '+generalRate+', '+poorRate+', '+'\n')
        for item in content['comments']:
            count= count+1
            nickname= item['nickname']
            lst1.append(nickname)
            userLevelName= item['userLevelName']
            lst2.append(userLevelName)
            comment = item['content']
            lst3.append(comment)
            creationTime = item['creationTime']
            lst4.append(creationTime)
            userClientShow = item['userClientShow']
            lst5.append(userClientShow)
        #将爬取的内容写入csv文件
        with open('phone.csv','a', newline='',encoding='utf-8') as csvfile:
            writer= csv.writer(csvfile)
            writer.writerows(zip(lst1,lst2,lst3,lst4,lst5))
```

图 6-22 爬取内容提取

在第三步的基础上，分析出包含商品评论的 URL 的翻页规律，设计构建网页的函数。并通过上述函数逐页遍历商品信息和商品评论信息；给 URL 赋值后，启动主函数就会得到 jdong.txt 文件（包含商品信息的文件）和 phone.csv 文件（包含商品评论信息的文件）（见图 6-23）。

```
#构建网页的函数
def split_website(website):
    website= website.split('&page=0')
    return website

#该函数通过调用上面两个函数达到遍历商品评论信息
def main(website):
    scrapy_jd(website,'jdong.txt') #商品信息详情
    for i in range(1,all_page):
        res =''
        res= split_website(website)[0]+'&page='+ str(i) + split_website(website)[1]
        scrapy_jd(res, 'jdong.txt')
        print('爬完第%d页了'%i)
        time.sleep(random.random()*5)

#使得程序启动主函数
if __name__ == '__main__':
    start_time= time.time()
    url='https://sclub.jd.com/comment/productPageComments.action?callback=fetchJSON_comment98vv5234&productId=100000234
    main(url)                                     PEP 8: line too long (182 > 120 characters)
    end_time= time.time()
    time= end_time - start_time
```

图 6-23 构造网页并启动函数

启动程序后，会交互式地提醒爬取已经完成并保持的页数（见图 6-24）。一旦出现错误，可以重新设置起始爬取页数，防止重复爬取，进而提高爬取效率。在这个过程中，还会显示出爬取后的 jdong.txt 文件内容，见图 6-25 显示的部分内容。爬取后得到的 phone.csv 文件部分内容如图 6-26 所示。

```
爬完第5页了
爬完第6页了
爬完第7页了
爬完第8页了
爬完第9页了
爬完第10页了
爬完第11页了
爬完第12页了
爬完第13页了
爬完第14页了
```

图 6-24 爬取过程界面显示

```
产品Id:5089253, 总体评分均值: 5, 评论数:1280000, 好评率:0.99, 中评率:0.002, 差评率:0.008, 好评
产品Id:5089253, 总体评分均值: 5, 评论数:1280000, 好评率:0.99, 中评率:0.002, 差评率:0.008, 中评
产品Id:5089253, 总体评分均值: 5, 评论数:1280000, 好评率:0.99, 中评率:0.002, 差评率:0.008, 差评
产品Id:100000287163, 总体评分均值: 5, 评论数:810000, 好评率:0.98, 中评率:0.005, 差评率:0.015, 好评
产品Id:100000287163, 总体评分均值: 5, 评论数:810000, 好评率:0.98, 中评率:0.005, 差评率:0.015, 中评
产品Id:100000287163, 总体评分均值: 5, 评论数:810000, 好评率:0.98, 中评率:0.005, 差评率:0.015, 差评
产品Id:5089255, 总体评分均值: 5, 评论数:1690000, 好评率:0.99, 中评率:0.003, 差评率:0.007,
产品Id:5089255, 总体评分均值: 5, 评论数:1690000, 好评率:0.99, 护评率:0.003, 差评率:0.007,
产品Id:5089255, 总体评分均值: 5, 评论数:1690000, 好评率:0.99, 中评率:0.003, 差评率:0.007,
产品Id:6805712, 总体评分均值: 5, 评论数:1080000, 好评率:0.99, 中评率:0.003, 差评率:0.007,
产品Id:6805712, 总体评分均值: 5, 评论数:1080000, 好评率:0.99, 中评率:0.003, 差评率:0.007,
产品Id:6805712, 总体评分均值: 5, 评论数:1080000, 好评率:0.99, 中评率:0.003, 差评率:0.007,
产品Id:1892018, 总体评分均值: 5, 评论数:610000, 好评率:0.98, 中评率:0.004, 差评率:0.016,
产品Id:1892018, 总体评分均值: 5, 评论数:610000, 好评率:0.98, 中评率:0.004, 差评率:0.016,
产品Id:1892018, 总体评分均值: 5, 评论数:610000, 好评率:0.98, 中评率:0.004, 差评率:0.016,
产品Id:100000305435, 总体评分均值: 5, 评论数:30000, 好评率:0.99, 中评率:0.003, 差评率:0.007,
产品Id:100000305435, 总体评分均值: 5, 评论数:30000, 好评率:0.99, 中评率:0.003, 差评率:0.007,
产品Id:100000305435, 总体评分均值: 5, 评论数:30000, 好评率:0.99, 中评率:0.003, 差评率:0.007,
产品Id:100000384107, 总体评分均值: 5, 评论数:58000, 好评率:0.99, 中评率:0.001, 差评率:0.009,
产品Id:100000384107, 总体评分均值: 5, 评论数:58000, 好评率:0.99, 中评率:0.001, 差评率:0.009,
产品Id:100000384107, 总体评分均值: 5, 评论数:58000, 好评率:0.99, 中评率:0.001, 差评率:0.009,
产品Id:4996297, 总体评分均值: 5, 评论数:52000, 好评率:0.99, 中评率:0.002, 差评率:0.008,
产品Id:4996297, 总体评分均值: 5, 评论数:52000, 好评率:0.99, 中评率:0.002, 差评率:0.008,
产品Id:4996297, 总体评分均值: 5, 评论数:52000, 好评率:0.99, 中评率:0.002, 差评率:0.008,
产品Id:100002544828, 总体评分均值: 5, 评论数:180000, 好评率:0.98, 中评率:0.006, 差评率:0.014,
产品Id:100002544828, 总体评分均值: 5, 评论数:180000, 好评率:0.98, 中评率:0.006, 差评率:0.014,
产品Id:100002544828, 总体评分均值: 5, 评论数:180000, 好评率:0.98, 中评率:0.006, 差评率:0.014,
```

图 6-25　爬取获得的商品信息展示

泡***舒	PLUS会员	颜色粉粉的，很少女心，性价比很高的一款手机。手机功能齐全，感觉是积各大手机特色于一体，比起苹果手机反应速度会慢一点，胜在功能齐全，价格美。	2019-01-15 14:26:10	来自京东Android客户端
3***鑫	PLUS会员	颜值很好，就是CPU性能欠佳，玩游戏的谨慎选择，手感也不错很舒适，厚度适中和机身很匹配，适合女生，在光线充足的情况下美颜效果很棒，颜值做工精细女生值得拥有，电池超级耐用，五星好评。	2018-09-22 09:58:00	来自京东Android客户端
海***E	银牌会员	刚入手的体验 最满意：具备分屏功能，开启分屏模式后可以追剧，聊天两不误，并且分屏状态下还可以自动调节大小，功能性、娱乐性都很强	2018-09-13 18:40:49	来自京东Android客户端
j***r	银牌会员	新品，新品喜欢，方便了许多，开机不用按键了，拿起手机脸识别开机，棒棒哒，手机的外观好看，返光度较强，很新，在使用过程色泽清晰可见，不错，喜欢。	2018-07-30 07:53:56	来自京东Android客户端
z***4	PLUS会员	OPPO手机性价比很高，给高中的孩子购买的，这是第三个OPPO品牌的手机了，手机菜单做的非常好，很人性化（很像苹果菜单，部分功能比苹果菜单还要方便）小朋友很喜欢，这款手机电池续航能力很强，千元机很好了，京东比其他渠道包括实体店都要便宜，比实体店便宜200元，很棒！支持京东！	2019-03-03 12:32:36	来自京东iPhone客户端
jd_133389scg	金牌会员	首先拿到手机真的是被手机的颜值征服了，的确很漂亮，待电量很不错，反应速度很好，一点都不卡机，赠送了后壳，蓝牙音响，手机拿到就是贴过膜的，我是第一次这么认真的评论，主要是手机的的颜值和速度待电量让我觉得购买这个手机值了！欢迎随时咨询，太喜欢了！	2018-07-17 17:43:25	来自京东Android客户端
h***6	PLUS会员	这款手机外形设计风格很简单时尚，颜色青春靓丽，适合潮流一族使用，手机性能好，视频游戏都流畅不卡机，待电量也特别好，大爱哟！希望能够用三年以上！先给五星好评！不要让我失望！	2018-09-02 23:16:48	来自京东iPhone客户端
陈***o	银牌会员	第一次用oppo，第一眼看上的手机，果然没让我失望，待机很长时间了，当天早上充满电，可以正常用到第二天早上还有百分之20的电呢，这一点我也是非常满意了。外观漂亮。喜欢喜欢喜欢。	2018-09-04 09:07:11	来自京东Android客户端
相***语	金牌会员	是面部解锁的，或者是数字密码解锁，不用指纹，相对来说，更加先进了一步，如果正在洗衣服，直接扫脸就行，不用再擦干手来解锁了，现在用起来很好用的，没有评论里的那么多不是，还让我朋友帮忙鉴定了一下真伪，他是专门接触手机的，很不错的呢，本来是给我老公买的，先我用几天吧，哈哈	2018-08-10 15:38:30	来自京东iPhone客户端
我***丘	PLUS会员	拍照效果没有想象中的好，但屏幕用起来十分爽！感觉一手都是屏幕，这个护眼模式颜色我很喜欢，看着很舒服！颜值还是很高的！	2018-08-07 19:18:18	来自京东Android客户端
行***糖	注册会员	给家人买的，妈妈很喜欢，颜色粉嫩也很好，期待使用效果，价钱合理，买来给长辈不错的。	2019-03-11 19:35:12	来自京东iPhone客户端

图 6-26　获得的商品评论信息

本次采集了 2018-07-13 18:04:09 和 2019-03-29 23:50:26 之间的京东网站平台顾客评论信息 1 978 条数据，剔除无效评论后，获得 1 893 条可用数据。出于顾客隐私保护目的，京东平台上只显示顾客昵称的部分内容。利用这些数据，可以进行相关问题的研究。

例如，这些顾客中，会员类别可以分为 8 类，如图 6-27 所示。说明在数据采集的时间范围内，不同类别的会员参加评论的人数是不同的，其中 PLUS 会员人数最多，企业会员人数最少。

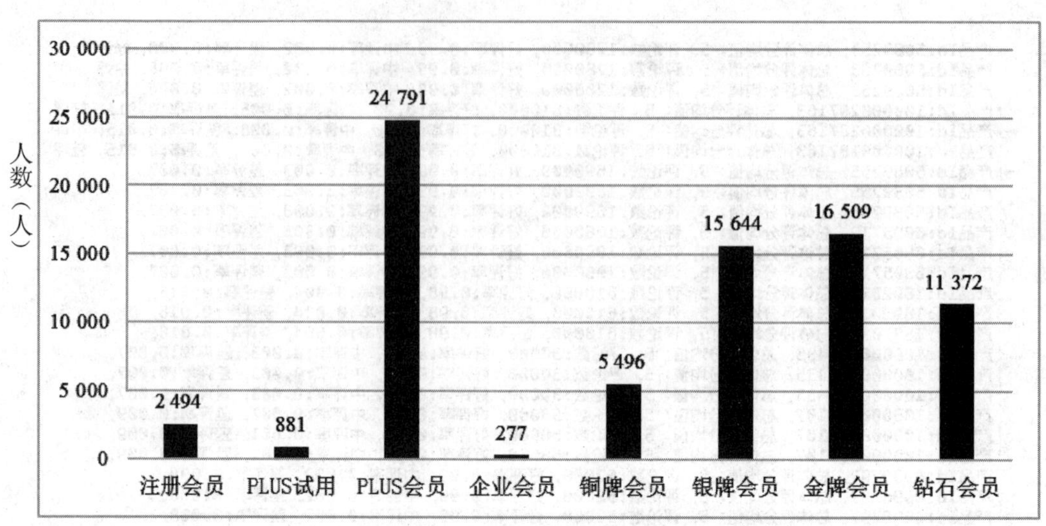

图 6-27　会员类别分布

在这些会员当中，利用不同的购买端口从京东平台上购物的人数和页数有很大差别。其中 Andriod 端口占比最高，其次是 iPhone 端口和微信购物，占比最低的是 QQ 购物（见图 6-28）。

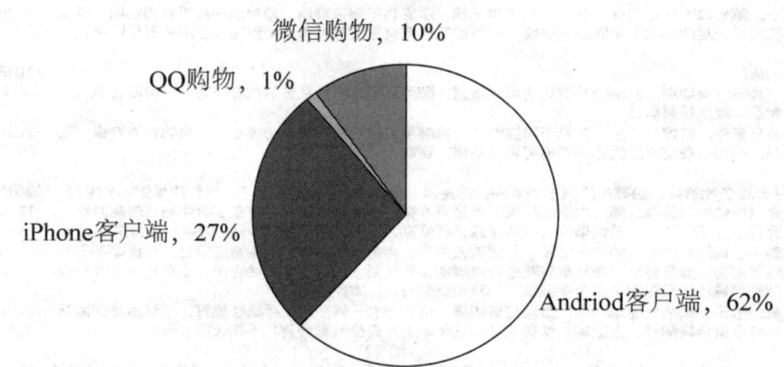

图 6-28　顾客所用购物端口差异比例

同时，还可以得到对商品评论使用词汇的频率统计，依次得到顾客购买后对商品或是服务的感受情况。对评论内容进行分词后，基于 IF-IDF 进行关键词提取，从评论内容中提取了 100 个高频词汇，进而制作出词云图（见图 6-29），其中词汇的字越大，代表该词汇出现的次数越多。从中可以看出顾客关注产品的质量和功能、产品的外观、购物平台、产品品牌、物流服务、客服态度等，从“差评”“满意”“垃圾”“不错”“喜欢”等情感类词汇中可以看出顾客的评论体现出了顾客满意程度。

图 6-29　评论用词出现频率

利用这些信息，可以进一步从上述关键词中

获得其中前 20 个高频词汇，见表 6-12。

表 6-12　评论内容中前 20 个高频词汇及权重

词　汇	权　重	词　汇	权　重
“手机”	0.316 355 96	“差评”	0.050 943 61
“京东”	0.134 518 69	“很漂亮”	0.050 688 53
“喜欢”	0.098 823 26	“好看”	0.047 476 43
“不错”	0.089 156 78	“收到”	0.045 813 63
“耳机”	0.067 832 29	“速度”	0.045 178 3
“屏幕”	0.059 858 2	“很快”	0.043 537 33
“非常”	0.058 505 08	“没有”	0.042 700 26
“快递”	0.055 357 5	“拍照”	0.039 738 12
“外观”	0.052 898 15	“性价比”	0.039 697 73
“物流”	0.052 877 05	“满意”	0.038 855 03

从表 6-12 中的权重系数值差异可以看出，顾客对产品种类、购买平台、产品的质量和功能、产品外观、物流服务、产品性价比等的评论度是不同的。产品种类“手机”的评论度最高，其次是购买平台“京东”。进一步分析发现，对产品种类“手机”的评论具体内容可以包括“屏幕”“外观”“拍照”和“性价比”等。由此可见，企业在手机产品上应该从屏幕显示和外观上多下功夫。

小训练

有一位客人到某家做客，看见主人家的灶上烟囱是直的，旁边有很多木柴。客人告知主人，烟囱要改曲，木柴要移走，否则将来可能有火灾。主人未听。

不久主人家失火，许多人来帮忙灭火。火扑灭后宴请四邻，但未请当初提建议的人。有人对主人说：“当初你要是听了那位先生的话，今天既不会火灾，也不必宴请四邻，现在论功行赏却没有原先给你建议的人，真是奇怪！”

主人这时才醒悟，赶紧去请当初给予建议的那个人。

预防管理训练：预防管理措施可以有哪些？

［附六］　新产品开发规划纲要

1. 企业产品组合调查与评价

企业产品组合调查的目的是为了获取企业目前产品组合状况的基本数据和资料，通过对产品组合的分析判断，找出其存在的不足之处。

企业产品组合调查的主要内容是获取企业目前的产品组合状况，弄清有哪些产品大类和产品项目；对企业目前的产品组合状况进行评价，找出不合理的地方；调查分析不同产品所处生命周期阶段，根据生命周期阶段提出改进的初步设想。

利用产品生命周期理论、产品组合及优化理论、产业竞争理论等，对企业现有产品组合进行评价，找出存在的主要问题，确定新产品开发的主要方向。

2. 新产品需求状况调查与评价

（1）顾客需求状况调查分析

从顾客的需求内容获得新产品开发的灵感，是新产品开发工作中重要的内容之一，也是新产品能否获得市场认可的基础。

顾客需求状况调查的内容主要有在社会的发展过程中产生了哪些新需求，需求有哪些改变。可以从现有的顾客对产品的整体概念中的潜在产品角度进行了解，也可以寻找潜在顾客为什么没有购买企业产品的原因。

（2）竞争对手的产品组合情况调查与分析

主要竞争对手的产品组合及其他方面的基本情况调查，包括与本企业相类似的产品组合情况，新产品的发展方向如何等。

（3）企业产品线延长需求分析

利用 BCG 法分析企业的产品线哪些地方可以延长，从而得到新产品利润点。

3. 新产品创意管理

（1）收集新产品创意构思

从不同的方面获取新产品创意的构思。获取对象可以是消费者、中间商、营销人员、营销专家，以及产品设计人员等。

（2）新产品创意构思筛选

对形成的全部创意进行初选，淘汰明显不可行或是劣质的创意，阐述理由；阐述创意精选采用的方法、主要过程和结论；填写新产品创意评价表。

（3）新产品概念的形成及产品概念实验

根据产品创意提出产品概念，说明产品概念或提交新产品样品设计图纸，然后形成产品概念实验计划。最后给出新产品概念实验过程和主要实验结论。

（4）形成最佳产品概念

阐述最佳产品概念，并说明理由。为商业分析打好基础。

4. 最佳新产品概念的可行性分析

技术上的可行性分析应该由产品研发部门人员参与完成，商业、社会与环境方面的可行性分析可以由市场营销部门人员参与完成。

（1）新产品开发的技术可行性

选择技术经济指标，对新产品概念进行技术、经济和社会环境等方面的可行性分析，形成完整的可行性分析报告。

（2）新产品开发的商业可行性

设计出新产品开发的商业可行性要点，并对每个新产品概念进行商业分析。其目的是评价每个新产品概念将来给企业带来的社会和经济效益大小、风险大小等。

5. 新产品试生产与市场验证

（1）新产品试生产管理

将最佳新产品概念转变成产品，需要一个小批量试制的过程。试制的结果将在市场中进行小范围试用，即市场验证。而验证的结果又会反馈到新产品的试生产中，进行新产品设计方案调整，或生产工艺调整，或工作业务流程调整等。

因此，新产品试生产管理包括诸多内容，这些内容都应说明如何管理。包括技术指标的调整管理、质量检验结果的管理、工艺指标调整管理、业务流程调整管理以及对新产品实体的管理等。

（2）新产品市场验证

新产品市场验证基本流程见图附六-1。

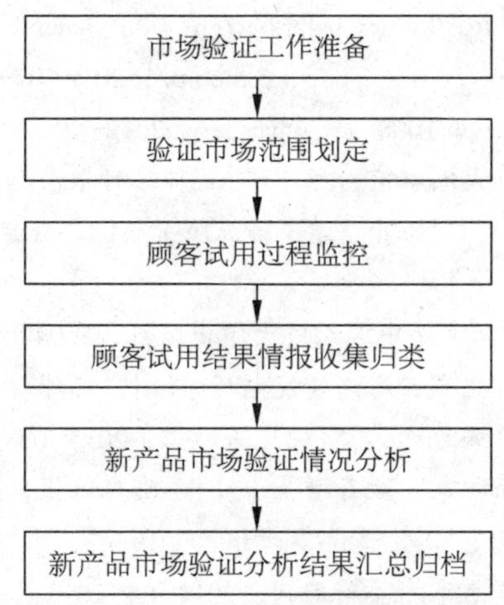

图附六-1　新产品市场验证管理流程

市场验证准备工作包括新产品准备、验证方案设计。验证方案包括验证市场如何划定、顾客如何选定、顾客试用信息如何采集等。

顾客试用过程监控是根据上述顾客使用信息采集方案，对顾客试用过程产生的疑问、想法信息等的及时了解、收集、反馈。

顾客试用情报收集可能在顾客试用过程中就已进行。收集上来的信息应及时归类。归类的类别可以以产品整体概念的层级来分，也可以按层级中的常见要素来分。如核心产品中的功能、功效，有形产品中的质量、包装、颜色、形状等，还可以是附加产品中的售后服务特点、培训要点等。

新产品市场验证分析结果汇总和归档，一方面将结果反馈给新产品试生产管理环节，以便调整新产品试生产的相关问题。另一方面将验证资料归档，以便规模化生产时使用，或供以后查询。

本章参考文献

[1] 菲利普·科特勒，加里·阿姆斯特朗. 营销学导论（第 4 版）[M]. 俞利军，译. 北京：华夏出版社，1999.

[2] 菲利普·科特勒，凯文·莱恩·凯勒. 营销管理（第 6 版）[M]. 王永贵，华迎，译. 北京：清华大学出版社，2016.

[3] 陈晓文. 不老毛衣［N］. 文摘周报，2012-12-04，第 13 版.
[4] 廖继锋，熊壮编辑. 数字［N］. 文摘周报，2012-08-02，第 1 版.
[5] 海尔“馕饼冰箱”受伊朗人欢迎［N］. 环球时报，2010-03-03，B7 版.
[6] 哈昊天. 科技风向标［N］. 参考消息·北京参考，2013-03-26，第 12 版.
[7] 王永德，王杜春主编. 市场营销学［M］. 北京：中国大地出版社，2005.
[8] 纪宝成. 市场营销学教程（第 6 版）［M］. 北京：中国人民大学出版社，2017.
[9] 吕一林，李蕾. 现代市场营销学（第 4 版）［M］. 北京：清华大学出版社，2007.
[10] 赵涛主编. 市场营销工作制度规范与流程设计［M］. 北京：北京工业大学出版社，2009.
[11] 关于海尔集团品牌［Z］. http://www.haier.net/cn/about_haier/brands/，2019-07-10.
[12] 产品名称及介绍［Z］. http://www.foodpacked.com/，2019-07-10.
[13] 新产品推介［Z］. http://www.10086.cn/whatsnew/,2012-09-21.
[14] 黄磊，凌德. 荷兰大黄鸭五大洲都有粉丝［N］. 环球时报，2013-05-07，第 8 版.
[15] 雅克·朗德维，德尼·林顿. 市场营销学（第五版）［M］. 张欣伟，郭春林，译. 北京：中国经济出版社，2000.
[16] 陈云岗. 品牌设计［M］. 北京：中国人民大学出版社，2004.
[17] 萧强，王晓雄. 洛·马公司宣布在海南建发电厂［N］. 环球时报，2013-04-18，第 3 版.
[18] 王方. 西班牙红酒书屋，边喝边读［N］. 环球时报，2013-05-07，第 8 版.
[19] 王冬编辑. 国产品牌“正面印象”显著增长［N］. 环球时报，2019-03-15，第 9 版.
[20] 顾海波. 运动鞋的未来市场［N］. 青年参考报，2019.5.2，第 15 版.
[21] 钱婷婷. 中国汽车的土味车名［J］. 新周刊，2019-04-28.

自测题

第七章

价格决策

本章概要

本章的目的是让学习者了解并掌握企业的定价决策管理的技巧。价格决策是企业营销活动中十分重要的内容。定价目标的准确性、定价方法的科学性、定价策略的合理性，不仅关系到产品的市场寿命，也影响到企业的生存和发展。本章主要讨论企业定价目标的确定，分析影响企业定价的主要因素，选择定价的一般方法和定价的主要策略问题。尤其是网络营销的特殊需求。

第一节　企业定价目标与程序

定价问题是企业面临如何获利的重要问题。在所有的营销组合因素中，产品、分销和促销三要素多与企业现金流的流出有关，而只有价格要素才决定企业的现金流入。因此，价格决策成为企业如何获得更多效益的决策关键点。

一、价格的构成与定价原理

（一） 价格的构成

定价不仅涉及产品定价时所采用的方法，还包括定价目标、价格政策、折扣政策、信用政策、价格策略以及价格变动等方面的问题。无论企业追求何种定价目标、采用何种定价方法，采取何种定价策略，在价格的总体构成中一定包括成本和利润两部分基本内容。

这里的成本是指总成本。既包括生产某种产品或提供某种服务所发生的生产成本，也包括该产品交付环节中发生的物流成本，即储运成本、信息传递成本和机会成本。还包括在促销环节中发生的媒体成本、宣传赞助成本、管理成本、诱因成本等。甚至包括一些风险成本，如商品滞销成本等。

企业为了追求利润目标，获得不低于社会平均利润的盈利水平，或获取其行业的基准收益率，产品价格一定要高于产品的平均成本。这个高出的部分就是单位产品所获得的利润。包括税前利润和税后利润。

（二） 定价的基本原理

经济学中将企业经营分为短期经营和长期经营。短期是指所有生产投入要素来不及变动的时期。长期是指至少有一种生产投入要素已经发生变动的时期。企业在短期中的成本可以分为固定成本和变动成本。固定成本是指不随产量变化而变化的成本。变动成本是指随产量变化而变化的成本。变动成本是产量 Q 和单位产品变动成本 C_V 的函数，即 $V = f\ (C_V, Q)$。如果单位产品的变动成本是一个常数，变动成本可以描述为 $V = C_V Q$。在产量和成本的坐标系中，它是一条经过原点的直线。而在现实中，企业的总成本和变动成本大都表现为三次曲线。因此平均总成本和平均变动成本大多是二次曲线。图 7-1 显示了完全竞争市场中的成本、价格和利润之间的关系。

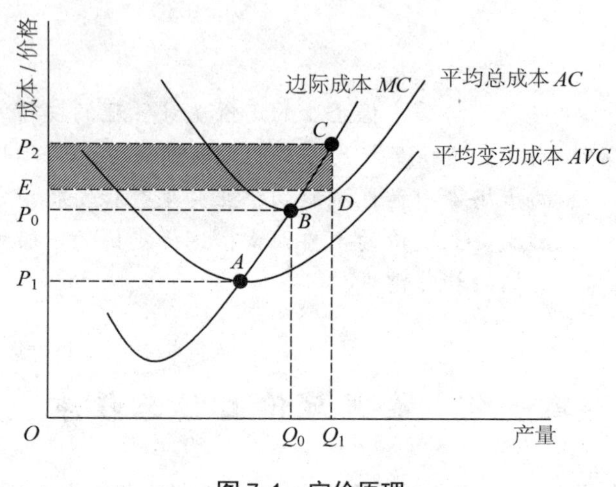

图 7-1　定价原理

在图 7-1 中，AC，AVC、MC 分别是企业的短期平均总成本，平均变动成本和边际成本线，平均成本是总成本除以产量，平均变动成本是总变动成本除以总产量，边际成本是总成本对产量的一阶导数，即 $MC = \frac{\mathrm{d}C}{\mathrm{d}Q}$，并且可以证明 MC 线一定要经过 AVC 和 AC 线的最低点 A 和 B。

企业的利润 π 是销售收入 R 与总成本 C 之差，即 $\pi = R - C$。销售收入 R 是产量 Q 和价格 P 的函数，即 $R = \varphi(Q,P)$，其边际收入 MR 为销售收入对产量的一阶导数，即 $MR = \frac{\mathrm{d}R}{\mathrm{d}Q}$。如果企业追求利润最大化，则有 $\frac{\mathrm{d}\pi}{\mathrm{d}Q} = \frac{\mathrm{d}R}{\mathrm{d}Q} - \frac{\mathrm{d}C}{\mathrm{d}Q} = MR - MC = 0$，即有 $MR = MC$，即利润最大化的条件是边际收入等于边际成本。

图 7-1 中所示的 B 点，表示企业实现短期均衡，此时的价格 P_0 等于平均总成本 AC，所以超额利润为 0。如果价格水平在 P_1 以下，意味着企业的定价不仅无法收回总成本，甚至连变动成本也无法收回。在这种情况下，企业是不能开展生产的。A 点称为停止生产点。也就是企业的定价不能低于 P_1。当价格在 P_1 至 P_0 之间时，产品的生产虽然不能实现盈利，但是可以使企业的亏损减少，所以可以进行生产，此时超额利润为负值。当价格在 B 点对应的 P_0 以上水平时，企业可以获得超额利润。假设价格水平为 P_2，它也是完全竞争市场中的边际收入 MR，它与边际成本线 MC 交于 C 点。按照利润最大化原

理，此时对应的最佳产量是 Q_1，其平均成本线是 AC 线上的 D 点，因此企业可获得的超额利润是由 P_2、C、D、E 所围成的面积。

二、企业定价目标决策

价格通常被定义为“顾客为得到一个单位产品或服务而必须支付的货币数量单位”或“产品或服务的提供者为其提供产品或服务所收取的费用”。由于企业经营目的的多元化，所以企业的定价目标也是多元化的。

（一）以利润为目标

以利润作为定价目标是企业经常采用的。无论是企业的股东、经理人员、职工，还是政府有关部门，衡量企业经营的好坏往往与利润的高低相联系，这就使得企业的营销人员在决定其产品或服务的价格时将目光放在利润上。这一定价目标常有 3 种表现形式。

1. 以利润最大化为定价目标

如果企业追求利润的最大化，可以按照 $MC = MR$ 的基本原理来进行。

利润最大化目标有两种表现形式。一是追求企业长期总利润的最大化；二是追求当期利润的最大化。

利润的最大化并不等于价格的最大化。除非需求具有完全刚性或者说需求的价格弹性为零。按照经济学理论，价格与需求量之间通常表现为负相关关系。即价格的提高意味着需求量的减少。而利润既与价格有关，也与销售量有关，还与单位成本有关。无论在哪种市场形态下，利润最大化的条件总是“边际收入等于边际成本”。

2. 以取得一定的投资利润率为定价目标

企业要想在一个行业中长期生存和发展，其利润至少要达到行业中的平均水平。在任何一个行业投资，企业总是希望能有一个满意的投资回报，也就是取得不低于社会平均利润率或行业基准收益率的利润率。西方国家一般将投资收益率确定在税后 8%～20% 之间。在中国，由于行业不同，具体采用的基准收益率也有所不同。一般来说，只要企业生产的产品所获得的投资回报率大于资本成本率，投资便是可行的。但是它并不一定成为企业所追求的目标。只有投资回报率与资本成本率之差达到企业的期望值，即达到一定投资利润率，产品投资才是可行的。

3. 以满意利润为定价目标

满意理论是由 1978 年诺贝尔经济学奖获得者西蒙提出并被一些学者所倡导的理论。由于最大化往往建立在理论上，或是建立许多的假定条件之上，所以理论上的最优化和实际上的最优化往往不是一个相同的概念。况且追求最大化的过程会使投入增加利润减少。这对决策利益有关各方来说，能获得一个比较满意的解，也许就是最优的选择。

由于环境变化存在着许多不确定性，利润最大化目标在企业部门很难实现，所以很多企业都将满意利润作为追求的目标。当然，满意的含义会因时间的推移而有所不同。有时可能是一个绝对值，即利润额；有时可能表现为利润率，如投资利润率、销售利润率、成本利润率等。由于利润额或利润率的最大值难以确定，所以企业通常会将定价目标设定在这些指标达到一定的水平便可以接受。

（二）以销售量为定价目标

企业产品销售量的提高，不仅意味着规模经济效益的产生，还会因为销售量的提高引起企业知名度的同时提高。它对提高企业的竞争力有着不可低估的作用。基于这种原因，有些企业在不同时期都会考虑将提高销售量作为定价目标。其基本方式有三种。

1. 以尽量提高销售收入为定价目标

这一目标实际上没有考虑利润指标，而是重点考虑产品的销售收入。基于这种目标，企业的通常做法是降低产品的价格，甚至在一些极端时期，或因特殊的原因将产品的价格定在停止生产点之下。这种极端做法可能会面临反不正当竞争法和价格法等法律法规的约束和制裁。

2. 以尽量提高产品的市场占有率为目标

与销售量这个绝对指标不同的是，市场占有率是一个相对指标。虽然理论上的市场占有率有不同描述，比如相对市场占有率、目标市场占有率、可达市场占有率等，但其基本含义总是企业销售量（额）与全行业所有企业总的销售量（额）之间的比值，所以这种定价目标也归为销售量这个范畴。

3. 以尽量增加顾客数量为目标

假设每个顾客的购买量是一个常数，销售量会因顾客的增加而呈线性增长，顾客数量增加，意味着销售量提高。

需要指出的是，企业以销售量作为定价目标可能只是一个短期行为，不可能是长期追求，否则会造成行为与企业目标相悖。

（三）以保持稳定为目标

价格策略的采用和实施都会对企业环境，尤其是对企业的微观环境产生影响。如果企业处于有利的市场环境中，就不会希望这种影响对企业造成威胁，因此企业的定价会选择以保持现状的稳定为目标。

1. 以维持现有市场份额为目标

无论是对大企业还是对小企业来说，在一定时期内和一定的条件下，维持现有的市场份额都是它们所追求的。

对大企业来说，过高的市场份额往往会与垄断相联系而遭到反垄断法的制裁。对小企业来说，有时能够维持目前的市场份额，也并非是一件容易的事。与以销售量为定价目标相似的是，维持现有的市场份额也许只是企业的短期行为。从长期来看，企业一定会追求更高的市场占有率，但是总的市场份额是一定的，有些企业提高了，其他一些企业就一定会下降。另外，如果每家企业都以维持现有的市场份额为定价目标，可以更好地保持行业的整体稳定性，有利于促进行业的整体发展。

2. 以应付竞争为目标

价格战是市场竞争中经常出现的现象，价格战实际上是最不应该提倡的。有人称价格竞争为“割喉”竞争，竞争的结果往往会导致行业整体利润水平下降，造成行业整体扩大再生产的能力不足，从而导致行业的衰退。因此，一家好的企业应该致力于避免价格战的出现。但是，如果真正面临竞争的压力，企业会不得不采用价格战这个有力的竞争武器。

2012 年秋季爆发的京东商城与苏宁、国美之间的电商价格战，和后期其他企业的纷纷加入，是为了应付竞争压力而在短期内制定的权宜之计。

2012 年 8 月 14 日上午 10 时许，京东商城董事局主席兼 CEO 在其认证微博上发布消息称，京东大家电三年内零毛利！如果三年内，任何采销人员在大家电上哪怕增加一元的毛利，都将立即遭到辞退！同时表示，从当日起，京东所有大家电保证比国美、苏宁连锁店便宜至少 10%以上。随后又发一条微博，称即日起京东以不低于 3 000 元的月薪在全国招收 5 000 名“美苏”价格情报员，每店派驻 2 名。任何客户到国美、苏宁购买大型家电的时候，拿出手机用京东客户端比价，如果便宜不足 10%，价格情报员现场核实属实，京东立即降价或者现场发券，确保便宜 10%。

这两条微博一出，立刻在业内引发轩然大波。苏宁易购执行副总裁先是在微博上表示“只有那些没有底气的企业才会在嘴上炒作低价，亏本赚吆喝先考虑自己能否活下去”。然而没过多久，其又在微博上称“保持价格优势是我们对消费者最基本的承诺”。并表示“从 8 月 15 日上午 9 时起，苏宁易购包括家电在内的所有产品价格必然低于京东，任何网友发现苏宁易购价格高于京东，我们都会即时调价，并给予已经购买反馈者两倍差价赔付”。

国美电器的回应则更加直接。其官方认证微博称“废话不多说，明天 9:00 起，国美电器电子商城全线商品价格比京东商城低 5%”。

3. 以维护印象为目标

尽管高价和低价的采用是企业的定价策略问题，但现实生活中，很多人还是将价格与产品质量相联系。一家知名企业、一个名优品牌，往往采用与企业自身形象相吻合的声望定价，其他企业也会根据企业在行业中的竞争地位和在消费者心目中形成的特定形象而采用相应的价格。

例如，梅塞德斯—奔驰汽车公司与手表业巨头 SWATCH 公司合资成立 MCC 公司，合作开发的“SMATCHMOBILE”超微型紧凑式汽车“SMART”的定价在 20 万元左右。

4. 以稳定渠道成员为定价目标

为保持与渠道成员间的合作关系，企业的定价要考虑到渠道成员可得利润的多少，以实现对渠道成员的有效激励。当企业生产的产品一定时，消费者可以接受的价格便基本确定了，这就要求企业在确定产品的出厂价时，充分考虑各级代理商的利益，以保持一定的利润空间，否则会影响到代理商的热情和积极性。

三、企业定价程序管理

菲利普·科特勒将价格决策分为六个步骤：确定定价目标、测定需求、计算或估算成本、分析竞争者的成本和价格、选择定价方法、确定最终价格。晁钢令将定价过程概括为设定目标、分析环境、形成方案、选择方案、适应调整五个步骤。事实上，无论是哪种定价程序，都要体现企业定价时的逻辑思维顺序。结合上述两位学者的思想可知，企业的定价程序应包括如图 7-2 所示的几个步骤。

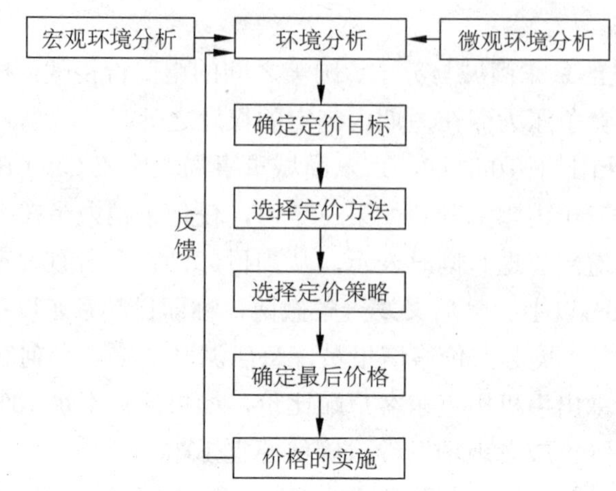

图 7-2　定价的基本程序

定价的环境分析包括企业宏观环境分析和微观环境分析，是定价时的第一个重要步骤。比如当前的政治情况、法律法规情况、社会及经济总体的运行状况、科技发展及新技术的诞生和推广情况、产业发展及竞争情况、竞争者的价格政策及反应模式、中间商及消费者（用户）对产品的需求情况等。只有充分了解企业所面临的环境，才有可能合理地确定企业的定价目标。

定价目标的选择在前文已经做了介绍。无论做出何种选择，企业的定价目标都要与企业的发展战略和经营目标相一致，要与环境分析的结论相吻合。企业定价目标还会影响到定价方法和定价策略的选择，对企业的经营效果起着不可低估的作用。

定价方法的选用必须保持与定价目标的一致性。定价方法主要有三大类：基于成本的定价方法；基于需求的定价方法；基于竞争的定价方法。这三类定价方法分别适用于不同的定价目标，要围绕定价目标进行认真细致的选择。

价格策略的制定是定价方法的补充。在很多情况下，定价方法的单独采用是行不通的，或是无效的。比如在产品同质性很强的市场中，基于成本的定价如果缺少实际价值，消费者就不会花费更高的价格购买相对同质的产品。而在产品异质性很强的市场中，基于成本的定价也不会发挥其应有的效果，因其无法获得本应获得的相对更高的利润。在很多情况下，价格的确定不是取决于采用的方法，而是取决于采用的价格策略。价格策略的采用是否得当，对企业的影响将是深远的。

确定最后价格是在利用定价方法、采用定价策略所确定的价格基础上开展的工作。定价方法和定价策略所确定的价格都还不是产品的最后价格。在形成产品的最终价格时，还必须考虑国家的价格政策、中间商和消费者心理、竞争对手的可能反应、企业有关方面的意见等。这样，最终确定的价格才是真正有效的、符合定价目标的。

定价的步骤中还应包括价格的实施这一环节，因为单纯地制定价格而不去执行是无意义的。但是应该注意，价格并不是一成不变的，它应随着环境因素的变化而不断地调整。价格实施过程中的反馈也应是重要的环节，它要求企业根据不断变化的环境，适时调整定价目标，恰当采用定价方法和策略，这样才能保证企业经营目标的实现。

由此可见，企业定价活动中会受到企业内外相关因素的影响，不仅涉及定价方法的选择，也涉及定价策略的制定，以及整个定价系统的修订等。

第二节　影响定价的主要因素分析

价格是影响市场需求和购买行为的主要决定因素。反之，市场需求和购买行为也会影响企业产品定价。同时，还有很多其他因素影响产品的定价。如企业的定价目标、成本、需求、竞争状况和其他的市场组合要素等。尤其要注意国家的政策法律等对价格的限制。下面重点就需求、成本、竞争三个重要因素进行讨论。

一、需求

市场营销理论认为，产品的最低价是由该产品的成本费用决定的，而产品的最高价则是由市场需求决定的。

根据经济学中的“需求法则”，一般而言，当一种产品的价格提高时，其需求量会表现出下降的趋势。由于价格与需求的这种反向关系，当价格高到一定水平时，对该产品的需求一定会趋近于零或降为零，企业无法在此价格水平之上进行销售。另一方面，企业不可能长期以低于成本价销售自己的产品，否则，企业会处于长期亏损状态，这也是企业所无法接受的。企业产品的定价只能在最高价和最低价之间选择平均值，价格高低受竞争对手同类产品价格的影响。

需求是有购买力的需要，它主要受产品价格和消费者收入因素的影响。因价格和收入等因素变化而引起的需求变化率称之为需求弹性。需求弹性分为需求的价格弹性、需求的收入弹性和需求的交叉弹性等。

（一）需求的价格弹性

在一般情况下，消费者对某一产品的需求量会随该产品价格的上升而减少，随该产品价格的下降而增大。在某一个价格水平 P_0 上，价格水平有一个变化量 $\Delta P(\Delta P=P_1-P_0)$，这时的需求量会从 Q_0 变到 Q_1，显然两者大多是呈反向变化，见图 7-3。

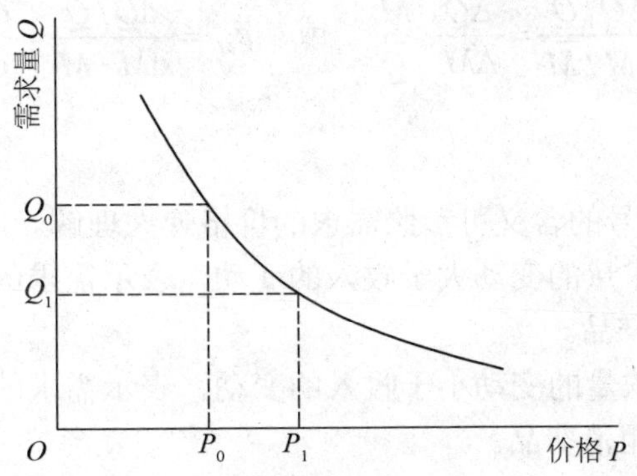

图 7-3　需求的价格弹性示意图

需求的价格弹性（Price Elasticity of Demand）ε_P是指因价格变化而引起需求的相应变动率。由于两者的变化通常是反方向的，所以在计算公式前增加了一个负号，以保证需求价格弹性为正值。用式（7-1）描述。

$$\varepsilon_P=-\frac{\Delta Q/\overline{Q}}{\Delta P/\overline{P}}=-\frac{\Delta Q}{\Delta P}\cdot\frac{\overline{P}}{\overline{Q}}\quad 或\quad \varepsilon_P=-\frac{\mathrm{d}Q/Q}{\mathrm{d}P/P}=-\frac{\mathrm{d}Q}{\mathrm{d}P}\cdot\frac{P}{Q} \tag{7-1}$$

其中：$\overline{Q}$——需求量在价格变化前后的平均值；

$\overline{P}$——价格变化平均值。

其计算公式分别为式（7-2）和式（7-3）。

$$\overline{Q}=\frac{Q_0+Q_1}{2} \tag{7-2}$$

$$\overline{p}=\frac{p_0+p_1}{2} \tag{7-3}$$

$\varepsilon_P=1$时，说明需求量与价格等比例变化。这类产品价格的变动对销售收入的影响不大。定价时可选择实现预期盈利率的价格或选择通行的市场价格，同时把其他市场营销策略作为提高盈利率的手段。

$\varepsilon_P>1$时，说明需求量的变动大于价格自身的变动。这类产品的定价应采取降低价格的方式，以实现薄利多销来增加企业的盈利。

$\varepsilon_P<1$时，说明需求量的变动小于价格自身的变动。这类产品的定价应采取提高价格的方式来增加企业的盈利。

（二）需求的收入弹性

需求的收入弹性（Income Elasticity of Demand）ε_M是指因收入变化而引起需求相应的变动率。由于收入的提高往往会使消费者购买量加大，所以两者的变化常常是同向的。但对于一些低档产品来说，收入的提高会使消费者对该类产品的需求量减少，使得需求的收入弹性为负值。根据需求的价格弹性，可以给出需求收入弹性的计算公式，见式（7-4）。

$$\varepsilon_M=\frac{\Delta Q/\overline{Q}}{\Delta M/\overline{M}}=\frac{\Delta Q}{\Delta M}\cdot\frac{\overline{M}}{\overline{Q}}\quad 或\quad \varepsilon_M=\frac{\mathrm{d}Q/Q}{\mathrm{d}M/M}=\frac{\mathrm{d}Q}{\mathrm{d}P}\cdot\frac{M}{Q} \tag{7-4}$$

其中：M——收入。

式（7-4）中，各符号的含义可参照需求的价格弹性理解。

$\varepsilon_M>1$时，说明需求量的变动大于收入的变动，表示需求的收入弹性大。这类产品多为耐用消费品或高档产品。

$\varepsilon_M<1$时，说明需求量的变动小于收入的变动，表示需求的收入弹性小。这类产品多为购买频率较大的日用消费品。

$\varepsilon_M<0$时，说明对该类产品的需求会因收入的提高而降低。这类产品多为低档产品或假冒伪劣产品。

（三）需求的交叉弹性

需求的交叉弹性（Cross Elasticity of Demand）ε_C是指具有互补或替代关系的某种产品价格变动时，引起相关产品需求相应变化的程度。对于具有互补关系的产品来说，一种产品价格的提高会引起另一种产品的需求量下降；对于具有替代关系的产品来说，一种产品价格的变化一般会引起另一种产品的需求量同该产品的需求量反向变化。公式为式（7-5）。

$$\varepsilon_C = \frac{\Delta Q(X)}{\Delta P(Y)} \cdot \frac{P(Y)}{Q(X)} \tag{7-5}$$

其中：X、Y ——表示两个不同的产品；

ε_C ——需求的交叉弹性。

需要指出的是，市场供应量的多少也会影响到商品的价格。按照经济学中的“供应法则”，当一种商品的价格上升时，企业愿意向市场提高供应量；而当此商品价格下降时，企业的供应量便会相应减少。反之，当一种商品的供应加大时，其价格便会有下降的趋势。对于企业而言，定价时必须考虑到市场上的总体供应情况。

二、成本

产品的成本是由生产和流通过程中所发生的各种物质损耗和支付劳动报酬所形成的。总的来说，产品的价格不能低于产品的平均成本。为了更好地说明成本对价格的影响，下面对成本的相关构成进行介绍和分析。

（一）短期成本函数

前面已经提到，短期是指企业不能自由地调整生产要素的投入和组合，不能选择各种可能的生产规模的时期。短期成本可以分为固定成本和可变成本。

总固定成本（Total Fixed Cost，TFC）是指一定时期内产品固定投入成本的总和。在一定的生产规模内，产品固定投入的总量是不变的，因此，短期固定成本表现为一个常数。

总可变成本（Total Variable Cost，TVC）是指一定时期内产品可变投入的总和。它与产量之间存在着正相关的关系。

总成本（Total Cost，TC）是总固定成本和总可变成本之和，即 $TC = TFC + TVC$。

平均总成本（Average Total Cost，ATC）是指总成本 TC 被产量 Q 均分后的份额。包括平均固定成本 AFC 和平均可变成本 AVC。

边际成本（Marginal Cost，MC）是指增加一个单位产量而相应增加的单位成本，它是在某一产量水平下的总成本对产量的一阶导数。

上述各成本之间的关系，可以结合图 7-1 和图 7-4 加以理解。

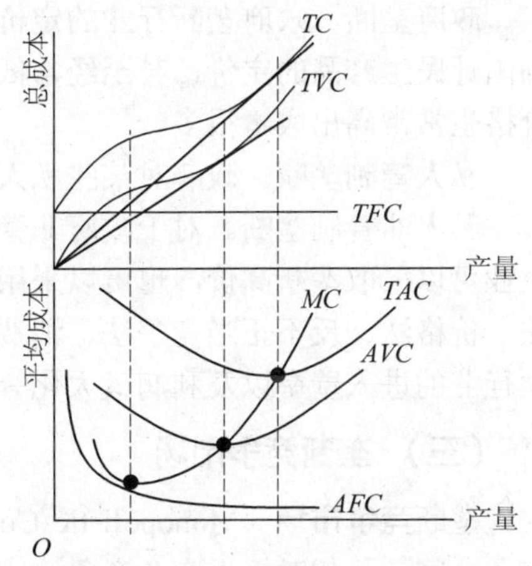

图 7-4 短期总成本和短期总平均成本

（二）长期成本函数

长期成本函数与短期成本函数的概念与计算并无太大的区别，定价的基本思想仍然是价格等于长期和短期边际成本。只是在长期中一切生产要素的投入都是可变的，所以其中没有了固定成本。

三、竞争

竞争是又一个影响企业定价的重要因素。在不同的市场结构下，企业的定价权力有着很大的区别。

（一）完全竞争市场

完全竞争市场（Perfectly Competitive Market）也叫自由竞争市场。其主要特点有六方面。一是市场上有众多的卖者和买者，他们买卖的商品只占商品总量的一部分；二是商品是同质的；三是没有进入和退出壁垒；四是买卖双方信息对称；五是生产要素在各行业之间可以自由流动；六是所有卖主出售商品的条件都相同。

具备上述条件的市场才能称为完全竞争市场，但要注意，现实生活中这种市场几乎是不存在的。在完全竞争市场条件下，任何一个卖方或买方都没有定价权。由于卖方众多和产品同质等方面的原因，稍稍高出的价格就会使其需求下降为零，所以卖方不会提价。而稍低的价格也并不会使其获得更多的收益。因为任何一个卖方的降价都会导致市场上所有卖方的集体降价，其结果是首先降价者并未受益而是集体遭受损失。基于上述原因，在完全竞争市场条件下，买卖双方只能是市场价格的接受者。

（二）完全垄断市场

完全垄断市场（Complete Monopoly Market）是指在一个行业中某种产品的生产和销售完全由一个卖主独家经营和控制。它有两种形式：一是政府垄断，即政府独家经营的业务；另一种是私人垄断，即由私人企业控制的业务，其中又分私人管制垄断和私人非管制垄断。在不同的垄断形式下，企业的定价方式也有所不同。

政府垄断。政府垄断行业的定价往往不是以利润最大化作为定价目标。对有些关系到国计民生产品的定价，甚至经常低于成本；但有时为了限制对某些特殊产品的消费，价格也常常高出成本很多。

私人管制垄断。政府对某些私人垄断企业的定价加以调节和控制。

私人非管制垄断。对于政府非管制垄断的企业，政府允许私人垄断企业随意定价，企业可以采取垄断高价，也可以采用垄断低价策略。但垄断企业必须考虑到诸如反垄断法、价格法、反不正当竞争法、消费者权益保护法等相关法律的约束，同时也要考虑增大行业的进入壁垒以及利润最大化等方面的因素，以制定产品的价格。

（三）垄断竞争市场

垄断竞争市场（Monopolistic Competition Market）是一种介于完全竞争和完全垄断市场之间，又相对接近完全竞争一侧的市场形态。由于企业在产品设计、地理位置、信息宣传等方面的不对称，企业可在具有差异化的产品市场中形成垄断。

在垄断竞争市场条件下，企业的定价原则仍然是边际收入等于边际成本。不过，企业在短期有赢得超额利润的可能。但是在长期内，由于企业的规模化因素和新进入者的因素都会造成市场供应的相对有余或者说需求线的向下移动，从而实现长期均衡。

（四）寡头垄断市场

寡头垄断市场（Oligopoly Monopolistic Marker）或寡头竞争市场是介于完全竞争和完全垄断市场之间，又相对接近完全垄断一侧的一种市场形态。在寡头竞争的条件下，一个行业中只有少数几家大公司，它们生产和销售的某种产品在市场总量中占有绝对优势，因此它们有能力影响和控制市场价格。

寡头竞争的形式有两种：完全寡头竞争和不完全寡头竞争。

完全寡头竞争也称为无区别的寡头竞争。它们生产的产品同质性很强，消费者往往不存在对某一企业产品的特殊偏好，只是凭规格、型号、花色品种等来购买，比如对钢材、石油产品的购买就属于这一类。在完全寡头竞争条件下，一家企业的定价会对另外企业产生很大的影响。当某一企业对产品提价时，其他企业往往不会跟着提价，所以，购买者会转向其他企业的产品。反之，如果某一企业采取降价策略，另外的企业通常会跟着降价，因为它们不会容忍市场份额的下降。基于上述原因，处于完全寡头竞争市场中的企业，往往采取“协商定价”的方式来避免各自受到无谓的损失。

不完全寡头竞争，也称为差异性寡头竞争。在不完全寡头竞争条件下，一家企业的定价不会对另外企业产生太大的影响。因为每家企业都生产和经营着具有差异化的产品，产品之间不能互相替代，这种差异化的产品对具有某种特定偏好的人形成市场垄断，所以企业的定价权相对来说比较灵活。

寡头垄断市场上的产品价格，通常表现为由各寡头相互协商的方式来决定。但是，价格领先制可以说明寡头垄断市场的定价原理。价格领先制是指一个行业的产品价格，通常由某一寡头率先制定，其余寡头追随其后确定各自产品的售价价格。

价格领先制通常有三种形式。一是支配型价格领先，二是成本最低型价格领先，三是晴雨表型价格领先。支配型价格领先，是指由寡头垄断行业中占支配地位的厂商根据利润最大化原则确立产品的售价，其余规模小一些的厂商根据已确立的价格确定各自的产销量。成本最低型价格领先，是指由成本最低的寡头按利润最大化原则确定其产销量和销售价格，而其他寡头也将按同一价格销售各自的产品。若其他寡头也按利润最大化原则确定各自的产销量和销售价格，则他们会丧失一定的市场份额，让利给成本最低的寡头。晴雨表型价格领先，是指寡头垄断行业中，某个厂商在获取信息、判断市场变化趋势等方面具有公认的特殊能力。该厂商产品价格的变动，起到了传递某种信息的作用，其他厂商会根据该厂商产品价格的变动而相应变动自己产品的价格。

综上所述，成本加成法（详见第三节）是寡头垄断市场上一种最常用的定价方法。

四、其他因素

需求、成本和竞争三个因素基本上决定了企业定价方法的采用，但最终价格的确定还要考虑到定价策略问题，而定价策略则主要受制于以下三个因素。

政府干预。产品的生产有时会受到政府产业发展政策的影响，政府干预主要分为直接干预和间接干预。直接干预主要是通过制定商品的最高限价和最低限价来实现。最高限价的目的在于抑制该产业的发展，而最低限价的目的往往在于通过扩大供应以实现储备、对外援助和出口等。间接干预则是通过征税或补贴的方式来达成。

消费者心理和习惯。消费者的消费行为未必总是理性的，很多消费者都不能抵御降价的诱惑，表现在常常购买很多并不需要或并不急需的商品。“双 11”时，很多消费者疯狂的购物行为就是典型的例证。而有的消费者对低价或降价商品漠不关心，这些人总会将低价与低品质、低档次联系起来。所以，企业在定价时要针对目标顾客群体的一般心理特征和行为习惯，做到有的放矢。

企业或产品的形象。每个人追求的生活方式各不相同，这会形成不同消费者对不同品牌的忠诚。良好的企业或者产品的形象是形成品牌忠诚的一个重要因素。对于一个具有普遍品牌偏好的企业而言，相对的高价是必然的，否则可能会伤及自身的品牌形象。

另外，在网络环境下，尤其是从事电商的企业，其定价受竞争对手的影响会相对较大。因为在同一个平台上，各商家的产品是透明的、定价是透明的，这就更要求企业制定一个合理的或更有竞争力的价格决策。

7-2 影响定价的主要因素分析

第三节 企业定价的一般方法选择

定价方法选择是定价决策过程中不可或缺的一个环节。企业的定价方法有很多，定价方法的选择和采用受到企业经营目标尤其是定价目标的制约。不同类型的企业在面对不同的营销环境时，所采取的定价方法也有所不同。但总的来说，企业的定价方法有三种导向：成本导向、需求导向和竞争导向。

一、成本导向定价法

成本导向定价法（Cost-oriented Pricing）是基于成本的定价，主要依据就是产品的成本因素。由于不同企业和不同产品的成本形态有所不同，核算利润的方法也有所不同，成本导向定价法分为以下几种形式。

（一） 成本加成定价法

成本加成定价法（Cost-plus Pricing）是在成本的基础上加上一定比例的加成率来决定产品销售价格的一种定价方法。加成率指的是一定比例的利润率。这种定价方法比较简单，实际运用时又分为两大类。

1. 总成本加成定价法

总成本的含义对不同类型的工商企业的含义会有所不同。对生产制造企业来说，定价应该是企业决定产品的出厂价格，它只与生产过程中所发生的固定成本和变动成本有关。对商业企业而言，总成本包括商品的成本以及在采购、运输、存储、销售环节中所发生的各项费用。在具体计算时，有两种不同的加成方法。

（1）顺加成法

顺加成法也叫成本加成法。它是在成本的基础上，通过考虑一定的加成率来决定产品价格的。计算公式为式（7-6）。

$$P = C + C \cdot R = C(1 + R) \tag{7-6}$$

其中：P ——价格；

C ——单位总成本；

R ——加成率。

（2）逆加成法

逆加成法也叫价格加成定价法。它是在成本基础上，对价格进行一定比例的加成来确定产品价格的定价方法。计算公式为式（7-7）。

$$P = C + P \cdot R \tag{7-7}$$

或写成

$$P = \frac{C}{1 - R}$$

上述两种方法的不同之处在于，顺加成法是对成本进行加成，而逆加成法是对价格进行加成。在成本和售价相同的情况下，用这两种方法计算出来的加成率是不同的。逆加成法的加成率更小，更有利于对外界的宣传，被企业尤其是商业企业所广泛采用。

2. 变动成本加成定价法

变动成本加成定价法也称为边际贡献定价法。它在定价时只考虑变动成本，而不计固定成本，在变动成本的基础上加上预期的边际贡献。只要边际贡献大于变动成本，即便有时候不足以盈利，但它可以抵消一部分固定成本而使企业的亏损减少。在竞争较为激烈的情况下，或出于市场渗透最大化的考虑，经常采用这种定价法。

（二） 目标利润定价法

目标利润定价法（Target-return Pricing）是企业为实现其利润目标而采取的一种定价方法。企业在定价时，首先考虑在某一产量水平 Q 下的利润目标 π，然后加上总成本 TC，它们的和应该等于企业所必须完成的销售收入 S，S 除以相应的产量 Q 就可得出产品的价格。定价思路见图 7-5。

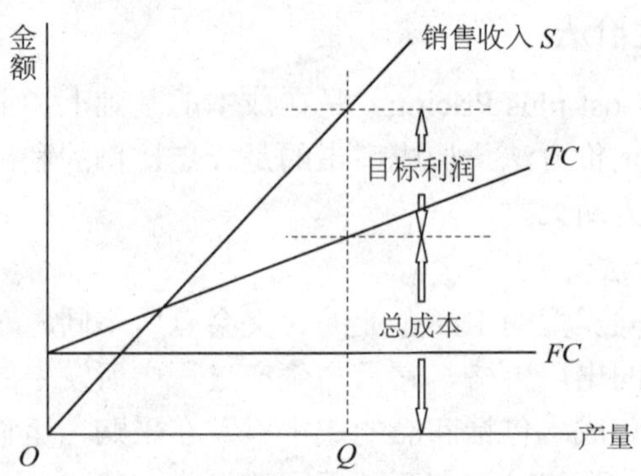

图 7-5　目标利润定价法的基本思路

由图 7-5 可以看出，产品的价格实际就是销售收入线的斜率，该线的斜率一定要大于变动成本的斜率或总成本的斜率。经济含义是产品的价格要大于产品的单位变动成本，否则，企业就不可能有盈利。目标利润法的定价公式为式（7-8）。

$$P=\frac{TC+\pi}{Q} \tag{7-8}$$

其中：π——目标利润。

成本导向定价法最显著的优点是计算方法比较简单，定价思路非常明确。但这类定价方法有其先天的不足，它们没有考虑需求和竞争等定价因素的影响。这类方法在卖方市场供不应求条件下或许是可行的，但在市场经济条件下，对很多产品的定价并不适合。另外，产品成本核算也是一个不太容易的问题，在产品总成本的构成中，应该包括哪些内容，固定成本和变动成本应该包括哪些内容，界限划分不明确的成本应该如何分解和分摊，以及加成率的确定等，都是实际工作中不易解决和难以处理的问题。

二、需求导向定价法

前面介绍的成本导向定价法只考虑了企业的成本因素，再考虑一定的利润率或是期望的目标利润来决定产品的价格。实际上，这类定价方法所期望的利润是难以达成的。因为需求量是价格的函数，一定的价格对应一个需求量，如果一个产品的定价过高，实际销售量就可能达不到预期销售量，这样，盈利目标就无法实现。

需求导向定价法（Demand-oriented Pricing）是基于需求的定价方法，即以产品的社会需求状态为主要定价依据，综合考虑成本和竞争因素来确定价格的定价方法。需求导向定价法也有多种，这里只介绍习惯定价法、可销价格倒推法和认知价值定价法。

（一）习惯定价法

某些产品，尤其是日用消费品，消费者对其属性、特点比较熟知，也习惯了这类产品的价格水平，除非产品的功能和用途有重大的变化，否则应该保持价格的稳定。降价可能造成消费者对产品质量产生怀疑，而涨价会引起销售不畅。如在日常生活中见到的物价上涨时，饭馆里的菜品价格不变，但菜量有所减少，就是一个很好的例证。

（二）可销价格倒推法

产品的可销价格就是产品购买者愿意接受和理解的价格。购买者既包括中间商，也包括最终消费者。假定一种产品的分销渠道是多层的，这种定价方法是先调查最终消费者可以接受的价格，然后考虑零售商的利润率水平来确定零售商可接受的价格，再根据各层批发商的利润率水平来确定批发环节可接受的价格，最上层可接受的价格就是该产品的出厂价格。其基本定价公式为式（7-9）。

$$P_0 = P(1-r_1)\prod_{i=1}^{m}(1-r_2) \tag{7-9}$$

其中：P_0 ——出厂价格；

P ——市场可销售价格；

r_1 ——批零差率；

r_2 ——进销差率；

m ——批发商的层次数。

可销价格倒推法的基本定价过程可见图 7-6 所述。

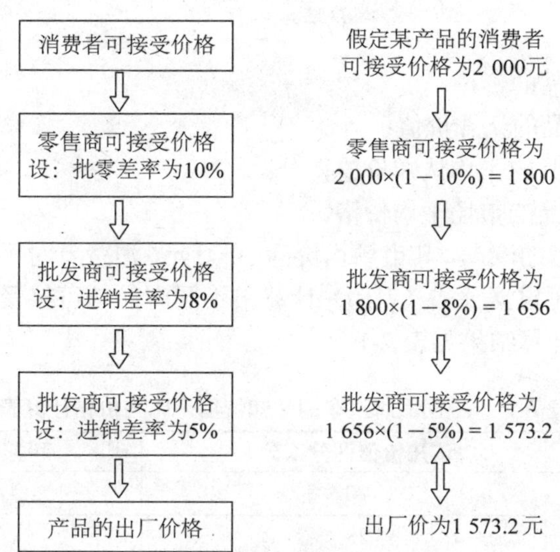

图 7-6　可销价格倒推法的定价过程举例

（三）认知价值定价法

认知价值（Cognitive Value）是指消费者对企业产品价值的认知。这里的价值实际上接近于日常生活中人们经常说的性能。性能的高低取决于本产品与可对比产品的性能的比较。也就是说，认知价值的大小是通过与可对比产品的认知价值来确定的。显然，认知价值越高的产品，其相应的价格也应越高。

认知价值定价法的基本定价程序分四部分。

（1）确定产品的认知价值和价格；

（2）确定该产品在此价格之下的需求量；

（3）根据需求量来确定企业对该产品的生产量，由生产量来确定企业的产能、投资；

（4）根据价格、产量及投资确定产品的成本和利润，如果利润满意，则生产该产品，否则就放弃该产品。

认知价值定价法的关键是确定认知价值。认知价值的确定主要有三种方法，分别是直接价格评比法、直接价值评比法和诊断法。

1. 直接价格评比法

这种方法是要求用户对可比同类产品的认知价值进行对比，直接给出不同产品的价格，比如对 A、B、C、D 四种不同品牌的汽车分别给出可以接受的价格为 5 万元、7 万元、8 万元和 10 万元。可接受的价格不同是因为人们对不同产品的价值认知不同，可接受的价格越高，意味着对其价值有更高的认知。

2. 直接认知价值评比法

与直接价格评比法不同的是，直接认知价值评比法是消费者或产业客户直接给出不同产品的认知价值，给出的方法是将 100 分总分视其认知价值的大小分摊到不同的品牌，然后再根据认知价值的大小核算出不同产品的可接受价格。价格的计算公式为式（7-10）。

$$P_j = \frac{V_j}{\overline{V}} \cdot \overline{P} \tag{7-10}$$

其中：P_j ——不同产品的价格；

V_j ——不同产品的认知价值；

$\overline{V}$ ——不同产品的平均认知价值得分；

$\overline{P}$ ——本类产品的市场平均价格。

假定四种不同品牌的汽车，其市场均价为 10 万元，消费者对不同品牌的汽车给出了相应的认知价值，则可根据公式（7-10）计算出不同产品的可接受价格，这个价格可作为企业定价的依据。计算结果见表 7-1。

表 7-1　不同品牌汽车的认知价值评比与价格计算表

品　牌	认知价值评分（分）	可接受价格（万元）
A	20	8
B	28	11.2
C	42	16.8
D	10	4
合计	100	—

3. 诊断法

诊断法实际上是给出具体认知价值的得分依据，或者说是给出认知价值分值大小的具体计算过程。

假定对汽车产品认知价值大小从其安全性、外观、耗油量、品牌形象四个方面进行评价，不同品牌汽车在上述属性方面的重要程度是不同的。如果赋予各种属性以不同的权数 0.30、0.20、0.25 和 0.25，则可以计算出不同品牌汽车的认知价值大小。

假定汽车的市场均价为 10 万元，继而可以根据公式 7-10 计算出相应的价格。见表 7-2 和表 7-3。

在表 7-2 中，各种属性评分之和为 100 分。即 $\sum_{j=1}^{n} p_j = 100$ 分。而权数可用百分数表示，也可用小数表示。其和 $\sum_{i=1}^{m} w_i = 1$ 或 100%。n 为品牌个数，m 为属性个数。各品牌的认知价值得分的计算公式为式（7-11）。

$$V_j = \sum_{i=1}^{m} p_{ij} \cdot w_i \tag{7-11}$$

表 7-2　诊断法的价格计算

属　性	权重系数 w_i	不同品牌的认知价值得分 P_{ij}				评分总计
		A	*B*	*C*	*D*	
安全性	0.30	30	40	20	10	100
外　观	0.20	50	10	20	20	100
耗油量	0.25	30	10	20	40	100
品牌形象	0.25	25	28	32	15	100
合　计	1.00	32.75	23.50	23.00	20.75	100

表 7-3　不同品牌汽车价格计算表

汽车品牌	认知价值 V_j（分）	价格 P_j（万元）
A	32.75	13.1
B	23.50	9.40
C	23.00	9.20
D	20.75	8.3

认知价值定价法的基本思想是根据本企业产品的认知价值来确定价格。在这种思想的指导下，不同的品牌都会有一定的市场份额，因为价格反映了认知价值的高低，也就是说不同产品的性价比是一个常数。如果某一产品采取降价策略，就相当于提高了其性价比，因而会有更多的消费者购买降价后的产品，导致该产品市场份额增大，其他企业就会面临市场份额的减少。这就是为什么实际生活中某企业产品降价后，其他企业也纷纷降价的原因。本质上，所有企业追求的是保持与竞争对手相同或接近的性价比。

三、竞争导向定价法

竞争导向定价法是根据同类产品或服务的市场竞争状态为主要定价依据的定价方法。在现代市场经济条件下，竞争导向定价法已经被广泛应用。

（一）通行价格定价法

通行价格定价法（**Going-rate Pricing**）是以本行业的平均价格或以竞争对手的价格作为定价的主要依据，也称为随行就市定价法。

在前面分析影响定价的主要因素时，已经就此做过分析。除了完全垄断市场以外，其他的市场形态下，产品的同质性越强，就越应该采取随行就市定价法。高价，消费者不会接受；低价，竞争者不会容忍。因此，随行就市定价法是市场经济条件下许多企业惯常采用的一种定价方法。

在当下，无论是企业还是消费者，获取信息的渠道非常多。同质品的定价几乎只能选择通行价格定价法，除非企业可以提供比竞争对手更多的附加价值或让渡价值。

（二）竞争价格定价法

与通行价格定价法不同的是**竞争价格定价法**（**Competitive Pricing**），这种定价法着重于竞争而不着重于稳定。其基本思想可以理解为企业追求本企业产品有与竞争对手产品相同或更高的性价比，而使本企业产品更具有价格竞争力。

竞争价格定价法定价有三个步骤。

（1）分析本企业产品与竞争对手产品的性能和价格，估算性价比；

（2）分析性价比不同的原因，根据定价目标来确定保持价格不变的情况下，改善性能的方法，或保持产品不变的情况下降低价格的途径；

（3）根据竞争对手产品和价格及其变化情况，不断创造企业产品的自身特色，并不断调整价格。

根据表 7-1 中所列的不同品牌的价格和价值数据，图 7-7 显示了价格对性价比的影响。按照认知价值定价原理，*A*、*B*、*C*、*D* 四个品牌具有相同的性价比，所以图 7-7 中的 *A*、*B*、*C*、*D* 四点共线，而一旦 *C* 品牌决定降价至 C' 所对应的点，其性价比便有所提高。这样，其他品牌只有将其价格调整到 D'、A'、B' 所对应的位置，才可以和 *C* 品牌保持相同的性价比，以保证具有一定的价格竞争力和相应的市场份额。

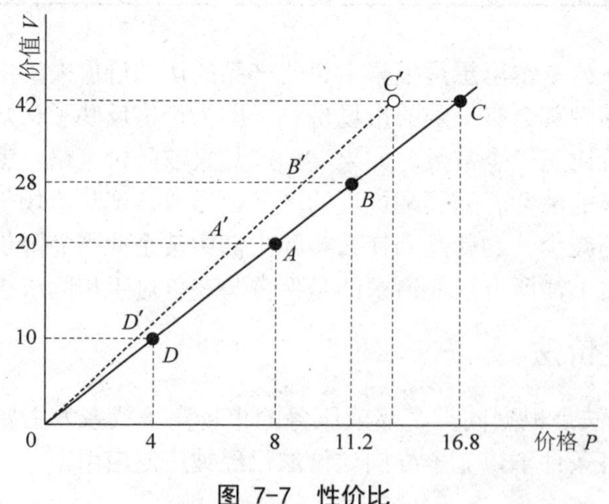

图 7-7　性价比

竞争价格定价法并不一定是相对于竞争对手的低价，低价会提高销售量，但只是一般而言。按照价格弹性理论，高价有时也会显示其产品的与众不同和更高的价值，对销售量也有一定的促进作用。在网店日益普及的今天，伴随电子商务法律法规的日益完善，实体店受到的冲击也会与日俱增。

现实中，很多电商为了迅速获得流量和知名度，或者单纯为了竞争，可能会追求最低价，不惜零利润，甚至亏损。根据消费心理学，当市场上的同一种产品出现高、中、低三种价格时，大多数人一般会选择中间价格，这是一种保守的策略。谁也不愿意花最高的价格获得某种产品或服务，对低于市场平均价格的产品，会怀疑存在质量问题，最终选择一个心理上安全的价格去购买。

（三）密封投标定价法

密封投标（Sealed Bid）定价法主要用于投标交易方式。在政府采购或建设项目中已经被广泛采用。在同一报价水平之下，购买者希望得到更好的产品或更佳的服务，而在获得相同或同质产品时，总是希望支付相对低的价格。

在正常情况下，企业参加竞标的目的是为了中标。要想提高中标的可能性，企业就必须报一个相对竞标者更低的价格，这样可能会因报价过低而导致利润减少。因此，企业往往以期望利润的大小作为方案选择的依据。假定某企业在竞标一项业务时，有四种备选方案。各方案的中标概率和利润情况已经做了估计，见表 7-4。企业最佳报价为第三个方案。

表 7-4　某企业报价分析

报价方案	报价	中标概率（%）	利润（万元）	利润期望值（万元）
一	100	100	0	0
二	110	85	10	8.5
三	120	50	20	10.0
四	130	30	30	9.0

然而，企业在决定最终报价时，并不一定选择第三个方案。第三个方案虽然期望利润最高，但中标的可能性不大。如果企业每次都按期望利润的大小报价，则企业有可能根本无法获得招标项目。所以，企业的最终选择很可能是第二个方案。在现实生活中，企业为了能够获得该项目，追求扩大企业的知名度或影响力，或单纯为了企业的基本生存需要，甚至有可能选择第一个报价方案。

（四）竞拍定价法

竞拍是网络产品销售的一种可选方式，它不同于基于企业角度的密封投标定价，而是消费者角度的竞争。目前，出现了一些网上竞拍的网站。例如，拍乐多就是一家以互联网限时竞拍闪购模式的移动电商平台。在建立消费者购物体验的前提下，拍乐多将社交娱乐与竞拍的理念融入电商运营当中；在平台竞拍成功的消费者，将享受到低价高品质的商品，而竞拍失败者也将拥有返利，此外还有积分换购等，通过新颖娱乐的玩法，让用户真正获得购物的趣味。相对于一般的购物，网上竞拍可以为消费者提供一个具有趣味性、娱乐性和独特的购物体验方式。

7-3 企业定价的一般方法选择

第四节　定价的基本策略决策

尽管前面介绍了一些主要的定价方法，但是在决定最终报价时还要考虑很多相关因素。定价并不是一个简单的问题，它既有科学性，也有艺术性。定价策略就是在科学的定价方法基础上，增加一些艺术性成分。例如，一家珠宝店的定价趣事就能够说明问题。

位于深圳的异彩珠宝店，专门经营由少数民族手工制成的珠宝首饰。位于游客众多，风景秀丽的华侨城（周围有著名的旅游景点：世界之窗、民族文化村、欢乐谷等），生意一直比较稳定。客户主要来自游客和华侨城社区居民（华侨城社区在深圳属于高档社区，生活水平较高）。

珠宝店店主易麦克特（维吾尔族）进了一批由珍珠质宝石和银制成的手镯、耳环和项链的精选品。与典型的绿松石造型中的青绿色调不同的是，珍珠质宝石是粉红色略带大理石花纹的颜色。就大小和样式而言，这一系列珠宝包含很多种类。有的珠宝小而圆，式样很简单；有的珠宝大一些，式样别致。不仅如此，该系列还包括传统样式的由珠宝点缀的丝制领带。

与以前的进货相比，易麦克特认为这批珍珠质宝石制成的首饰的进价还是比较合理的。他对这批货十分满意，因为它们比较独特，可能会比较好销。在进价的基础上，加上其他相关的费用和平均水平的利润，他定了一个价格，觉得这个价格应该十分合理，肯定能让顾客觉得物超所值。

这些珠宝在店中摆了一个月之后，销售统计报表显示其销售状况很不好。易麦克特十分失望，不过他认为问题原因并不是在首饰本身，而是在营销的某个环节没有做好。于是，他决定试试在中国营销传播网上学到的几种销售策略。比如，令店中某种商品的位置有形化往往可使顾客产生更浓厚的兴趣。因此，他把这些珍珠质宝石装入玻璃展示箱，并将其摆放在该店入口的右手侧。可是，位置改变之后，这些珠宝的销售情况仍然没有什么起色。

他认为应该在一周一次的见面会上与员工好好谈谈了。他建议销售小姐花更多的精力来推销这一独特的产品系列，并安排了一个销售小姐专门促销这批首饰。他不仅给员工们详尽描述了珍珠质宝石，还给他们发了一篇简短的介绍性文章，以便他们能记住并讲给顾客。不幸的是，这个方法也失败了。

就在此时，易麦克特正准备外出选购产品。因对珍珠质宝石首饰销售下降感到非常失望，急于减少库存以便给更新的首饰腾出地方。于是决心采取一项重大行动，选择将这一系列珠宝半价出售。临走时，给副经理匆忙地留下一张字条："调整一下那些珍珠质宝石首饰的价格，所有都×1/2"。

当他回来的时候，易麦克特惊喜地发现该系列所有的珠宝已销售一空。"我真不明白，这是为什么？""看来这批首饰并不合顾客的胃口。下次我在新添宝石品种的时候一定要慎之又慎。"而副经理对易麦克特说，她虽然不懂为什么要对滞销商品进行提价，但她惊诧于提价后商品出售速度惊人。易麦克特不解地问："什么提价？我留的字条上是说价格减半啊。""减半？"副经理吃惊地问，"我认为你的字条上写的是这一系列的所有商品的价格一律按双倍计。"结果，副经理将价格增加了一倍而不是减半销掉了所有存货。

定价决策时，选择定价策略可以有多种方案。不过，一般首先考虑要定价的产品是否是新产品，或与其他产品间的关系，再考虑顾客接受价格的心理因素、经济因素或行为因素等问题。

一、新产品定价策略

根据新产品的含义，新产品根据"新"的程度分为全新产品、改进新产品、换代新产品和仿造新产品。根据产品受专利保护与否，其定价策略也有所不同。这里将新产品分为受专利保护的创新产品和不受专利保护的仿制新产品两大类。

（一）受专利保护的创新产品的定价策略

受专利保护的创新产品，在专利保护期内，其他企业不能生产和经营同类产品或使用专利技术。这样，实际上企业对该产品拥有完全的或一定的垄断权，企业可以采用垄断高价或垄断低价。高价也称撇脂定价，低价也称渗透定价。

1. 撇脂定价

撇脂的原意是指从鲜奶中撇取奶油。**撇脂定价（Skimming Pricing）**是指在新产品进入市场的初期，采取一种相对较高定价的策略。

高价的目的是想在竞争对手进入市场之前获取高额的垄断利润。但是，高定价并不一定能获得高利润。如果真能如愿，必须具备三个条件：①相对于需求来说，企业的产量有限，且需求缺少弹性；②由于专利的壁垒，产品即使在高价位上，仍然不会有竞争者；③高价能够使人们产生高档产品的印象。

2. 渗透定价

渗透的原意是指倒入沙土中的水很快就可以渗入最底部。**渗透定价（Penetration Pricing）**是指在新产品进入市场的初期，采取一种相对较低定价的策略。

与撇脂定价相同的是，无论是何种定价策略，总是在追求获得尽可能多的利润，但前者是以提高单位产品利润来实现的，而后者是通过追求薄利多销来实现的。实行渗透价的条件主要有：①该产品的需求价格弹性较大；②产品规模经济效益明显，企业因低价带来的销售增长而获得的利益，大于因单位利润下降而造成的损失；③低价可以造成很强的进入壁垒。

3. 温和定价

温和定价（Moderation Pricing）是既不像撇脂定价那么高，也不像渗透定价那么低，而是介于其间的一种定价策略。

温和定价可以博得顾客好感，并给自己留有一定的降价余地。

例如，格兰仕空调新品喷涂室外机型上市时的定价策略。格兰仕在宣布部分不锈钢空调涨价 50%后不久，在传统的喷涂室外机型上大幅度降价。格兰仕空调的价格策略对于不同的产品是不同的。

不锈钢空调是属于高档空调系列，尤其是长江流域、沿海地区不锈钢室外机可以说是最好的。它能有效地保护空调的核心部件，因为空调最昂贵的核心部件都放在室外机中，潮湿、带腐蚀的海风，对室外机的伤害很大。另外，不锈钢空调十分美观，在海外已被称为真正的环保型高档空调。此次喷涂机的大幅降价，是因为格兰仕在空调项目上生产水平已经大幅度提高，格兰仕空调的价格策略，是采取人无我有，人有我优，人优我廉。尤其是在产品性价比方面，虽然世界上没有最好，但格兰仕要力争做得更好。

格兰仕表示，降价的空调没有在产品原材料和原部件方面有所改变，没有降低质量标准。将空调作为第二个支柱产品，如同微波炉一样，要么干脆不做；要做就用最好的原材料、零部件来做。如果采取降质降价，偷工减料的话，是一种自杀，这会牺牲格兰仕在 1999 年年底就已形成的突破百亿元的无形资产，肯定是得不偿失的。

格兰仕的质量管理是个系统工程。在采购方面，采取全球采购方式，选择最优质的原材料，而且其生产、技术、装备、管理、工艺都是从跨国公司那里引进的。企业走的是通过专业化、规模化、集约化来提高生产力，降低成本的道路。正因为格兰仕产品定位在高端水平，所以才一直在市场上保持了较高的价格。现在，通过近一年的努力，随着生产能力的提高，可以像微波炉一样，能够对消费者有所回馈。格兰仕会不断努力，通过提高生产能力来实现价廉物美。但空调是否会像微波炉一样做到年年大幅度降价，现在还不能肯定，这取决于后续几年企业的发展和生产能力的提高。客观上，企业进入空调业时间还比较短，基础比较薄弱，还需要一段时间去追赶。

（二） 仿制新产品的定价策略

企业生产的是仿制的新产品，这就意味着市场中存在着竞争者，而且往往企业处在一个竞争比较被动的地位。相比而言，后入者也有其有利的地方，它可以根据先行企业的目标市场、市场定位以及产品和技术等方面的情况来决定企业产品的发展方向和差异化领域。综合考虑产品质量和价格两方面因素，仿制新产品企业有九种可供选择的策略。见图 7-8。

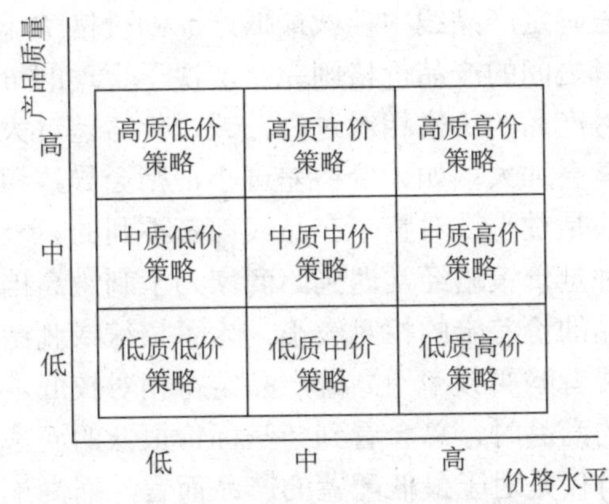

图 7-8 仿制新产品企业的定价策略

例如，××商务笔记本“高价高质”的设计风格吸引了不少商务人士的目光。其 14 英寸商务笔记本则是一款“低价高质”的产品。这款标配了摄像头和指纹识别模块的笔记本，目前报价为 6 400 元。

图 7-9 某商务笔记本产品图片

这款笔记本的外壳经过了镁铝合金氟化处理，呈炭灰色，显得比较有商务气息。它的设计采用了硬盘锁、BIOS 锁、指纹识别等数据保密技术，以确保数据安全。

它配有音频输入输出孔、VGA 接口和摄像头来提供多媒体扩展性能。作为一款商务本，它拥有 3 个 USB 2.0 接口、Express Card 插槽、MS 读卡器和支持 SD、MMC、MS、MS-Pro 等格式的四合一读卡器，能很方便地与数码设备交换数据。56K 小猫和商务级千兆网卡配合 3 945abg 无线网卡，可让笔记本工作在各种网络环境下。

二、产品组合定价策略

（一） 产品线定价

企业在为自己所生产的产品大类（或产品线）定价时，为了充分发挥系列产品需求和成本之间内在关联的积极效应，可采取**产品线**（**Line Pricing**）定价策略。

这种定价方法是首先确定产品线中档次最低产品的价格 P_{min}，然后确定档次最高产品的价格 P_{max}，介于两者之间的产品价格则完全取决于合理的价格差。因为在一个产品线中，如果某一规格型号产品的价格相对过高，或说价格差过大，则可能的结果是导致相对低规格产品的需求量会加大；如果价格差过小，则会导致相对高规格产品的需求量加大。无论是价差过大还是过小，对整个产品线都是不利的。

在网络销售中，这种定价策略经常遇到。商家为了刺激高档品的销售，会将同一产品线上的不同规格的产品的价差定的相对较小。为了招徕或刺激某款产品的销售，也会将个别销售量不大或消费者购买频率不高的产品定得相对较低。比如，在打开某个购物平台网站浏览所要购买的商品时，总会看到一些标价很低的商家，而当点击进入到购买阶段时，会发现这个标价仅是对于最低配置的产品而言，而高配置或捆绑式销售的情况则价格高出许多。

（二） 单一价格定价

企业在为产品线定价时，也可以采用统一价格的方式，即产品线上所有的产品项目采取单一的价格。这对一些产品项目之间成本差距不大的情况尤为适用。比如服装鞋帽的定价常采用单一定价策略，它一方面可以方便顾客购买，另一方面也便于企业对产品线的管理。

单一定价策略在购物网站上经常出现，尤其是服装类产品。

（三） 互补品定价

某些产品在使用过程中存在互补关系，使用某种产品时不可或缺另一种产品，这两种产品即为互补品。

通常，这两种产品的单位价格差异较大，购买频率也会不同。价格高的称为主要产品，价格低的称为附带产品。主要产品的单位价格较高、购买频率较低；而附带产品的价格较低，购买频率较高。所以，**互补品定价（Captive-product Pricing）**是将主要产品的价格降低，附带产品的价格升高。

例如，手机的使用离不开电池，因此手机和其电池就成了互补品关系。同时，手机的单价高，购买频率低。而电池的单价低，购买频率高。所以，定价时可以通过降低手机的定价，提高电池的定价，以获得总利润更高的效果。

（四） 非必须附带品定价

一些消费品之间虽不存在互补关系，但是配套使用这几种产品可以提高产品的使用效果，或更方便使用，或让顾客感到大大提升了产品的价值等。所以，**非必须附带品定价（No-captive-product Pricing）**就是使这几种产品经常附带一起定价销售。

附带产品的价格通常要计入主要产品的价格之中。因此，在价格定位时，哪些附带产品计入主要产品的价格中，哪些另计价，需要考量，能让顾客接受是前提。

例如，手机、手机链、手机套之间的关系就是非必须附带品关系。手机链、手机套的单价分别都要计入手机的价格里。这样的总价位，如果顾客能够接受，就可以将手机链和手机套随手机一起销售给顾客。否则，就将手机链、手机套和手机分别定价销售。

三、折扣与折让策略

企业为鼓励顾客大量购买或淡季购买，常常会采取折扣价格出售产品，有时也会适当降低产品的基本价格。这类定价策略为折扣与折让策略，包括四种基本折扣方式和一种折让方式。

（一）现金折扣

现金折扣（Time Discount）是企业为了鼓励购买者提前支付货款而采取的一种折扣策略。当购买者在一定的信用期内提前支付货款时，企业便给予一定的折扣。

例如，某企业给顾客的信用期为30天，并规定如果买方在5天内支付应付款，则给予2%的折扣，否则就要支付货物全价。

（二）数量折扣

数量折扣（Quantity Discount）是指买方的购买量达到一定水平，卖方给予的一种折扣。它分为累计数量折扣和非累计数量折扣两种基本形式。

1. 累计数量折扣

累计数量是指在一定期限内的购买量。当累计购买量达到或超过规定水平时，卖方给予买方一定的折扣。比如，某汽车租赁公司规定会员在一年内的租车总费用达到5 000元时，第二年可以享受5%的优惠。

2. 非累计数量折扣

非累计数量是指一次购买量。非累计数量折扣是指在一次购买中购买某产品达到规定的数量或购买不同产品达到一定的金额时，卖方给予买方的折扣。这种定价策略在购物网站上被普遍采用。比如，某商家标示：一次购买2件商品时，第2件产品减价5元。

（三）功能折扣

功能折扣（Functional Discount）也称业务折扣或贸易折扣。特指生产企业对中间商的折扣。由于中间商承担了某些生产企业的职能，因素生产企业给予中间商一定的折扣作为回报。最常见的是批发价、零售价之分。

（四）季节折扣

季节折扣（Seasonal Discount）是生产企业为扩大产品在淡季的销售而采取的一种折扣策略。其目的是达到均衡生产或销售、回笼资金。

最常见的是反季销售服装，夏天清仓销售秋冬服装，腾出空间，以便当年的新服装产品展示。

（五）折让策略

折让（Allowance）或让价策略主要有以旧换新折让和促销折让两种方式。

1. 以旧换新折让

当购买者购买某一新产品时，以旧产品充抵一部分货款，这种方式为以旧换新折让。这种方式在日常生活中较为常见。

例如，2012 年 11 月，北京市推出消费者家具以旧换新试点工作。共有 5 家企业 16 个门店参与了此活动。以旧换新的家具有柜体、沙发、床具和桌椅 4 类。折让额按照新家具实际销售价格的 10%计算，单件家具补贴金额最高不超过 1 000 元。

2. 促销折让

促销折让是指生产企业给予愿意参加本企业组织的促销活动的中间商的一种折让。

折扣与折让策略被用于短期和长期，会表现为很大的不同。因为短期的折扣与折让对企业微观环境因素的各个方面的影响较小，而长期的折扣和折让对微观环境因素的影响要大得多。企业必须关注折扣与折让策略的采用对政府、社会公众、供应商、中间商、消费者或用户、竞争者等相关方面的影响，并注意避免出现以下三个方面的问题。

产业竞争激烈化，利润下降。由于长期折扣或折让可能直接威胁到其他企业的市场份额和市场地位，所以其他企业一定会采取类似的折扣与折让策略来应对竞争威胁，这样从产业总体来看，整体利润会下降，造成整个产业发展的不景气。

企业管理复杂化，利润下降。各种折扣策略的使用都可能造成购买者购买量的加大，购买量越大，则消费者的购买周期会越长，结果可能会导致企业生产和销售的很大波动，这对企业管理是不利的，也会造成企业利润的下降。

市场供需投机化，利润下降。一个不妥当的折扣策略，可能会导致某个消费者或产业用户过量购买，企业将剩余产品以更低的价格向其他消费者或产业用户销售，这就出现了价格投机行为。结果是产品价格一降再降，但由于实际需求并未加大，成本并未降低，所以企业的利润会不断地下降。

比如，卖方采取的数量折扣政策为：一次购买量在 200 个以下，价格为 2 元/个；一次购买量在 200 或 200 个以上时，价格为 1.8 元/个。此时，本来只需要该产品 100 个的买方 A 会购买 200 个，然后将剩余的 100 个以 1.8 元或更低的价格出售给 B，假定每个售价为 1.7 元，B 会更愿意购买价格只有 1.7 元/个的产品，因为 B 购买 100 个该产品可以节省 30 元。A 也从中获得利益，如果 A 只购买 100 个，本来要支付 200 元，但现在只要 $200\times1.8-100\times1.7=190$ 元。卖方的损失是由其单方原因造成的，原因是其折扣政策制定得不合理。既然 B 花了 1.7 元就买到了该产品，原来卖方的价格也就不稳定了，也只能跟着降价，这样，产业的价格水平会不断下降，利润会不断降低。

四、差别定价策略

差别定价也叫**价格歧视（Price Discrimination）**。它是指企业按两种或两种以上的价格来销售其产品和服务的定价策略。相同的产品针对不同的顾客、不同的使用时间和场合采取不同的价格，或是同一产品线上的产品项目不以其成本费用支出作为主要定价依据。

（一） 顾客差别定价

企业对不同的顾客，因其重要性不同，或购买量不同，或需求的强度不同，或对产品的知识不同而采取不同的价格。

例如，企业的产品价格清单中显示不同购买量所对应不同的产品单价。

（二） 产品形式差别定价

企业对其产品线上不同的产品项目采用不同利润率的定价就是产品形式差别定价。

例如，旧款手机的价格很低，甚至利润为负。但一款新手机的价格会定得很高。再如，简装商品的价格低于精装商品的价格。

（三） 销售时间差别定价

企业对不同时间段销售的同一种产品制定不同的价格就是销售时间差别定价。其目的是鼓励顾客在购买低谷时段消费，以便对销售量波动峰值削峰。

例如，健身和娱乐场所，对每一天的不同时段实行不同的价格。超市对于需保鲜的产品往往在早上给出早市价格，上午十点以后恢复正常价格，而晚上八点以后又给出新的让利价格。

（四） 产品地理差别定价

产品地理差别定价是指将产品放在不同的地区或放在不同的场所而采取不同的价格。产品在不同的地区定价不同，并不是由于不同地区的运输和中转因素带来的，而主要是因为产品在不同的地区面对的消费群体不同，他们的购买行为习惯有很大的差异。另外，同一产品放在不同的地点或在不同的营业场所，其价格也表现为很大的差异。比如，同一种饮料在超市、游乐场所、旅游景点的价格有很大的差别。

企业对产品进行差别定价，是由顾客需求的异质性造成的。实行差别定价必须同时具备以下条件：①市场可以细分，不同细分市场的需求强度和掌握的信息是不对称的；②以较低价格购买了产品的人，不可能以更高的价格进行出售；③竞争者不存在当企业以较低价格销售时，以更低价格竞价的可能性；④实行差别定价的费用支出和利润损失的和，小于因实行差别定价而获得的利益；⑤差别定价不会遭到顾客的反感；⑥差别定价不能违法。

五、心理定价策略

心理定价策略（Psychological Pricing Strategies）主要是针对顾客的消费心理而采取的一类定价策略。主要包括声望定价、招徕定价、尾数定价和整数定价四种。

（一） 声望定价

声望定价（Prestige Pricing）是指具有较高声望的企业或想成为高声望企业而采用的一种相对较高价格的定价策略。对于不易鉴别质量的产品尤为适用。比如国内的“联想”“海尔”等品牌的产品价格明显高于其他企业的同类产品，就是采用的声望定价。

（二） 招徕定价

招徕定价（Drum up Pricing）指大的零售商在出售的所有商品中选择出少数商品用作招徕商品，将其价格定得相对较低，给人以出售商品的价位较低的印象，以吸引顾客光顾或再顾。有些商店经常性、每天或每时都有几种商品以较低价格出售。实际上，顾客不会只选购用于招徕的商品，还会选择其他正常价格的商品。在实行招徕定价时应该注意：一是选择用什么商品作为招徕，现实生活中，零售商一般会选择购买频率较大的日用消费品用作招徕；二是要确定招徕商品的数量，如果只有两三种商品用于招徕，难以给人整体价廉的感觉，但如果用较多数量的商品用于招徕，会使企业的利润降低；三要明确，只有大的零售商才可能采用招徕定价策略。当然，在一些购物网站上，也经常见到用于招徕的最低档次或最低配置的商品以获取点击进入，而高档或高配置的商品价格则远远高于用于招徕的商品价格。

（三）尾数定价

尾数定价（Mantissa Pricing）也称为非整数定价，即给产品一个以零头结尾的非整数价格。比如标价 0.86 元/瓶的矿泉水，相对于定价为 1 元或 0.9 元来说，更会给人以买卖公平的感觉。目前，这种定价方式在很多购物 App 上采用得十分普遍。

（四）整数定价

整数定价（Integer Pricing）也是针对消费者的心理状态而采取的一种定价策略。比如，标价为 10 000 元/瓶的白酒，能给人一种高档珍贵的感觉。对有些商品来说，整数定价还可以提高消费者的身价。例如，北京燕莎购物中心曾经推出标价 10 000 元/支的钢笔，标价 40 000 元/部的手机，而且其销量还不错，就是这种定价策略的体现。

六、地区定价策略

对于在不同地区销售的产品，也要采用相同或不同的价格。**地区定价策略（Regional Pricing Strategies）**不同于地理差别定价，地区价格的不同主要考虑产销两地之间的运输、仓储，以及保险费用的支出不同，而不是购买行为习惯的不同。地区定价的主要形式有五种。

（一）FOB 原产地价

FOB（Free on Board）价最早出现在国际贸易中，是一种离岸价格。FOB 价是指购买者以出厂价购买某种产品，卖方只负责将交易的商品装到运输工具上，此后所发生的一切费用和风险均由买方承担。这种定价方式对企业来讲是合理的，也便于对产品销售的管理。但它对企业有不利的一面，就是距离较远的顾客可能不愿购买该企业产品而选择当地产品。

（二）统一交货价

为鼓励较远地区的消费者购买企业产品，企业对不同地区的消费者采取统一定价的方式，即由出厂价加上到各地的平均运费。这样虽然鼓励了较远地区的消费者，但对较近地区的消费者产生了不公平感。

（三）分区定价

为了使价格对不同地区的消费者显得更公平，有些企业将其市场区域分为若干个价格区，在同一价格区的消费者享受同样的价格，而不同价格区的消费者享受不同的价格。它也有其不合理的地方，因为在同一价格区的消费者有可能离产地较远，而处在不同价格区的消费者有可能到产地距离相差不大。

（四）基点定价

企业选择某城市作为定价基点，然后按一定的出厂价加上从基点到顾客所在地的运费来定价。有些企业同时选择几个城市作为基点城市，并按顾客最近的基点价加上运费，然后计算价格。

（五）运费免收定价

有些企业为了鼓励距离较远的消费者或客户购买企业产品，无论是距离远近都采取运费免收的定价策略。这在销售量增长带来的成本下降大于因运费免收造成的企业收入减少时是合理的。运费免收是网站上普遍采用的一种定价策略，以往曾经出现过产品定价很低甚至 0 元购物的现象，但标明只收运费，这种方式受到消费者反感而日渐减少。运费免收是目前电商定价时流行的方式，但标价中是否已经包括了运费，消费者无从得知。

七、降价保证策略

价格的确定只是一时的事情，随着市场环境的变化，企业必然要对价格做出适时的调整，所以价格实际上是处在动态的变化之中。涨价的情况现实生活中并不多见，只有遇到汇率变化、通货膨胀、原材料价格上涨和国家的价格政策调整，降价才是企业面对的问题。无论是企业自发地降价，还是为应对竞争对手而发起的降价，企业都要明确降价的原因，采取对策，保证不至于因价格降低而给企业造成太多不利的影响。

（一）企业降价的原因

企业降价的原因主要有以下几个方面：①应付竞争者的价格竞争压力。如果竞争对手在地缘、产品和价格等方面具有优势，企业就不得不采取降价的方式来缓解竞争压力，甚至有时降价幅度会超过竞争对手的降价幅度，以保证在价格上的竞争优势。②扩大市场占有率。根据国外的研究，市场占有率的扩大可以提高企业的投资利润率或销售利润率，因此，很多企业常用降价的方式来追求市场份额的扩大。③市场需求下降。当产品的需求下降时，企业会采取降价的方式来刺激需求，尤其是当产品进入衰退期时，降价可能是企业回收资金的一种最好的选择。④生产经营成本下降。企业在规模经济阶段，生产和经营成本都会不断地下降，这为降价提供了可能。⑤根据产品生命周期进行的价格调整。根据产品生命周期进行的价格调整策略也叫阶段价格策略。一般来说，投入期的价格相对较高，随着进入成长期、成熟期、衰退期，产品的价格会不断地下降。

（二）消费者对企业降价原因的可能理解

企业降价的原因可能有多种，由于企业和消费者的信息不可能做到完全对称，所以消费者对降价可能会有不同的理解。消费者对企业降价的原因可能有如下理解：①产品质量有问题；②企业财务有困难，想迅速回收资金；③这种产品即将被替代；④价格还会进一步下降。

（三）竞争对手对企业降价的可能反应

企业面对的竞争对手往往不止一个，不同竞争对手对企业降价的反应可能并不一致。总的来说，竞争对手的可能反应有如下几种：①如果降价会引起利润的大量减少，竞争者不一定会跟随降价；②如果竞争对手在短期不可能具备成本优势，则其降价可能会需要一段时间；③如果竞争者降价会导致同类产品中不同档次产品之间发生冲突，也不一定跟随降价；④如果竞争者反应强烈，它肯定会降价，甚至会超过企业的降价幅度。

（四）企业降价保证策略

1. 沟通

因为消费者可能会对企业降价活动产生曲解，从而产生负面的影响，所以企业决定降价时，事前与事中与消费者进行充分的沟通是必要的。宣传和沟通的不充分，都有可能造成消费者对企业降价原因的不准确理解。原本一个良好的价格调整动机可能会造成不利的调整结果，这样，企业的价格变动目标就无法真正实现。所以，企业在进行降价之前要对消费者做充分的调查，了解他们对企业降价原因的可能理解和反应，并利用传媒对企业降价的原因进行充分解释。

除了对消费者进行必要的沟通以外，企业对整体营销所涉及的各方进行富有成效的沟通也是至关重要的。赢得供应商和渠道成员对企业降价的理解和配合，保证相关各方的利益，或对相关方面的利益损失给予一定的补偿，是企业降价策略能够顺利实施的根本保证。

2. 博弈

企业采取降价策略以后，消费者、竞争对手、企业的关联各方都会做出相应的反应。无论竞争对手是否降价，企业都要对降价后可能出现的情况进行充分的估计，并准备好应对措施。竞争问题并不是单极决策问题，而是一个多极决策问题。每次决策都与环境因素的变化和竞争对手的策略有关，所以可以将其理解为一个博弈过程。在这个博弈过程中，任何一个步骤的决策失误都可能给企业造成很大的损失。应该注意，市场竞争中的博弈并非一定是零和的，竞争各方可能在博弈过程中实现多赢。

3. 新产品开发

无论企业降价的真正动机是什么，降价都要与新产品开发配合起来使用，因为在企业降价的可能原因中，任何一条都与产品生命周期有关，这样，新产品开发和适时投放到市场，是企业后续的必然选择。

八、网络背景下的企业定价

[案例引入]

Macy's（梅西百货），美国著名的连锁百货公司，其旗舰店位于纽约市海诺德广场（Herald Square），号称是“世界最大的商店”。梅西百货主要经营服装、鞋帽和家庭装饰品，以优质的服务赢得美誉，在美国和世界有很高的知名度。

2014 年 9 月，梅西百货成为首批支持 Apple Pay 移动支付系统零售商。由于其指纹方案和近场通信技术 NFC 芯片技术，业界纷纷看好，认为其离线化、易识别等特性使其更安全。

梅西百货自 2014 年秋季将开始试点，与众包当日送达服务供应商 Deliv 合作，在全美先期选择在几个梅西销售规模大的城市试点，如芝加哥、洛杉矶等，对 PC 和手机端线上购物用户承诺当日购买，当日到店取货。

梅西百货的实时定价机制。根据需求和库存的情况，该公司基于 SAS 的系统对多达 7 300 万种货品进行实时调价。在第三季度报告中，其销售额为 61.95 亿美元，下降了 1.3%，但其利润却增长了 22.6%。这在整个零售业都不景气的情况下，可谓奇迹，也可以说是其利用大数据进行成功营销的典范。

传统市场营销类的教材中对企业定价问题的讨论均没有涉及当下的网络背景。2018 年，新零售已经进入广泛实践环节。在此趋势下，企业应如何向新零售进军？互联网时代，传统零售行业受到了电商互联网的冲击。未来，线上与线下零售将深度结合，再加上现代物流，服务商利用大数据、云计算等创新技术，构成未来新零售的概念。纯电商的时代将很快结束，纯零售的形式也将被打破，新零售将引领未来全新的商业模式。

在这种新的商业模式下，虽然定价的基本原理和基本方法没有改变，但是在进行定价决策时不能脱离互联网这一背景。互联网对企业和消费者都产生了重大影响，甚至改变了企业和消费者的行为模式。互联网经济的主要特征有：

（1）外部经济。当使用同一产品或服务的用户数量发生改变时，会使得每一个用户从使用此产品或服务中获取的效用发生改变。

（2）长尾经济。如果产品的储存和流通的渠道足够大并使所有的产品都能正常经营，那么一些所谓销售不畅或需求不佳产品的市场份额就可以达到甚至超过那些热卖品的市场份额。这是因为这些非热卖品（曲线的尾部）会因互联网而受到更多的关注。

（3）规模经济。网络使得买卖双方的时空限制减小，从而使得产销量更大。

（4）边际效益递增。主要原因是边际成本递减性和累积增值性。

除此之外，还有诸如垄断性和高渗透性等特征，不再赘述。

（一） 互联网对企业的一般影响

一般而言，网络对于企业的影响主要表现在以下几个方面：

（1）推进结构调整和产业升级。互联网技术拉近了生产者和消费者之间的距离，减少了信息的不对称性，这使得企业可以更好地调查和了解消费者的真实想法和差异化的需求，按照 4C 理论来指导企业的经营行为。4C 理论的核心是“以顾客为中心”，顾客需求和消费偏好的改变都会促使企业在组织结构和产品结构上做出相应的调整和升级，否则，企业将不能长期生存。

（2）有效整合资源和业务。互联网时代使得企业之间的联系变得越来越紧密且越来越方便。从企业的供产销方向上看，各个环节都可以更为广泛地寻求合作伙伴而不必拘泥于固定的伙伴。为了更好地面对竞争和面对市场，纵向上的企业间可以更为方便地建立利益共同体，以整合各自的资源。从横向上看，竞争企业或潜在竞争企业之间的信息也更加透明，信息透明会使利润下降，利润下降会促成横向企业间更多的联合和合作。从企业内部讲，网络技术可以实现内部资源的合理使用或利用。

（3）打破时空限制。互联网背景下，企业的视野更加开阔，尤其是在"一带一路"战略下，更多的企业拥有了国际化的视野。网络使得企业间的沟通更方便、更顺畅，更加不受时空限制。

（4）节约成本。人工智能与互联网技术的综合应用，会在很大程度上降低劳动强度，提高工作效率，也会使人们的工作时间更加富有弹性，这在一定程度上降低了人工成本。另外，互联网背景下企业的生产和分销模式的改变，也使得物料及储运成本大幅度降低。

网络的这些特点其实都在一定程度上造成了产业内的竞争更加激烈，要求企业必须不断地创新和实现差异化的经营。差异化的经营需要大量的数据作为支撑，要想获得大量的、足够精细化的数据，需要做好以下四项工作。

开拓数据来源、深入数据分析。市场的变幻会产生海量数据，数据来源如果从组织角度上说，可能源自于政府、行业组织、供应商、中间商、消费者、竞争者等。从地域范围上说，数据可能来源于国内，也可能来源于国外。来源的渠道可能是商业渠道，也可能是非商业渠道。企业不仅要广泛地搜集来自于不同途径的信息和数据，还要做到去粗取精，更重要的是要对数据进行深入地、科学地分析，真正把握影响定价的基本因素，了解它们对价格影响的方向和程度。

提高数据自动化处理能力。海量数据对于手工处理而言基本是行不通的，必须借助计算机技术进行程序化和自动化处理。将海量信息按关键词检索，利用复杂网络技术进行要素提炼以及关系的测量，最终获取有价值的数据以供决策者参考。

培养高技能的专业人才。这里的专业人才不仅指数据处理和分析方面的高技能人才，还包括营销方面的高级专业人才。数据的搜集和分析是基础，而数据只有使用或应用，才能发挥其真正的作用。应用数据的正是营销人员，他们对数据分析的结论的准确理解和恰当运用，是营销效果的最终决定因素。

管理好绩效。这里的绩效既包括个人绩效，也包括团队绩效。对于绩效的考核也要建立完善的数据库，为后期的工作奠定坚实的基础、提供修正调整的依据。

（二）互联网对消费者的一般影响

相对于传统的消费模式，网络购物已经对消费者产生了深远的影响，而这种影响是革命性的，主要表现为四个方面。

（1）获取更便利。这里说的获取主要指对信息的获取和对商品的获取。互联网在城乡的广泛普及以及智能手机的广泛使用，使得人们获取信息的主要方式从传统的大众传媒转到了计算机和手机，尤其是各类手机App更是人们进行交流和获取信息的主要手段。关于商品的各类信息，只要通过随身携带的手机便可轻松获得，而物联网技术和物流业的快速发展，使得人们不一定要去实体店购买商品。

（2）比较更容易。传统的购物，人们必须到实体店对所要购买的商品进行反复的比较和筛选。受企业商品经营范围等因素的限制，人们往往要光顾商业区的很多门店之后才做出购买决策。而网络可以将不同地域的同类虚拟店铺整合到一起，在屏幕上就可以对不同店铺提供的同类商品进行样式、质量和价格等方面的比较，大大拓展了商品的选择范围。

（3）支付更方便。在线支付平台的广泛应用使得“一手交钱，一手交货”的交易模式发生了根本性的改变，现金已经不是出门在外的必备，而只需要一部绑定银行卡的手机。

（4）成本更节约。一般而言，网络购物时所得到的商品相对于实体店更加便宜，可以节约货币成本。此外，时间和精力成本更是大大节约，因为网络购物不受地域限制、不受时间限制、甚至不受消费者自身身体状况的限制。

（三）大数据背景下的定价决策

利用来自于与顾客互动的可利用的大量数据，可以使公司的定价更为合理，并得到相应回报。正确定价的重要性不言而喻。有研究显示：假设销量不发生变化，价格上涨1%的话，相应的营业利润会增加8.7%。

据估计，大约有30%左右的企业未能提供最好的价格，因而造成无谓的损失，而每天拥有的海量数据可以为企业提供一个很好的进行正确定价决策的依据。

然而，大数据的白热化增加了多通道的复杂性，顾客接触点的数量一直呈爆炸性增长，但价格点需要保持同步。由于没有发现并就大数据带来的机会采取措施，许多企业正失去唾手可得的增加利润的机会。抓住机会的秘诀就在于利用大数据找到在产品水平上，而不是种类水平上的最优定价。

对于每种产品，企业都应该能找到顾客愿意支付的最优价格，洞察到非常具体的、会影响到价格的因素，然后得出最优价格。事实上，对于产品种类不是很多的公司来说，这种定价方式很直接。

一家典型公司收入的75%来自于它的标准产品，其产品数量经常多达成千上万。耗时的、手动的价格设置，几乎不可能跟释放潜在价值的定价模式沾边。对大型企业来说，细化和处理好定价变量的复杂性太难了，且这些变量通常在不断变化。这实质上是个大数据问题。

分析的模式强调基于支付意愿的客户产品水平上差异化定价的机会。许多营销人员对此却视而不见。他们仅仅基于简单因素来定价，比如制造产品的成本、标准利润率、相似产品的价格、折扣数量等。他们依赖于过去的实践来管理产品，正如他们总是使用或者引用“市场价格”，作为不处理这些问题的借口。最糟糕的是，他们依赖于“久经考验”的历史方法，如普遍涨价10%。

更好的定价在于充分了解公司现在处理的数据，需要放大而不是缩小数据的作用。在B2B背景下，使用大数据的例子实际上已经不只局限于定价，而是涉及公司商业引擎的其他方面。例如，“动态评分”在个人交易、决策升级点、激励、绩效得分，以及更多基于一组类似的损益交易水平上提供价格指导。

对于产品单一的企业而言，定价似乎和大数据并无过多的关联，定价决策过程也相对简单。而对于拥有众多品牌和产品线的企业而言，其产品项目数以千计，要想采用人工的方法制定出没有价值损耗的定价策略几乎是不可能的，必须借助信息技术成果，获得精细的数据，并对影响定价的变量进行深入的分析才可能做到合理和切实可行。

鉴于互联网和物联网技术的不断普及对企业和消费者的影响，企业的定价方法和定价策略也需要做出一定的调整。

（1）利用大数据。互联网技术的广泛应用使得企业的供产销以及竞争者的数据更加便利的获得，而经济的全球化要求企业在供应商、中间商和消费者选择方面要有国际视野。同样，竞争者也会从国内转向全球范围。无论是对企业纵向和横向的分析，因其范围扩大、数量增多、精度要求更高，所以必须借助大数据背景下的数据挖掘技术，充分了解企业宏观环境和微观环境要素对企业定价决策所产生的影响，以制定出合理的价格而不至于因价格因素给企业带来危机。

（2）增加灵活性。由于消费者的选择余地更大，不同企业的定价更具有透明性，使得同质商品更近乎处于自由竞争市场，需求的价格弹性更大，这对企业的定价提出了更高的要求。

（3）增加竞争性。价格的竞争性并不仅要考虑相对的低价，还要考虑消费者在购买时所要支付的时间和精力成本，应尽可能提供给消费者更高的让渡价值。另外，定价不仅要在同质产品上体现竞争力，也要在替代产品意义上体现其竞争力。

（4）体现差异化。这里所说的差异化，主要是指企业所生产和销售的商品与竞争对手之间的差异化。只有差异化的产品才能形成一定意义上的垄断，才可以有更大的定价自主权和自由度。在定价差异化方面，由于顾客的差异化需求，顾客为主导的定价是一种趋势性的选择。

（5）放眼国际化。网络使得世界变成地球村，跨国间的购物也会越来越普遍且越来越便利。产品的定价既要考虑不同国家消费者的行为习惯，也要考虑来自于其他国家竞争对手的价格挑战。

在定价策略方面，网络商品的定价可以参考以下五种模式。

直接低价定价策略。直接低价定价就是将产品价格定制低于同类产品的一种定价方法。它一般适用于制造企业在网上进行直销时，因为它省去中间很多环节的成本，比如中间商成本和制造成本等，所以可以在价格上直接采取低价。

折扣定价策略。折扣定价是在原价基础上进行折扣来定价的一种策略，比如批量购买、提前付款、淡季购买等。可以将其产品基本价格调低，给购买者一定比例的优惠，从而刺激消费者购买欲，提高消费者的购买力。

优惠卡定价策略。发放优惠卡是很多企业采取的一种营销方式，消费者可以根据优惠卡，享有不同价格优惠政策，从而刺激消费者的购买心理，进而增加销量，也就是薄利多销。

促销定价策略。促销定价是有奖销售和附带赠品销售等定价方法。如果企业为开拓网上市场，但产品价格又不具有竞争优势时，则可以采用网上促销定价策略。

拍卖竞价策略。网上拍卖是发展比较快的领域。经济学认为，市场要想形成最合理价格，拍卖竞价是最合理的方式。网上拍卖由消费者通过互联网轮流公开竞价，在规定时间内价高者赢得。

根据供需关系，网上拍卖竞价方式可以分为三种方式。

竞价拍卖：量最大的是 C2C 的交易，包括二手货、收藏品，也可以是普通商品以拍卖方式进行出售。如，HP 公司也将公司的一些库存积压产品放到网上拍卖。

竞价拍买：竞价拍卖的反向过程，消费者提出一个价格范围，求购某一商品，由商家出价。出价可以是公开的或隐蔽的，消费者将与出价最低或最接近的商家成交。

集体议价：在互联网出现以前，集体议价这种方式在国外主要是多个零售商结合起来，向批发商（或生产商）以数量换价格的方式。互联网出现后，普通消费者也能使用这种方式购买商品。集体议价方式也叫集合竞价模式，是一种由消费者集体议价的交易方式。这在国内网络竞价市场中，还是一种全新的交易方式。提出这一模式的是美国著名的 Priceline 公司。在国内，雅宝已经率先将这一全新的模式引入自己的网站。

7-4-1　新产品定价策略

7-4-2　定价的基本策略决策_01

7-4-3　定价的基本策略决策_02

7-4-4　定价的基本策略决策_03

本章重点术语

成本导向定价法 Cost-oriented Pricing
成本加成定价法 Cost-plus Pricing
目标利润定价法 Target-return Pricing
需求导向定价法 Demand-oriented Pricing
认知价值 Cognitive Value
通行价格定价法 Going-rate Pricing
竞争价格定价法 Competitive Pricing
密封投标 Sealed Bid
撇脂定价 Skimming Pricing
渗透定价 Penetration Pricing
温和定价 Moderation Pricing
产品线 Line Pricing
互补品定价 Captive-product Pricing
非必须附带品定价 No-captive-product Pricing
现金折扣 Time Discount
数量折扣 Quantity Discount
功能折扣 Functional Discount
季节折扣 Seasonal Discount
折让 Allowance
价格歧视 Price Discrimination
心理定价策略 Psychological Pricing Strategies
声望定价 Prestige Pricing
招徕定价 Drum up Pricing
尾数定价 Mantissa Pricing
整数定价 Integer Pricing
地区定价策略 Regional Pricing Strategies

思考题

1. 企业的定价目标主要有哪些？
2. 影响企业定价的主要因素是什么？
3. 短期成本和长期成本的含义及包括的主要内容是什么？
4. 企业主要有哪些定价方法？各有什么特点？
5. 企业价格折扣策略有哪些？在实施时应注意什么问题？
6. 差别定价主要有哪些方式？实施差别定价需要具备哪些条件？
7. 常见的心理定价方法有哪些？地区定价方法有哪些？
8. 企业降价的主要原因是什么？企业降价时应关注对哪些方面的影响？

本章案例

顾客对商品价格的认知特征

利用“集搜客”信息爬取软件进行顾客对商品价格认知特征的分析。

第一步，登录 http://www.jisouke.com/网站，单击“下载爬虫”，注册账号后可以免费下载相关软件。下载完软件并安装后（集搜客爬虫 V9.0.0 版本），单击右上角“登录”（见图 7-10）就可以进行相关操作了。

安装后图标

软件登录界面

图 7-10 集搜客软件登录

第二步，采集网页数据。确定要收集的相关信息对象后就可以开始收集相关数据。以苏宁网站上的创维电视购买情况为例，在地址栏输入要爬取数据的网址（苏宁网址），拖动到最底部，使页面加载完成（见图 7-11）。然后，单击右上角“定义规则”（见图 7-12），弹出“工作台”（见图 7-13），在<命名主题>选项卡输入“主题名”，即创维电视搜索第一级；再单击“查重”检查主题名是否可以使用，并在<创建规则>选项卡，单击“新建”，新建整理箱名：创维电视，单击“确定”即可。

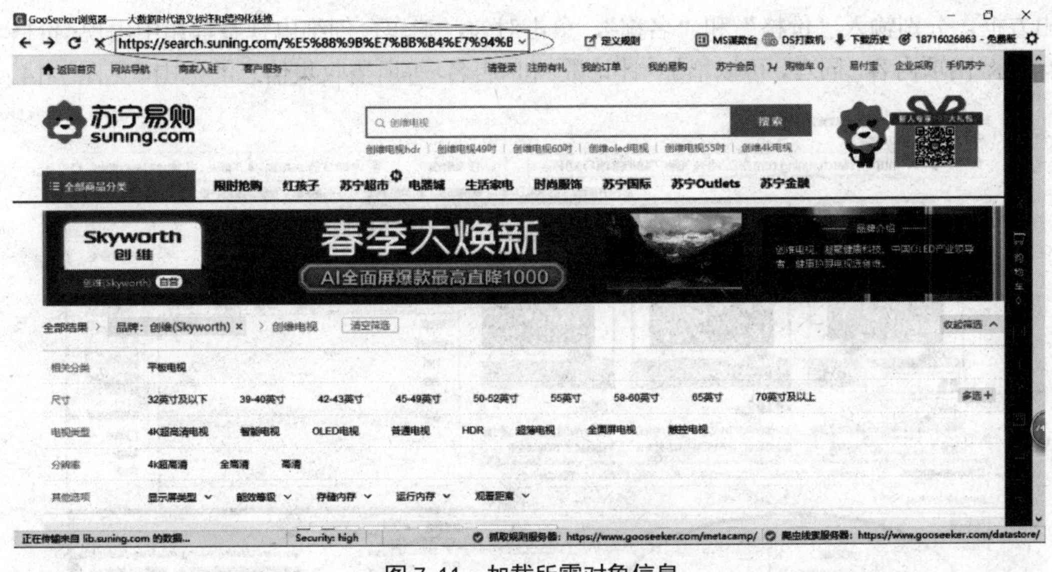

图 7-11　加载所需对象信息

图 7-12　定义规则

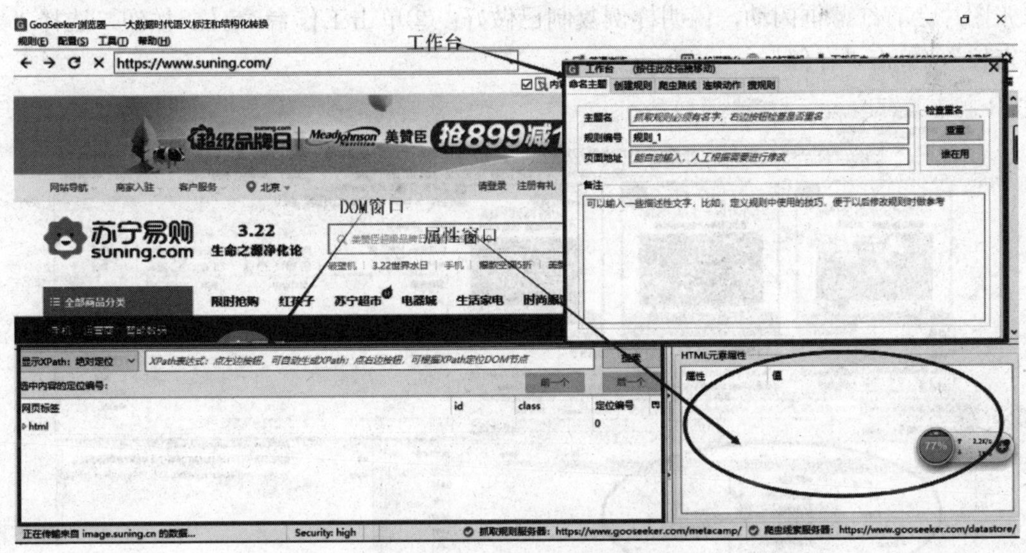

图 7-13　加载收集信息范围

第三步，选中<创维电视>为整理箱添加内容；分别双击第一件商品的价格和名称，弹出方框，分别输入“价格”和“名称”，单击对勾，工作台创维电视整理箱中出现<价格><名称>两项内容，同理，可以增加<评论数>和<店名>等所需收集信息的范围（见图 7-14）。

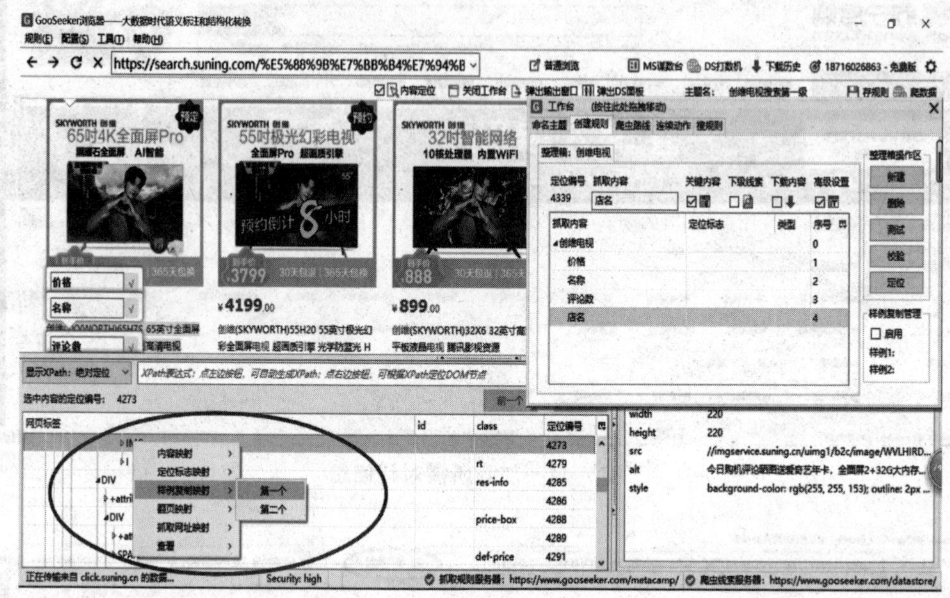

图 7-14　样例映射—第一个

第四步，采集列表数据。①单击第一张图片，DOM 窗口定位到“IMG”，右击“IMG—样例复制映射—第一个”（见图 7-14）；单击第二张图片，DOM 窗口定位到另一个“IMG”，右击“IMG—样例复制映射—第二个”（见图 7-15），同时第一张图片和第二张图片会有红蓝框闪动，说明样例复制已做好；②单击工作台<定位>按钮，选择“绝对定位”，单击“存储”。

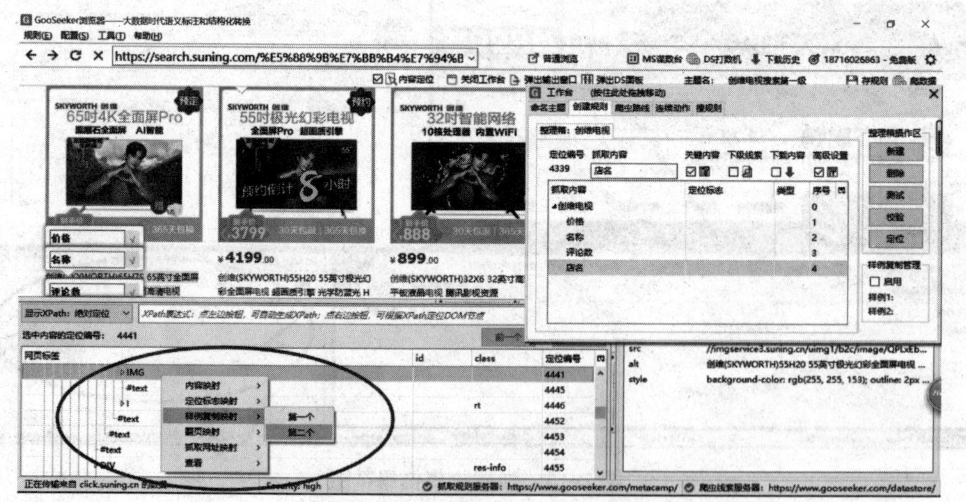

图 7-15　样例映射—第二个

第五步，采集翻页数据。①单击“翻页区”，DOM 窗口定位到“DIV”，右击“DIV—翻页映射—作为翻页区—新建线索”（见图 7-16）；②单击“下一页”，DOM 窗口定位到“B”，如果翻页标记为文本“下一页”，右击“B”下的 text—翻页映射—作为翻页记号”，记得勾选“文本记号”；如果翻页记号是一个“>”号，没有对应的 text，而是对应了一个空的 B 节点，那么可以用 A 节点下的属性@id 作为翻页记号，用属性做记号，不能勾选“文本记号”才行（见图 7-17）；③单击第一张图片的名称，DOM 窗口定位到“A”，下拉“attributes—@href—右击—内容映射—新建爬取内容”（见图 7-18）；④输入爬取内容名字：商品链接；选中<商品链接>，勾选“下级主题名”输入下级主题名：创维电视搜索第二级（见图 7-19）；⑤翻页映射和内容映射全部设置完后，单击右上角“存规则”，再单击“普通浏览”（见图 7-20）。

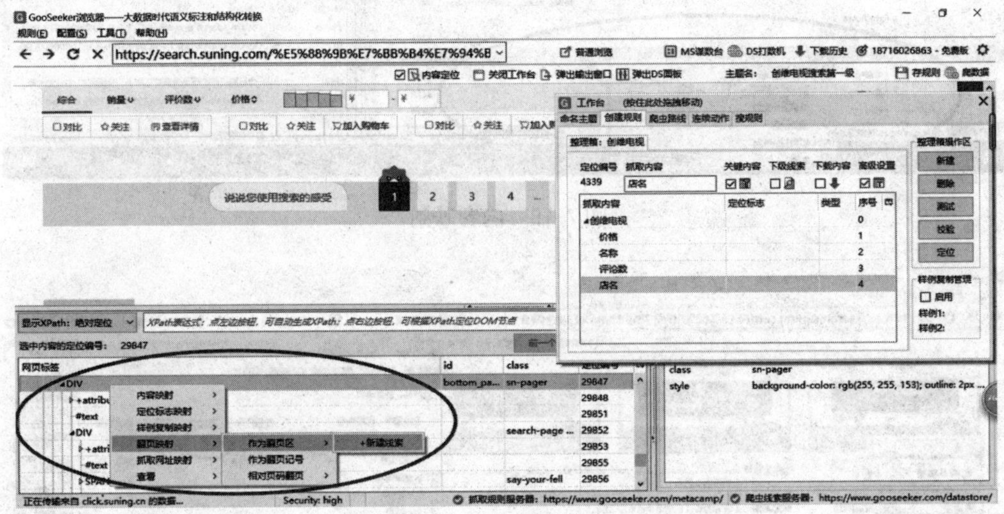

图 7-16　翻页映射

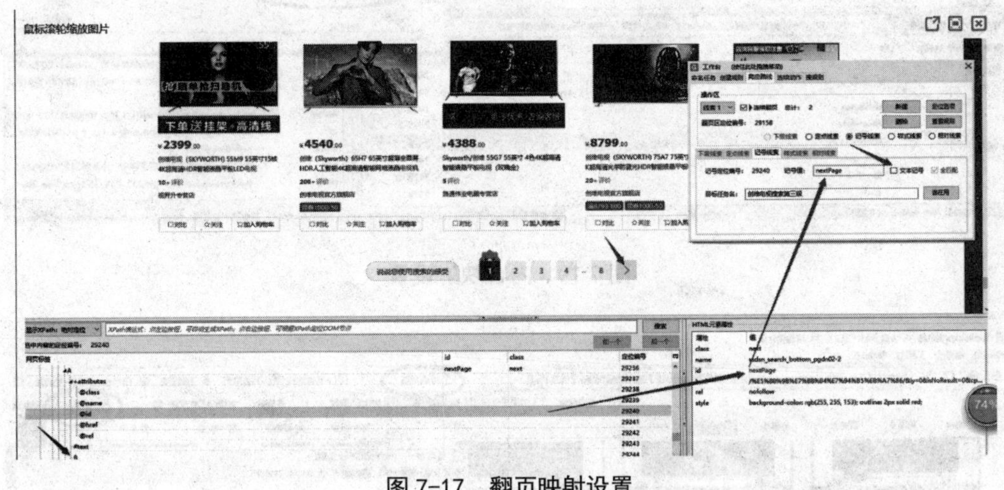

图 7-17　翻页映射设置

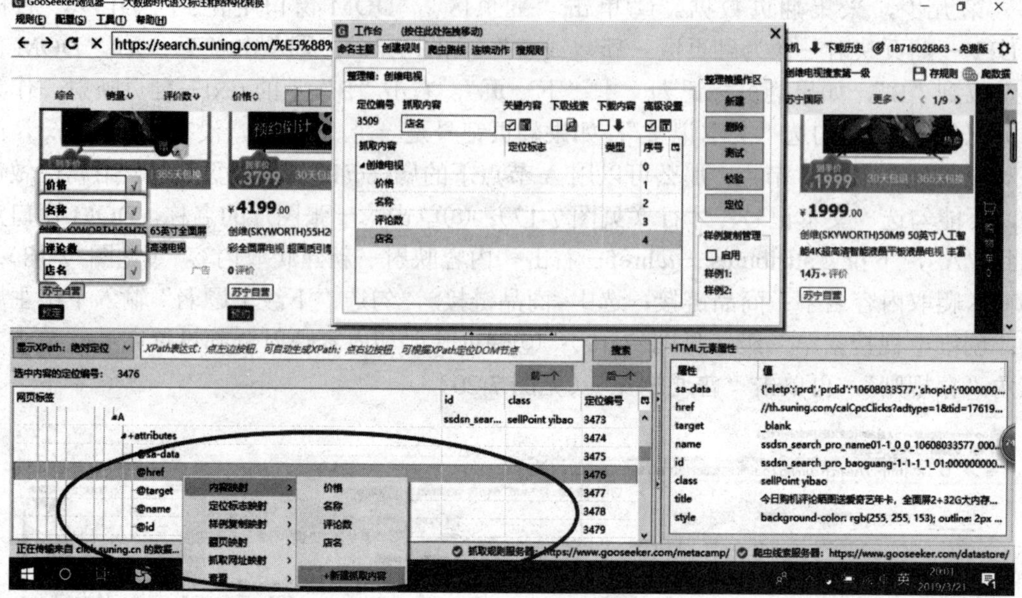

图 7-18　内容映射

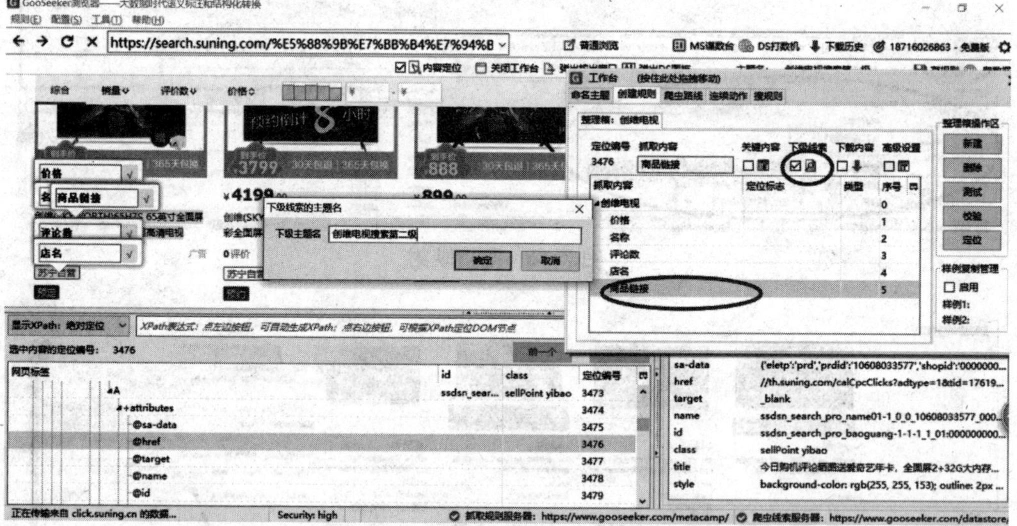

图 7-19　内容映射设置

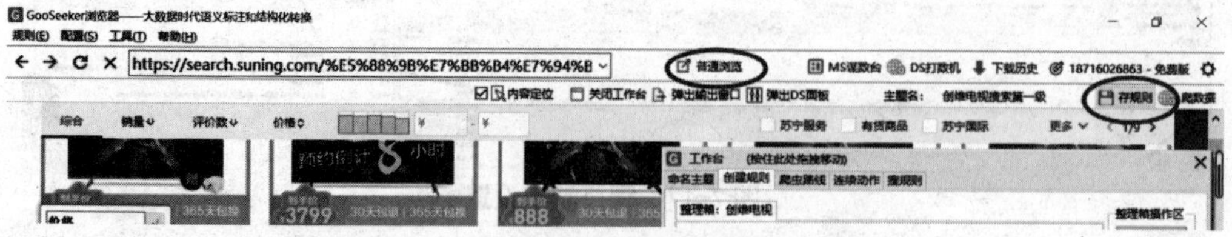

图 7-20　存规则

第六步，采集下级详情数据。①单击任意商品，进入详情页面拖动至底部，使页面加载完；②单击<定义规则>主题名输入：<创维电视搜索第二级>创建整理箱：<创维电视详情>为整理箱增加内容，按照上述第二步的方法设置要采集的内容。

第七步，DS 打数机采集数据。①单击右上角“DS 打数机”，右击主题名“创维电视第一级”，查看统计线索，单击“单搜”，在弹出的爬取网页框中输入 1，单击“确定”（见图 7-21），②右边浏览器框页面不断滚动，开始爬取数据；单击左上角“高级—终点标志—重复”（见图 7-22）；③第一级数据爬取完之后，根据②的步骤爬取主题“创维电视搜索第二级”的数据。

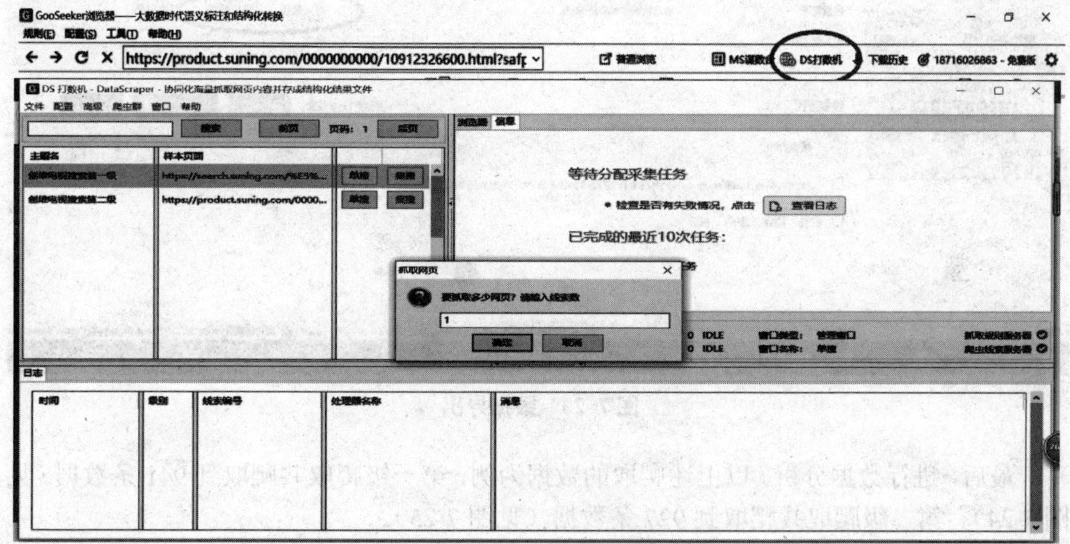

图 7-21　DS 打数机设置

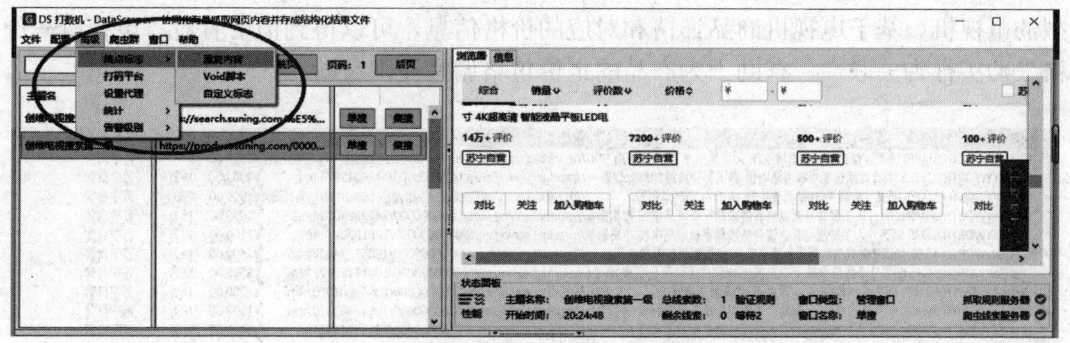

图 7-22　DS 打数机终点标志

第八步，数据查看、转换和保存。单击 DS 打数机左上角文件选项卡下的存储路径，查看 xml 文件的存储路径，打开存储路径，分主题浏览，把主题内的所有 xml 文件压缩成 zip 格式；打开 GS 浏览器，登陆 http://www.jisouke.com/，登录“会员中心—规则管理”，找到相应的主题名，如“创维电视搜索第一级”“创维电视搜索第二级”，单击“导入数据”。导入完成后，单击“导出数据”（见图 7-23），导出的数据为 Excel 格式，文件路径为本地下载路径。

图 7-23　数据导出

最后，进行数据分析。以上述爬取的数据为例，第一级爬取共爬取到 941 条数据（见图 7-24）。第二级爬取共爬取到 927 条数据（见图 7-25）。

基于上述爬取的 927 条数据信息，可以进行消费信息为特征分析。从产品层面看，基于电视机商品详情（主体详情和显示详情）和评论数，可以得到消费者更喜欢哪种类型的电视机。基于电视机商品详情和对应的价格信息，可以得到消费者对“电视机—价格”购买行为关联性，有助于为产品的定价策略调整提供帮助。

1	商品名称	商品链接	价格	评论数	店名
2	创维(SKYWORTH)55H20 55英寸极光幻彩全面屏电视 超画质引擎 光学防蓝光 HDR	//th.suning.com/calCpcClicks?adtype=1&tid=1765304707	¥3999.00	0	苏宁自营
3	创维(SKYWORTH)32X6 32英寸高清智能平板液晶电视 腾讯影视资源10核处理器，	//product.suning.com/0000000000/775604287.html	¥899.00	18万+	苏宁自营
4	创维(SKYWORTH)65H7S 65英寸全面屏Pro防蓝光电视 HDR 4K超高清电视	//th.suning.com/calCpcClicks?adtype=1&tid=1764051586	¥4999.00	2200+	苏宁自营
5	创维(SKYWORTH)50M9 50英寸人工智能4K超高清智能液晶平板液晶电视 丰富影	//product.suning.com/0000000000/742298401.html	¥1999.00	15万+	苏宁自营
6	创维(SKYWORTH)55M9 55英寸人工智能4K超高清智能液晶平板液晶电视 丰富影	//product.suning.com/0000000000/786185017.html	¥2198.00	15万+	苏宁自营
7	创维(SKYWORTH)43X6 43英寸全高清智能平板液晶电视 腾讯影视资源热卖产品，	//product.suning.com/0000000000/10061724538.html	¥1499.00	18万+	苏宁自营
8	创维(SKYWORTH)65H5 65英寸全面屏电视 光学防蓝光4K超高清电视 智能电视 平	//product.suning.com/0000000000/10614483977.html	¥3998.00	15万+	苏宁自营
9	创维(SKYWORTH)55M7S 55英寸25核64位 4K超高清 HDR 智能电视 2G+8G大内存	//product.suning.com/0000000000/10546607020.html	¥2299.00	18万+	苏宁自营
10	创维(SKYWORTH)50M7S 50英寸25核64位 4K超高清电视智能电视 2G+8G大内存	//product.suning.com/0000000000/10546401320.html	¥1999.00	18万+	苏宁自营
11	创维(SKYWORTH)65M9 65英寸人工智能4K超高清智能液晶平板液晶电视 A73架构	//product.suning.com/0000000000/781496493.html	¥3498.00	15万+	苏宁自营
12	创维(Skyworth) 65W9 65英寸OLED自发光4K智能64G大内存超薄平板电视	//th.suning.com/calCpcClicks?adtype=1&tid=1764435903	¥99999.00	0	创维电视官方旗舰店
13	创维(SKYWORTH)43M9 43英寸人工智能4K超高清智能液晶平板电视 丰富影视教	//product.suning.com/0000000000/775589185.html	¥1799.00	15万+	苏宁自营
14	创维(SKYWORTH)55H5 55英寸全面屏防蓝光智能电视平板液晶4K超高清电视 2+1	//product.suning.com/0000000000/10331874071.html	¥2898.00	15万+	苏宁自营
15	创维(SKYWORTH)75A7 75英寸4K超高清电视HDR光学防蓝光护眼智能电视 2+16G	//product.suning.com/0000000000/10526100068.html	¥7998.00	18万+	苏宁自营
16	创维(SKYWORTH)55H7S 55英寸全面屏Pro电视 光学防蓝光 HDR 4K超高清智能电	//product.suning.com/0000000000/10594853796.html	¥3399.00	15万+	苏宁自营
17	创维（Skyworth）50H7 50英寸超薄全面屏HDR人工智能4K超高清智能网络液晶电	//th.suning.com/calCpcClicks?adtype=1&tid=1764440050	¥2799.00	300+	创维电视官方旗舰店
18	创维(SKYWORTH)50H7S 50英寸全面屏Pro防蓝光电视 HDR 4K超高清电视购机评	//product.suning.com/0000000000/10608065214.html	¥2899.00	15万+	苏宁自营
19	创维(SKYWORTH)40H5 40英寸全面屏电视 防蓝光高清智能电视 液晶电视 丰富影	//product.suning.com/0000000000/10583753384.html	¥1498.00	15万+	苏宁自营
20	创维(SKYWORTH)55V8S 55英寸A73架构护眼防蓝光高清平板液晶电视 丰富影视	//product.suning.com/0000000000/10529864751.html	¥2899.00	18万+	苏宁自营
21	创维(SKYWORTH)32H5 32英寸全面屏防蓝光高清智能电视全面屏电视 丰富影视教	//product.suning.com/0000000000/10583804810.html	¥1199.00	15万+	苏宁自营
22	创维(SKYWORTH) 58V8S 58英寸A73架构护眼防蓝光高清平板液晶电视 丰富影视	//product.suning.com/0000000000/10557449124.html	¥3399.00	18万+	苏宁自营

图 7-24　第一级爬虫数据

1	主体详情	广告	显示详情
2	品牌：创维(Skyworth) 电视类型：智能电视 能效等级：3级 推荐观看距离：2.0m以下	【创维焕新季！今日拼购到手价仅888元！疯抢24小时！】 10核处理器，智能网络，性价比推荐，卧室精选，内置WIFI，腾	曲面：否 屏幕尺寸：32英寸 屏幕分辨率：高清（1366×768) 屏幕比例：16:9 3D功能：不支持
3	品牌：创维(Skyworth) 电视类型：4K超高清电视,智能电视 能效等级：3级 推荐观看距离：2.0-2.5m	【创维焕新季！今日限时到手价仅1999元！疯抢24小时！】 主流人工智能配置，搭载A73芯片，4K影院级音效，丰富影视教	曲面：否 屏幕尺寸：50英寸 屏幕分辨率：超高清（3840× 2160)
4	品牌：创维(Skyworth) 电视类型：4K超高清电视,智能电 视,HDR	【创维焕新季！今日限时到手价仅2198元！疯抢24小时！】 货源有限！手慢无！主流人工智能配置，4K影院级音效，丰富影	曲面：否 屏幕尺寸：55英寸 屏幕分辨率：超高清（3840× 2160)
5	品牌：创维(Skyworth) 电视类型：智能电视 能效等级：3级 推荐观看距离：2.0-2.5m	【创维焕新季！今日拼购到手价仅1488元！疯抢24小时！】 热卖产品，智能操作系统！10核处理器，内置WIFI！腾讯影视！	曲面：否 屏幕尺寸：43英寸 屏幕分辨率：全高清（1920× 1080)
6	品牌：创维(Skyworth) 电视类型：HDR,全面屏电视,4K超高 清电视 能效等级：3级 推荐观看距离：3.0-3.5m	【创维焕新季！今日下单限时到手价仅3998元！手慢无！】 全面屏工艺，人工智能，A73+DDR4，HDR技术，杜比双解码， 丰富影视资源！	曲面：否 屏幕尺寸：65英寸 屏幕分辨率：超高清（3840× 2160) 屏幕比例：16:9 3D功能：不支持
7	品牌：创维(Skyworth) 电视类型：4K超高清电视,智能电 视,HDR 能效等级：无 推荐观看距离：2.5-3.0m	【创维焕新季！今日限时到手价仅2299元！限量疯抢手慢无！】 货源有限，低价售完调回，错过后悔！25核处理器，64位芯片， 2G+8G大内存	曲面：否 屏幕尺寸：55英寸 屏幕分辨率：超高清（3840× 2160) 屏幕比例：16:9 3D功能：不支持
8	品牌：创维(Skyworth) 电视类型：4K超高清电视,智能电 视,HDR	【立即预定！订金19抵119！25日钜惠到手价仅1899元！】 热卖产品,低价钜惠，错过后悔！25核处理器，64位芯片，	曲面：否 屏幕尺寸：50英寸 屏幕分辨率：超高清（3840× 2160)
9	品牌：创维(Skyworth) 电视类型：4K超高清电视,智能电 视,HDR	【创维焕新季！今日限时到手价仅3498元！限量疯抢手慢无！】	曲面：否 屏幕尺寸：65英寸 屏幕分辨率：超高清（3840× 2160)
10	品牌：创维(Skyworth) 电视类型：4K超高清电视,智能电视 能效等级：3级 推荐观看距离：2.0-2.5m	【创维焕新季！今日拼购到手价仅1788元！疯抢24小时！】 主流人工智能配置，搭载A73芯片，4K HDR显示，丰富影视教育	曲面：否 屏幕尺寸：43英寸 屏幕分辨率：超高清（3840× 2160)

图 7-25　第二级爬虫数据

如果基于店名、价格和评论数信息，可以发现各店铺的产品质量差异，以及销售量差异，以便推断哪些店铺更受消费者欢迎。如果基于广告和评论数，可以得到更能吸引消费者的广告形式和广告内容。

综上所述，通过有目的、系统地爬取相关信息和数据，可以帮助企业获得营销策略事实结果的数据，以便分析创维电视营销的 4Ps 有效性，为进一步吸引消费者优化营销组合决策提供帮助。

通过获取的数据显示，创维电视的价格在 128～99 999 元之间，其具体分布情况如图 7-26 所示。各价格区间的占比情况如图 7-27 所示。

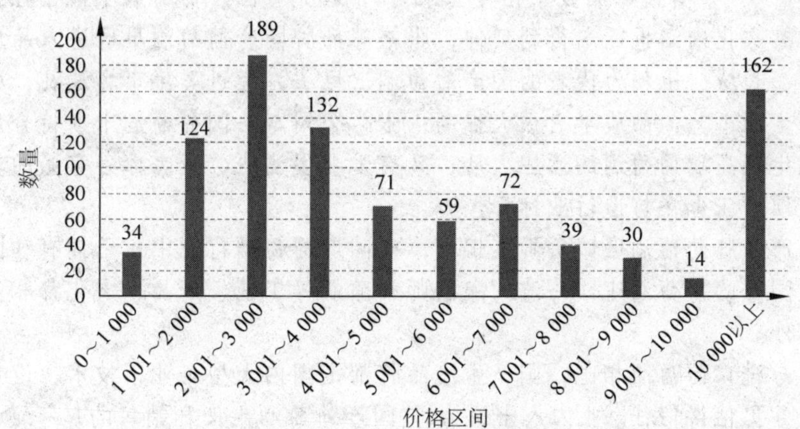

图 7-26　价格及其分布情

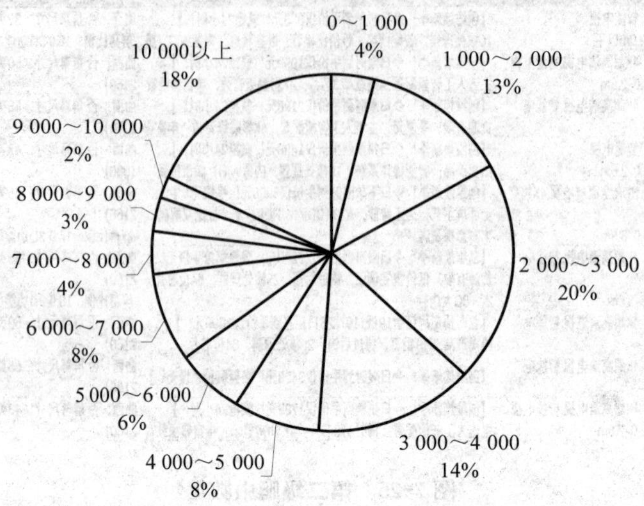

图 7-27 各价格区间占比统计

由此可见，创维电视的价格大部分在 1 000～4 000 元区间，购买占比达 48.06%，大部分消费者可接受此区间；购买定价在 10 000 元以上的有 162 台，占比 17.49%，可以推测出这部分电视走高端路线。另外，从图 7-24 可以看出，创维电视的定价都采用尾数定价，利于消费者接受。

小训练

有不少消费者认为，国产葡萄酒品质不如进口葡萄酒，这其实是受进口葡萄酒释放的“烟幕弹”影响。有葡萄酒专家在接受采访时表示：“国产葡萄酒不但已经拥有严格的工艺流程，其文化内涵也逐渐得到延伸，张裕等品牌国产葡萄酒早已进入品质时代。”

以张裕、长城、王朝为代表的国产葡萄酒三巨头，经过多年市场洗礼，引进了大量先进的国外生产工艺，品质早有很大提高：张裕公司与法国葡萄酒卡斯特合作，创建了中国专业化生产高端葡萄酒的酒庄之后，又有爱斐堡酒庄、黄金冰谷等紧随其后，而中粮集团的君顶酒庄也在打造行业标杆……

几大国产品牌葡萄酒区域负责人坦言，在国产葡萄酒行业中，已拥有和国外相仿，甚至还优于国外的葡萄酒庄，一流的酿酒师和酿酒等工艺、产品、文化都相当完善，丝毫不逊色国外。

此外，与进口葡萄酒相比，国产主流品牌都是国内大型企业，技术、设备等相关硬件和品牌服务更值得信任。业内人士认为，“国产葡萄酒生产和销售的每一道工序，都得到了工商、质监、卫生等部门的严格把关和监控，在 2008 年‘新国标’实施后，国产葡萄酒更加规范，‘分级制’等标准正在完善之中。”

当然，不论是国产品牌还是进口品牌，只有有品质保障的产品，才最适合消费者。品质和价格应该是相应的。从国内的主要产品来看，高、中、低端产品的价格差距巨大，从低至几十元，到高至 2.5 万元以上，这种品质与价格的对应，正是为了迎合不同细分市场顾客的需要。

国内某品牌葡萄酒已于2012年秋天正式投放市场，根据之前所进行的权威部门鉴定会的结论，该企业所生产的葡萄酒，其品质高于国内同类产品，与国外著名品牌在品质上已经相差无几。然而，其成本相比国外的品牌要低很多，这主要是因为国内的资源和劳动力价格相对偏低，以及没有关税和国际运输等方面的问题。

定价策略制定训练：根据以上资料制定该企业的产品定价。

[附七]　企业产品定价活动纲要

根据本章第一节中所阐述的企业定价程序的内容，已经知道企业的定价活动主要包括六个步骤。围绕这六个阶段，企业在进行价格决策时，每个阶段可以围绕一些具体问题的提出而展开。

1. 环境分析阶段

环境分析的目的是了解影响企业价格决策的主要的外部环境因素，要解决和回答的问题是：

（1）可能影响企业价格决策的环境因素有哪些？

（2）在以上的环境影响因素中，哪些是影响显著的因素？

（3）这些主要环境因素的影响方向和程度如何？

以上分析可以采用一些定性和定量的方法。比如在确定可能影响企业定价的环境因素时，可以采用专家意见法、德尔菲法（Delphi）、头脑风暴法（BS），等等。在确定显著影响因素时，可以采用回归分析、方差分析、列联分析、因子分析、主成分分析等方法，并借助统计分析软件SPSS或Excel等来完成。在进行影响方向和程度分析时，可以考虑采用相关分析、增量分析等具体的方法。

2. 确定定价目标

不同时期和不同条件下，企业的定价目标会有所不同。在特定的背景下，企业的定价目标取决于企业自身的条件因素，比如所掌握的人、财、物、信息、时间等资源的状况，企业的竞争地位状况，尤其是企业的发展目标和战略情况。主要解决的问题是：

（1）企业的宗旨和目前的发展战略是什么？

（2）企业的宗旨和战略对定价目标提出了什么样的要求？

（3）可供选择的定价目标有哪些？

（4）在上述目标中，每个目标的制约因素是什么？这些制约因素能否有效地控制和解决？

（5）达成定价目标对企业战略的实现有何益处？

（6）选择单一目标，还是多个目标？多目标时，每个目标的优先顺序是怎样的？

（7）选择某一个或多个目标时的效果如何？其机会损失有多大？

（8）达成定价目标的可能性如何？

对以上问题的回答，可以采用专家意见法等定性的方法和线性规划、目标规划、动态规划、经济性评价等多种定量分析方法以及两者相结合的方法进行。

3. 选择定价方法

定价方法的采用必须与企业的定价目标相一致，所以主要回答和解决以下问题：

（1）与企业定价目标相一致的定价方法有哪些？它们的适用性如何？

（2）评价定价方法有效性的标准是什么？适用的评价方法有哪些？

（3）在可行的定价方法中，最有效的方法是哪个？

（4）要否进行多种定价方法的综合性考虑？

此阶段所采用的方法除了以上所提及的定性方法外，还可以考虑采用一些综合评价方法，比如熵权法、TOPSIS法、秩和比法、模糊评价法、聚类分析法、效用分析法等。通过综合评价找出最为合适的定价方法。

4. 选择定价策略

与定价方法的选择类似、企业产品定价策略的选择也是一个重要的环节，也可以采用以上提及的一些定性与定量方法。此外还要考虑消费心理、文化风俗、法律法规等因素。主要回答以下问题：

（1）在既定目标之下，适用的企业定价策略有哪些？

（2）在适用的定价策略中，最为恰当的策略是什么？要否进行策略组合？

5. 确定最后价格

本阶段要回答和解决的问题是：

（1）最终价格是多少？它是否能够同时满足定价方法和定价策略的双重要求？

（2）如果最终价格不能同时满足定价方法和定价策略的双重要求，应做何取舍？

（3）最终价格对供应商、中间商、消费者的影响如何？

（4）最终价格对竞争者的影响如何？

（5）企业有关人员对最终价格的意见如何？

（6）最终价格的文化风俗、法律法规适应性如何？

（7）要否对以上确定的最终价格进行调整？

6. 价格的实施

按照以上方法和程序所确定的价格是否适应市场的要求，需要有一个不断反馈和修正的过程，所以主要解决以下问题：

（1）价格的市场运行情况如何？与既定目标和计划有否偏差？

（2）价格目标的偏差可否进行修正？如果修正，其增加的成本代价有多大？如不修正，其收益损失有多大？

（3）要否回到步骤1进行重新价格决策研究？

本章参考文献

[1] Lamb，Hair，McDaniel. Marketing （9th Ed）[M]. South-Westrn，Thomson Learning，1988.

[2] 纪宝成. 市场营销学教程（第6版）[M]. 北京：中国人民大学出版社，2017.

[3] 郭国庆. 市场营销学通论（第7版）[M].北京：中国人民大学出版社，2017.

[4] 郭国庆，成栋. 市场营销新论[M]. 北京：中国经济出版社，1999.

[5] 韩小红. 网络消费行为[M]. 西安：西安交通大学出版社，2008.

[6] 李景泰. 市场学（第二版）[M]. 天津：南开大学出版社，1996.
[7] 刘生慧. 网络营销环境的含义与特征分析[J]. 网友世界，2013（3）：18-20.
[8] 黎雨. 网络营销之实战密码解读[M]. 北京：清华大学出版社，2014.
[9] 吕一林，李蕾. 现代市场营销学（第4版）[M]. 北京：清华大学出版社，2007.
[10] 岳俊芳，吕一林. 市场营销学（第5版）[M].北京：中国人民大学出版社，2019.
[11] 王丽萍，李创编. 网络营销学概论[M]. 北京：清华大学出版社，2014.
[12] 王玮. 网络营销[M]. 北京：中国人民大学出版社，2018.
[13] 杨学成，陈章旺. 网络营销[M]. 北京：高等教育出版社，2014.

自测题

第八章

分销决策

本章概要

本章的目的是让学习者系统地了解并掌握分销决策管理的内容与技巧。详细介绍了分销渠道的基本结构与类型，以及不同类型中间商的特征，阐述了分销渠道的设计方法和程序。分析了网络渠道以及互联网商业助推的数据挖掘技术等现代技术和手段的利用对分销渠道设计的有效性问题。

第一节　市场营销渠道与分销渠道

随着社会经济的发展，社会化分工越来越细。在生产企业将其产品转移至最终顾客手里时，可以通过专业机构以及中间商等非生产性质的服务性企业的帮助。这样，生产企业可以更加专注地进行生产活动，以提高整个社会的资源利用效率。分销渠道的构建已成为产品或服务加快进入市场的有力推手，成为企业营销管理和决策的重要组成部分。

2007 年，同特易购超市公司和联合利华公司合作组织的未来论坛报告《零售未来》指出，“自己动手”的购物方式不断延伸。网上购物革命刚刚开始，个人通过网络直接交易，可能会利用互联网来消除中间商环节，并从农场和制造企业那里进行直接购买，由此对大型零售商构成威胁。2015 年后，英国的四大超市占据市场的份额由 76%下降到 55%。当今电子商务的普及，更加促使了市场从大型零售商手中转移到单个生产企业那里，消费者与生产企业直接做交易，生产企业更加受信任。由此可见，分销渠道将随着环境变化而发生变革。

一、市场营销渠道

菲利普·科特勒认为，**市场营销渠道**（Marketing Channel）是指那些配合起来生产、分销和消费某一生产者的产品或服务的所有企业和个人。市场营销渠道的成员有供应商、生产企业、中间商、消费者和服务机构。服务机构可以是银行、物流企业、广告公司等。

市场营销渠道包括五个主要部分。①分销渠道，是产品所有权转移的途径，商流。②储运渠道，产品实体分配途径，物流。③结算付款渠道，货币转移途径，货币流。④信息沟通渠道，产品、货币流通信息途径，信息流。⑤广告促销渠道，告知消费者产品和服务满足需求的途径，信息流或物流等。由此可见，分销渠道是市场营销渠道的一个组成部分。

二、分销渠道

（一） 分销渠道的概念

分销渠道是指产品由生产者向最终消费者或用户流动所经过的途径或环节。

美国爱德华·坎迪夫（Edward W.Cucndiff）和理查德·斯蒂尔（Richard R.Still）认为，分销渠道是当产品从生产者向最终消费者和产业用户移动时，直接或间接转移所有权所经过的途径。

菲利普·科特勒认为，**分销渠道**（Distribution Channel）是指某种产品或服务从生产者向消费者移动时，取得这种产品或服务的所有权或帮助转移其所有权的所有企业和个人。分销渠道的成员有生产企业、中间商和消费者或产业用户（即最终顾客）。

（二） 分销渠道的流程

分销渠道虽然是市场营销渠道的一个组成部分，但是却具有市场营销渠道的五个“流”。见图 8-1～图 8-5。这是分销管理的基础。

分销渠道的物流是产品实体从生产企业转移到中间商或最终顾客的流动过程（见图 8-1）。让产品实体流动可以是自己运营，也可以通过第三方物流企业帮助。产品实体可以从生产企业直接送达最终顾客，也可以经过中间商再送达最终顾客。

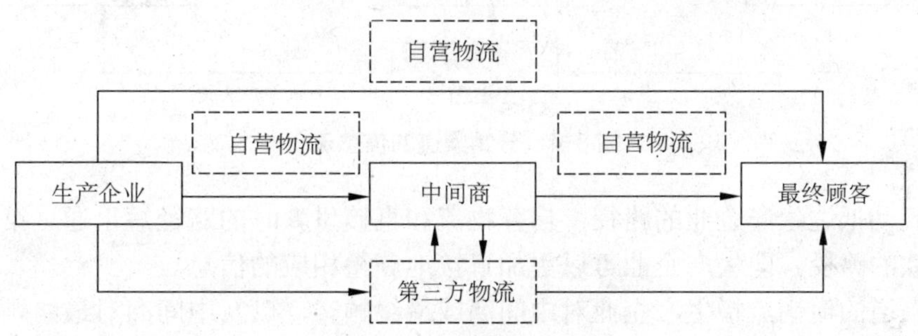

图 8-1 分销渠道的物流

分销渠道的商流是产品或服务的所有权从生产企业转移到中间商或最终顾客，以及中间商转移至最终顾客的过程（见图 8-2）。如果中间商没有产品的所有权，那么商流就从生产企业直接到最终顾客。这与没有中间商帮忙是一样的。

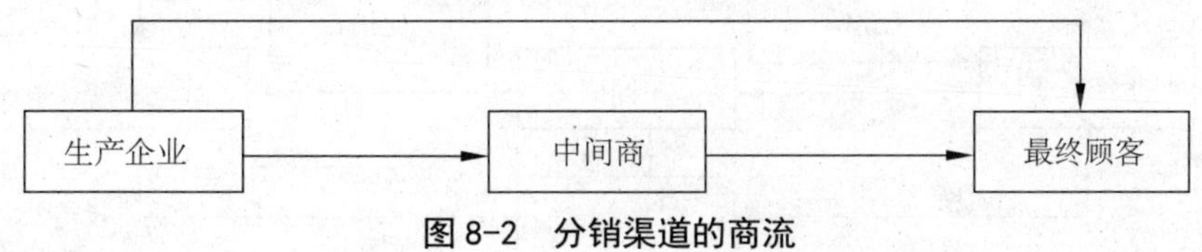

图 8-2 分销渠道的商流

分销渠道的货币流是在商流、物流，甚至是信息流流动过程中产生的货款支付或报酬支付过程（见图 8-3）。一般情况下，中间商向生产企业支付货币需要通过银行。实际上，现代通信技术的发展使得消费者支付货款或服务费用的方式通过银行渠道的比例越来越大，支付现金的比例越来越小。

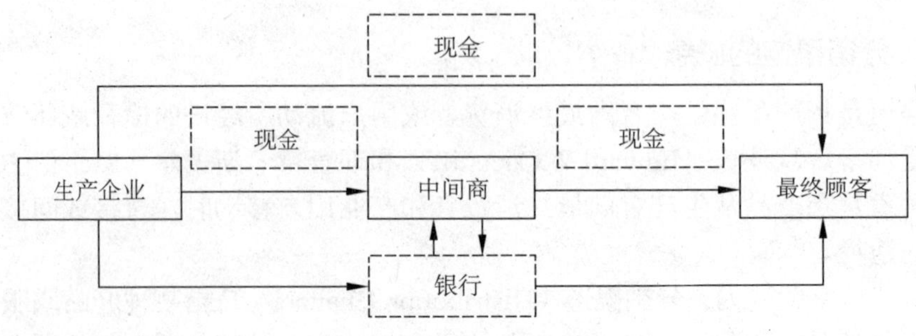

图 8-3　分销渠道的货币流

分销渠道的信息流是在物流、商流和货币流流动时产生的信息的流动过程（见图 8-4）。

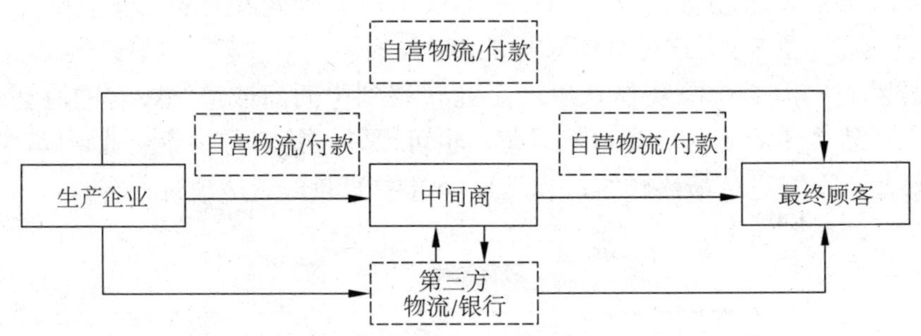

图 8-4　分销渠道的信息流

信息流动抵达生产企业的路径，自营物流和直接付款时的路径短于通过第三方物流和银行付款的路径。即生产企业可以更加直接地获得相应的信息。

分销渠道的促销流指生产企业对中间商或最终顾客，以及中间商对最终顾客的促销活动的信息沟通过程（见图 8-5）。其中促销方式可以有广告、人员推销、营业推广和宣传报道等。

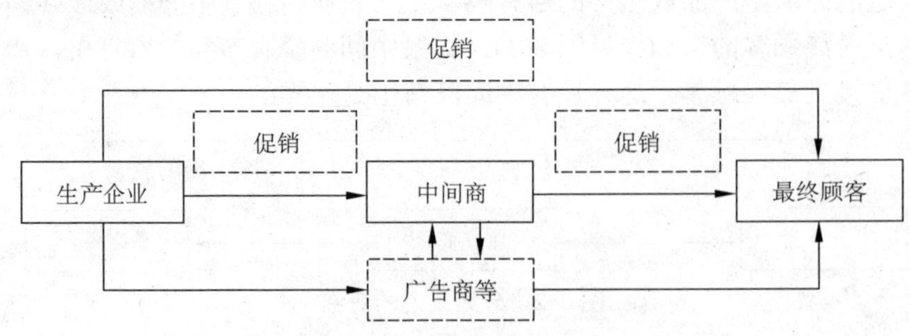

图 8-5　分销渠道的促销流

（三）分销渠道的作用和特点

通过上述内容可以看出，分销渠道具有四种基本的作用和特点。一是分销渠道表现为由参与商品流通过程的各种类型的机构组成的一组路线；二是通过这些机构的组织活动，商品脱离生产领域，最后进入消费领域；三是每条渠道的起点是生产者，终点为消费者或用户即最终顾客；四是商品从生产领域向消费领域转移，至少有一次所有权转移。

建立有效的分销渠道，不仅可以减轻生产企业的营销工作量，而且对优化市场管理，以及提高顾客购买成功率的作用也是巨大的。例如，顾客的生活或工作中的需要有三种类型，满足这三种需要是通过三种产品来实现的，而这三种产品由三家企业分别生产并供应市场。是否通过中介机构帮忙，可以看出交易活动的复杂程度不同。见图 8-6。

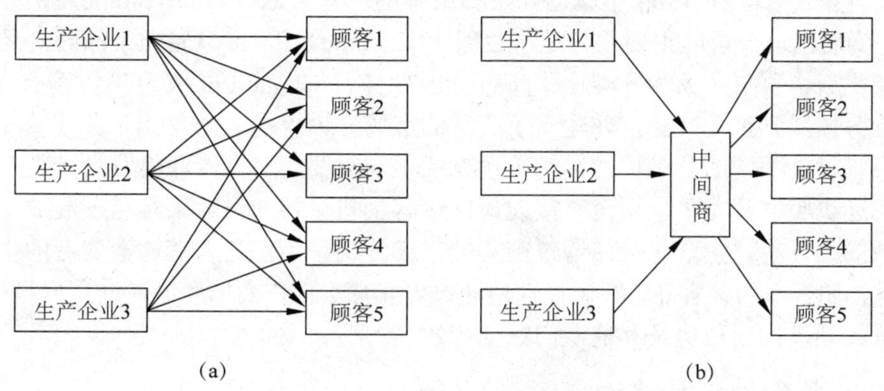

图 8-6　中间商简化市场交易比较

如图 8-6 中（a）所示，没有中间商帮忙，每个生产企业要面对每位顾客，而每个顾客因要满足不同的需要又要寻找并与生产不同产品的企业打交道。假设生产企业和顾客各自与对方打交道付出的成本代价都各为 1 个单位成本，那么（a）图中生产企业和顾客的成本代价分别为：

$$C_{生产企业}=3\times5=15\ （个单位成本）$$

$$C_{顾客}=5\times3=15\ （个单位成本）$$

$$C_{总}=15+15=30\ （个单位成本）$$

图（b）中的企业和顾客不直接见面，分别同中间商接触。这时，生产企业和顾客的成本代价分别为：

$$C_{生产企业}=3\times1=3\ （个单位成本）$$

$$C_{顾客}=5\times1=5\ （个单位成本）$$

可见，利用中间商帮助可以减少生产企业和顾客的成本付出。中间商的成本付出为

$$C_{中间商}=1\times3+1\times5=8\ （个单位成本）$$

所以，总成本付出为 16 个单位成本，可以减少 14 个单位成本。况且市场中不仅只有 3 家生产企业、5 个顾客，他们的数量是庞大的，因此利用中间商帮助所减轻的工作量是非常大的。

另外，从图 8-6 中图（a）和图（b）的比较还可以看出，图（b）的交易明显比图（a）简单，尤其是在市场上的生产企业和顾客数量不断增加的情况下，利用中间商帮助的优势将更加显著。这对于市场管理也是有利的。

第二节　分销渠道的基本结构和类型

市场根据购买者类型可以分为消费者市场与组织市场两大类。组织市场又可以根据组织的特征再对市场进行划分。无论哪类市场，将产品或服务从生产领域转移到消费领域中都离不开分销渠道。

例如，欧莱雅在中国市场上的分销渠道。欧莱雅是世界化妆品行业的领先者。它的中国市场开拓工作早在 1966 年就已开始利用香港一家名为 Scental Ltd.的经销办事处销售产品。当时，该公司的主要业务是将兰蔻（Lancome）和 Guy Larches 品牌产品推销到化妆品专卖店、百货商场和各类免税商店。1979 年，Scental Ltd.成为其全资子公司，同时将其业务拓展到护发产品，并建立了广泛的市场分销渠道。

欧莱雅设计不同的分销渠道以满足顾客的不同需要。对于专业美发品，利用专业发型师，或通过美发沙龙单一渠道直接向最终顾客销售。目前，欧莱雅已发展成全球美发产品领域的领导者。大众化妆品通过密集的市场分销渠道，进入普通消费者的生活。高档化妆品，如香水和美容品，有选择性地通过专卖店、百货商店和旅游商店向顾客销售。特殊化妆品通过指定药房及其他专门渠道销售。

一、分销渠道的基本结构

分销渠道的基本结构按照级数都可以显示如图 8-7 所示的特征。

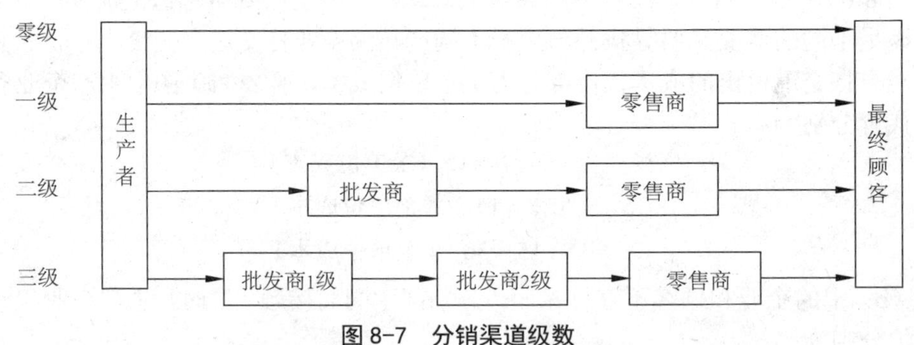

图 8-7　分销渠道级数

由图 8-7 可以看出分销渠道的结构组成。起点是生产企业，终点是最终顾客，期间可以有中间商，也可以没有中间商。服务于最终顾客的中间商是零售商，服务于零售商的是批发商。批发商又可以再分级别。批发商的级别排序值是从生产企业向零售商方向排，级数值由小到大。最终顾客可以是消费者，也可以是其他组织用户。

图 8-7 中显示级别最多是三级渠道，更多级的分销渠道也有，但实际操作中很少见。因为中间商的级数越多，企业控制起来越难。另外，一般情况下，最终顾客是消费者的

分销渠道往往会长于组织用户的分销渠道。

二、分销渠道的类型和特点

分销渠道的分类根据不同的分类标准可以得到不同类型的结果。常用的分类标准有：是否用中间商、中间商的级数，以及同级中间商的数目等。

（一） 是否用中间商

不用中间商的分销渠道为直接渠道，否则为间接渠道。

直接渠道（**Direct Distribution Channels**）是产品从生产者向最终消费者或用户流动的过程中不经过任何中间环节的渠道。见图 8-7 中的“零级”渠道。**间接渠道**（**Indirect Distribution Channels**）是产品从生产者向最终消费者或用户流动的过程中通过中间环节的渠道。见图 8-7 中的“一级”“二级”和“三级”渠道。

直接分销渠道因为是企业生产者把产品直接销售给消费者或用户，所以具有 3 个显著特点：①及时性，包括销售产品及时，促销活动及时；②费用少，既减少中间费用，又利于控制价格；③方便性，便于生产企业向顾客提供服务，有利于生产企业了解市场行情。

直接渠道是大型或贵重产品，以及技术复杂、需要提供专门服务的产品销售采取的主要渠道。例如，联想、IBM、惠普等公司设立大客户部或行业客户部等就属于零级渠道。另外，DELL 的直销模式，更是一种典型的直接渠道。直接渠道也被一些日用化妆品公司所使用。例如，有近 150 年历史的美国老牌企业雅芳沿用全球的直销模式，在 21 世纪 90 年代初期成功进入中国市场。成为第一个在中国市场上利用直销人员（招聘女性直销人员培训后进行产品推销）推销产品的美国公司。随着安利和玫凯琳公司的进入，20 世纪 90 年代后期，中国市场成为公司获得高利润回报的地方，致使中国政府在 1998 年 4 月出台了全面禁止传销的禁令。附后，“传销”成为违法犯罪和“骗子”的代名词，也波及到了直销，雅芳开始了在中国的一次艰难转型。

间接分销渠道是企业生产者通过中间环节把产品转移给消费者或用户。该渠道最明显的特点是简化交易，整个市场的交易联系可以充分简化。减少工作量，生产企业的销售工作量可以大大减少。提高效用，提高了产品的时间、地点效用。加强专业性，销售、市场关系维护工作很大部分交给中间商，因此而加强销售的专业能力，生产企业可以更加关注产品或服务的生产和开发。间接分销渠道多见于消费品领域中的便利品，例如牙膏、牙刷、饮料和方便面等产品的销售。

（二） 渠道的级数多少

渠道级数越多则渠道越长，否则越短。

长渠道（**Long Distribution Channels**）是产品从生产者向最终消费者或用户流动的过程中经过中间环节较多的渠道。**短渠道**（**Short Distribution Channels**）就是产品从生产者向最终消费者或用户流动的过程中经过中间环节较少，甚至没有的渠道。图 8-7 中，“一级”渠道长于“零级”渠道，“二级”渠道长于“一级”渠道。反之，“零级”渠道短于“一级”渠道，“一级”渠道短于“二级”渠道。在图 8-7 中，“零级”渠道最短，“三级”渠道最长。

长分销渠道的中间环节多，因此可以调节供需之间在空间和时间上的不协调，同时为生产企业提供运输和资金的融通。还可以为生产者提供更多的产品市场信息和服务需求内容。

短分销渠道的中间环节少，甚至没有直接渠道。因此利于营销管理，也为特殊产品进入市场提供了及时条件，同时可以加强企业对市场终端价格的控制。

（三）同级中间商的数目

同级渠道的中间商数目越多则渠道越宽，否则越窄。

宽渠道（**Wide Distribution Channels**）是产品从生产者向最终消费者或用户流动的过程中同一层的环节较多的渠道。**窄渠道**（**Narrow Distribution Channels**）是产品从生产者向最终消费者或用户流动的过程中同一层的环节较少的渠道。

宽分销渠道的同级中间商数目多，可以帮助生产企业的产品加速进入市场，同时提供的市场信息范围较宽。当遇到竞争对手的攻击时有着较强的抗竞争能力。

窄分销渠道的同级中间商数目少，易于生产企业对销售渠道的管理，可以提高销售的专业化力度。如独家分销对于中间商来说更能显示自己的实力。某些新产品上市，为了“吊”消费者的胃口时，也常用窄渠道。

在电子商务活动普及的时代，渠道中成员间的合作越来越表现出优势，B2B 商业市场规模不断扩大。例如，2018 年 6 月 26 日电子商务研究中心通过大数据分析后，发布《2017 年度中国 B2B 电商市场数据报告》显示，2017 年中国的 B2B 市场投融资事件共发生 146 起，融资额达到了 217.2 亿元人民币，B2B 营业收入达到 350 亿元人民币，市场交易规模达到 20.5 万亿元人民币。

8-2　分销渠道的基本结构、类型和特点

第三节　中间商管理

分销渠道当中的活动形成了商流、物流、货币流、信息流等。中介机构是其组成部分，可能包括中间商。配送中心、运输公司、银行、仓库、广告代理商等，属于辅助机构。中介机构和辅助机构在商品流通过程中既不参与买卖谈判，也不取得商品的所有权，只起到支持产品分配作用。帮助生产企业顺利地将产品或服务交与最终顾客，最终顾客将货款给付，生产企业实现利润的获得。其中，商品所有权的转移形成的商流是核心，其他流都是因此而产生。可见，中间商是不容忽视的重要组成部分。

另外，从图 8-7 中可以看出，批发商的供应商可以是上一级批发商，也可以是生产企业。零售商的供应商可以是批发商，也可以是生产企业。所以，不同位置的中间商起的作用有所差异。

一、基本概念

中间商（Middleman）是在生产者与消费者之间，参与商品交易业务，促使买卖行为发生和实现的经济组织和个人。

企业对中间商进行管理时，可以根据中间商服务的对象不同分为批发商和零售商，如图 8-7 所示。**批发商**（Wholesaler）是在商品流通过程中，不直接服务于最终消费者或用户，只是实现商品在空间上、时间上的转移，达到再销售的目的的中间商。**零售商**（Retailer）是在商品流通过程中，直接服务于最终消费者或用户的中间商。

还可以根据商品转移过程中是否拥有商品的所有权来归类中间商。**经销商**（Merchant）是从事商品交易业务，在商品买卖过程中拥有商品所有权的中间商。**代理商**（Agent）是仅受生产者委托，从事商品交易业务，但无商品所有权的中间商。

二、按所有权归属分类

按所有权归属分类标准下，中间商可以分为经销商和代理商。因此就有了经销商机构和代理商机构。

经销商机构是在商品流通过程中，取得商品所有权，然后再出售商品的中介机构。如一般常说的批发商、零售商，及工业品经销商。

代理商机构是在商品流通过程中，只参与寻找顾客代表厂家谈判，但无商品的所有权，其报酬按商品销售量抽取一定比例的佣金。

常见的代理商有企业代理商、销售代理商和经纪商。

企业代理商是受企业委托，根据协议在一定区域负责代销该企业的产品，与生产者之间是委托代销关系，且可同时接受几个企业的委托。生产企业可同时委托几家，且自己也可进行销售活动。

销售代理商是受某生产企业委托，负责代销生产企业的全部产品，可向生产企业提供资助。生产企业在同一时期可委托几家，但一般自己在该地区不进行销售活动。

经纪商没有商品的所有权，且无现货，只为买卖双方提供价格、产品及一般市场信息，为洽谈、销售起媒介作用。

三、按所起的作用分类

（一） 批发商

批发商是商品流通过程中的中间环节，其交易对象是商业顾客而不是最终顾客，同时表现出交易量和交易领域较大等特点。

常见的类型有商人批发商（简称批发商）、代理批发商（简称代理商）、拍卖行等。还可能是生产企业自己设立的销售分部、营业所等。

商人批发商（Merchant Wholesaler）是个独立经营者，对所经营的商品有产权。生产企业将产品销售给他之后就没有了所有权。

商人批发商可以根据所提供的服务内容范围分为两类：完全服务批发商，即执行全部批发职能，如批发中间商、工业经销商；有限服务批发商，即执行部分批发职能，如货车批发商、承运批发商、邮购批发商、现销批发商。

代理商（Agent）的类型除前面提到的企业代理商、销售代理商、经纪人等，还有采购代理商（为买主采购商品）、佣金代理商（临时代理销售业务）。

（二）零售商

零售商的主要特征是销售对象是最终顾客（消费者或组织用户）；零售商的商品一经出售就脱离了流通领域，进入消费领域；每一次销售活动的商品销售数量小，但是销售频率高。不过，面对组织用户的零售商的每一次交易量不一定小。若是销售给组织用户作为原材料的商品，一次交易量可能也较大。

零售商可以根据是否有商品的所有权，分为经销零售商和代理零售商。但因为零售商数量较多，从管理的角度往往更多地考虑其可以提供的服务情况、市场范围等。见表 8-1 所列从 5 个管理内容分类标准分类后常见的有固定店铺的零售商类型。尤其要注意近年来无线通信技术和网络技术的应用延伸，开设完全自助式零售商店即无人便利店（见图 8-8）成为可能。2016 年，美国亚马逊推出世界第一家自动化便利店；2017 年，中国阿里巴巴开设中国第一家无人便利店。

表 8-1 有固定店铺的零售方式

序号	分类标准				
	按产品线长度和宽度分	按管理控制程度分	按价格相对重要程度分	按提供服务程度分	按零售网点集散程度分
1	专业商店 Specialty Store	独立商店 Self-help Store	普通商店 Common Store	自助式零售商店 Self-Service Retailing	中心商业区 Central Business District
2	百货商店 Department Store	连锁商店 Corporate Chain	折扣商店 Discount Store	有限服务零售商店 Limit-Service Retailing	地区购物中心 Regional Shopping Center
3	超级市场 Supermarket	自愿连锁店 Voluntary Chain	仓储商店 Warehouse Store	完全服务零售商店 Full-Service Retailing	住宅区购物中心 Community Shopping Center
4	便利商店 Convenience Store	零售合作组织 Retailer Cooperative	目录展示室 Catalog Showroom		社区便利商店 Neighborhood Shopping Center
5	混合商店 Combination Store	消费合作社 Consumer Cooperative			
6	超级商店 Superstore	特许专卖组织 Franchise Organization			
7	特级市场 Hypermarche	商业集团 Merchandising Conglomerate			

图 8-8　无人便利店

无店铺零售商（Non-store Retailing）往往通过邮寄、电话、电视、广播、网络等媒体进行零售活动。常见的无店铺零售商有邮商、电商、网商和推销员等类型。

直复营销（Direct Mail Marketing）渠道是邮商、电商和网商常用的方式。通过邮寄、电话、电视和网络等手段将商品目录送达目标顾客，再利用邮寄交付商品进行零售活动。例如，上海贝塔斯曼书友会利用邮寄方式直接把信函广告或商品目录寄给目标顾客，也通过邮寄交付其图书产品。

根据使用的通信工具可以将直复营销进行分类。①电话营销（Telemarketing）渠道，是直接打电话向目标顾客推销商品或服务项目。②电视营销（Television Marketing）渠道，是通过电视介绍商品开展营销活动。例如，利用电视中的直接回复广告（Direct-response Advertising）、家庭购物频道（At-home Shopping Channel）和电视信息系统（Videotext）等板块开展活动。③网络营销（Network Marketing）是利用互联网（Internet）或商业网络渠道（Commercial Online Channel）开展营销活动。其顾客端可以用计算机、手机等工具。

无店铺的零售还可以通过自动机器售货（Automatic Vending）来实现，可以昼夜为顾客提供服务。如自动售烟机、自动点唱机、自动取款机、自动饮料机等。

无店铺的零售商最古老的方式就是直接推销（Direct Selling），由人上门直接推销。现代通信、网络技术的发展使得该方式推陈出新。利用现代电子通信技术“上门”实现服务。如在线购买软件等商品，通过网络下载并支付货款。

购货服务（Buying Service）也是无店铺零售商的零售方式之一。其目标顾客群是某些特定顾客需要特定的服务。帮助顾客购买特需商品。如，“三元”牛奶上门订奶服务还附加为订奶顾客送鸡蛋、大米等服务项目。

随着互联网技术和社交网络平台的发展，企业与中间商的关系也发生了许多变化，尤其是中间商作为沟通市场信息的渠道作用正在受到影响。斯坦福大学的一份调查报告显示，已有 59%的公司利用社交媒体进行顾客行为研究，其中通过社交媒体来检测中间商的业务活动的企业占了 32%，衡量企业绩效的企业有 14%。社交网络平台和信息抓取技术的发展，使得许多公司可以低成本地绕开中间商进行市场情况监控和预警，公司服务网络的扁平化趋势明显。

利用互联网数据管理，将数以百万计的中间商前后台的网络访问文件、销售订单等与电话记录和访谈记录等转化成可以用于对中间商管理的信息，预测和识别中间商可能的交易行为变化，以加强对中间商进行防窜货管理。

例如，对于计算机产业，新型计算机开发周期不断缩短，技术更新很快。时间就是金钱。按常规，计算机降价后，公司有责任对中间商的库存计算机产品进行差价补偿，中间商退货时，公司按原价支付。对于本公司尚未销出的库存计算机产品，包袱当然要自背。因此，计算机制造公司利用分销渠道各显神通。

虽然戴尔从 1998 年 8 月才开始在中国装配销售计算机，但利用其直销模式，很快蚕食联想、方正等中国计算机企业最重要的顾客即国有企业，跃居中国十大个人计算机制造商之列。戴尔的直销模式就是顾客通过电话、信件以及 Internet 直接向公司订购计算机，而不经过经销商或代理商等中间渠道。由于中间商在销售计算机时，一般要加价，直销则以出厂价销售，意味着为顾客节约了资金。同时可以按照顾客的具体要求制造计算机，从外部的硬件到内部的软件完全量身定做。而不是根据对市场的预测制订生产计划，先批量制成成品，再将产品存放在仓库里等待中间商和顾客的订货。消除了供应链中的零部件库存，降低了计算机更新带来的风险。但是到 2005 年以后，戴尔进入中国的四五级市场，其经营业绩开始不尽如人意。调查发现，中国人习惯到商店里购物的购买方式开始起作用。因此戴尔公司设计了“体验店”分销模式来吸引顾客。2007 年 5 月份，戴尔宣布将个人计算机销售渠道拓展至沃尔玛，不久之后，其他零售商也开始销售戴尔的产品。

为了应对竞争，更好地落实公司的“个性应用体验”的宗旨，从 2006 年起，中国惠普（HP）有限公司的分销渠道模式从原来的总代销制模式变革成区域分销管理模式。细化的分销管理模式将中国市场划分为东北、华北、京津、华东、华中、华南、西南和西北八个分区域。每个分区域设立独立总经理，根据当地特点选择产品及分销渠道，且通过各自的分销渠道将市场进一步细分化，投入相应的资源来拓展。惠普公司的代理商分销渠道模式渗透到了中国的五六级市场。

2005 年，联想集团收购了 IBM 公司的个人计算机业务，由此进入了高端个人计算机业务市场，开始与宏碁、华硕等公司的高端个人计算机市场竞争。为了进一步扩大市场份额，联想建立了与批发商和零售商更加密切的关系，自己制造产品，以更低廉的价格销售廉价产品，促进公司的发展。联想提出“一站式的服务提供商”来密切与中间商和顾客的关系，其分销网络已经延伸到县级市，甚至乡镇。到 2012 年年底，联想集团在中国已经有 2 400 余个销售服务网点，覆盖全国 2 287 个县级城市，6 100 多名服务工程师通过国家信息产业部的认证。

之后，联想与戴尔的处境形成了鲜明的对比。在 8 年的时间里，联想在全球 PC 市场的占有率从 6.9%上升至 2012 年第四季度的 15.5%；戴尔同期的市场占有率却从 16.8%下滑至 10.2%。虽然联想在中国的经验是其成功的一个重要原因，这使联想能够更好地适应新兴市场的游戏规则。但是，还有一个更重要的原因，联想愿意接受更低的利润率（只有戴尔的 1/3），这让联想在面对美国竞争对手时更有底气。美国企业的股东认为利润率的重要性远高于市场份额。因此，在构建分销渠道时，美国企业比中国企业的短而窄。可见。分销渠道的适应性严重地影响了戴尔公司的业绩成长。

四、网络营销管理概述

随着 IT 技术和网络通信技术不断升级换代，营销管理产生了巨大的变革。利用网络技术平台、手机终端进行产品的销售与管理，直复营销得以在新的平台上发展，同时迅速发展成为市场营销管理新的分支，即网络营销管理。例如，俄罗斯最大的在线零售商之一 Yulmart 已试运营出售中国商品，希望增加商品种类以留住更多的顾客。这个提供在线店面和接收订单的中介平台，在中国设有物流合作伙伴负责办理通关手续，并在网站上开设"中国智能手机"一栏，计划在原有商品中加入中国商品。俄罗斯电商平台 Ozon 和速卖通公司也开始通过网络营销进行中国商品的线上销售，以降低中国品牌拓展在俄罗斯销售的成本。

（一） 网络营销的基本概念

网络营销（Cyber Marketing/Online Marketing/Internet Marketing）是以互联网为基础，充分利用互联网的特性来实现企业营销目标的一种社会和管理活动。网络营销实现了个性化营销，打破了销售国界的地域限制，提供了一个真正意义上的世界大市场，同时有利于减少企业库存、缩短生产周期，也改变了企业竞争方式、基础和形象，给企业和行业结构带来了新的变革。

中国的网络营销市场发展迅猛。据中国互联网协会（CNNIC）2018 年 7 月 3 日发布的《中国互联网发展报告 2018》显示，2017 年中国的网络营销市场规模发展极其可观，其中第三方互联网支付 143.26 万亿元、电子商务 29.16 万亿元、网络零售 7.18 万亿元、网络广告 3 828.7 亿元、网络游戏 2 354.9 亿元。

截至 2018 年 12 月，中国网络购物用户规模达 6.10 亿，年增长率为 14.4%，网民使用率为 73.6%。中国网民人数变化见表 8-2。

表 8-2 中国互联网网民数量变化统计

年　份	网民数量（亿人）	年　份	网民数量（亿人）
2005	1.11	2012	5.64
2006	1.37	2013	6.16
2007	2.10	2014	6.40
2008	2.94	2015	6.84
2009	3.84	2016	7.31
2010	4.57	2017	7.51
2011	5.13	2018	8.29

资料来源：CNNIC 报告

据 BackgroundCheck.org 发布的数据显示，2011 年全球网民总数为 23 亿，其中中国为 5.13 亿，美国为 2.45 亿，后面依次是印度（1.21 亿）、印度尼西亚、俄罗斯、伊朗和土耳其。2017 年，中国网民数达到 7.51 亿（全球排名第一）。截至 2018 年 12 月，中国网民规模增加到 8.29 亿，普及率达 59.6%，较 2017 年底提升 3.8%。数字经济规模总量达 22.58 万亿元，跃居全球第二，占 GDP 比重达 30.3%。中国成为全球最大的电子商务市场，占全球电子商务交易额 40%以上。

网络营销的基本特征表现为：可以实现买与卖的高效互动，具有完整的业务流程，并且让产品在网络流通中增值。目前来看，网络营销相比网下营销活动的管理更需要一套标准化技术，对安全性、技术性等方面的要求更迫切。

例如，“315”网站 www.315.gov.cn 遇到过“李鬼”www.315.com.cn。2017 年 6 月 9 日，中国反钓鱼网站联盟（APAC）发布的《全球中文钓鱼网站现状统计分析报告（2016 年）》显示，2016 年中国的钓鱼网站数量同比增长 150.96%，主要仿冒对象为淘宝、中移动和各大银行，所使用的域名主要有.com、.cc、.pw、.net，移动互联网的钓鱼行为超过传统互联网达到 51.95%。

网络营销还带来了营销观念的变革，由 4Ps 转向了 4Cs，真正意义上的以顾客需求为核心时代到来了。因为 4Cs 解读为消费者（Consumer），而不是企业的产品（Product）；是顾客成本（Cost），而不是企业的产品价格（Price）；是顾客便利（Convenience）而不是企业的分销渠道（Place）；是与顾客沟通（Communication），而不是企业的促销（Promotion）。

（二） 网络营销与传统营销的关系

网络营销是由技术环境改变带来的营销管理变化，这种变化给营销管理带来了一种脱胎换骨的感觉。

网络营销带来了营销管理的整合。顾客概念的整合，即与产品和消费直接有关的个人或组织的整合；产品概念的整合，即提供到市场上引起注意、需要与消费的产品的整合；营销组合概念的整合，对于知识产品而言，产品、渠道和促销的概念和界限相当模糊。这些是过去的营销管理所没有的新的增长点。网络营销将产品分销渠道和企业的促销渠道利用 IT 技术合二为一，成为不可分割的系统展现给顾客。通过网络广告将产品信息、价格信息一并传递给顾客，并通过链接平台与企业直接签订购货合同。

网络营销传承并发扬了直复营销理论。它不仅提供了一个自由、开放的双向式信息沟通平台，而且提供了一个跨时空、持续性和全球性的平台，还提供了一个实现一对一服务、方便地处理与每一顾客交易的平台。

（三） 网络营销的 4P 管理概述

网络营销的策略管理与传统的营销管理有许多不同。按照营销管理的经典理论，在 4Ps 决策管理上有其独特之处。

1. 产品策略管理

对产品整体概念的理解更要注意顾客的潜在需求。同时还要注意，不同的产品适合网络顾客需求的程度有很大的差异。因此需要考虑适合网上销售的产品的基本特性。包括产品质量、式样、品牌、包装、产品的目标市场以及成本核算等。实体产品网络销售需考虑的基本因素，如表 8-3 所示。

表 8-3　实体产品适合网络销售的特征

序　号	特 征 指 标	适合网络销售特征
1	类型	看得到、听得到、想象得到
2	特点	风险小、容易通过联想得到实体感受
3	质量	质量稳定
4	品牌	地位重要
5	包装	易于递送

随着互联网技术的发展，许多实体公司也加入网络营销活动中。2019 年 4 月底，麦肯锡公司的报告显示，中国顾客在 2018 年网购奢侈品约 616 亿元人民币，仅占其奢侈品总支出（7 700 亿元人民币）的小部分，但是其增长潜力巨大，2017 年，天猫的奢侈品平台已有 100 多个品牌入驻，除了京东、小红书等平台外，奢侈品公司还使用微信平台出售产品。

另外，网络营销的品牌管理决策具有新的要求。由于企业域名有着非常强烈的品牌效应，域名具有“域名效应”，具有商标的特性。因此，域名商标具有商业价值。企业域名的管理应注意与企业已有品牌的关联性，简单、易记和易用，并且要有多个域名（相类似的域名同时申请以保护自己），以及适应国际性。

按照国际 ICANN 域名管理组织的管理，顶级域名包括两大类。一是国家顶级域名（National Top-level Domain Names，简称 nTLDs）。即按照不同的国别分配不同后缀，形成了该国的国家顶级域名。国家域名又可以在国家顶级域名下分为二级域名、三级域名等。目前，已有 200 多个国家和地区都按照 ISO3166 国家代码分配了顶级域名。例如，中国是“.cn”、美国是“.us”、日本是“.jp”等。二是国际顶级域名（International Top-level Domain Names，简称 iTLDs）。如工商企业是“.com”、网络提供商是“.net”、非营利组织是“.org”等。

表 8-4　常见的国际域名后缀及组织类型

国际域名后缀	适用组织类型	国际域名后缀	适用组织类型
.com	商业性的机构或公司	.edu	教育机构
.org	非营利组织、团体	.biz	网络商务导向企业
.gov	政府部门	.info	提供信息服务的企业
.mil	军事部门	.pro	医生、律师、会计等专业人员
.net	网络提供商	.name	个人注册通用
.cc	无限制	.nom	个人
.tv	无限制	.travel	旅游服务公司
.ac	科研机构	.aero	航空运输公司

续表

国际域名后缀	适用组织类型	国际域名后缀	适用组织类型
.museum	博物馆专用	.int	国际性组织
.firm	公司企业	.store	销售公司企业
.web	突出 WWW 运营公司	.arts	文化娱乐单位
.rec	消遣娱乐单位	.coop	商业合作社

为加强域名管理，解决域名资源紧张问题，Internet 协会及分支机构、世界知识产权组织（WIPO）等国际性组织经过广泛协商，在原来的国际通用顶级域名的基础上，不断新增国际通用顶级域名。

尤其要注意网络购物习惯所导致的新环境。随着中国消费者的影响力不断上升，许多奢侈品经营公司与阿里巴巴、京东这种面向大众市场的中国电商巨头合作。如华伦天奴、宝缇嘉和巴宝莉入驻了阿里巴巴天猫奢侈品平台 LuxuryPavilion，其他在线奢侈品商店也与其开展合作，推出中国业务及建立合资企业，以改变原来认为奢侈品业务不适合网络平台销售的理念，进一步适应中国消费者习惯利用手机购物的新的购买习惯。

2. 价格策略管理

在价格策略管理上，由于企业的运营成本降低，市场价格的透明度增加，出现了网络顾客的主导化程度提高、产品的价格趋于低态化、价格动态化明显这三个特点。

第一，网络营销的免费定价策略是其独特之处。即网络营销的产品和服务以零价格形式提供给顾客。当然，其最终目的是培养顾客的习惯。免费定价策略可以根据顾客的习惯程度或喜好分为四种情况：一是暂时免费，当顾客使用习惯产品或服务后再收费；二是购买某种产品后，免费升级更新；三是选时段免费；四是购买产品或服务到一定程度后免费。适合免费的网上产品往往符合易于数字化、无形化、制造成本极低的特点，或属于成长期的产品，可以造成强烈冲击性的产品特点。

第二，不同于一般的营销管理的定价策略是低于进价策略。即销售产品或服务不赚钱，靠产品或服务拉顾客，靠广告收入抵消开支。可以是直接低价，也可以是网上促销、清仓等手段。

第三，顾客主导定价的定价策略。往往是以竞价拍卖（C2C 用得最多）、竞价拍买或集体议价方式进行。如团购活动中的议价。

3. 分销策略管理

网络分销管理依赖于订货系统、结算系统和其他配套系统，如实体产品的送货系统等。结算系统包括电子钱包（E-Wallet）、电子通道（E-Pos）、电子银行（E-Bank）和认证机构（Certificate Authority）四部分，尤其是微信支付和支付宝支付方式更加丰富了网络分销的支付系统。当然也可以使用传统的付款渠道进行货款的支付，如邮局汇款、银行支付（信用卡、借记卡等）或是货到付现金。

分销渠道可以是直接渠道，也可以是间接渠道，或者是两者都有的复合型分销渠道形式。直接渠道是企业自建网络销售平台，即自建网站进行产品销售，或是利用网商的网络平台销售产品。间接渠道是企业将产品交与网商经营的方式。网络分销商的形式与传统中间商的形式有许多相似之处，管理方式也很近似，在此不再赘述。网络营销管理的商流和物流往往是截然分开的。因此，渠道管理决策中将会更加突出这两个部分的决策管理。

由于网络营销活动中商家获取顾客的信息越来越全面，而大数据分析技术不断提高，商家通过后台的营销大数据分析得到的营销管理决策信息越来越准确，网络分销管理的新问题不断涌现。尤其是近年来一些网络平台利用这一技术进行“杀熟”已不是孤立事件。即老顾客看到的价格比新顾客要高出许多。2019 年，北京市消费者协会发布“大数据杀熟”问题调查结果，被调查者有 88.32%认为“杀熟”现象普遍存在，其中有 56.92%的被调查曾遭受过被大数据“杀熟”的经历。在购物类、在线旅游类和打车类 App 或网站上经历大数据“杀熟”最为常见。

4. 促销策略管理

网络营销的促销方式有其独特性。如网络站点促销，即利用自己的网站树立企业形象，宣传产品，开展促销活动；网络旗帜广告促销，即通过信息服务商（ISP）进行广告宣传，开展促销活动；E-mail 促销，即利用电子邮件向用户传递各种商品信息的促销活动；等等。

网络促销管理基本程序见图 8-9。在确定网络促销对象时要注意辨别产品购买的决策者和影响者身份。因为扮演这两个身份的人对网络产品购买行为的发生起着决定性的作用。网络促销组合方式决策，需要选择“推”(即广告宣传为主的方式)，还是“拉”(以站点促销为主的方式)。其中强化网络促销过程的综合管理和协调是指对偏离预期目标的活动进行调整，以及保证实施过程中信息沟通的协调。

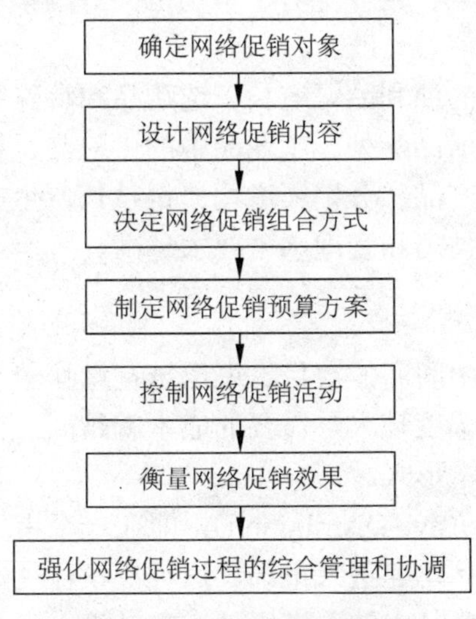

图 8-9 网络促销管理流程

网络营销决策与管理的促销管理工作中，广告的决策管理尤为突出。因为其他诸如人员促销、销售促进和公共管理等问题都将不同程度地通过广告决策起作用。

网络营销活动虽然已有 20 年的时间，但是相对于网下营销管理活动来说还是历史短暂。所以大部分企业的网络营销管理，或是网络市场的管理不够成熟，还有许多需要进一步研究的内容。

	8-3-1 中间商基本概念及类型		8-3-2 中间商管理

第四节 分销渠道设计

一、分销策略决策

在进行分销渠道设计时，要考虑分销渠道模式、确定中间商数目、规定渠道成员彼此的权利和责任等。因此分销策略的选择是必不可少的。

（一）长度决策

长度决策是指设计分销渠道中中间商的级数。分销渠道的长度越长，意味着管理控制的深度越深，需要的管理技巧和成本等越高。根据前述长渠道和短渠道各自的优势，充分考虑生产企业的产品特点、企业优势、市场范围等因素基础上，再综合后得到适应生产企业现状的中间商级数值。

通常情况下，消费品中的便利品渠道长于选购品和特殊品，选购品的分销渠道长于特殊品。但是消费品中的鲜活品除外。工业品中的供应品、标准件等的分销渠道长于非标件、设备等技术含量高的产品。分销渠道构建得越长，生产企业控制管理付出的代价将越多，对生产企业的营销技巧和管理水平要求越高。

（二）宽度决策

宽度决策是考虑同一级中间商的数目。渠道越宽意味着参与的同一级中间商的数目越多。生产企业管理控制的幅度越大，需要的成本就越高，市场覆盖面或接触顾客的面将越大。宽度决策有三种基本形式。

密集（广泛）分销（Intensive Distribution），即在一个市场上选择尽可能多的中间商推销产品。其优势在于使产品迅速进入市场。这种决策往往适用于消费品中的便利品，或工业品中的供应品。如消费品中的洗涤用品、文具等，工业品中的劳保用品等。

选择分销（Selective Distribution），即在一个市场中有选择地使用部分中间商推销本企业产品。其优势在于管理、控制中间商的难度低于密集分销，而且中间商也有一定的不被选中或淘汰的危机感。该决策适用于消费品中的选购品，或工业品中的非标件、设备等。如消费品中的服装、普通家电等，工业品中的运输工具、普通机床等。

独家分销（Exclusive Distribution），即在一定市场范围内只选择一家中间商，实行独家经营。其优势在于极大地调动中间商的积极性。适用于消费品中的高档品、名牌产品，或工业品中技术含量高、价格高的产品。如苹果公司 iPhone 手机产品在刚进入中国市场时的销售模式。

当然，在产品生命周期的不同阶段，分销渠道的宽度可以做相应的调整。许多新产品刚推出时多选择独家分销的模式，当市场广泛接受该产品之后，就从独家分销渠道模式向选择性分销渠道模式转移。比如东芝笔记本电脑产品渠道、三星笔记电脑本产品渠道等就是如此。

（三）联合决策

联合决策是考虑分销渠道当中的成员如何更好地配合以获得最佳经济效益。联合的方式可以是垂直联合，也可以是水平联合，或各渠道的联合。

垂直联合系统（Vertical Joint System）是由生产者、批发商和零售商组成一种统一联合体。渠道中成员形成一种特约代营关系，表现出四个明显的特点：该渠道成员中拥有相当实力的企业会迫使其他成员合作；形成了一种专业化管理和集中执行的网络组织；分销渠道成员可以有计划地取得规模经济和最佳市场效果；该渠道的谈判实力得以加强，减少了重复服务，使得分销渠道运营起来更加有效。

例如，美国零售业巨头西尔斯、罗巴克、大西洋与太平洋茶叶公司、彭尼公司等，它们拥有统一管理的生产工厂、批发机构等，采取工商一体化经营方式，综合经营零售、批发、加工生产等业务。西尔斯公司拥有并经营 2 000 家以上的零售商店。公司出售的商品中，有 50%来自它拥有股权的制造厂。假日旅馆正在形成一个自我供应的网络，它包括地毯厂、家具制造厂，以及大量为其所控制的再分销机构。总之，这些组织以及其他类似组织都是大规模的、垂直一体化的商业机构。

北京的老字号“稻香村”品牌的糕点来自于北京稻香村食品工业有限公司。该公司始建于 1895 年（清光绪二十一年），现有一家 6.7 万平方米的中心工厂，一个 4 万平方米的原料加工基地，可以生产中西糕点、熟食制品、速冻食品、休闲小食品等 12 个系列的 400 多个品种。公司拥有 22 个直营分销店、24 个加盟分销店、一个食品配送中心，实现了垂直联合的生产、分销管理。

水平联合系统（**Horizontal Joint System**）是由两个或两个以上的公司联合开发的一个分销机构，也称为共生营销。该分销系统由多个水平联合成员共同使用和管理。尤其是当两家以上的生产企业进入都较陌生的市场，面对相同的竞争对手时，往往会进行水平联合共建分销渠道。

水平联合系统的联合程度可以分为公司式联合、管理式联合和契约式联合。公司式联合是指由一个所有者属下的相关生产和分配部门组成，即一个法人组织。管理式联合指由一家规模大、实力强的企业出面组织的联合体，往往是由多个法人组织的联合体。契约式联合是以契约为基础统一各独立公司的行动，也是一种多个法人的联合体。公司式联合的程度最高，契约式联合的程度最低。

苏宁易购将万达百货收入旗下之后，其全资子公司苏宁国际拟出资 48 亿元收购家乐福中国 80%的股份，本次交易完成后，苏宁易购将成为家乐福中国控股股东。苏宁易购在中国 22 个省份、51 个大中型城市开设 210 家大型综合超市和 24 家便利店。这将有助于丰富智慧零售场景的布局，降低采购成本。

多渠道系统（Multi-channel System）是为了规避风险，一家公司建立几条分销渠道，各分销渠道构成一个完整的系统，以达到一个或更多的顾客细分市场的做法。其特点是：实现分配功能和管理功能一体化；增加市场覆盖面，更趋向顾客化；获得当前渠道没有的细分顾客市场；可以建立降低向现有顾客销售成本的新渠道。

例如，1960 年实力尚弱的索尼公司在开拓美国市场时，不仅采用了通行的分销模式，还采用了“自行销售”模式。这是一种与普通商行不同的经营方式，有助于维持销售公司在市场发展中的业务。该模式是日本其他电器公司尚未做过的非常冒险的经营方式，遭到当时业内人士的怀疑。但以后的事实证明，这种渠道创新使得索尼公司获得了巨大的成功。

当今互联网平台助推了分销渠道构建的多变性。例如，亚马逊公司在整合了业务后，决定关闭中国本土电商业务，不再支持第三方卖家服务，顾客将无法通过亚马逊平台购买第三方卖家的商品。但会大力推进亚马逊海外购、亚马逊全球开店、Kindle 和亚马逊云计算等业务。

二、影响分销渠道决策因素管理

分销渠道的长度、宽度和联合等策略的选择受多种因素的影响。2007 年，同特易购超市公司和联合利华公司合作组织的未来论坛的报告《零售未来》指出，在今后 15 年里将影响消费者买什么、如何买、向谁买的一系列因素包括：气候变化（可能影响农业生产）、原油价格、新技术、能源生产方面的进步、程度更高的全球化和人口变化（可能意味着移民、劳动力增多、老人和单身家庭增加）。这些因素会带来新的购物模式。

将这些分销管理影响因素可以归纳成五大类：企业、产品、市场、中间商和环境的影响。

（一）企业因素

构建分销渠道的决策首先应该考虑企业自身因素。主要从生产集中度、企业规模、企业的声誉和管理水平四方面考量。

生产的集中状况会影响分销渠道的长度和宽度。生产的集中程度越高，使用中间环节销售的可能性越大。因此，为了市场覆盖面大，分销渠道可能长而宽。

企业本身的规模、商誉将关系到企业能否控制分销渠道，也会关系到中间商考虑其风险是采取经销业务还是代销业务决策等。一般情况下，中间商愿意承销规模大、商誉高的企业的产品。这种产品不仅销路好，而且其销售过程中付出的单位成本较低。

企业的管理水平。生产企业的管理水平越高，驾驭分销渠道的能力就越强。可以将分销渠道构建得长而宽，以便接触的市场面大。

例如，2008 年以来，中国的葡萄酒市场高速发展，仅从欧洲进口的葡萄酒 2008 年至 2011 年均增幅达到 67.71%。同时，张裕集团、王朝酒业、通天酒业和原产于欧洲的葡萄酒一起与中粮集团的葡萄酒业务在中国市场上展开了激烈的竞争。由于世界金融危机的影响，以及竞争的加剧，使得中国的葡萄酒市场进入了快速“洗牌”时期。中粮集团的长城葡萄酒业面临国内同行的竞争，尤其是进口葡萄酒向中国的中低端葡萄酒市场渗透以及假冒产品的冲击，促使长城葡萄酒业决定借母公司中粮集团实力进行渠道整合。以使葡萄酒品类的分销渠道更加多元化，渗透市场面更宽、更快捷，以应对欧洲进口葡萄酒对我国中低端葡萄酒市场的冲击。

中粮集团有着丰富的产品线，经营着数百种食品类产品，如葡萄酒、食用油、休闲食品等。各产品线有着自己的销售渠道和管理团队，渗透到市场的各个方面。为了突出中粮的多产品组合特色，将其变成核心竞争优势，就必须打通中粮众多消费品的市场通路。从 2012 年开始，中粮集团调整旗下业务销售模式，整合分销渠道，力图打造一个宽广的“多品类食品整合销售平台”。

根据产品在不同分销渠道的情况，将多种产品整合成一个团队来管理。把销售后台的决策和支持功能完全整合为一体。在销售市场仍然分不同品类去面对顾客、服务顾客。比如，一个销售人员要负责全国的葡萄酒、食用油、休闲食品的销售和管理。

（二）产品因素

产品因素将直接影响分销渠道的构建。考虑产品因素是进行渠道设计的基础内容之一。产品因素主要有六个方面。

一是产品的技术特性。技术含量越高的产品，分销渠道设计应越窄，同时尽量减少中间环节的级数，以便咨询和维护。如为了显示苹果手机的技术创新性，其销售网点不仅少而且中间环节技术也少。

二是产品的耐腐性。鲜活、易腐、有毒的产品要采取短渠道设计，直接渠道更好，以加快进入市场速度。如蔬菜、鸡蛋等农副产品往往采取短而宽的分销渠道。

三是产品的体积、重量等。笨重、体积大的产品宜采取短渠道来减少装卸频率，以防损坏。如家具生产企业往往直接发货给最终顾客，只利用中间商寻找订单。

四是产品的单位价格。单价高的产品可以采取短渠道设计，以减少中间商总数量，避免抬高产品身价。一般情况下，单价越高的产品技术含量越高，需要向最终顾客提供更多的服务，所以需要分销渠道短。另外，单价高也是显示产品身价地位的方式，因而分销渠道中的中间机构要少，分销渠道就要尽量短。

五是产品的标准化程度。标准化程度越高的产品，分销渠道可以设计得越长、越宽，定制产品往往是直接渠道为好。如服装厂批量生产的服装，其销售渠道在“长”和“宽”方面都远远地超过了服装艺术工作室。

六是产品所处的生命周期。投入期的产品，生产企业应该有人到销售现场接近顾客，而成熟期的产品应尽量利用中间商帮助销售。

（三）市场因素

市场因素可以分为市场规模大小、顾客的地理分散程度和购买方式等。市场规模是指市场的购买潜量和购买量大小。购买潜量大，则产品分销渠道应更长、更宽；购买量大，应选择短而宽的渠道，以便降低销售成本。

顾客的地理分散程度是指顾客居住或工作的地理位置分布范围。如果地理位置分布范围广、分散程度高，那么分销渠道就需要适当加长、加宽，以方便顾客购买。顾客的购买方式是指消费者习惯于在哪里购买，不同的销售方式适应不同的购买地点。顾客习惯在商店购买的商品，切不可上门推销。如安利公司在美国采取直销、无店铺模式，销售业绩良好。因为美国人能够接受上门推销活动。而安利公司在美国的分销模式在中国行不通，除了法律法规的约束外，还有一个重要原因是中国人不愿意接受上门推销的商品。

（四） 中间商因素

构建分销渠道往往离不开中间商。因此，生产企业在构建分销渠道时会进行中间商选择。选择的基本条件有经营能力、经营成本、服务范围和可靠性等。

中间商的经营能力主要包括单位时间内的销售量、销售额、市场占有率等。甚至还包括其社交能力、社会地位等指标。

中间商的经营成本是一个非常重要的考核指标。因为生产企业利用中间商的一个重要目的就是降低自身的销售成本和风险。同时，任何一个中间商在分销渠道活动中都需要获得相应的利润。经营成本越低的中间商，在生产企业的出厂价和零售价格不变的情况下，越能获得更高的利润，其经营积极性也越高。所以，不能降低生产企业销售成本的中间商是不可选的。

中间商的服务范围包括经营项目、市场覆盖面等。因此，与生产企业所希望的服务范围吻合度越高，利用其将产品送达顾客手中的可能性越大。中间商的经营范围需要包括生产企业的产品，中间商应当成为分销渠道中的一员，否则中间商可能不愿合作，或者消费者不会到此购买，从而导致产品滞销。

中间商的可靠性首先是信用问题。包括他与生产企业合作以及其他企业合作的信用。如银行的贷款还款、与其他企业合作后的付款情况。另外，还要考虑其支付货款的及时性、合同履约情况等。

（五） 竞争因素

在分销渠道管理方面，竞争因素的影响有三种可能性。一是公司内部自身渠道间的冲突造成，二是自身渠道中成员的矛盾而引发，三是企业外部的竞争对手所带来的。

公司内部自身渠道间的冲突主要表现为同一家公司在同一个目标市场中设立了两个或两个以上的分销渠道时，可能会因为销售量的不同，得到的价格有差别，因而造成公司内部的市场竞争问题。

自身渠道中成员的竞争，除了因获得的价格差别引起外，还可能因为各渠道中的经营能力不同而导致业绩差异引起的矛盾等。

企业外部的竞争主要是与企业经营相似的产品，同时服务于同一个目标市场时，引起的竞争。另外，新进入市场的公司和替代品进入，使得市场中的中间商经营发生改变等，也可能从不同的角度引起不同程度的竞争。

例如，亚马逊公司主营业务过去是图书类产品，包括网上书店、Kindle 电子书阅读器等，后来又涉及了非图书类商品，推出亚马逊海外购、亚马逊 Z-Mart 精品超市等业务，这样可能会引发各业务板块间的竞争问题。

（六）环境因素

影响分销决策的环境因素包括地方的经济发展水平、社会文化状况、法律法规约束情况、政府的态度，以及市场中竞争对手的状况等。这些因素会直接或间接地影响消费者的消费或购买行为、中间商的合作态度，甚至影响到构建分销渠道时哪些人才可能成为合作的中间商。

技术环境的改变，使得人们的购买方式产生了变化。网络技术搭建了一个全新的分销平台。2012 年 11 月 11 日是中国的“光棍节”，也是所有网店商家最翘首企盼的赚钱吉日，它几乎已成为美国最大的网上购物节“超级星期一”的翻版。逾 5 万商户通过阿里巴巴旗下的淘宝和天猫两大在线购物平台，为商家创下了 30 亿美元的收入。而美国 2011 年的“超级星期一”，其成交额不过 12.5 亿美元。“光棍节”并非中国传统节日，它最初只是 20 世纪 90 年代中国高校流行的一种趣味文化，但仅仅用了 15 年时间，便成为一个受到全民追捧的购物节。

三、分销渠道的构建程序

分销渠道的构建程序从渠道管理的角度看大致可以分为 7 部分（见图 8-10）。目标顾客的渠道服务需求特征分析、明确企业的渠道目标、设置渠道任务、分析影响因素、设计分销渠道初步方案、评价选择分销渠道构建方案，然后修正确定最终方案。

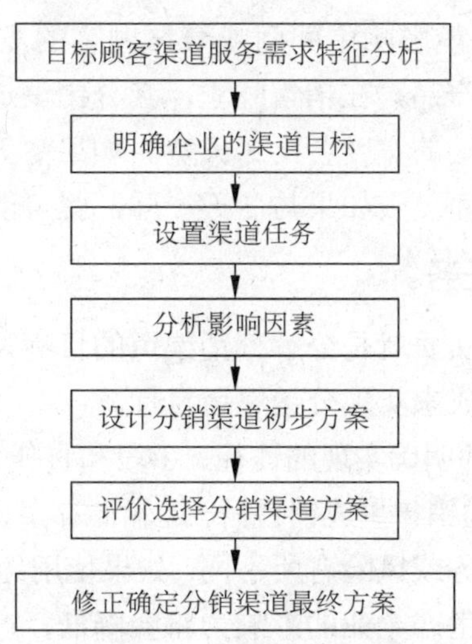

图 8-10　分销渠道构建流程

（一） 服务需求特征分析

构建企业产品的分销渠道，首先要清楚目标市场中的顾客对分销渠道有哪些可能的服务需求。这是构建一个适合本企业目标市场顾客的分销渠道的基础。不同的目标市场里的顾客，需求的服务内容会有差异。同一个目标市场里的顾客，随着时间的推移、环境的改变、自身的变化等都可能导致需求服务产生改变。因此，分析目标市场里的顾客所需要的渠道服务是一个永远的话题。分销渠道服务需求包括服务的内容和服务的水平两部分。

分析目标市场里的顾客对分销渠道提供的所需服务内容，可以利用消费者购买行为模式中描述的购买行为反应提供帮助。即购买什么产品（What）、在哪购买（Where）、为什么购买（Why）、什么时候购买（When）和如何购买（How）。

顾客对分销渠道提供所需服务水平可以从批量、方便程度、等候时间和花色品种来考量，还可以考虑其他的附加服务。批量越小，服务频率就越高，要求的服务水平也越高。方便程度要求高，分销渠道的空间便利度随之提高，分销渠道的服务水平要求随之提高。等候时间越短，意味着服务精度越高，服务水平越高。花色品种越多，满足顾客多种需求的可行性就越大，则分销渠道服务利用率增加，水平提高。另外，通过其他的辅助服务，如付款方式、交货方式等，也可以考核分销渠道的服务水平。

（二） 分销渠道目标设计

分销渠道的目标应该与生产企业的营销目标相一致，与其他目标如生产、财务等目标相协调。因此，分析渠道的目标会考虑分销成本、产品安全、顾客方便、渠道成员利益、管理风险等内容。

另外，生产企业的分销渠道会随着环境的变化而调整。无论是自然环境还是社会环境等因素的改变，都有可能影响中间商或最终顾客的需求。因此，调整分销渠道是不可避免的。如季节性强的产品，在销售旺季，其分销渠道终端的宽度比淡季宽。冷饮生产企业夏天的分销渠道终端的宽度会比冬天宽。如果冬天也保持夏天的分销渠道的宽度，会增加不必要的成本，而夏天如果与冬天一样，就可能失去市场机会。

（三） 明确分销渠道任务

明确分销渠道的任务，实质就是分解分销渠道的目标，设计分销渠道任务，并确认责任者，以便通过任务的完成来实现分销渠道目标。

将各分销目标值分解，并明确实现的途径、手段和责任人，就实现了分销渠道任务的最终分解。包括产品或服务的销售量或销售额、运输储存量、利润、风险等内容及责任者。

不同的中间商承担的任务或风险有所不同。如果使用经销商，因其买断产品所有权，所以对于交付经销商的产品生产企业的影响力将会降低，产品在流通领域的风险基本由中间商承担。而使用代理商，虽然生产企业对产品在分销渠道中流通的控制力度较大，但是产品在流通领域中的风险也基本由生产企业承担。所以各有利弊。

（四）影响因素分析

由本节前述可知，分销渠道设计有诸多的影响因素需要考虑。

从生产企业角度看，需要考虑两部分因素。一是生产企业提供给市场的产品。产品的价值量、技术含量和重量等越高，分销渠道越短越好；产品的耐腐蚀性越差、毒性越高的，分销渠道也要越短越好。产品的标准化程度与渠道的长、宽成正比。新产品的创新程度与分销渠道的长度成反比，以便生产企业能够及时地掌握市场的需求变化情况。二是企业本身。生产企业的规模越大、管理控制能力越高，渠道中中间商的数目可以越多。

从市场角度看，市场规模越大、地理分布越分散，越需要长而宽的分销渠道，以便满足更多的需求。市场中不同地区、不同文化等背景下的顾客群有着不同的购买方式和购买习惯。例如，美国的消费者对直销的认可度高于中国的消费者，年轻的消费者利用网络平台购物的概率高于年老的消费者。这将决定是利用有店铺的零售，还是无店铺零售。

从中间商角度看，经营能力强、信誉好、服务范围合适的中间商被选中的可能性大。但是评价中间商不能只从生产企业角度考虑，还要关注中间商本身的态度和感觉。

另外，需要时刻关注竞争结构、技术环境、政治法律环境、自然环境等环境的变化给生产企业分销渠道的构建带来的不确定风险。

（五）分销渠道初步方案设计

在明确了顾客的分销需求以及生产企业的分销目标以后，就可以逐步构建生产企业的分销渠道了。

分销渠道的长度决策。长度可以是零级，即直接渠道，由生产企业自己面对最终顾客。也可以是一级或二级及其以上，即利用一级中间商或二级以上的中间商。由于影响因素的制约，分销渠道的长度方案可能会有多个。

分销渠道的宽度决策。在长度决策基础上，再进行每一级中间商的数目的确定。其基本策略就是密集（广泛）分销、选择分销和独家分销三种。一般情况下，在一个市场里，为了延长产品的生命周期，企业的分销渠道往往会由窄变宽。

选择将使用的中间机构类型。直接分销渠道要选择是利用企业的销售分部，还是建立营业所，或是建立分公司；间接渠道销售，要选择是使用经销商还是代理商，或使用企业代理商还是销售代理商等。甚至还要考虑选用邮购商，还是店购商，抑或是网购商等。

（六）分销渠道方案评价选择

分销渠道的初步方案设计会有多个结果，即有多个分销渠道可选。是都选择，还是只选择其中的几个，或是其中的一个。这个决定过程需要对设计出的分销渠道方案进行评价后来实施。

设计的方案中，对渠道任务分配相对比较合理的方案就是最佳的分销渠道方案。评价分销方案就是在有利于实现生产企业分销目标的基础上，选出更加经济、可控和适应的分销渠道方案。考察“相对比较合理”的办法有多种，如成本法、风险法、加权打分法等。

（七）分销渠道方案修正及确定

当选出将实现的分销渠道方案设计后，还需要根据实际情况进一步修改完善。可以利用专家意见集合法，或德尔菲法等方法获得修改建议。同时设计出实施该分销渠道方案的计划，以及资源配置方案等。

8-4 分销策略决策

本章重点术语

市场营销渠道 Marketing Channel
分销渠道 Distribution Channel
直接渠道 Direct Distribution Channels
间接渠道 Indirect Distribution Channels
长渠道 Long Distribution Channels
短渠道 Short Distribution Channels
宽渠道 Wide Distribution Channels
窄渠道 Narrow Distribution Channels
中间商 Middleman
批发商 Wholesaler
零售商 Retailer
经销商 Merchant
代理商 Agent
无店铺零售商 Non-Store Retailing
直复营销 Direct Mail Marketing
广泛分销 Intensive Distribution
选择分销 Selective Distribution
独家分销 Exclusive Distribution
垂直联合系统 Vertical Joint System
水平联合系统 Horizontal Joint System
多渠道系统 Multi-channel System

思考题

1. 市场营销渠道与分销渠道有何联系？
2. 分销渠道有何作用？
3. 分销渠道有哪些基本类型？
4. 分销渠道的基本结构是怎样的？
5. 中间商有何作用？
6. 中间商有哪些类型？
7. 分销宽度决策有哪三种？
8. 解释何为分销垂直联合决策。
9. 解释何为分销水平联合决策。
10. 分销多渠道联合有何好处？
11. 影响分销渠道构建的基本因素有哪些？
12. 生产企业的分销方案至少有哪两种？

本章案例

"多肉植物"商品的分销渠道管理决策

许多信息采集软件可以帮助市场研究者实时、快速地获得顾客消费行为的变化数据，以便在分销渠道管理决策方面进行有效的调整。其中八爪鱼信息爬取软件可简单快速地将网页数据转化为结构化数据，并方便地存储于 Excel 或数据库中，提供基于云计算的大数据云采集解决方案，实现精准、高效、大规模的数据采集。其智能模式可实现输入网址全自动化导出数据，是国内首个大数据一键采集平台。

随着人们生活水平的提高，越来越多的普通人开始热衷于园艺种植。相对而言，多肉植物容易成活及生长，适合摆放在办公桌或阳台等场所，同时也可以作为馈赠礼品，因此受到许多花友的追捧。由于多肉植物外形千奇百怪，色彩丰富多样，甚至随着环境变化而变化，由此吸引了许多消费者的目光。由于多肉植物大部分生长在干旱地区，能够靠自身储存的水分维持生存需要，既适应住宅较为燥热的环境，又适合快节奏不能细心照顾花草的繁忙家庭养殖，所以已成为人们日常休闲所需的一种商品。

随着信息化技术的发展，网络营销迅速普及，互联网的应用给花卉电商创业者带来了新的市场机会。在线销售渠道的经营成本远低于实体花店，经营者也可以承受较低的利润。此外，小创业者在当前环境下更容易找到适合种植的土地，土地租金对创业者很有利。

下面以淘宝网站上经营的多肉植物商品为例进行消费行为信息获取和分析，以此研究相关分销渠道管理的问题。

首先，打开八爪鱼采集器，登录账号，并使用自定义采集，新建任务，见图 8-11。

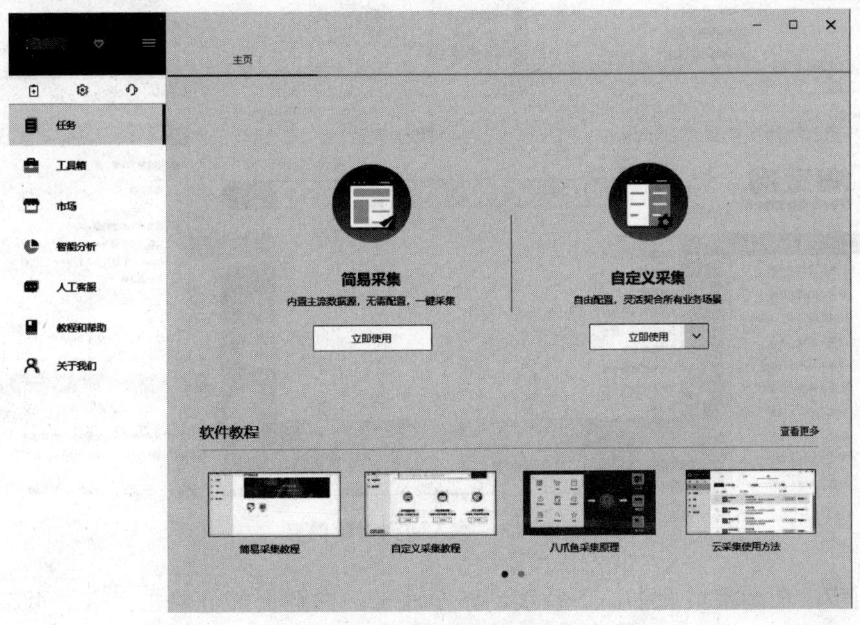

图 8-11　软件准备

第二步，输入需要采集的目标信息。本次研究以淘宝网站为例，输入淘宝网址，进入淘宝界面，见图 8-12。

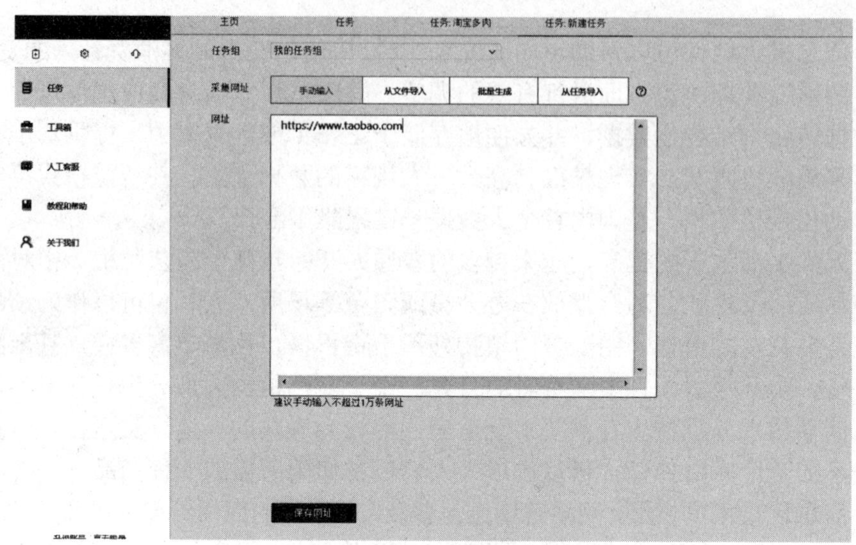

图 8-12 输入采集目标信息

第三步，在采集目标网站上输入要研究的对象。本次研究以“多肉”为对象，并单击进入页面，见图 8-13。

图 8-13 输入研究对象信息

第四步，在淘宝页面中，下拉滚动条至底部，在翻页部分单击“下一页”，建立翻页循环，以便界定所需信息范围。然后，选中一个多肉商品框，进行子元素的提取，见图 8-14。

图 8-14　子元素提取

第五步，保存该流程并开始数据采集，见图 8-15。一直将所限定的所需信息范围全部爬取一遍。

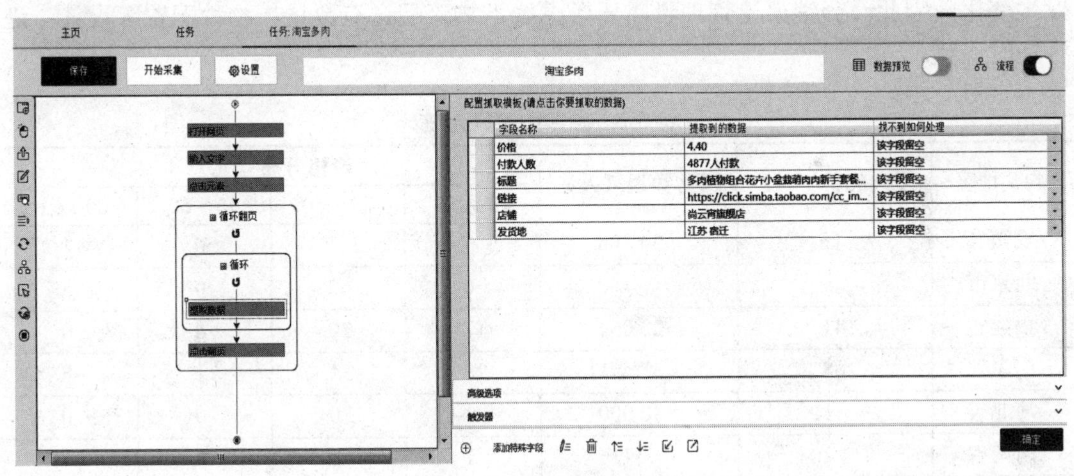

图 8-15　信息爬取流程

第六步，将获取的信息保存到 Excel 或数据库中。本次获取了 563 条多肉品种信息，将数据导出至 Excel 中，见图 8-16。

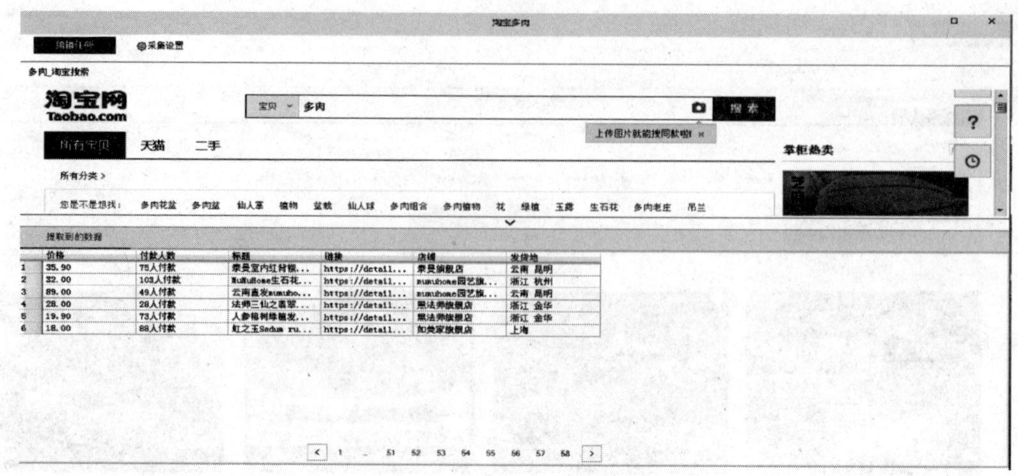

图 8-16 数据导入 Excel 中

根据所获得的顾客购买行为信息（见表 8-5），可以进行分销渠道管理决策分析。

由表 8-5 可见，不同地区购买不同价格区间的多肉植物商品数量有较大差异，上海市顾客数量最多，其次是江苏省，浙江省的顾客数量也不少。因此，上海市和浙江省的线下配送网店的设置应该更密集一些。多肉植物商品的销售单价大都在 40 元以下，企业在考虑利润的同时，更应该关注铺货的价格区间合理性。随着时间的推移，这个差异会发生变化，因此，分销渠道管理者需要考虑线下物流配送点数量、物种配置等设计，进行适时调整。

表 8-5 顾客购买行为统计

购买地区	多肉品种（种）	顾客数量（人）	价格分布（元）			
			20 以下	20～40	40～60	60 以上
安徽省	11	34 805	7	3	0	1
北京市	5	160	0	2	0	3
福建省	41	22 052	17	20	4	0
广东省	68	37 691	28	31	1	8
河北省	1	30 000	1	0	0	0
河南省	2	116	1	0	0	1
湖南省	4	674	4	0	0	0
江苏省	147	143 607	100	42	3	2
山东省	29	37 427	20	4	5	0
上海市	70	168 045	33	26	5	6
四川省	20	6 787	13	6	0	1
天津市	1	387	0	1	0	0
云南省	77	18 793	25	22	14	6
浙江省	86	61 902	47	30	6	3

小训练

魏文王问名医扁鹊说："你们家兄弟三人都精通医术，到底哪一位最好呢？"

扁鹊说："长兄最好，中兄次之，我最差。"魏文王再问："为什么你最出名呢？"扁鹊回答说："因为我长兄治病是在病情发作之前，一般人不知道他事先已把病因铲除，所以他的名气无法传出，只有我们家人才知道。我中兄是治病于初发期，一般人以为是小病，所以他的名气只及本乡。而我治病于病重之时，一般人看我在经脉上穿针来放血、在皮肤上敷药等做手术，所以以为我医术高明，名气响遍全国。"

魏文王说："你说得极好。"

管理控制训练：讨论管理控制阶段间的关系。

[附八]　中间商管理评价规划纲要

分销渠道是生产企业的一个利润来源点。只有对分销渠道里的资源不断地管理整肃，才能充分发挥其获利作用。

中间商在分销渠道中扮演的角色有两个。首先他是供应商的销售代理者，其次他是顾客的采购代理者。中间商在分销渠道中的位置不同，供应商不同，其起的作用也不同。通常情况下，中间商对顾客需要的产品都感兴趣。因此，其兴趣有可能改变。所以，分销渠道的管理中最重要的工作之一就是对中间商的管理评价。

1. 中间商管理主要内容

寻找中间商是建立分销渠道的基础。中间商的信息来源可以是外国政府机构、驻外商务团体、银行、专业杂志或杂志广告等。

确定选择中间商的标准。这是从大量的信息中筛选出有用的、可能合作的中间商的过程，也是将来评价与中间商合作情况的依据。评价的主要内容有财力和绩效、市场覆盖率、信誉、目前正在经营的业务、合作态度等。

对中间商进行筛选。利用评价结果和经验的帮助，从初选的中间商中得到企业想合作的中间商。

双方沟通。与企业选出的中间商进行沟通，了解对方的合作意向，进一步确认得到的中间商信息的准确性。

签订协议。与双方都认可的中间商签订经营合作协议。协议内容包括权利和义务、合同期限、合作方式等。

中间商的管理是企业营销中一项长期的工作。因此，对中间商的资料收集、分析和评价就成为了企业营销部门日常工作。

2. 中间商资料收集

（1）中间商基础资料收集

内容包括单位名称、联系人姓名、电话号码（单位、个人）、地址、公司性质、公司规模（人员数或注册资金等）。

（2）顾客业务资料收集

主要包括经营的品种（或项目内容）、服务范围、年销售额、经营模式、进货周期、进货品种等。

3. 中间商经营特征分析

基础特征分析。即中间商类型分析、经营模式、资产状况、进货品种等分析。

市场特征分析。服务范围变化分析，包括中间商的顾客类型、顾客分布等变化。

业绩特征分析。销售量或销售额、利润等的增长变化分析，尤其是利润率和库存量变动分析。

信用特征分析。偿付能力、付款周期、合同履约率等分析。

参与热情度分析。本企业产品销售额占中间商经营的同类产品销售额比例、与本企业的促销活动合作情况、本企业培训参与度、本企业产品损坏或遗失率等方面的分析。

4. 中间商管理评价体系设计

对中间商的评价内容应该至少包括四部分。一是中间商的经营能力，二是中间商的经营成本，三是中间商的服务范围，四是中间商的可靠性。

经营能力包括销售量、销售额、经营品种数量、利润率、库存量、市场占有率等。

经营成本包括总成本额、成本降低率、单位产品经营成本、库存成本等。

服务范围包括经营项目数、市场覆盖面、顾客类型等。

可靠性包括合同履约率、生产企业活动参与度、支付货款周期、产品安全性、信贷状况、顾客投诉率等。

5. 中间商评价

对中间商的评价首先要根据企业的评价目的确定其评价指标的权重值。可以根据企业的经验来定，也可以通过利用行业通常使用值，还可以由企业选定的专家组来商定。随着时间的推移，该权重系数组可能会被调整。

评价处理数据可以利用多种方法。如加权平均法、相关分析法、多元回归分析法、判别分析法、因素分析法、层次分析法、综合分析法以及模糊数学方法等。对于企业来说，应该首选简单、方便、适用的方法，而不一定适合选择最准确的方法。

例如，某生产企业根据企业的特点和需要，利用加权打分法对其经销商进行评价。通过表附八-1 中所列内容，可见本次评价后，经销商 B 得分最高，经销商 C 得分最低。

表附八-1　经销商评价得分统计表

评价指标	权数	经销商得分			经销商加权得分		
		A	B	C	A	B	C
经营能力	0.25	60	70	30	15	17.5	7.5
顾客满意度	0.30	60	80	40	18	24	12
市场推广	0.10	90	80	90	9	8	9
对主机厂贡献度	0.25	60	90	80	15	22.5	20
对厂家规章制度执行力	0.10	90	70	80	9	7	8
合计	**1.0**	—	—	—	**66**	**79**	**56.5**

评价的对象包括分销渠道当中的每个中间商，以及企业的所有分销渠道。前者的评

价结果可以用于对中间商管理的依据，后一个评价结果可以用于不同的分销渠道比较、考核和重新构建依据。

本章参考文献

[1] 英国的2022年购物[N]. 参考消息，2007-10-03，第5版.

[2] 莫顿（Andre Mouton）. 戴尔没落的真正原因[J]. MarketWatch，2013（2）: 21.

[3] 任宇子. 联想移动方案变革零售商业模式[J]. 中国连锁，2013（1）: 78-79.

[4] 郜捷. 中国"网购狂欢节"让世界艳羡[N]. 参考消息，2012-11-14，第5版.

[5] 季周. 欧莱雅开拓中国市场的营销策略[J]. 市场周刊. 商务营销，2003（12）: 23-25.

[6] 纪宝成. 市场营销学教程（第6版）[M]. 北京：中国人民大学出版社，2017.

[7] 国产葡萄酒加快渠道变革应对市场挑战[N]. 参考消息·北京参考，2013-03-26，第3版.

[8] 钓鱼网站数量同比下降33%[N]. 南方日报，2012-12-07.

[9] 2011年全球网民总数为23亿中国排第一[E/J]. http://www.199it.com/archives/87211.html，2012-12-26.

[10] 菲利普·科特勒，凯文·莱恩·凯勒. 营销管理（第6版）[M]. 王永贵，华迎，译. 北京：清华大学出版社，2016.

[11] 王永德，王杜春主编. 市场营销学（第1版）[M]. 北京：中国大地出版社，2005.

[12] 吕一林，李蕾. 现代市场营销学（第4版）[M]. 北京：清华大学出版社，2007.

[13] 赵涛主编. 市场营销工作制度规范与流程设计[M]. 北京：北京工业大学出版社，2009.

[14] 吕一. 苏宁48亿收购家乐福中国[N]. 环球时报，2019-06-24，第11版.

[15] 刘畅编辑. 亚马逊：抢占了先机最终却失去了市场[N]. 文摘周报，2019-04-23，第7版.

[16] 张鑫. 百年雅芳缘何失色[N]. 北京青年报，2019-03-29，第12版.

[17] 柳玉鹏. 俄罗斯电商加速上线中国商品[N]. 环球时报，2019-05-29，第11版.

[18] 刘畅编辑. 无人商店来去匆匆[N]. 环球时报，2019-06-20，第4版.

自测题

第九章

促销决策

本章概要

本章的目的是让学习者系统地了解和掌握营销决策管理中的促销决策的特征、方法和手段，尤其是互联网和大数据技术所带来的新的促销特点，以及营销管理的决策经济性。本章主要从促销与促销组合的概念介绍入手，详细讨论广告、人员推销、公共关系和营业推广四种主要的促销手段的特点及相关的决策问题。

第一节　促销与促销组合决策

现代市场营销不仅要求企业发展适销对路的产品，制定吸引消费者的价格，而且要求企业将其相关信息及时有效地传递给目标市场，吸引和诱导消费者购买。这对实现企业销售和利润的增长是一个重要的环节，因为如果缺少有效的信息沟通，就不可能让消费者更好地了解产品，也就无法使其产生兴趣和购买愿望，从而无法导致最终的购买行为。

在网络时代和大数据背景下，企业和消费者之间的信息越来越对称、信息传播的速度更为快捷有效、信息量也越来越大，甚至真伪难辨，促销组合的合理制定显得更为重要。

一、促销组合的含义

（一）促销

按照字面理解，**促销（Promotion）**就是促进销售以实现销售的增长。在市场营销学中，促销着眼于结果但不去更多地讨论结果，而是具体研究促销的过程和方法，或说研究如何做才能更好地达到促进销售的目的。在所有的市场营销组合要素中，产品、定价、分销都有促进销售的作用，但这些要素不是本章所讨论的内容。

促销是指企业为了激发顾客的购买欲望，影响他们的购买行为，扩大产品的销售而进行的一系列联系、报道、说服等促进工作。

企业的促销是从信息传递开始的。自从营销观念产生以后，信息流变为双向。从信息传递的角度看，促销可以理解成：企业在了解顾客需求的基础上，为扩大和保持产品销售，将特定的信息，在特定的时间和特定的地点，以特定的方式传递给特定的顾客。

从上述定义中可以看出，信息的传递基本上是单向的，而目前更多的人认为，信息传递应该在企业、中间商和消费者三者之间进行双向的传递，或者说促销应该表述为一种沟通行为。这三者间的沟通关系，会随着中间商和消费者数量的增大而呈指数意义上的增加。这对信息的处理和信息挖掘手段提出了决定性的要求，否则很难达成有效的沟通，难以实现促销效果。

（二）促销组合

促销组合（Promotion Mix）是指企业根据促销的需要，对广告、人员推销、营业推广、公共关系等多种狭义促销方式进行的适当选择和综合编配。

现代企业所管理的是一个复杂的市场营销沟通系统，见图 9-1。企业可以利用其沟通组合来接触和影响中间商、消费者和其他公众；中间商也可以运用一套组合来接触和影响消费者和其他公众；消费者彼此之间、消费者和其他公众之间也可以进行口头传播，同时各群体也可对其他群体进行沟通与反馈。

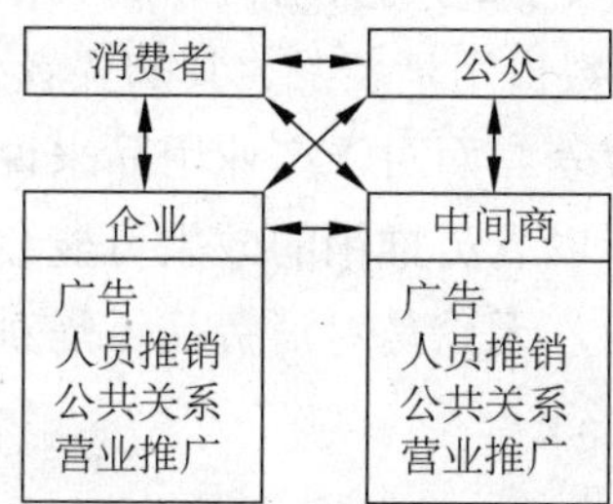

图 9-1 市场营销沟通系统

在促销组合中，不同促销方式的作用与效果有着很大的不同，如何发挥不同促销方式的协同效用，尽量避免它们之间可能出现的矛盾与冲突，是企业在制定促销组合时必须慎重考虑的问题。这就必须了解不同促销方式的含义和特点。广告是指由明确的广告主在付费的基础上，采取非人际传播的方式，对产品、服务、观念进行宣传和介绍的活动。人员推销是指推销员与一个或多个可能的购买者交谈，为实现销售而进行的口头陈述活动。营业推广也称销售促进，是指能鼓励购买或销售产品及服务的种种短期诱因。公共关系是指企业为了刺激顾客对产品或服务的需求并改善企业与公众的关系而采取的一种手段。上述四种主要促销手段各有其特点，见表 9-1。

表 9-1 不同促销方式的特点比较

促销方式	优　点	缺　点
人员推销	面对面，沟通好、易成交	成本高，对从业人员素质要求高
广告	面广、及时、媒介选择灵活	购买行为滞后，信息量有限，说服性差
公共关系	获得公众信任，提高形象和信誉	见效慢
营业推广	刺激强，引力大，可改变购买习惯	短期刺激，可造成消费者的顾虑和不信任

其实，目前有许多学者试图从理论上和实践上丰富促销理论，提出了上述促销组合以外的促销概念，但究其本质，所有的促销方式总是涵盖在以上促销组合之中。

二、影响促销组合的主要因素

根据促销组合的定义可以看出，促销组合不仅要考虑使用哪些促销策略，同时还要研究如何将这些促销策略发挥到极致。因此必须研究有哪些因素会影响到这些促销策略发挥作用，以便进行促销组合决策。

（一）促销目标

不同的促销组合方式在实现促销目标上，其成本效益会有很大的不同。广告、营业推广和宣传在消费者了解产品的效果方面比人员推销要好得多，但在促成实际购买行为的发生方面，人员推销、公共关系和营业推广的作用大于广告的作用。

（二）产品的性质和特点

顾客对不同性质的产品具有不同的购买动机和购买行为，因此必须采取不同的促销组合策略。一般来讲，对于大多数日用消费品，其购买者人数众多，但购买量相对较少，所以采取人员推销的效果相对较差。而对于产业用品来说，由于其更注重产品的性能和特点，购买过程也相对复杂，所以人员推销的效果可能会更好一些。至于营业推广和公共关系在促销活动中起辅助作用，无论是对消费品还是对产业用品的促销都有一定的作用，见图 9-2。

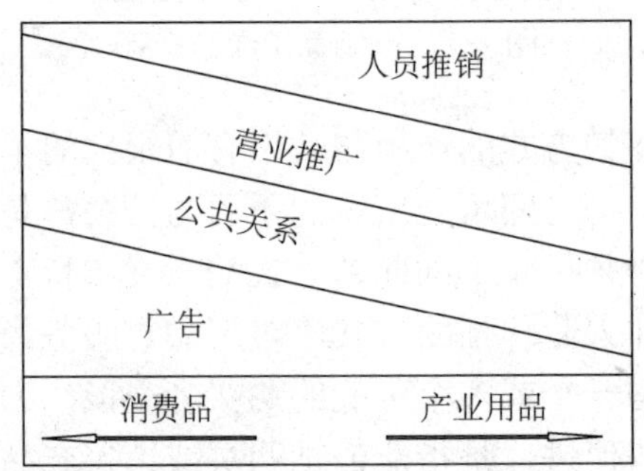

图 9-2 促销组合对不同类产品的作用比较

对不同产品应采取不同的促销组合方式，是人们的共识，但具体到不同的产品应该采取以哪种促销方式为重点，则存在着争议。比如消费品可以分为日用消费品和耐用消费品，产业用品分为低值的产业用品和高值的产业用品，它们有各自不同的特点，如果一概而论，无论选择哪种促销方式为重点，都可能会有失偏颇。

尽管在产业用品市场上人员推销的效果较好，但不可忽视广告发挥的重要作用。广告的作用表现在六个方面。

1. 不了解企业产品的潜在顾客，也许不会与企业的推销人员洽谈，即使洽谈也可能不会花很长时间，而通过广告初步了解产品，可以省去推销人员的许多工作。

2. 通过广告宣传，使顾客准确地理解产品及其特色。

3. 在理解的基础上，提醒顾客尽快购买。

4. 具有反馈功能的广告可以为推销人员提供推销的线索。

5. 推销人员可以利用企业的印刷广告，证明其企业及产品的有效性。

6. 广告可以提醒顾客如何使用产品，引导顾客重复购买产品。

同样，人员推销在消费品市场上的作用也不容忽视，其作用主要有三个。

1. 通过说服，使经销商增加库存或提供更多更好的货架和货位。

2. 利用推销人员的亲和力增强经销商对企业产品的信赖和热情。

3. 训练有素的推销员可以像传教士那样让更多的经销商经销企业产品。

（三） 产品所处生命周期的特点

在产品生命周期的不同阶段，促销组合的重点也应该有所不同，见图 9-3。

产品生命周期	投入期	成长期	成熟期	衰退期
顾客心理	认识	兴趣	偏爱	信任
促销重点	报导	诱导	加深印象	保持兴趣
促销组合重点	⇩ 营业推广 广告	⇩ 人员推销 广告	⇩ 营业推广 公共关系	⇩ 营业推广

图 9-3 产品生命周期不同阶段的促销重点

在产品生命周期的投入期，由于产品刚刚投放市场，消费者对该产品缺少必要的了解，此时宣传介绍性的广告会引起消费者注意，因而能发挥重要作用。另外，由于消费者缺少对该产品的使用经验，营业推广对增加消费者的试用信心也会起到重要作用。

在产品生命周期的成长期，消费者对该产品已经有了一定的了解，此时，广告诉求点应该做出大的调整，由投入期的告知性广告变为诱导性广告。由于顾客的心理已经到了产生兴趣阶段，这时人员推销的作用会有所加大。

在产品生命周期的成熟期，消费者对企业和竞争对手的产品已经熟知，不同品牌间的差异性和共性已经被消费者所了解，这时的促销重点应放在差异性的宣传上。消费者之所以选择企业产品，是因为他们对企业产品产生了偏爱，这时建立良好的企业形象，保持与公众的良好关系是十分重要的。另外，在成熟期，不同企业间的品牌差异性逐渐减小，营业推广的短期刺激对促成消费者的购买也会产生比较好的效果。

在产品生命周期的衰退期，产品几乎已经被新产品所替代，此时广告和人员推销的作用已经削弱，营业推广应该是刺激购买的最好手段。

（四） 消费者特点

针对不同的细分市场应该采取不同的市场策略。在不同的细分市场上，消费者存在着很强的异质性，同样的促销组合方式会起到不同的效果。性别不同、收入不同、生活方式不同、消费习惯不同、媒体偏好不同、同一诱因的吸引力不同等，都可能导致不同的消费者对同一种促销或促销组合产生截然不同的效果。例如，电视广告可能更适用于家庭主妇而不太适用于学生群体；网络促销可能更适用于学生和白领阶层，而对于老年人或蓝领阶层的适用性可能要大打折扣。

（五）竞争者及其市场竞争状况

企业在制定促销组合时，也要参照主要竞争对手的促销组合方式，以获得比较优势或产生差别利益。对于一个相对占优势的竞争对手，同样的促销组合则无法达到与之相同的结果，所以在促销强度和促销组合方式上都要体现差异化。

（六）宏观环境

企业的任何营销行为都不能脱离环境的影响，促销自然也不例外。法律法规是硬性限制，是无法逾越的鸿沟；技术是保障，要具有可行性；总体经济状况的景气度，影响着促销投入的频率和力度，也影响着促销核心手段的选择。比如经济不景气时，营业推广的效果可能会大于其他手段；另外，促销组合也不能不考虑社会因素，不同的种族、民族、国家会存在着文化和价值观上的差异，显然不可以一概而论。

三、促销策略选择

促销策略根据不同的分类方法，或是研究观察问题点，可以得到不同的分类类型。常见的分类标准有根据促销对象的不同分类，以及根据促销策略内容的不同分类。前者可以将促销策略分为推式策略和拉式策略，后者可以分为广告策略、人员推销策略、公共关系策略和营业推广策略。在此介绍推式策略和拉式策略，后面各节详细介绍广告策略、人员推销策略、公共关系策略和营业推广策略。

1. 推式策略

推式策略（Push Strategy）是指利用各种促销方式（主要是人员推销）打动中间商（批发商或零售商），而将产品推入市场。即生产者将产品积极推广到中间商，中间商将产品推向消费者。基本过程见图 9-4（a）。

2. 拉式策略

拉式策略（Pull Strategy）是指企业利用各种促销方式（主要是广告）打动最终消费者，由最终消费者将产品拉入市场。当消费者的购买欲望比较强烈时，中间商就会找到制造商要求经销该产品，于是拉动了整个渠道系统。见图 9-4（b）。

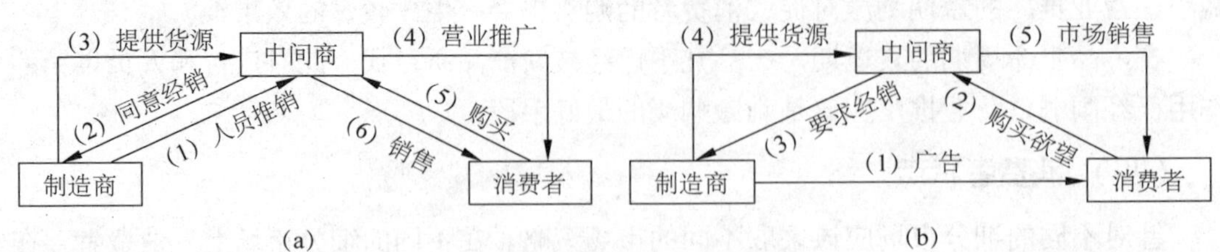

图 9-4 推式与拉式策略

9-1 影响促销组合的主要因素

第二节 人员推销

人员推销是一种比较传统的促销方式，也是企业促销决策中首要考虑的决策问题。人员推销在产业用品和高档耐用消费品的市场推广中起着十分重要的作用。据统计，国外很多企业人员在推销方面的费用支出远远大于在其他促销组合因素方面的费用支出。

一、人员推销的概念和功能

（一）人员推销的概念

按照美国市场营销协会（American Marketing Association，AMA）的定义，**人员推销**（Personal Selling）是指企业派员与一个或多个可能成为购买者的人进行交谈，作口头陈述，以推销产品，扩大和促进销售。

在这个定义中包含了三个要点。一是人员推销的对象可能是一个人，也可能是多个人，他们都有可能成为产品的购买者；二是双方进行的是人际间的沟通；三是推销的目的是为了扩大销售。

（二）人员推销的功能

相对于其他促销组合因素而言，人员推销有其明显的特点。这些特点决定了人员推销具备以下六个功能。

销售功能是人员推销最基本的功能。企业推销人员通过与潜在顾客进行接触，利用介绍、说服、诱导、暗示等一切可行的方法向沟通对象进行口头传播，其传递的强大信息量和推销技巧的合理使用都有可能使交易任务完成。

宣传功能通过推销人员语言、行为、仪表来实现。推销人员由于经常与顾客接触，他不仅直接向顾客宣传、介绍和推销产品，而且其言谈举止、衣着打扮代表着企业的形象。

协调功能指的是当企业与顾客之间出现矛盾时，推销人员可以充当协调员的角色，化解双方产生的矛盾。

服务功能可以分为对顾客提供售前、售中和售后服务，如产品介绍、指导购买、质量保证、技术支持等。

反馈功能是企业通过推销人员更好地了解顾客的途径。推销人员站在销售的第一线，与顾客接触频繁，他们更多地了解顾客需求，掌握市场动态，有利于企业做出更科学的决策。

评价功能是对企业的市场地位和顾客群体的基本特征做出评价，以帮助企业做好营销规划。

二、人员推销公式和步骤

［案例引入］

麦克·贝柯具有丰富的产品知识，对顾客的需要很了解。在拜访顾客以前，麦克总是事先掌握顾客的一些基本资料。麦克通常以打电话的方式先和顾客约定拜访的时间。

今天是星期四，下午四点刚过，麦克精神抖擞地走进办公室。他今年 35 岁，身高 6 英尺，深蓝色的西装上看不到一丝褶皱，浑身上下充满朝气。

从上午七点开始，麦克便开始了一天的工作。麦克除了吃饭的时间，始终没有闲过。麦克下午五点半有一个约会。为了利用四点至五点半这段时间，麦克便打电话，向顾客约定拜访的时间，以便为下星期的推销拜访预做安排。

打完电话，麦克拿出数十张卡片，卡片上记载着顾客的姓名、职业、地址、电话号码资料以及资料的来源。卡片上的顾客都是居住在市内东北方的商业区内。

麦克选择顾客的标准包括顾客的年收入、职业、年龄、生活方式和爱好。

麦克的顾客来源有三种：一是现有的顾客提供的新顾客的资料；二是麦克从报刊上的人物报道中收集的资料；三是从职业分类上寻找顾客。

在拜访顾客以前，麦克一定要先弄清楚顾客的姓名。例如，想拜访某公司的执行副总裁，但不知道他的姓名，麦克会打电话到该公司，向总机人员或公关人员请教副总裁的姓名。知道了姓名以后，麦克才进行下一步的推销活动。

麦克拜访顾客是有计划的。他把一天当中所要拜访的顾客都选定在某一区域之内，这样可以减少来回奔波的时间。根据麦克的经验，利用 45 分钟的时间做拜访前的电话联系，即可在某一区域内选定足够的顾客供一天拜访之用。

麦克下一个要拜访的顾客是国家制造公司董事长比尔·西佛。麦克正准备打电话给比尔先生，约定拜访的时间。

（一） 人员推销的两个典型公式

国外学者对销售活动进行了细致的研究，总结了两个经典的推销过程描述公式。

1. 爱达公式

爱达（AIDA）源自四个英文单词 Attention, Interest, Desire, Action 的首字母，它反映了人类购买行为逻辑上的四个基本步骤。

（1）引起注意（Attention）：引起顾客对企业产品和销售人员的注意；

（2）激发兴趣（Interest）：努力激发顾客，使之对企业产生兴趣；

（3）促动欲望（Desire）：刺激顾客，使之产生购买欲望；

（4）导致行动（Action）：顾客实际完成购买。

2. 迪伯达公式

迪伯达（DIPADA）公式同样源自六个英文单词 Discover，Interest，Proof，Accept，Desire，Action 的首字母，它将推销过程分为六个阶段。

（1）发现需求（Discover）：销售人员首先要发现顾客的需求；

（2）激发兴趣（Interest）：对顾客进行适当的引导，使其对企业产品产生兴趣；

（3）增强信任（Proof）：提供具有说服力的证据，证明产品的有效性；

（4）促使接受（Accept）：通过有效的沟通，使顾客接受企业产品；

（5）促动欲望（Desire）：接受企业产品以后，还要进一步刺激其购买欲望；

（6）导致行动（Action）：尽快促成顾客的实际购买。

（二） 人员推销的步骤

人员推销的步骤是推销人员围绕一定的销售目的而设计的达到预定目标的工作程序。具体有以下几个步骤。

1. 寻找并识别目标顾客

推销人员首先必须明确自己的推销对象，即目标顾客。目标顾客的寻找和识别并不是一件容易的事，它取决于推销人员的经验积累和识别能力。是否能对目标顾客做出准确的判断，关系到推销的效率和效果。如果识别错误，后期工作做得再好，预定的工作目标也难以实现。

2. 前期调查

如果找到了目标顾客，接下来就要对目标顾客的基本情况有所了解。包括目标顾客的需求类型、经济实力、在家庭或组织中的地位、生活习惯、兴趣爱好、谈判方式、购买方式、是否与竞争对手推销人员有过接触等相关的一系列情况，只有这样才可能制定出卓有成效的推销方案。

3. 试探性接触

在向目标顾客进行正式推销之前，一般要进行一些试探性接触，以便对目标顾客有进一步的了解，掌握更多的目标顾客信息，包括对企业和产品的熟悉和了解程度、喜爱程度、对推销产品需求紧迫性、可接受的价格等。

4. 介绍和示范

在对目标顾客有了充分地了解以后，就可以向目标顾客介绍和示范企业的产品了，在介绍过程中，应利用已经掌握的顾客信息，根据顾客的需求和心理以及出现的具体情况进行有针对性的介绍，注意与目标顾客之间的沟通和倾听目标顾客的意见，不要过多地进行单方面的介绍，最好让目标顾客感觉不到是在向他推销产品，而是在帮助他解决问题。

5. 排除障碍

任何一个细小的疏忽都可能使目标顾客产生疑虑，甚至直接导致拒绝接受。所以推销人员事先周密的计划，事中细致的观察和随机应变的能力是推销成功必不可少的因素。

推销中应该及时地排除出现的各种影响交易达成的众多不利因素，否则前期的一切工作都有可能白做。

6. 实现交易

如果能顺利地与目标顾客达成交易，还要注意避免遗漏交易所必需的各种程序和手续，注意保护双方的权益。

7. 后续工作

完成交易所需的各种程序和手续以后，推销工作实际并未结束，其后续的备货、送货、安装等一系列的工作还要切实履行，这样才有可能同目标顾客建立起长期稳定的交易关系。

三、推销人员的素质

（一）推销人员应具备的素质

企业的销售工作要想获得成功，就必须有一支高素质的推销队伍。普通的推销人员和高素质的推销人员，其效率和效果有着很大的区别。但是实际上，推销人员应该具有什么样的素质，没有统一答案，因为现实生活中存在着不同类型的人同样能取得成功的例子。

推销工作是一个与目标顾客之间进行沟通的过程，影响沟通效果的因素有很多，有的来自推销人员一方，有的来自目标顾客一方，甚至一些环境因素的变化也会直接影响到推销效果。但是无论如何，推销人员的成功必然与其自身所具有的一些特质有关。

1. 感同力

感同力是指推销人员应该善于从顾客角度来思考问题，并使顾客接受自己。相对来讲，从顾客角度思考问题比较容易做到，使顾客接受则不是一件容易的事。能使顾客接受的前提是能从顾客角度思考问题，但仅此一点是远远不够的，还要求推销人员有良好的语言沟通能力、察言观色的能力、随机应变的能力、良好的职业素养、广博的知识和合理的知识结构等很多必要条件。推销人员是一个要求很高的职业，其先天的素质和后天的素养都是关键的成功因素。

2. 自信力

推销人员需要自信，这种自信要能有效地传递给目标顾客，使之确信购买决策的正确性。推销人员的自信往往来自于成功的经历，成功的经历越多，自信力就越强，反之，自信力越强，越容易取得成功。

3. 挑战力

挑战力是指推销人员视各种异议、拒绝或障碍为挑战的能力。很多开始从事推销工作的人，都无法跨越面对各种压力的心理界限，在屡次面对拒绝之后，便对自己缺少信心而放弃推销工作。实际上，任何一位成功推销员的背后都会有数不清的失败的经历。一个好的推销员要勇于面对各种挫折，具有锲而不舍的精神，俗话说的“失败是成功之母”就是这个道理。

4. 自我驱动力

自我驱动力是指推销人员要有完成销售任务的强烈愿望，它与自信力和挑战力是分不开的。自我驱动力很强的人才可能有较强的挑战力，具有较强的挑战力才有可能产生自信力。同样，自信力强的人，其挑战力和自我驱动力往往也越强。

（二） 人员推销的技巧

人员推销是一种对象各异，环境多变的促销手段。推销技巧是一个艺术范畴，它更多地取决于推销人员的经验和随机应变的能力，推销技巧有很多，这里只介绍几种最基本的技巧。

1. 把握时机

推销人员对推销的把握是其成功的关键因素之一。境遇不同，则成功的可能性也就不同。一般来讲，目标顾客在闲暇时、心情好时更愿意与人交谈，推销成功的可能性也相对较大。

2. 善于辞令

语言是推销人员最基本的工具。说话的语气、语调、措辞等是否得当，都关系到交易是否会成功。在交流和推销的过程中要把握好四个环节：切入，即找到与目标顾客进行交流的机会，并选择适当的话题；转入，由切入的话题，适时、巧妙地转到推销主题；进入，即推销人员进入角色，培育感同力，拉近与目标顾客之间的距离；深入，在赢得目标顾客的认同以后，深入地与目标顾客进行交流，并注意聆听对方的意见，耐心地回答有关问题。

3. 注意形象

推销人员在推销过程中同时扮演双重角色，一是企业的代表，二是顾客的朋友。作为企业的代表，推销人员不得做出有损于企业的事；而作为顾客的朋友，必须维护顾客的利益。

不卑不亢，尊重顾客但不可卑躬屈膝；言行统一，以赢得顾客的信赖的前提是做出承诺和履行承诺；创造和谐，即要让顾客感觉到双方是朋友而不是利益冲突的双方。

4. 培养感情

推销人员应注重发展同顾客之间的私人感情，并同其建立起一种长期的关系，这种关系不应仅仅停留在买卖双方的关系上，更应体现“自己人效应”，即多站在顾客的立场上为其解决问题。

四、推销人员的管理

对推销人员的管理包括招聘、培训、激励和评价等人力资源管理工作。从目前企业人才流动特点看，推销人员管理活动中最重要的是考评和激励，以便留住优秀的推销人员。

（一） 推销人员的考评

推销人员的评价是企业对推销人员工作业绩考核与评价的反馈过程。它不仅是薪酬分配的依据、激励推销人员努力工作的手段，也是企业调整市场营销战略的基础。

在现实生活中，有很多企业对推销人员进行考核时，采取销售额作为唯一的考核指标，并依此作为推销人员奖惩、去留的依据。比如“末位淘汰制”就是一种仅以销售额作为评价销售人员的方法。这种方法有其简捷性和强激励性的优点，但它也有突出的缺点，就是会造成推销人员过大的心理压力。对推销人员的考评应该符合全面、准确、客观、公正的原则。单指标的评价或是评价指标设计得不合理，都会违背上述原则，因而给企业销售工作带来不利的影响。对推销人员的考评应按四个步骤进行。

1. 掌握和分析有关的情报资料

情报资料的主要来源是销售报告。销售报告分为两类，一是销售人员的工作计划，二是访问报告记录。工作计划是推销人员准备做的工作，可依此来掌握推销人员的工作目标、时间分配、任务分配等方面的信息；访问报告记录是推销人员已经做的工作，可据此掌握工作计划的执行情况。

2. 建立评估指标体系

评估指标体系是由一系列相关指标构成的评价系统。利用评估指标体系可以对企业的销售人员进行更为全面、客观地评价。科学的评价指标应该包括三方面的内容。

工作业绩方面的评价。主要评价指标有：销售量或销售额的增长率、销售定额完成率、销售毛利率、平均推销费用、销售费用占总百分比，等等。

工作努力程度方面的评价。主要评价指标有：全年（或月）的总工作量、平均每天的访问顾客的人数、平均每天的访问时间、访销次数完成率、新顾客访问率，等等。

工作能力方面的评价。平均每天接到的订单、每次访问接到订单的百分比、新顾客的增加量及增长率、新顾客销售率、老顾客的流失量及流失率，等等。

3. 实施正式评估

在掌握了推销人员的基本资料、设计了评价指标体系之后，就可以进行正式评估了。对上述三个方面的评价指标折换成统一的量纲（采取打分的方法），赋予不同指标以不同的权数进行加权平均，然后计算每个推销人员的综合评价得分，最后还要考虑不同销售区域的特点乘上不同的修正系数得到最终的评价值。

评估对比的方法有两类。**横向比较**，就是直接将每个销售人员的综合评价结果进行比较和排队，以此作为评价的依据。**纵向比较**，就是将每个销售人员的综合评价结果与上期的结果进行对比，以升降幅度的大小作为评价的依据。

4. 评估结果反馈

将评价结果以一定的方式反馈给被评估人员。仅做出评价而不反馈是没有意义的，推销人员可以根据对自己的评价，参照整体的评价结果，找到存在的不足，作为工作改进的依据。

（二） 推销人员的激励

［案例引入］

某电子产品企业的销售部门按行政区划将全国划分成不同的销售区域，每年年初向销售区域总经理下达其所辖销区的年度销售计划。销区奖金总额根据该销区的年度销售总额的一定比例提取。每个业务人员的奖金也与其所负责区域的销售额挂钩。如果销区完不成销售计划，无论什么原因，销区所有人员的奖金都会受到很大影响。

为了提高自己的销售量，业务人员在向批发商推销产品的时候，往往向顾客承诺一些难以实现的优惠条件，比如批发商进货达到一定量时给予高额返利，向批发商或者专卖店提供进行统一形象装修的补贴等。同时，为了扩大自己的销售额，除了开拓自己负责的区域以外，许多销区还向相邻销区的经销商以优惠条件批发产品，以至于最后各销区之间互相抢占对方地盘。

刚开始时，这种做法的确提高了企业的销售额，企业也因此在一些地方的市场占有率得以大幅度提高，销区经理和业务人员的奖金收入在业内达到了中高水平。但是两三年以后，这种做法的弊端逐渐暴露出来。首先，许多经销商发现该企业的业务人员不守信用，令他们蒙受了很大损失，纷纷停止从这家企业进货。其次，由于各销区之间互相冲货越演越烈，严重影响了企业的整体市场策略。最后，企业的整体销售业绩开始下滑。

由此可见，激励在管理学中的意义是指一种精神力量或状态，起加强、激发和推动作用，并指导和引导行为指向目标。任何组织中的成员都需要激励，推销人员也不例外。对推销人员的激励可以采用政策激励、目标激励、荣誉激励、物质激励、评判激励、情感激励、成长激励、组织激励、逆反激励等。此处，所讨论的激励是与销售定额有关的薪酬制度激励问题。

1. 销售定额

销售定额（Sales Quota）的类型主要有五种，即销售量定额、利润定额、费用定额、活动定额和组合定额。

销售量定额。销售量定额通常是指销售的金额数，而不是销售量。销售量定额是一个动态的指标，它需要根据环境、市场、推销人员整体业绩等方面的情况不断做出调整。

利润定额。这种定额方式是在销售量定额的基础上加上利润指标要求，即对销售利润或利润率也有一定的要求，以防止推销人员一味追求销售量而忽视成本和利润。

费用定额。费用定额与利润定额有一定的相关性，它更强调控制企业的销售成本。费用定额可以是比率形式，即用销售额的一定百分比来规定；也可以是总量形式，即规定每个推销人员在一定时间的费用上限。

活动定额。这种定额是规定每个推销人员所应完成的活动任务。有些企业为了达到向特定顾客销售或完成对特定产品的销售，会规定每一个推销人员必须在其总工作量中有一个比例用于特定顾客或特定产品。

组合定额。就是将上述几种定额组合起来综合使用。

销售定额的制定必须满足连续性、先进性和可行性原则。对于销售定额的高低，不同的人有不同的看法。有人主张采取高定额，即定额应高出大部分推销人员的实际水平，以实现强有力的激励；有人主张采取中等定额，即定额应以大多数人能完成的水平为宜，以使销售人员提高其自信力；还有人主张采取可变定额，即制定因人而异的定额。

销售定额往往是与固定工资相关系的，这种薪酬制度对于稳定推销队伍是有利的，但其激励作用不强。

2. 佣金制度

佣金制度（Commission System）是指企业按销售额或利润额的大小给予推销人员固定的或调整比率的报酬。在佣金制度下，推销人员的报酬完全取决于推销人员的业绩，按其业绩大小获取不变、递增或递减比率形式的报酬。相对来说，递增比率报酬形式的激励作用强于递减比率形式报酬的激励作用。因为采取递增比率的报酬形式更有利于推销人员完成更高的销售额，完成的越多，意味着佣金比例越高，获得的利益也就越大。

3. 混合形式

有些企业为了更好地发挥上述两种薪酬制度的优点，克服各自的缺陷，采取将两种方式结合起来使用的方法，即采取底薪加提成的形式。这种方法既可以稳定推销队伍，也可以对推销人员有较强的激励作用，所以采用的企业也越来越多。

除了薪酬制度以外，特别推销金、奖金、销售竞赛、旅游等也是激励推销人员的一些有效的方法。因为人的需求是多种多样的，是有层次的，所以其激励方法也必然会有所不同。

9-2 推销人员的素质+推销人员的管理

第三节 广 告

在所有的促销组合因素中，广告的效率最高，它可以在很短的时间内将产品或有关信息传递给目标受众，无论对销售增长还是对企业形象的改善都发挥着不可替代的作用。目前，国内采用广告代理制，企业在广告方面的决策更多地体现在广告计划的制订、广告预算的确定、广告媒体的选择及广告效果的评价方面，这是本节讨论的主要内容。

一、广告的含义与分类

（一）广告的含义

广告（Advertisement）的定义有很多，字面的理解就是告知给广泛的人，广而告之。按照美国市场营销协会（AMA）的定义，广告是由明确的广告主在付费的基础上，采用非人际传播的形式，对观念、商品及服务进行宣传的活动。

该定义中涉及了几个要点。**广告主（Advertiser）**，即支付广告费用的人，可以是政府、社会团体、企事业单位等组织，也可以是个人。**广告费（Advertising Fee）**是指广告主在广告方面所支付的总费用，包括广告代理费、媒体使用费、广告调查和效果评价等方面支付的费用总和。**广告媒体（Advertising Media）**是指大众传媒。广告一定要利用大众传播媒介进行传播，它明显区别于人员推销和营业推广的人际沟通。**广告信息（Advertising Information）**即广告所传播的内容，可以是产品或服务信息，也可以是观念、思想等其他方面的信息。

（二）广告的分类

为了便于对广告策略的管理，必须研究不同广告类型的特点和特征。广告分类方法有很多，这里简单介绍几种常见的分类方法。

1. 根据广告的传播媒介划分

（1）印刷媒体广告。如报纸、杂志、传单、直接邮寄广告等。

（2）电子媒体广告。如电视、广播、手机等，互联网广告也可以纳入其中。

（3）交通媒体广告。如火车、地铁、公共汽车及其他交通工具车身、车厢内绘制、张贴、摆放或陈列的广告。

（4）珍稀品广告。在一些价值较高的收藏品或纪念品上的广告。

（5）户外媒体广告。如灯柱上的旗帜广告、路牌广告等。

（6）售点媒体广告。如销售点的横幅广告标语、橱窗广告等。

（7）其他媒体广告。如烟雾广告、气球广告等。

2. 根据广告的地点划分

POP（Point of Purchase）广告，是指在销售现场所做的广告，分手绘和非手绘两种形式，见图 9-5。非销售现场广告，是指不在销售现场所做的广告。

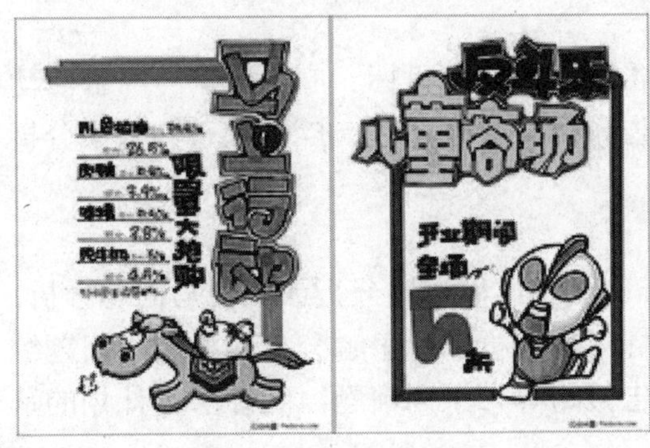

手绘POP广告

非手绘POP广告

图 9-5　POP 广告示例

3. 根据广告覆盖地区划分

根据广告的覆盖范围大小可以分为全球性广告、全国性广告、区域性广告和地区性广告。

4. 根据广告内容划分

商品销售广告（包括报告式、劝导式和提醒式广告）、服务信息广告、形象广告和启示广告。

5. 根据广告诉求对象划分

消费者广告是指针对消费者所做的广告；工业顾客广告是指针对产业顾客所做的广告；商业批发广告是企业或批发商针对批发商或零售商等商业顾客所做的广告；媒介性广告是企业使用大众传媒针对所有类型公众所做的广告。

6. 根据广告的目的划分

显露广告主要以迅速提高知名度为目的，重点突出品牌等简捷信息的广告；认知广告以产品的介绍为主，增强受众对其广告产品的性能、用途、特点等方面了解的广告；竞争广告主要针对竞争对手产品或广告所做的防御性或进攻性广告；扩销广告以短期内扩大销售为目的的广告，如有奖销售、优惠展销广告等。

二、广告计划管理

（一）广告计划的含义

广告计划（Advertising Program）是指企业在一定时期和一定范围内，为实现广告既定目标（包括企业目标、市场目标或销售目标和广告目标等）所从事的广告活动，事先制定的广告活动的行动方案。广告计划有广义与狭义之分：广义的广告计划在范围上与广告策划相近，但在内涵上有所不同。狭义广告计划主要是指广告活动的行动方案，是企业决策层对广告、策略、预算、行动方案框架等做出决策的基础上，就广告活动的具体内容制订的行动计划。狭义的广告计划虽然包括广告目标、广告策略、广告主题等项内容，但这些内容不是侧重广告计划的结果，而是侧重广告计划制订的依据或是对广告计划制订依据的具体描述。

（二）广告计划的内容

广告计划的主要内容包括：背景分析、广告对象、广告目标、广告策略、广告活动计划、广告设计制作计划、广告实施计划、广告预算与分配计划、广告调查与效果分析计划等。

1. 广告背景分析

广告背景分析（Advertising Background Analysis）也称市场分析或机会与问题分析。其主要内容包括市场环境分析、产品分析、目标市场分析、竞争者分析和机会与问题综合分析等。广告背景分析是确定广告目标、广告策略等一系列问题，制订广告计划的基础和依据。

2. 广告目标

广告计划中的**广告目标（Advertising Goal）**主要是对企业决策层确定的广告目标的文字表述或具体说明。其内容一般包括广告暴露目标、知名度目标、态度目标和产品购买目标四个部分。

上述目标中除了计划期末指标外，还应该包括基期有关指标。在年度计划和长期计划中还应包括各个阶段应达到的目标。在多个地区促销和在同一地区差别较大时，还应包括地区或地区分类指标。此外，广告目标中也应包括转变率、提高率、增长率等变动指标项目。

广告目标中的指标项目应该是能够测量、便于测量的，并且要与广告效果测定的指标和测试方法保持一致。广告目标在总体上还有企业形象目标、品牌目标、新产品目标、产品项目或产品系列推广目标等，通常要加以区别。

3. 广告对象

广告对象（**Audience**）是以广告媒体为手段，以媒体特点与覆盖范围等数据为依据，指明了广告暴露的具体范围，**目标受众**（**Target Audience**）的类型及特点，消费者对广告的态度，接受程度以及广告拥挤情况等。

对不同地区、不同类型与特点的广告受众来说，通常要运用不同的广告媒介、不同的广告策略、不同的表现形式等才能达到预期目的。

4. 广告策略

广告策略是广告计划的灵魂，是广告目标得以实现的主要手段，也是广告计划将行动方案具体化为行动计划的指导性依据。

广告计划中的广告策略主要是对既定广告策略的文字表达与说明，其内容主要包括：广告总体策略、媒介策略、创作与表现策略、广告实施策略等。

广告总体策略（**Advertisement Overall Strategy**）是对企业整体广告活动中，为争取消费者，对抗竞争者，促进广告目标与销售目标的实现所采取的广告活动的总体方式、方法和手段的概括，是核心。

媒介策略，或称**媒介组合**（**Media Mix**），是指广告活动中各种媒介和媒介组合的方式方法，包括对媒体数量、频率、周期、效果及覆盖面的配置与结合方法等。

广告创作（**Advertisement Creation**）**与表现策略**——是对广告创作与表现的诉求要点、诉求方式、基本表现形式等广告内容与广告形式的结合方式的原则规定，是广告创作以及选择广告表现手法的重要依据。

广告实施策略（**Advertising Implementation Strategy**）是指从广告实施的步骤、时间、范围和广告活动内容及其与销售活动相配合的要求出发，选择的广告发布与实施的方式或方法。是广告人员对广告活动进行平衡与协调的重要方法。

5. 广告活动计划

广告活动计划（**Advertising Campaign Plan**）是整体广告计划的中心部分，是广告计划中承上启下的关键环节。

广告活动计划首先是广告决策结果与广告策划要点的具体化。在这里，整体广告策划中的决策思想、策略精髓第一次表达为有目标、有步骤、有时间、有地点的具体的行动安排。

其次，广告活动计划还是广告设计制作计划、广告实施计划以及广告预算计划得以制定与细化的依据。

6. 广告的设计制作计划

广告设计制作计划（**Advertising Design and Production Plan**）是根据广告活动计划的安排和广告设计制作的需要，以及交付使用的时间要求，按照设计制作的特点与时间，对创作设计制作任务的分配落实和对创作设计的起始时间、初审时间、制作时间和最后审定时间、修改完善时间的具体安排。

7. 广告实施计划

广告实施计划（Advertising Implementation Plan）是广告活动的操作计划，是计划人员对广告活动进行协调，使相关活动、相关单位、有关部门以及有关人员相互衔接，协调一致，从而使广告活动的计划性变为广告行动的有序性。

8. 广告预算的分配计划

广告预算（Advertising Budget）的分配计划不是一项财务计划，而是广告费用的使用计划或审批计划。它的制定者也不是财务人员，而是广告策划人员或计划人员。

广告预算分配计划的主要内容包括三个方面：广告费用总量的预算或分配；广告费用在媒体项目和其他广告活动项目及辅助项目之间的平衡与分配；广告费用在广告活动的各个阶段上，即时间上的平衡与分配。

广告预算分配计划的制订并不是将广告费用进行简单的排列与分布，而是包含着计划和管理的功能。在保证费用一定的情况下，取得最好的广告效果，在保证一定的广告效果的情况下，尽量使花费的广告费最少。

广告预算分配计划是由决策部门批准的，一经批准，便成为财务部门划拨经费和广告部门按计划支取、使用的执行文件。

9. 广告调查与效果测定计划

广告调查与效果测定计划是对广告计划制定后的市场调查与广告效果测试活动的计划和安排。

广告调查计划的内容包括：针对前期广告调查所做的补充性调查、期初调查、期中调查和结合期末广告效果测定而进行的期末市场调查。

广告效果测定计划主要有期初、期中、期末和专项效果测定。期初广告效果测定的主要目的是为策划、决策和计划提供依据；期中广告效果测定的主要目的是为评价阶段性成果，特别是为反馈调节提供依据；期末广告效果测定的主要目的是为评价广告活动的总体成果、检查问题和提出意见和建议；专项广告效果测定是指在特定的条件下，为特定的目的而对某项广告活动所进行的专门测定。

广告调查与效果测定是整体广告策划活动重要的、不可或缺的组成部分，它对于确保广告策划的成功和广告目标的实现的作用是不可低估的。

三、广告预算管理

（一）广告预算的含义

广告预算是企业投入广告活动的费用开支计划，它规定计划期内从事广告活动所需要的经费总额的开支范围。

广告预算主要包括广告调研费、广告设计制作费、广告媒介费、广告人员的行政经费和广告活动的机动经费。

（二）广告预算方法

1. 销售百分比法

销售百分比法是根据一定时期内（通常为一年）销售额的一定比例，计算出广告费用总额的方法。可分为四种。

（1）计划销售额百分比法

广告预算=本年计划销售额×百分比　　(9-1)

（2）上年度销售额百分比法

广告预算=上年实际销售额×百分比　　(9-2)

（3）平均折衷销售额百分比法

广告预算=［本年计划销售额×权数+上年实际销售额×（1−权数）］×百分比　　(9-3)

（4）计划销售增加百分比法

广告预算=上年实际支出的广告费+预测本年增加的销售额×百分比　　(9-4)

销售百分比法的优点是：①简单、方便；②广告预算与销售额有正相关关系，有利于调动产品线经理或销售人员的工作积极性；③有利于管理人员从单位广告成本、产品单价和销售利润之间关系的角度去考虑和处理企业经营管理问题。

销售百分比法的缺点是：①把销售收入看成是广告预算的因，而不是果，造成了因果倒置；②没有考虑广告机会；③没有固定的百分比；④没有考虑不同产品和不同地区对广告预算需求的差异；⑤不利于广告的长期计划。

2. 量力而行法

量力而行法在市场营销学中没有严格的定义，它的基本思想是广告预算的大小取决于企业的实际能力。也就是说，在营销总预算中，优先考虑其他营销组合或促销组合的总费用，如果有剩余，就将剩余资金用于广告。这种方法简单易行，不会因广告预算过大而给企业造成过重的财务负担。但是这种方法既没有考虑广告机会，也没有考虑广告投入对促进销售的影响，所以是一种比较消极的对待广告的方法。

3. 竞争对等法

竞争对等法是按照竞争对手的广告开支来决定企业广告预算的一种方法，其初衷是保持与竞争对手广告水平对等或占有一定的优势。有市场占有率法和增减百分比法两种方法。

（1）市场占有率法

广告预算=（对手广告费总额/ 对手市场占有率）×本企业预计市场占有率　　(9-5)

（2）增减百分比法

广告预算=（1 + 竞争对手广告费增减率）×企业上年广告预算　　(9-6)

企业采用竞争对等法，必须具备以下条件：①企业能够获得竞争对手的有关广告预算的确切信息；②竞争对手的广告预算水平存在相当的合理性；③实现广告水平的对等可以避免广告战。

上述三个条件，企业几乎都无法做到，因此，竞争对等法的应用有很大的局限性。

4. 目标任务法

目标任务法被认为是确定广告预算比较好的方法，这种方法的基本步骤是：①确定广告要达到的目标；②分解实现广告目标所应完成的工作；③估算完成每项工作所必需的花费；④将各项费用加总得出广告预算。这种确定广告预算的方法从逻辑上讲是行得通的，因为有了广告预算就可以完成相应的工作，完成了每项工作就可以实现广告目标。但是，目标任务法也有其缺陷，因为广告目标的实现在经济上未必是合理的，有可能花费了比较多的广告费而获得了相对比较少的效益。所以，目标任务法与成本利润分析结合起来使用才更有价值。

四、广告媒体选择决策

要对广告媒体进行选择，首先要了解各种广告媒体的特点，然后清楚广告媒体选择的影响因素及评价指标。

（一）几种主要广告媒体的特点

选择广告媒体的目的在于确定广告信息的最佳传递路线。不同广告媒体的特点不同，广告信息的传递效果也有很大的差异。按照 AIDA 法则，消费者的购买行为总是从引起对广告商品的注意开始的，因为有了一定的注意，才有可能产生购买欲望，最终导致购买行为的发生。而不同广告媒体在引起人们注意的强度方面是不同的，广告的注意度和产品的试用率之间存在着很强的相关关系，见图 9-6。

由图 9-6 可以看出，要想达到试用率水平 T*，就必须有注意度 A*，而注意度与媒体的特点是密切相关的，与展露有关的指标如覆盖率、送达率、频次、展露度等都因广告特点的不同而不同，所以有必要对不同的广告媒体的特点进行讨论。

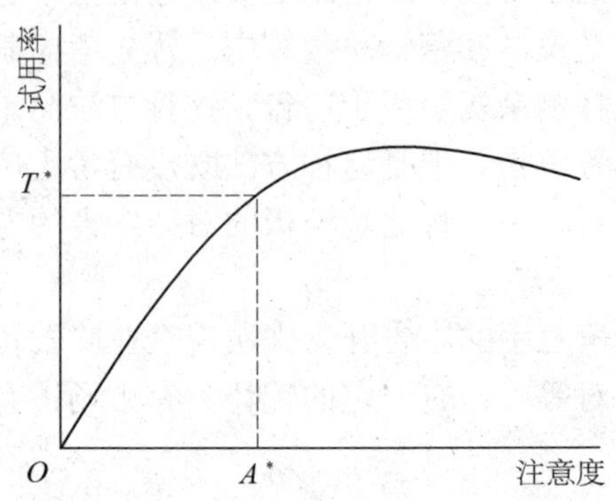

图 9-6　产品试用率与注意度之间的关系

1. 电视媒体

电视普及之后，电视成为使用最为广泛的广告媒体，其主要优点是：①覆盖面广，信息传递迅速；②创意和制作比较灵活，表现方式既可有文字、图表信息，也可以有图像、声音、演示等方面的信息。电视媒体的主要缺点是：①绝对成本高；②信息转瞬即逝；③对目标受众缺少选择性。

2. 广播媒体

广播是在电视之前被普遍应用的媒体，其主要优点是：①覆盖面广，信息传递迅速；②对目标受众具有一定的选择性；③成本较低。广播的主要缺点是：①仅有声音信息，广告的创意和设计制作局限性较强；②信息转瞬即逝；③具有广播媒体习惯的群体相对不多，所以对产品的适用性较差。

3. 报纸媒体

报纸在广播出现前，一直是主要的大众传媒，也是主要的广告媒体。报纸广告的主要优点是：①绝对成本较小；②广告信息可重复阅读；③对当地市场的覆盖面较大，信息传递比较及时。报纸广告的主要缺点是：①广告创意和制作的局限性较强；②时效短，传阅者少。

4. 杂志媒体

杂志和报纸都属于印刷品，且在出版和发行的方式上也有些类似的地方。杂志的主要优点是：①有些权威或专业性杂志的影响力大，可信度高；②广告受众具有很强的选择性；③时效长，传阅者多。杂志广告的主要缺点是：①广告购买的前置时间较长；②有些发行量是无效的。

5. 户外媒体

户外广告通常是指展露于露天的广告，如车体、站牌、路牌、橱窗、楼宇、霓虹灯、灯箱等。户外广告的主要优点是：①比较灵活，展露的重复性较强；②成本较低；③广告媒的竞争者少。主要缺点是：①广告的创造力受到局限；②不能选择广告对象，只适合需求广泛的商品；③覆盖面较少。

6. 互联网媒体

互联网媒体又称网络媒体，是借助国际互联网这个信息传播平台，以计算机、电视机以及移动电话等为终端，以文字、声音、图像等形式来传播新闻信息的一种数字化、多媒体的传播媒介。互联网媒体相对于早已诞生的报纸、广播、电视等媒体而言，是“第四媒体”。从严格意义上说，互联网媒体是指国际互联网被人们所利用的、进行新闻信息传播的那部分传播工具性能。互联网媒体因其数字化、全球性、多样性、无限性、可存储性、易复制性和易检索性等特点受到越来越多的企业和组织的青睐。

互联网媒体广告主要有：品牌图形广告、网络视频广告、富媒体广告和文字链广告等。

（二） 选择广告媒体时应考虑的主要因素

1. 目标受众的媒体习惯

不同商品的目标顾客不同，而不同目标顾客的媒体习惯也有所不同。针对不同的目标沟通对象，要达到理想的广告宣传效果，必须考虑到不同目标受众的媒体习惯。比如，针对大学生群体，在广播或网络上做广告的效果要比电视上好；而针对家庭主妇的日用品广告，在电视上，尤其是插播在电视剧中间可能效果会更好。

2. 广告商品的性质和生命周期

如果简单地将广告商品分为产业用品和日用消费品，那么产业用品的广告一般在专业性的报纸、杂志或使用 DM 广告的效果要好一些；如果是日用消费品广告，在广播和电视等覆盖面较大的媒体上发布，效果会更好一些。

即使同一产品，因其所处生命周期不同，广告媒体的选择也应有所不同。在产品的投入期，此时的广告主要以宣传、介绍、告知为目的，所以应选择覆盖面较大的媒体；在产品的成长期，由于广告受众大都对广告产品有所了解，所以针对性强的广告媒体效果会更好；在产品的成熟期，这时的广告往往以提高或改善企业形象为目的，所以应选择可信度较高或影响力较大的媒体；在产品生命周期的衰退期，区域性或针对性强的广告媒体更宜采用。

3. 广告信息的类型

同样是商业广告，其传递的信息类型也有所不同。比如有些广告传达的是销售信息，有些广告传达的是求购信息，有些广告传达的可能是展销会信息。比如日用品销售广告，覆盖面宽的媒体会有优势，而展销会信息使用专业性或针对性强的媒体效果会更好。

4. 广告费用

广告费用是选择广告媒体时应重点考虑的一个因素，在达到同样广告目的的前提下，显然广告费用越低越好。相对来说，电视的绝对费用最高，报刊、广播次之，路牌、橱窗、招贴等广告的费用相对最低。但是企业在进行实际广告媒体选择时，往往不是以广告的绝对成本来决定的，而是以千人成本（cost-per mille，CPM）作为广告媒体取舍的主要依据。广告的千人成本是指将广告信息传递给一千个人所支付的成本,它属于平均数意义上的成本。绝对成本最高的电视可能是千人成本最小的媒体，这就是为什么电视广告费用最高而很多企业还是选择电视媒体的主要原因。

5. 广告媒体的覆盖面

广告媒体的覆盖面有全球性、全国性和地方性的区别，广告媒体的覆盖面要与销售区域达成完全或比较完全的一致。地方性的企业，不必选择全国性、全球性的广告媒体，因为覆盖面高的广告媒体费用相对较高。同样道理，参与全国性竞争的企业也不应仅选择某一地方性广告媒体。广告媒体的覆盖面大小，直接影响广告效果中的毛评点、送达率、视听众暴露度等指标的大小，即会直接影响到广告效果。

（三） 评价广告媒体的主要指标

1. 覆盖率

覆盖率（Fraction of Coverage）也称占有率，是指媒介或媒介的某一内容在某一特定的时间内所吸引或占有的特定广告对象占总量的百分比。

对于电视或广播媒介而言，覆盖率也叫**视听率**（Rating）；对于报纸和杂志、路牌、招贴等媒介而言就是阅读率，媒体的覆盖率是反映媒体影响力、被接受程度等的重要指标。

2. 毛评点

毛评点也叫**总评分**(Gross Rating Points，GRPs)，指在一定时期内覆盖率的总和。是刊播次数与每次覆盖率的乘积之和。

比如，某企业在不同广告媒体上做的广告情况见表 9-2，则可计算出毛评点为：

$$GRPs = 150 + 120 + 240 = 510$$

表 9-2 某企业广告刊播情况

媒体	刊播次数	覆盖率	毛评点
电视	3	50	150
广播	4	30	120
报纸	6	40	240

3. 视听众暴露度

视听众暴露度（Impressions）是指某一特定时期内收听、收看某一媒体或某一媒体特定节目的人数（或户数）的总和。它是从绝对数意义上考虑媒体或媒体节目究竟有多少人（户）在收听或收看。计算公式为：

$$\begin{aligned}\text{视听众暴露度} &= \text{视听众总数} \times \text{覆盖率} \times \text{刊播次数} \\ &= \text{视听众总数} \times \text{毛评点}\end{aligned} \tag{9-7}$$

4. 到达率

到达率（Reach）是指特定对象在特定时期内看到某一广告的人数占总人数的比率，或指看到某一广告的人数占总人数的百分比，也称累计视听众、净量视听众、无重复视听众。

5. 暴露频次

暴露频次（Frequency）是指在一定时期内每人或每户接到同一广告信息的次数。计算公式为：

$$\text{暴露频次} = \text{毛评点}/\text{到达率} \tag{9-8}$$

6. 有效到达率

有效到达率（Effective Reach）也称有效到达频次，是指在一定时间、同一广告通过媒介到达同一个人（户）的数量界限。

米歇尔·J. 纳普勒斯（M.J. Naples）的研究认为：在一定时期内只对广告对象进行一次广告，除在极少数情况下，一般影响甚少甚至毫无价值；在分析媒介有效频度时，暴露频次比到达率更为重要；在一个购买周期，或4～8周内，至少要有2次暴露频次才可能产生一点效果；一般来说，在一个购买周期内要取得最佳效果，至少要有3次暴露频次；达到一定频次后，其后的暴露所产生的价值是递减的；达到一定频次后，传播会变得毫无价值，并可能产生副作用，最佳频次为6次，超过8次会产生副作用；暴露频次的有效性与在不同媒介上所作的广告无关，只要暴露频次相等效果就相等。

上面的结论对企业选择广告媒体和确定广告的实施策略都有重要的指导意义。

五、广告效果评价

根据广告的定义，广告是一定要支付广告费用的。对于企业来说，广告也可视为一种投资，是投资就要考虑其经济性，不仅投资要能够在一定的时间内收回，而且广告投资收益必须高于在其他方面的投资收益，否则，投资于广告在经济上就是不合理的。

（一）广告效果分类

广告效果（Advertising effect）是广告作品通过广告媒介传播之后所产生的作用。广告效果可以从不同的角度进行研究。

（1）按广告效果的内容划分：经济效果、心理效果和社会效果；

（2）按每次广告活动的总体程序来划分：事前效果、事中效果和事后效果；

（3）按广告计划的要求划分：目标效果、表现效果和媒体效果；

（4）按产品市场生命周期划分：导入期效果、成长期效果、成熟期效果和衰退期效果；

（5）按广告活动周期长短划分：短期效果、中期效果和长期效果。

（二）广告效果的性质

广告活动的产出是指广告对企业经营活动所产生的促进作用，这种作用就是广告效果。广告效果具有以下6个特点。

1. 滞后性

相对于人员推销或营业推广来说，广告的效果具有滞后性。报导性和说服性广告使目标受众注意、产生兴趣、产生购买欲望都需要有一定的时间，购买决策并实际购买也要一定的时间，这些时间差使得实际购买发生在广告刊播之后的几天、几个月，甚至几年的时间里。

2. 交互性

广告效果产生于广告刊播之后，由于广告效果滞后性的存在，无论是在沟通方面还是在销售方面，企业的宏观和微观环境因素都已经发生了一定的变化，这些因素的变化都会影响到实际的销售效果。换句话说，在广告刊播一定时间以后的销售结果，并不仅仅是广告因素的影响，其中也包含了其他促销因素的作用，也包括各种环境因素变化的影响。

3. 隐含性

隐含性是指广告效果隐含在各种环境因素变化之中，难以从中分离出来。隐含性和交互性是密切相关的两个性质。

4. 间接效果性

广告是一种以大众传媒为传播途径的沟通方式。尽管如此，在广告信息的传播过程中口头传播仍会大量存在，这就使得广告效果具有间接性的特点。例如，杂志广告的效果常以有效发行量作为评价依据，而杂志本身具有传阅读者多的特点，其中的广告信息也会在人际之间进行传播，这种间接传播的作用，在广告评价时也要充分考虑。

5. 效果两重性

广告不仅具有促销作用，还有延缓销量下降作用，这就是广告效果的两重性。

6. 难测性

广告效果的上述五个性质都决定了广告必然具有难测性。另外，广告效果不仅体现在销售效果上，也体现在知名度和美誉度的提高上，还体现在广告所产生的社会效果上，这都使得广告效果具有难测性特点。

（三）广告效果评价指标

广告效果主要从三方面进行评价：一是广告的传播或沟通效果，二是广告的销售或促销效果，三是广告的形象或心理效果。

1. 广告传播效果的评价指标

（1）接收率测试是对广告受众接收广告的情况所进行的定量测试，以此来评价广告传播的深度和广度。

接收率=（接收广告信息的人数/目标市场总人数）×100% (9-9)

（2）注意率主要用于测量广告的接收广度，“注意”是指对广告信息注意过的人，包括有印象的人，粗读或精读过的人。

注意率=（注意到此广告的人数/接触该媒体的总人数）×100% (9-10)

（3）阅读率。阅读者包括粗读和精读过广告内容的人。

阅读率=（阅读过广告内容的人数/接触该媒体的总人数）×100% (9-11)

（4）认知率。认知是指对广告内容有准确理解。

认知率=（理解广告内容的人数/接收到广告信息的总人数）×100% (9-12)

2. 广告促销效果的评价指标

广告促销效果评价是对广告活动实施前后销售额变化情况进行的评价，并以指标值的大小来判断广告促销效果的好坏。

$$销售增长率=\frac{S_1-S_0}{S_0}\times100\% \quad (9\text{-}13)$$

其中：S_0——广告实施前的销售额；

S_1——广告实施后的销售额。

$$广告增销率=\frac{S_1-S_0}{A_1-A_0}\times100\% \quad (9\text{-}14)$$

其中：A_1——本期的广告费；

A_0——上期的广告费。

$$广告占销率=\frac{A_i}{S_i}\times100\% \quad (9\text{-}15)$$

其中：A_i——第 i 期的广告费；

S_i——第 i 期的销售额。

$$单位广告费收益=\frac{S_i-S_{i-1}}{A_i}\times100\% \quad (9\text{-}16)$$

其中：S_i-S_{i-1}——销售增长额；

A_i——本期广告费投入。

3. 广告形象效果评价的指标

广告形象效果也是广告效果测定的一个重要方面。有些广告并不是以短期的促销为目的，而是以建立企业在公众中的良好形象为目的，主要包括知名度、美誉度和忠诚度三个方面。知名度是指在目标顾客总数中，知道企业及其产品的人所占的比例；美誉度是指在知道企业及其产品的顾客中，有好感的人所占的比例；忠诚度是购买企业产品的总量在同类产品购买总量中占的比例；该比例等于 1，说明消费者是企业的坚定忠诚者，该比例小于 1，说明消费者是企业不坚定的忠诚者；该比例等于 0，说明消费者是企业的不忠诚者。

（四）广告效果的测定方法

广告效果测定的方法很多，但大体上可以分为两大类：直接测定与间接测定。直接测定是直接对调查对象进行调查后的测定；间接测定是根据资料对广告效果进行的分析测定。

1. 广告经济效果的测定方法

（1）经济效果的事前测定

事前测定是在消费者或顾客对商品的认识尚不充分或商品的某些特殊性能、作用形态尚未被觉察的情况下，采取某些行动来了解信息传播过程中可能对消费者引起什么反应的方法。

事前测定主要采用销售实验法，即模拟一个销售环境，通过实验的方法来了解广告的效果。销售环境有不同的模式。如：

① 利用商品推销员或导购员在商店里或走家串户进行宣传，散发产品说明书，免费赠送小包装商品等。

② 通过电视媒介，将录制好的广告内容在典型的购物环境下播放，观看其销售效果。

③ 将同类商品的包装及商标去掉，在每种商品的背后安放一则宣传商品的广告和说明卡片，观察商品的销售状况，销售量大者广告的效果好。

（2）经济效果的事中测定

事中测定是在广告发布的过程中，为了检验广告战略、广告策略的执行情况与实际情况是否吻合而采取的行动。事中测定可及时发现问题，随时予以纠正。主要方法有：

① 销售地区实验法：分实验城市与控制城市分组进行实验。在实验城市变化实验的投入要素，而在控制城市保持所有的实验因素不变，以观察实验投入对广告效果的影响。

② 分割测定法：分割测定法是检测采用同一广告媒体，而只有某一个因素不同时，所产生的经济效果的差异。

③ 促销法：选择两个区域，一个只进行广告宣传，停止其他促销活动；另一个区域进行促销组合，经过一段时间后可测出广告在促销组合中的作用。

（3）经济效果的事后测定

事后测定是对广告活动进行之后的效益进行综合的评定与检查。目的在于总结经验，纠正错误，为下一次广告活动打好基础。

广告效果的事后测定，大多采用实地调查法，是以广告产品的销售额、利润、广告费等为依据，并考虑时间等相关因素而测定的。主要方法是事前事后法，这种方法根据实际广告调查活动前后的销售情况，以事前、事后的销售额、利润额并结合广告费等因素，作为衡量广告经济效果的数量指标。具体方法有：广告费用比率法、广告效果比率法、广告效益法、市场占有率法、盈亏平衡点计算法等，这里不再一一介绍。

2. 广告心理效果的测定方法

（1）心理效果的事前测定

主要方法有 4 种。

① 专家综合意见法。由专家对广告心理效果各个方面进行全面的评价，给出评价意见。

② 消费者评定法。由消费者对广告心理效果各个方面进行全面的评价，给出评价

意见。

③ 检查表测验法。从广告的注意强度、阅毕强度、认知强度、情绪强度、行为强度等五个方面设计问题，并赋予不同的权重系数，由参评人员逐项按百分制打分；然后对每个参评人员的打分进行加权平均，计算出每个参评人员给出的总得分；最后对所有参评人员计算总平均得分。总得分在80～100分时，是最佳广告；得分在60～80分之间是优等广告；得分在60分以下的广告，基本上是不可用的广告。

④ 仪器测定法。这种方法分为视向测验和瞬间显露测验两种。

1）视向测验。这种方法是利用视向测验器，来记录观看广告文图各部位的视线顺序及注视时间的长短。

通过视向测验可以预知：

· 文字直写与横写的易读性如何，决定文字的排列。
· 视线顺序是否符合作者的意图？有无被人忽视的部分？
· 画面中最吸引人的地方是否符合作者意愿？

2）瞬间显露测验。利用瞬间显露器。通过这种测试工作，可知：

· 印刷广告中画面设计的显眼程度。
· 广告构图的位置效果，以决定标题、图样、文案、公司名称等的适当位置。
· 文案的易读程度、标记的识别，应体现出设计的完整结构。

（2）心理效果的事后测定

① 认知测定法。具体做法是让调查对象看一则广告，然后问他是否见过，如果回答是“见过”，说明他对此广告有所认知。著名的方法是斯塔夫阅读率调查法。即在广告刊载后，报纸的次日，杂志的下期之前的规定日期，对读者进行抽样调查。并将之分为三类：

A类：能辨认出曾看过该广告。

B类：不仅知道该广告商品和企业，而且还记得标题或插图。

C类：浏览并记得该广告50%以上的内容。

在此分类的基础上，计算：

注目率=（A类人数/被调查者总人数）×100%　　(9-17)

阅读率=（B类人数/被调查者总人数）×100%　　(9-18)

精读率=（C类人数/被调查者总人数）×100%　　(9-19)

广告阅读效率=（杂志销售数×每类读者的百分比）/所付的广告费用　　(9-20)

② 视听率测定法。这种方法常用于测定采用广播或电视作为广告媒体的效果。具体方法是，以家庭作为调查样本，在调查中统计出三方面的数据：拥有电视机或收音机的户数；广告节目的视听户数；认知广告名称的人数。然后计算：

视听率=广告节目的视听户数/拥有电视机或收音机的户数　　(9-21)

认知率=认知广告名称的人数/广告节目的视听人数　　(9-22)

③ 回忆测定法。是测定心理效果的记忆度和理解度的方法。包括纯粹回想法和辅助回想法。纯粹回想法是让消费者独立地对已推出的广告进行回忆，调查人员不做任何提示，只如实记录回忆情况。辅助回忆法则是调查人员给消费者某种提示，从而使消费者回忆出广告内容的方法。

回忆测定法是通过人们对广告的识记程度来判断广告效果的一种有效方法。

④ 态度测试法。态度测定法不如其他方法直观，只能通过消费者的言辞或行动去做推测性了解。态度测定法所采用的具体形式有问卷、检查表测验、语意差别法等。其中语意差别法是比较常用的简便易行的方法。这种方法来源于美国，它是根据广告刺激与反应之间必有一联想传达过程的原理，通过对这种过程作用的测定，可以得知消费者各具差异的言辞的方法。

	9-3-1 广告及广告媒体类型和特征		9-3-2 影响广告媒体选择的因素

第四节 公共关系

[案例引入]

2011 年是“王老吉 · 学子情”爱心助学行动新十年的起点，加多宝集团在资助优秀贫困学子圆梦大学的同时，提出“人人公益、全民助学”的全新公益理念，并联合中国青少年发展基金会共同发出《公益助学倡议书》，呼吁广大社会公众积极奉献爱心、支持并参与公益助学。这是“王老吉 · 学子情”从企业公益向社会公益转型的里程碑。

为聚合更多社会力量参与爱心助学，2011 年“王老吉 · 学子情”活动号召各界爱心人士通过支持和参与爱心义卖、“一堂课”支教、网络平台活动等，传递、践行“人人公益、全民助学”理念。

因有感于社会各界爱心人士的广泛参与和热烈反响，2011 年，加多宝集团决定在原计划捐资 500 万元之外，额外追加 500 万元资助 1 000 名贫困学子，使当年的资助款总额达到 1 000 万元，资助名额达到 2 000 人。从 1 000 人到 2 000 人，是“王老吉 · 学子情”活动的一小步，而看似简单的数字变化背后，是加多宝集团用创新的公益模式推动全民公益，引领中国公益发展方向的又一大步。

由以上案例可以看出，公共关系活动已经成为企业经营活动中不可分割的重要部分，尤其是在要求企业承担社会责任的当今世界。

一、公共关系的概念及特征

（一）公共关系的概念

公共关系（Public Relation）是指企业为了刺激顾客对产品或服务的需求，改善企业与公众或顾客的关系，为了树立品牌及企业形象而采取的一种促销手段。

公共关系的目的是提高企业的知名度和美誉度，并实现对内部员工的激励。从这个意义上说，公共关系包括了与外部公众的关系和与企业内部公众的关系。外部公众主要是指顾客和消费者、供应商、中间商，以及政府、融资方、媒体、社会和社区公众等。企业的内部公众主要是指职工和股东。

（二）公共关系的特征

相对于其他促销手段来说，公共关系具有以下几个基本特征：

1. 促销的间接性

商品广告、人员推销、营业推广等促销方式，更多地强调促销的即时效果和直接效果，公共关系则强调促销的长期效果和间接效果。公共关系是通过与相关各方建立、保持、发展良好的关系，实现关系效应为目的的促销方式。公共关系的建立和发展使得竞争对手的一切促销活动变得软弱无力，而且会使得越来越多的人成为企业的品牌忠诚者。所以，公共关系本身具有促销性，但它是以建立良好企业形象作为手段和途径的。

2. 手段的多样性

公共关系的传播手段比较丰富，它既可以利用大众传播媒介，也可以利用人际传播。比如，利用大众传媒进行的宣传，对公益事业和公益活动的赞助，积极倡导社会文明理念，开展与公众和利益相关群体的信息沟通等，都可以树立企业的良好形象。

3. 受众的广泛性

公共关系不像其他促销方式那样具有明确的目标沟通对象，它的受众具有广泛性，即使与企业不相关的组织或个人都有可能成为企业的公关对象。比如企业的赞助对象可能是一位失学儿童，也可能是遭受自然灾害的灾民，还可能是一种公益活动，其受众与企业的目标市场可能相去甚远。正是由于受众的广泛性，才使得企业在公众中的影响具有普遍性，企业的忠诚者才会与日俱增。

4. 影响的长远性

人员推销和营业推广的影响比较短，通常只有几天或几个月的时间；广告的影响相对较长，可以长达几年的时间；公共关系可以影响到人的一生，甚至还会对其下一代产生影响。公共关系的建立需要一定的时间，它需要做出承诺、履行承诺，还要不断地提出新的承诺。公共关系是一项长期而细致的工作，任何一个小环节的疏忽都可能造成前功尽弃，而一旦公共关系真正建立起来，即使企业在工作中出现一些小的瑕疵，也会得到公众的宽容和理解。

二、公共关系的作用

1. 建立良好形象

公共关系主要是利用新闻媒体进行无偿的宣传或是利用公关广告进行有偿的宣传。在新闻媒体上进行的正面宣传，由于是出自第三方之口，所以具有高度的真实感，受众对此往往是没有心理抵触的，因此更有利于企业良好形象的建立。而有偿的公关广告，因其与商品广告在目的、内容、立足点、着眼点和表现方式上的不同，也不会给人以“王婆卖瓜”的印象。总之，宣传企业的目的在于提高企业及其产品的知名度和美誉度，知名度和美誉度的提高会自然和不自然地对消费者的购买行为产生影响，从而达到促销的目的。

2. 加强品牌忠诚

商品的主要功能有两个，一是使用功能，二是美学功能。美学功能不仅是设计原因造成的产品在外观、造型、颜色上的美感不同，而且产品也能体现其使用者的审美情趣。在品牌差异越来越小的今天，一个具有良好形象的品牌无疑会得到众多人的青睐，从而形成品牌忠诚。

3. 促进商品销售

如果公共关系不能给企业带来额外的利益，那么企业也就不会热衷于公共关系。企业是以盈利为目的的经济组织，做任何一件事总要符合在经济上的合理性，公共关系也不例外。企业用于赞助或公益事业上的投资虽然其效果在短期内无法衡量，甚至有得不偿失之嫌，但其在长期所获得的销售增长或避免销售下降带来的利益，则可能是其早期投入的几倍甚至更多。

4. 维护稳定

公共关系也有维护企业稳定的作用，一是可以稳定企业在公众中的特定形象，二是可以稳定企业的市场地位，三是可以稳定供求关系。

公共关系是与企业文化有关的概念，企业的长期生存和发展也与其文化有着极大的关联。企业文化可以使企业在公众中形成一种特殊形象，这种形象具有恒常性。

现代企业之间的竞争，并不仅仅是产品之间的竞争，而且竞争的主要表现不在产品方面。公共关系使企业在众多领域的竞争中受益，甚至并不需要应付来自于各方面的竞争，因为良好关系所形成的顾客忠诚，是其他任何促销手段所难以动摇的。

公共关系的对象既包括了企业的上游供应商，也包括企业的下游中间商和消费者，甚至包括与企业有竞争关系的同类企业。企业针对供应商和中间商进行的公共关系，使得供产销三方形成一个稳定的利益共同体，而不用靠合同仅仅维持一种买卖关系。

5. 创建社会文明

企业是国民经济的重要组成部分，也是社会的重要组成部分，如果每家企业都能致力于公共关系建设，对创建和谐社会就可产生积极的推动作用。

三、公共关系的活动方式和工作程序决策管理

（一）公共关系的活动方式

1. 宣传

根据美国市场营销协会定义委员会的定义，宣传是指发起者无须花钱，在各种出版媒体上发布重要商业新闻，或在广播电视中和银幕舞台上获得有利的报道、展示、演出，用这种非人际沟通的形式来刺激目标顾客对某产品或商业服务的需求。

企业要想达到宣传的目的，就必须创造有新闻价值的事件即事件营销，宣传的事件具有时效性、接近性、奇特性、重要性和情感性等特点。当然，有时企业也可以进行自我宣传，比如演讲、游说、发放企业宣传材料等。

2. 赞助

赞助是指企业为了实现自己的目标（获得宣传效果），向某些活动、组织或个人提供资金支持的一种行为。

赞助是一种促销行为，但是又与广告、宣传、营业推广等促销活动有着本质的区别。首先，赞助不同于广告，尽管有时在提供赞助的同时获得了广告插播的机会，但其支付的不是媒体费用，而是赞助费用。其次，赞助不同于宣传，宣传是无须花钱的，而赞助需要花钱。最后，赞助不同于营业推广，赞助的对象和活动不构成企业商业活动的主要内容，而营业推广是企业的商业活动之一。

3. 社会交往

社会交往是指企业与公众进行广泛的交往，此处的交往不是业务性的，而是情感性的。目前，很多企业十分重视与相关各方的交流与交往，比如邮寄企业资料、召开联谊会、寄送生日或节日贺卡等。

4. 听取和处理公众意见

企业应积极搜集公众对企业营销活动方面的意见和建议，并及时将改进后的情况告知给有关方面。这样，不但可以满足公众的愿望，还可以赢得公众的信赖。

5. 建立与有关组织的友好联系

积极建立与社会团体、政府机构、银行、商业部门、甚至同类企业之间的友好关系，主动介绍企业的生产和经营情况，帮助有关组织解决实际问题，争取得到各方的拥戴和支持。

6. 建立企业内部公关制度

建立企业内部公关制度也是公共关系的一项重要内容。注意保持企业与员工、股东之间的关系，有利于调动各方的主动性和积极性，吸引更多的股东投资，对企业的长期经营和发展有着十分重要的意义。

（二） 公共关系的活动程序

1. 确定公共关系目标

任何一项活动都有其目标，目标的确定应该是公关活动的第一步。目标不同，实现目标的方式和方法就可能不同。但无论公共关系的目标如何确定，它总要与企业的营销目标相一致。

2. 建立信息沟通网络、选择公共关系工具

公共关系实际上也是一种信息沟通，要实现信息沟通的及时性和有效性，就必须有一个高效的信息沟通网络。这个网络应该能覆盖与企业利益有关的各个组织和个人，使得信息能够针对不同的对象实现真实有效地传递。

公共关系工具的选择，也是公共关系建立时的一项重要决策。要宣传就要发掘有新闻价值的内容，要赞助就要发现可以赞助的活动或对象。

3. 开展信息双向沟通，协调、保持和发展与公众的关系

开展信息的双向沟通是企业建立公共关系的开始，双方关系的建立需要企业根据了解到的公众需要和欲望，向其做出一些承诺，并通过履行承诺来赢得公众的信赖。

企业是社会关系中的子系统，它时时会与外界发生种种关系。在发展与公众关系时，也要注意协调多种关系，解决不利于公共关系的各种因素。建立关系需要企业做出承诺，保持关系需要企业履行承诺，而发展关系需要企业不断地做出新的承诺并履行新的承诺。这样，企业才可能在公众中留下美好的形象，良性关系才可能长久。

4. 评估公关效果

公关效果的评估是一项比较困难的事情，原因之一是因为公关是一项长期的活动，其影响效果也很深远；原因之二是因为公关效果的评估缺少切实可行的指标或指标体系。尽管如此，对公共关系的效果总要做出评估，总结经验教训以指导以后的公关活动。公关效果可以通过在对公关对象的调查和比较分析中得出结论，比如企业知名度和美誉度的提高情况、顾客忠诚度的变化情况、销售的增长情况等。

公共关系是一项长期的活动，切不可急功近利。由于公关活动的内容繁多，方式多样，所以公关活动的程序也会有所区别，上述提到的四个步骤，也可以理解为公关活动涉及的几方面重要决策，具体操作程序可视不同情况进行灵活处理。

四、网络公关

网络公关（PR on line）又叫线上公关或 e 公关，它利用互联网科技的表达手段营造企业形象，为现代公共关系提供了新的思维方式、策划思路和传播媒介。2001 年开办了“中国公关网”，而企业自身的公关网络更是如雨后春笋般生长起来，中国公关业和企业有了自己的门户网站和宣传平台，可以以最快捷的速度向国内外市场交流企业的信息。处理好公共关系，对于国家、企业、个人等都具有重要作用。

公关业的发展需要和网络本身特性是网络公关不同于传统公关的根本原因。在这两大原因的共同作用下，传统的公关理论已经无法胜任网络公关的指导工作。因此，网络公关必须是以传统的公关理论为基础，并从公关业与网络特征两方面出发，创新并演绎新的公关观念。但网络公关仍属于公关的理论范畴，它是企业公关的创新和发展，而不是脱离公关的新的领域。

网络公关意在改善、促进公众关系和谐发展，在利用互联网传播方式的同时以互联网的形式跟公众交流互动，接受网民建议。

（一）网络公关的主要模式

1. 新闻公关

新闻公关也称新闻营销，是以新闻报道的形式进行产品或企业宣传，是比较高明的营销手段。同样是将产品信息传达给消费者，广告的张扬与自夸，可能让人不胜烦扰，而新闻公关的表现方式则显得客观、公正，在不动声色中娓娓道来。可以说，新闻公关是公共关系与营销策略之间的一种巧妙组合。

新闻公关的核心是传播。传播目的在于张扬企业良性信息、提高企业知名度，最后达到促进产品销售或塑造企业品牌的目的。出色的新闻公关有三个层面的应用：思维创新、品牌传播和事件营销。不同层面的新闻公关应用会有不同的效果。

2. 搜索引擎优化

公共关系搜索引擎优化（PRSEO，其中 PR 为公关的英文缩写，SEO 为搜索引擎优化的英文缩写），主要表现以互联网为平台，根据企业现状、产品特点和行业特征，综合利用各种网络媒体资源平台对企业新闻稿进行合理优化，使文稿获得搜索引擎稳定的较前排位，从而达到有效宣传推广且带来意向顾客的行为。对于优化的新闻稿主要从标题关键词设置、内容关键词密度、发布渠道、超链接设置等方面入手。

与之相关的一个概念是“搜索引擎营销”（Search Engine Marketing，SEM），是基于搜索引擎平台的网络营销，利用人们对搜索引擎的依赖和使用习惯，在人们检索信息的时候尽可能将营销信息传递给目标顾客。搜索引擎已经成为互联网访问的重要入口，搜索引擎营销的重要性日益凸显。

3. SIVA

影响品牌核心元素应该是企业、员工、顾客三者之间品牌互动行为。在国内，对品牌互动行为的认知以及对品牌内涵的理解呈现这样一个特征：管理者的认知高于一线员工，一线员工的认知高于消费者。这意味着品牌信息的逐渐流失。正确的做法是把消费者拉进品牌建设队伍中，变被动为主动。从设计开始就征求消费者的意见，使品牌成为他的作品，这样的合作关系将会非常持久。

世界营销之父舒尔茨教授在2012年提出了整合营销的新方向，也就是本教材在第一章第四节中所介绍的以解决消费者需求为中心的 SIVA 理论。SIVA 即“解决方案（Solutions）、信息（Information）、价值（Value）、途径（Access）”。舒尔茨认为传统的4P营销理论应该被新的SIVA理念代替。这与搜索引擎营销有着多维度的属性上的符合。SIVA理论主要是以消费者需求为中心，在消费者解决自身需求的系列行为轨迹上找寻到营销的关键时刻。搜索引擎营销在消费者解决自身需求时，也扮演着非常重要的角色。

搜索引擎提供了一个全新的平台，让消费者有机会与品牌进行更有效的沟通。舒尔茨非常希望能将 SIVA 理论和搜索引擎营销平台进一步结合，为广告主提供更具有指导意义的搜索引擎营销方法论。

（二） 网络公关的主要方式

1. 新闻发布会

企业有重大事件发布或者是举行线下新闻发布会，也可邀相关媒体，或与媒体合作，同期举办网上新闻发布会或设立新闻专题，向更广泛的受众传达企业信息。由于网络信息容量大，不受篇幅限制，同时也可兼有音、视频等效果，并可即时与受众网民互动，因此，网上的新闻发布会可达到更佳的公关效果。

网络新闻发布会的主要平台有网络门户或网络媒体。一般有以下几种类型：

（1）综合性门户网站；

（2）行业性门户网站或媒体；

（3）新闻媒体的网络版；

（4）网络出版物。

2. 社区公关

一些比较专业的行业在网上形成社区圈子的情况比较多，人们也喜欢通过这种社区化的交流与信息共享分享专业信息与经验，或者组织团购等。这些社区的信息由于出自网民或业界领袖，往往对网民的影响比较大，因此，企业应该关注利用网上社区的形象公关以及有关社区的信息或活动对企业的影响，及采取相应的对策。下文将着重围绕网络社区公关或新闻公关，介绍企业危机公关或品牌维护的相关内容。

社区公关的主要平台有门户网站、专业 BBS 论坛及专业社区网站等。主要有以下几种：

（1）门户网站或行业门户的专业 BBS 论坛；

（2）专业社区网站；

（3）网络媒体开设的论坛。

（三） 活动公关

重要媒体或门户网站由于担当着重要的网络信息传播途径，人气比较集中，相对而言，在其平台上组织的各种活动容易引起网友的参与和互动。因此，大多企业会选择这些网站开展公关活动或者为线下的活动作宣传。同时，网络媒体也通过这种途径，丰富其平台的内容提供，吸引更多的网络受众。

与线下的公关活动相对应，网上的公关活动主要是指企业在网络上开展或组织的企业公关活动。

主要平台有重要媒体网站、门户网站、SNS 社区、论坛网站等。

（四） 事件公关

网民俗称“炒作”。事件公关通过借势和造势进行有效和创新的策划，提高企业或产品的知名度、美誉度，树立良好的品牌形象，最终达到促进销售的目的。自网络公关诞生以来，最吸引眼球的莫过于网络炒作，而越来越多的网络炒作背后往往隐藏商业目的。事件公关需要符合企业品牌整体策略，不能为了炒作而炒作，更不能夸大事实或造假。

事件公关的本质是企业为了促进产品和服务的销售而进行的信息传播活动。营销策划中要考察传播过程的各个环节，保证传播道路的畅通，保证受众接收到企业所期望的信息。事件公关传播主要包含传播者、信息、媒介、受众、效果因素。

事件公关具有的主要优点表现为三大类：

事件公关与广告及其他传播工具相比，可以将企业的信息在短时间内实现最大、最优传播，甚至能让企业或产品一夜成名，为企业节约大量的宣传成本，并能避开由于媒体多元化而形成的信息干扰，提升企业品牌的知名度和美誉度。

事件公关作为一种传播手段，能提高企业信息传播的有效性，进而促进企业盈利和成长。事件公关是指“营销者在真实和不损害公众利益的前提下，有计划地策划、组织、举行和利用具有新闻价值的活动，通过运作有热点新闻效应的事件来吸引媒体和社会公众的兴趣和注意，以达到提高社会知名度、塑造企业良好形象和最终促进产品或服务销售的目的。”

事件公关最终传播效果是各个因素相互影响相互配合产生的结果，并非仅仅选择恰当事件、恰当时机就会出现预期效果。

（五）危机公关

事件公关中的“事件”一般是指对于企业而言为良性的事件，而危机公关则是企业面对不良事件时的公共关系活动。可以说今天任何企业的危机公关都等同于网络危机公关。人们不会阅读3天前的报纸、不会去看昨天的电视新闻，却可能无数次浏览上周、上个月诞生的网页。无论是抵制“家乐福”，还是“达能”和“娃哈哈”的纠纷，都使深陷其中的企业被迫投巨资于网络公关，以消除不良事件的影响。

当企业需要对付恶意的网络信息攻击时，解决办法则属于网络危机公关的范畴。关于网络危机公关，有一种引起争议的做法——“删帖”。关于删帖，应当说存在两种情况，一种是对企业或产品的网络谣言，这种内容如对网民个人诽谤应该删除，只要提交相关证据，网站会积极地给予删除；另一种则是消费者真实的网络投诉，这种强制删帖，无疑属于强奸网民意志的处理方式。

不同的企业遇到危机时，采取的危机公关方式不尽相同。比如近年发生的“屈臣氏面膜事件”“奔驰车事件”“鸿茅药酒事件”等，显示了不同企业在遇到不同危机事件时，危机公关处理的方式和态度的不同。

危机公关“5S”原则，是在危机发生后为解决危机所采用的五大原则，它由北京关键点公关顾问及品牌传播机构董事长游昌乔创导，包括承担责任（Shouldering the Matter）、真诚沟通（Sincerity）、速度第一（Speed）、系统运行（System）和权威证实（Standard）这五大原则。以下结合“屈臣氏面膜”事件对其进行简要分析。

承担责任。在此原则上，企业的态度很重要，一是利益方面，二是情感方面。无论谁是谁非，企业都应该主动承担责任。2012年8月8日，一条“屈臣氏面膜疑致消费者死亡”的消息在网络上不胫而走。一时间，屈臣氏这家著名的个人护理连锁零售店被推上舆论的风口浪尖。虽无证据证明福州女猝死与屈臣氏面膜产品有关，但是屈臣氏的危机处理方式受到业界一致好评。在事件发生后的第一时间，屈臣氏主动承担责任。首先，立即“下令”，将涉事面膜在全国实体店和网店全部下架，并将与疑致死消费者金女士的同批次面膜送到有关部门检测。其次，及时采取行动与顾客家属取得联系，向他们表达了人道主义关怀，并积极取得他们的配合以将此事调查清楚。对于该女子的去世，公司深表同情与哀悼。事实上，公众和媒体往往在心目中已经有了一杆秤，对企业有了心理上的预期，即企业应该怎样处理，才感到满意，企业绝对不能选择对抗。

真诚沟通。企业处于危机旋涡中时，是公众和媒介的焦点。一举一动都将接受质疑，因此千万不要有侥幸心理，企图蒙混过关。屈臣氏面膜事件发生后，屈臣氏主动与新闻媒体取得联系说明事实，在公司的官方微博上第一时间发表了一封“致媒体函”，内容包括：屈臣氏珍珠臻致美白面膜符合中国化妆品卫生规范标准和要求，销售多年未见一起质量事故；屈臣氏本着对消费者的负责态度，已第一时间下架全部涉事面膜；屈臣氏与受害家属取得联系请其配合调查等。不仅如此，屈臣氏还积极向消费者发表声明，望广大消费者客观对待此事，并对恶意诽谤、散布谣言等行为做出警告。态度真诚，用事实说话，促使双方互相理解，消除疑虑与不安。

速度第一。企业控制危机一定要争取在最短的时间内，用最快的速度控制事态发展，并在第一时间向公众公开信息，以消除疑虑。屈臣氏应对面膜危机事件表现得非常积极。

在事件发生的第二天，就在企业的官方微博上发表了“关于屈臣氏珍珠臻致美白面膜事件致媒体函”的第一份声明。8 月 15 日夜，北京、上海、广州、福州、苏州等 20 多座城市的屈臣氏，都先后向媒体表示：该涉事面膜已经下架，并向消费者做出承诺，凡是购买屈臣氏珍珠臻致美白面膜的消费者可凭购物小票退货。如若遗失购物小票，按系统内价格退货。

系统运行。在逃避一种危险时，不要忽视另一种危险。在进行危机管理时必须系统运作，绝不可顾此失彼。只有这样才能透过表面现象看本质，创造性地解决问题，化害为利。具体事项包括：以冷对热、以静制动；统一观点，稳住阵脚；组建班子，专项负责；合纵连横，借助外力等。屈臣氏在这一方面做得很到位。首先，坏消息一传出来立即震动业界，但是屈臣氏并未表现出惊慌失措，而是一如既往地井然有序，企业表现得极其冷静，统一下架涉事面膜，统一员工的态度和口径。其次，积极与媒体、政府取得联系，对外公开表态。最后，针对事故的“症”，也是公众在乎的——面膜的“质量”，寻找“药”，主动将面膜送往检测机构，利用第三方权威机构来替自己说话等。屈臣氏的“公关态度”全员表现一致，且非常清晰。

权威证实。自己称赞自己是没用的，没有权威的认可只会徒留笑柄。在危机发生后，企业不要拿着高音喇叭叫冤，而要“曲线救国”，请第三者在前台说话，使消费者解除对企业的警戒心理，重获他们的信任。从管理学方面讲，任何企业都可能经历来自企业内部或外部的危机，所以，危机管理重在预防和建立危机预警机制上。企业是否能在危机发生后拟订危机应对计划、快速反应、协调沟通，是验证企业危机管理能力的重要因素。屈臣氏面膜事件对屈臣氏的影响并不太大，从大量新闻事实的分析已经看到，屈臣氏方面较为积极地配合警方调查，主动将涉事面膜下架，并承诺消费者全额退款的一系列措施，掌握了事件处理的主动权。

	9-4-1 公共关系的概念及作用		9-4-2 公共关系的活动方式及工作程序决策管理

第五节 营 业 推 广

一、营业推广的含义与特点

（一）营业推广的含义

营业推广也称**销售促进**（Sales Promotion），它是指企业利用各种短期诱因，鼓励购买或销售企业产品或服务的促销活动。按照美国市场营销定义委员会的定义，除广告、人员推销、宣传以外的所有刺激消费者和经销商购买的促销活动都可以纳入营业推广的范畴。

相对于其他促销手段，营业推广发挥着不可替代的作用。

1. 吸引老顾客和新顾客

由于营业推广的短期激励作用很强，很多消费者或顾客都因难以抵挡其强烈的诱因，而加入购买或经销的行列。

2. 回馈企业的品牌忠诚者

一般来说，营业推广的受益对象都是购买企业产品的人，比如赠奖、返券、买一送一、特价包等促销措施都是针对实际购买者的优惠，这些实际购买者大多是企业的品牌忠诚者，所以从一定意义上讲，营业推广是对企业品牌忠诚者的回馈。

3. 作为其他促销手段的补充

无论是广告、人员推销、还是宣传等促销手段，都有一定的促销作用。但是如果和营业推广配合起来使用，其效果可以得到显著的增强。如果说其他促销手段可以使企业的品牌忠诚者增多的话，那么营业推广可以使其他企业的品牌忠诚者变得不再忠诚。营业推广对于知名度和美誉度不高的企业是一种比较适合的促销方式，但对于知名企业来讲则不宜经常采用，因为它可能使企业的声誉降低。另外，营业推广实际上是企业对购买者在利益上的让渡，对于价格弹性较小的产品也不宜采用。

（二）营业推广的特点

相对于其他促销方式来说，营业推广具有 4 个显著特点。

1. 短期性

营业推广的目的在于短期内刺激销售的增长或抵制销售的下降，这点是其他任何促销方式所不及的。营业推广不能长期使用，否则会使得激励作用大大降低。

2. 强刺激性

营业推广实际上就是让利于购买者，这对于任何一位理性的或非理性的购买者来说都具有很强的刺激作用。对于理性的购买者而言，让利等于减少了购买的总成本，在其获得的总价值不变的前提下，相当于提高了让渡价值。对于一个非理性的购买者来说，受到推广诱因的影响，可能购买了他本不打算购买的产品。

3. 多样性

前面提到过，除广告、人员推销、宣传以外的所有刺激消费者和经销商购买的促销活动都可以纳入营业推广的范畴，所以营业推广包含的内容要比其他促销方式广泛得多，推广方式也五花八门，甚至难以列举所有的营业推广方式。

4. 经济性

制定、执行和控制营业推广方案要支付一定的成本，营业推广本身也要有诱因成本，营业推广总成本的支出一定要小于因此获得的利益，否则，推广方案就是不合理的。从表面上看营业推广是让利于购买者，实际上企业获得的利益更大。

二、营业推广的方式

实现的目标不同，营业推广方式的选择也会有所不同。由于营业推广的多样性，企业针对不同对象、用于不同目的的营业推广方式就必须有一个合理的选择。在进行营业推广方式选择时，必须考虑到市场类型、营业推广目标、竞争情况，还要考虑到成本和效益因素。

（一）企业针对消费者的营业推广方式

企业针对消费者的营业推广方式有很多种，这里重点介绍几种常见的方式。

1. 样品试用或免费赠送

样品试用是产品刚刚投放市场时常用的一种推广方式。由于产品在投入期，消费者对其缺少必要的了解和认知，广告和人员推销又有“王婆卖瓜”之嫌，而样品试用时，消费者往往没有抵触心理，所以它不仅会使消费者容易接受，而且产品的优点也会被消费者充分地体会到。使用者在相关群体内的口头宣传也会使企业和产品有一个很好的口碑，这对产品以后的生产和销售有很好的作用。

免费赠送有时是有条件的，比如批量购物附加赠送、随货赠送等属于有条件赠送。有时是无条件的，比如饮料的免费饮用、食品的免费品尝则属于无条件赠送。

2. 购货券、有奖销售

购货券是企业经常使用的一种营业推广方式，实际上是一种代币券或折扣券，持券者可以享受一定的现金优惠。

有奖销售是企业为了刺激购买而采取的一种促销方式，消费者购买某产品或购买达到一定的数量时就有机会获奖或得到抽奖的机会。有些企业将奖金或奖券直接放在产品包装中，有些企业则凭购买凭证参加摇奖或抽奖，这种方式对企业处理积压产品效果较好。

3. 产品的演示及展销

企业为使消费者更好地了解产品，采取现场演示或播放电视片的方式宣传产品的优点，这样不仅能使消费者更好地了解产品的技术性能，也可以使消费者掌握使用方面的技巧，看到产品的使用效果，从而打消消费者的购买顾虑。

产品展销可以由企业单独举行，也可以组织其他企业共同举行。展销的目的在于方便顾客集中选购。大量同类产品集中出现在一个展销会上，有充分的挑选余地，这对消费者会有很强的吸引力。近年来，我国各地车展上人山人海的场面说明了展销会对消费者的强劲吸引力。

（二）企业针对中间商的营业推广方式

企业针对中间商的营业推广方式也有很多种。

1. 批发回扣

企业为争取批发商和零售商大量进货，按累计或非累计的方式支付给中间商一定比例的回扣，直接返回现金或以赠品的形式出现。批发回扣有利于中间商多进货，也可能使得本不想从企业进货的中间商选择从企业进货。

2. 推广津贴

中间商从企业进货，尤其是多进货时，企业会以推广津贴的形式对中间商进行激励。

如广告津贴、陈列津贴等。

3. 销售竞赛

当企业的经销商不止一家时，可以发起经销商之间的销售竞赛，以鼓励各个经销商努力工作，以取得比较好的销售业绩。

4. 交易会或博览会

产品交易会或博览会是企业针对中间商进行的一种有效的促销方式。在交易会或博览会上，不同企业的大量产品集中在一起，可产生对促销有利的环境效应；对中间商来说，其选购有很强的便利性，因此也有很强的吸引力。

（三）零售商针对消费者的营业推广方式

零售商关心的是顾客的光顾、购买以及吸引更多的人进入店中，所以零售商营业推广的目标也定于此。零售商经常使用的营业推广方式有：折价券、特价包、赠奖、购（销）点陈列和商品示范表演、竞赛、兑奖、游戏等。

1. 折价券

折价券是给持券人的一种凭证，凭此券可以得到一定金额的现金折扣或优惠。折价券可以在广告中附送，也可以邮寄，附在其他商品的包装中。折价券通常用于成熟期商品的推广，也可用于新产品在投入期的推广。

2. 特价包

特价包是向消费者提供低于正常价格销售的商品的一种方法，其做法是在商品包装或标签上加以附带标明。它可以采用减价包的形式，也可以采用组合包的形式。特价包对于刺激短期购买的效果十分明显。

3. 赠奖

赠奖是以相当低的价格出售或免费赠送商品，作为购买特定商品的刺激。它有下列三种主要形式。

随附赠品。附在商品或包装中，或包装物本身就是一个能重新使用的容器。

免费邮寄赠品。即消费者交出能证明其曾购买过该商品的标签或其他证据，商店就免费寄送一件商品。

低价赠奖。即以低于正常价很多的价格出售商品。

4. 竞赛、兑奖、游戏

竞赛、兑奖、游戏等营业推广方式是指零售商让消费者有机会通过竞赛、兑奖、游戏等方式去赢得一些奖品或奖金。竞赛是要求消费者完成某种参赛项目，由裁判员或评委评出获奖人员；兑奖是采取摇奖的方式来进行的；游戏是指零售商给予参加游戏的消费者一些有助于获奖的物品，以鼓励消费者的积极参与。

（四）企业针对推销人员的营业推广方式

1. 销售竞赛

销售竞赛是企业常用的推广方式，它对推销人员有较强的激励作用。通过推销竞赛，企业可以鼓励先进，鞭策后进，甚至可以通过竞赛淘汰不适合做推销工作的人员。应当注意的是，推销竞赛不能经常性地进行，否则会给推销人员造成太大的精神压力，尤其是对业绩相对较差的推销员造成的压力可能会更大，容易增加推销队伍的不稳定因素。

2. 销售红利

销售红利是企业根据推销人员的销售业绩或利润大小给推销人员的一种现金奖励。超出定额的数量越多，给企业带来的利润越大，相应的奖励也就越多，它对推销人员有很强的激励作用。销售红利制度也有其负面的激励作用，因为在一定的定额之下，红利提成或超额提成可以刺激推销人员努力工作，每人都会争取更多的超额销售量，一旦推销人员的超额部分很多或每个人都能完成销售定额时，企业可能会考虑提高定额标准，定额标准的提高又会使得推销人员的工作量加大并且超额减少，从而获得的红利减少。因此，推销人员可能会产生既要完成定额，又担心超额会导致定额的提高、工作量的加大和红利的减少等矛盾心理。结果可能是大家都以完成定额作为目标，对推销人员的激励反而不大。销售红利本身是一种很好的激励制度，企业在应用时，要善用其有利的一面而尽量避免不利因素的出现。

3. 直接奖励

直接奖励是企业对业绩突出的推销人员实行的一种奖励制度，包括物质奖励和非物质奖励两种形式。物质奖励主要以奖金、奖品的形式出现，非物质奖励包括授予各种荣誉、带薪休假、免费旅游等。

三、营业推广方案的制定、实施和控制

营业推广活动涉及推广方案的制定、方案实施和方案的控制三部分内容。没有营业推广方案的制定，也就谈不上营业推广方案的实施和控制问题。

（一）企业营业推广方案的制定

企业的营销人员不仅要选择合适的营业推广工具，还要制定和阐明一个完整的促销方案。这个促销方案中涉及诱因的大小、参与者的条件、促销媒体分配、促销时间长短、促销时机选择、营业推广总预算等一系列的决策问题。

1. 诱因大小

诱因规模是营业推广方案中首先要考虑的。过小的诱因规模不能对推广对象产生较强的激励作用，而过高的诱因规模一方面会使销售反应函数出现递减率形式，另一方面也会因诱因过大造成企业利润的减少。

2. 参与者的条件

确定参与者的条件也是营业推广方案中的一项重要内容，营业推广是企业对利益的让渡，什么人有资格获得这种利益，不仅与企业的营销目标有关，也会直接影响到营业推广的效果。比如批量赠送的优惠只提供给购买量大的个人或组织，而随货赠送的优惠则给予所有购买者。另外，有些企业在进行有奖销售活动时规定企业员工或家属不得参与，也是对参与者做出的限制。营业推广参与者的条件要有限制，但也不能过于严格，因为营业推广本身的目的除了增加品牌忠诚以外，还有一个目的就是吸引竞争对手的品牌忠诚者，过于严格的条件可能达不到第二个目的。

3. 促销媒体分配

促销媒体分配是指将优惠以何种方式传递给何种对象，比如一张折价券主要有四种发放方式：①放在商品的包装内；②邮寄的方式寄出；③印刷在广告版面上；④在商店中散发。这四种发放方式会达到不同的效果。放在商品包装内只有购买者才能得到；邮寄方式只有重点顾客或经过筛选的顾客才能得到；印刷在广告版面上只有看了广告的人才能得到；在商店中散发则只有光顾者才有机会得到。究竟以何种方式给出，取决于企业要达到什么样的营业推广目标。

4. 促销时间长短

促销时间长短也是营业推广方案中要确定的一项重要内容。如果时间过短，很多人会无法重购，而有些人也可能因时间紧而无法得到促销的好处。如果时间过长，消费者可能认为是一种长期的优惠，因而达不到短期促销的目的。

5. 促销时机的选择

营业推广的时机要与广告、人员推销等其他促销方式结合起来，这样才能起到促销组合的协同作用。推广时机要考虑销售机会，也要考虑与生产环节的协调一致。

6. 营业推广总预算

营业推广总预算中主要涉及两类成本支出，一是诱因成本，一是管理成本。诱因成本是指赠奖、折扣、商品赠送等成本；管理成本是由印刷、重新包装、邮寄、人工费等构成的。当然，在一次推广活动中，总预算与单位成本有关，也与总量有关，还要考虑未发出的赠奖、未使用的折价券，有时还要考虑因产品重新包装导致的价格上调因素。

（二） 企业营业推广方案的实施与控制

营业推广方案的实施与控制主要分四个步骤。

1. 营业推广方案的预试

预试营业推广方案的目的在于检验方案的合理性及发现正式实施时可能出现的问题和预测可能出现的结果。预试往往在一个相对较小的典型环境中进行，可以预先设计出几种不同的推广方案，检验其执行效果，作为方案改进的依据。

2. 营业推广方案的实施

每一项营业推广活动，都必须有严格的实施计划，并保证执行过程与实施计划严格一致。实施计划必须包括前置时间和销售延续时间。前置时间是开始实施方案所必需的准备时间，包括最初的计划工作、设计工作、材料的寄送和分送，与之相配合的广告准备工作，销售现场的陈列，现场推销人员的通知，个别分销商地区配额的分配，购买和印刷特别赠品或包装材料，预期存货的生产，存放等。销售延续时间一般由商品的平均购买周期来确定。

3. 营业推广方案的控制

营业推广的控制与实施是密不可分的，控制的目的在于有效地达成目标或达成更为合理的目标。主要涉及两个环节：一是对计划执行的控制，目的是使执行过程与原计划保持高度的一致性；二是修正或调整营业推广的目标，因在推广方案的执行过程中，有可能发现原来的推广目标存在一定的问题或是不再适应变化了的环境，这时也需要对原有的计划目标做出合理的调整。无论对执行过程的调整，还是对目标进行的调整，都需要掌握可供决策的支持信息，这就是所谓的反馈信息。只有对反馈信息进行分析，才有可能发现出现的问题，实现有效的控制。

4. 营业推广方案的评价

执行以后的营业推广方案，其效果如何要做出正确的评价，为以后的推广计划做出经验的积累。

针对不同对象进行的营业推广，其评价的方法和采用的指标也会有所不同。评价时也要考虑到环境因素的变化和企业其他营销条件的变化。比如营业推广以后不久，企业的市场占有率有所下降，这并不能说明推广效果不好，因为在营业推广实施后较短的一段时间里，消费者形成了较大的家庭库存，这时可能正在积极地消费。另外，销售的下降也可能是由于环境因素或产品自身因素造成的，如果不进行营业推广，企业产品的销售可能下降得更快。同样，在企业进行了营业推广以后，企业的品牌占有率有所上升，并不意味着促销效果一定好，也要扣除环境因素和企业其他营销因素可能造成的影响，否则，评价结果就是不客观的。

除了进行具体的指标分析以外，营业推广的效果也可以通过与推广对象的面谈得出结论。推广前后的品牌知名度和美誉度的变化情况，对购买者以后购买行为的影响，对营业推广方案的认可程度等多方面的信息，都可以通过固定或非固定的样本的调查资料得到反映。

社会在不断发展，营销管理决策也在与时俱进。无论是方法还是手段，无论是模式还是创意，都需要创新。如当街喝涂料、当街裸体洗浴就是新产品上市的创意和造势；如嫁接和借道就是借势。为了有效地吸引注意力，首先需要的是打破和颠覆行业规则，引起领导性品牌关注，或者是瞄准领导性品牌软肋。其次是能不能引起主流媒体主动关注。还要建立和形成差异，区隔竞争品牌。当然，如今的卖点也并非永远是卖点，特别是在当前同质化竞争的环境下，需要的是动态调整，与时俱进，因时因地制宜，进而不但赢得眼球，而且赢得市场。

9-5 针对不同对象的营业推广方式

第六节 网络与大数据促销

[案例引入]

天猫双十一网络促销方法

2009 年，淘宝尝试“双十一”概念，提出在“光棍节”进行大促，当年的销售额是 5 000 多万元；网购狂欢节引爆了这个时间点的网络消费热情，并且一发而不可收；次年双十一，销售额突破 9 亿元大关；到了 2011 年，销售额已经飙升到 52 亿元；2012 年，双十一当天销售额竟然达到了令人咂舌的 191 亿元！天猫的商城系统历经了千万顾客的严峻考验。

双十一大促销，天猫网上商城的流量已突破 900G，并且每天将商品放到购物车及收藏夹的人数有 2 000 万。另外，支付宝充值送红包的红包被抢完以后，天猫还不得不采取积分兑换优惠券方式持续推进网购狂欢节。其网上商城双十一促销活动有许多可借鉴之处。

优惠券。天猫派送 100 亿优惠券供顾客收藏在双十一当天使用。派送优惠券的商家包括骆驼、Jack & Jones、Only、七格格、Nike 等，既有国际大牌又含淘宝品牌。这一举动是天猫双十一打响的第一炮，提前一个月便开始在顾客群体预热、传播，起到了很好的传播和宣传作用。

预售。10 月 15 日起，天猫开始预售双十一产品，进入预售平台付定金再付尾款即可购买。预售产品的好处很明显:缓解双十一当天压力、提前备货、更加精准锁定顾客群体、有效管理供应链。可谓业界对电商促销模式的一种新尝试、新探索。

抢红包。双十一另一大举动为抢红包，继续添油加火为网购狂欢节预热。从 11 月 1 日开始，天猫、支付宝、聚划算联合推出提前充值抢红包、“11.11”支付宝余额支付抽现金、付定金获红包等系列活动。在活动前 11 天就开始引爆顾客热情及活动氛围，效果明显。

五折包邮。这个噱头不用多说，五折封顶就是顾客为什么扎堆在双十一购买的最直观、最实际的原因。所有参与活动的产品都被系统自动标上“11.11 购物狂欢节”的字样，并且承诺价格是近 30 天最低价，部分产品还有五折封顶的标识。“全场五折”这一优惠直接刺激到了顾客神经最敏感的部位。

移动端口。不同往年的是，手机移动端口同样出现了很多的新花样。手机下单可在整点时段参加抽红包，还能浏览最热宝贝、最八卦内容、附近的人购买(收藏)了哪些宝贝等，此举为上网不便的顾客提供了很多便利。

（资料来源：360 百科 https://baike.so.com/doc/2897051-3057255.html）

一、网络营销与传统营销的区别

为了讨论网络促销问题，需要首先讨论网络营销问题。网络营销，顾名思义是指利用互联网络进行的营销活动，从企业 STP 战略到营销组合策略的制定和实施主要是在网络上进行的。网络营销与传统营销存在三方面区别。

消费群体不同。首先，网络营销的顾客大多数是年轻人，他们有能力借助信息网络搜集与购买决策有关的信息，而老年人等群体对互联网的使用率还比较低；其次，两者的顾客需求有很大的差异性，由于互联网全球化的特征，网络营销打破了地域界限，使顾客需求因市场的广域性、文化的差异性、价格的变动性等特征而呈现出更大的差异；最后，公司的规模和品牌的知名度不再是网络顾客选择商品的主要理由。

市场形态不同。传统的市场都是实物市场，可以看见陈列的商品，所以必然会有资金的占用和货物的积压。而在网络环境下，市场形态发生了很大的变化，最典型的就是虚拟市场的形成，像淘宝、1 号店、凡客等，可以视之为虚拟商城。虚拟市场只需要提供商品的信息就可供人们挑选和购买，它几乎不需要货物的积压，也不需要大量的资金占用。

竞争状态不同。传统营销是在现实空间中厂商进行面对面的竞争，游戏规则就像是“大鱼吃小鱼”，而网络营销则是通过网络虚拟空间进入企业、家庭等现实空间，游戏规则像是“快鱼吃慢鱼”。从实物到虚拟市场的转变，使得具有雄厚资金实力的大规模企业不再是唯一的优胜者，也不再是唯一的威胁者。在网络营销条件下，所有的企业都站在同一条起跑线上，这就使小公司实现全球营销成为可能。

二、网络促销

（一） 网络促销的含义及其促销类型

网络促销是指利用计算机及网络技术向虚拟市场传递有关商品和服务的信息，以引发消费者需求，唤起购买欲望和促成购买行为的各种活动。基于此定义，网络促销可以理解为通过 SEO（Search Engine Optimization）、网站推广、网络广告、营销事件等多种技术方法来实现的促销。

网络促销有三个明显的特点。

网络促销通过网络技术传递产品和服务的性能、功效及特征等信息。它是建立在现代计算机与通信技术基础之上的，并且随着计算机和网络技术的不断改进而改进。

网络促销在虚拟市场上进行。这个虚拟市场就是互联网。互联网是一种媒体，是联结世界各国的大网络，它在虚拟的网络社会中聚集了广泛的人口，融合了多种文化。

在全球统一大市场中进行。全球性的竞争迫使企业必须学会在全球统一大市场上做生意。

（二） 网络促销的主要方式

网络促销是在网络营销中使用的手段之一，在适当的时候利用网络促销，可以更好地转化销售，更好地为销售服务。有学者总结了十种比较常见的网络促销手段和方法。

打折促销。打折促销是最为常见的网络促销手段，这种手段销售的产品必须有成本优势，或是有比较好的进货渠道，这样才容易打折。

赠品促销。在顾客购买产品时，可以附加一些赠品，作为销售主产品的促销手段。在赠品的选择上要选一些有特色、让顾客感兴趣的产品。

积分促销。许多网站都支持虚拟的积分，会员顾客每消费一次，积分就增加一次。

这些积分可以兑换赠品或在以后消费中当成现金使用。

抽奖促销。抽奖促销也是网络上常用的促销方法。抽奖时要做到公开、公正、公平，奖品要对大家有吸引力，这样才会有更多的顾客对促销活动感兴趣。

联合促销。如果某网站或网店与其他网站或网店在产品上有互补性，可以进行联合促销，以扩大双方的销售量。

节日促销。节日期间进行网络促销是司空见惯的，节日促销时应注意与促销的节日关联，这样才可以更好地吸引顾客的关注。

纪念日促销。现实生活中常有店庆日促销，或访问量突破多少大关、成为第多少个顾客、成交额突破多少额大关时展开网络促销的情况。

优惠券促销。消费者每消费一定数额或次数，就赠送优惠券，这会促使顾客下一次再来消费，从而达到了网络促销的目的。

限时限量促销。限时限量促销在大超市中比较常见，在网络促销中也时有发生。在超市里限时限量促销，可能会出现拥挤踩踏等安全事故，但在网络中这种事故是不会发生的。

不打折促销。声明自己的网站或网店的商品质量有保证，从不打折促销，这样做要有一定的实力，以不促销作为促销的卖点。

（三）网络促销的实施

根据国内外网络促销的大量实践，网络促销的实施程序可以由 7 个步骤组成，见第八章第三节中的图 8-9。

确定促销目标。无论是现实中的促销还是网络上的促销，促销目标的确定是促销工作的首要问题，是促销对象选择、促销内容设计、确定促销组合方式和促销预算的依据，也是衡量促销效果的基本标准。

选择网络促销对象。网络促销对象是针对可能在网络虚拟市场上产生购买行为的消费者群体提出来的。随着网络的迅速普及，这一群体也在不断膨胀。这一群体主要包括三部分人员：产品的使用者、产品购买的决策者、产品购买的影响者。

设计网络促销内容。网络促销的最终目标是希望引起购买。最终目标是通过设计具体的信息内容来实现的。消费者的购买过程是一个复杂的、多阶段的过程，促销内容应当根据购买者所处的购买决策过程的不同阶段和产品所处的生命周期的不同阶段来决定。

确定网络促销组合方式。网络促销活动主要通过网络广告促销和网络站点促销两种促销方法展开。但由于企业的产品种类不同，销售对象不同，促销方法与产品种类和销售对象之间将会产生多种网络促销的组合方式。企业应当根据网络广告促销和网络站点促销两种方法各自的特点和优势，根据自己产品的市场情况和顾客情况，扬长避短，合理组合，以达到最佳的促销效果。网络广告促销主要实施“推战略”，其主要功能是将企业的产品推向市场，获得广大消费者的认可。网络站点促销主要实施“拉战略”，其主要功能是将顾客牢牢地吸引过来，保持稳定的市场份额。

制定网络促销预算方案。在网络促销实施过程中，使企业感到最困难的是预算方案的制定。在互联网上促销，对于任何人来说都是一个新问题。所有的价格、条件都需要在实践中不断学习、比较和体会，不断地总结经验。只有这样，才可能用有限的精力和有限的资金收到尽可能好的效果，做到事半功倍。首先，必须明确网上促销的方法及组合的办法。其次，需要确定网络促销的目标。最后，需要明确希望影响的是哪个群体，哪个阶层，是国外的还是国内的，等等。

衡量网络促销效果。网络促销的实施过程到了这一阶段，必须对已经执行的促销内容进行评价，衡量一下促销的实际效果是否达到了预期的促销目标。

进行网络促销过程的综合管理。网络促销并不是一成不变的，它需要在实施过程中进行不断地调整和修正，所以在促销的整个过程中都要严密关注环境的变化，适时管理，以保证促销目标的最终达成。

三、大数据促销

沃尔玛拥有世界上最大的数据仓库系统，沃尔玛曾经通过对大数据的研究发现：与尿布销售关联最大的居然是啤酒，原因是年轻父亲在为自己孩子购买尿布时总会顺便为自己买些啤酒。根据这个发现，沃尔玛将尿布和啤酒放在同一个区域销售，结果是啤酒的销量大幅度增长。如果没有对大数据的挖掘，这个促销的做法是无论如何也不会想出来的。

（一）大数据促销及其特点

大数据促销是基于多平台的大量数据，依托大数据技术，应用于互联网广告行业的促销方式。大数据促销的核心在于让网络广告在合适的时间，通过合适的载体，以合适的方式，投给合适的人。大数据促销衍生于互联网行业，又作用于互联网行业。依托多平台的大数据采集，以及大数据技术的分析与预测能力，能够使广告投放更加精准有效，给品牌企业带来更高的投资回报率。

多平台化数据采集。大数据的数据来源通常是多样化的，多平台化的数据采集能使对网民行为的刻画更加全面而准确。多平台采集可包含互联网、移动互联网、广电网、智能电视，未来还有户外智能屏等数据。

强调时效性。在网络时代，网民的消费行为和购买方式极易在短时间内发生变化。在网民需求点最高时，及时进行营销非常重要。全球领先的大数据营销企业 AdTime 对此提出了时间营销策略，它可通过技术手段充分了解网民的需求，并及时响应每一个网民当前的需求，让他在决定购买的“黄金时间”内及时接收到商品广告。

个性化营销。在网络时代，广告主的营销理念已从“媒体导向”向“受众导向”转变。以往的营销活动须以媒体为导向，选择知名度高、浏览量大的媒体进行投放。如今，广告主完全以受众为导向进行广告促销，因为大数据技术可以让他们了解目标受众身处何方，关注着什么位置的什么屏幕。大数据技术可以做到当不同顾客关注同一媒体的相同界面时，广告内容有所不同。大数据促销实现了对网民的个性化营销。

性价比高。和传统广告“一半的广告费被浪费掉”相比，大数据营销在最大程度上，让广告的投放做到有的放矢，并可根据实时性的效果反馈，及时对投放策略进行调整。

关联性强。大数据营销的一个重要特点在于网民关注的广告与广告之间的关联性，由于大数据在采集过程中可快速得知目标受众关注的内容，知道网民身在何处，这些有价值的信息可让广告的投放过程产生前所未有的关联性。即网民所看到的上一条广告可与下一条广告进行深度互动。

（二） 大数据促销的实现过程

大数据促销并非是一个停留在概念上的名词，而是一个在大量运算基础上的技术实现过程。虽然围绕着大数据进行的话题层出不穷，但大多数人对大数据营销的过程不甚清晰。事实上，国内很多以技术为驱动力的企业也在大数据领域深耕不辍。全球领先的大数据营销平台 AdTime 率先推出了大数据广告运营平台——云图。云图的“云”代表“云计算”，图代表“可视化”。云图的含义是将“云计算”可视化，让大数据促销的过程不再神秘。

云图是大数据平台系统，该系统具备海量数据、实时计算、跨网络平台汇聚、多顾客行为分析、多行业报告分析等特点。

大数据营销是基于大数据分析，描绘、预测、分析、指引消费者行为，从而帮助企业制定有针对性的商业策略。而大数据促销则是实现大数据营销目标的有力手段。

第七节　促销效果评估

促销效果评估包括事前评估、事中评估和事后评估。评估方法包括前后比较法、市场调查法和观察法。企业在实施评估时，要确定评估目标，制定评估策略，执行评估方案，注意评估周期。建议采取短期、中期相结合的方法，保证效果评估合理、公平，做好促销费用的计算。

事前评估是促销计划实施前进行的调查预测，用来评估该计划的可行性和有效性。事中评估主要采取消费者调查的形式来了解促销活动进行期间的消费者动态（如参与者数量、购买量、重复购买率等）、参与活动的消费者结构、消费者意见（包括动机、态度、建议、要求与评价等）。事后评估则是通过比较促销前后产品知名度、认知度、销售量、销售额等变化来评价其实际效果。

与其他营销活动一样，企业的促销活动同样需要进行评估。因为企业要保证促销活动按计划、高效率地进行，保证促销工作长期地开展下去，所以，应该对每一次促销活动进行评估，从而总结经验，寻找不足之处，为企业改进促销工作提供依据，也为企业今后的促销工作提供宝贵的经验。

一、促销效果评估的基本原理

促销效果评估是企业促销工作的一项重要内容，事前评估、事中评估和事后评估三者的特点各异，作用也各异。但总体而言，促销效果主要体现在销售效果上，而沟通效果也会直接影响到销售效果。促销效果可用图 9-7 加以说明。

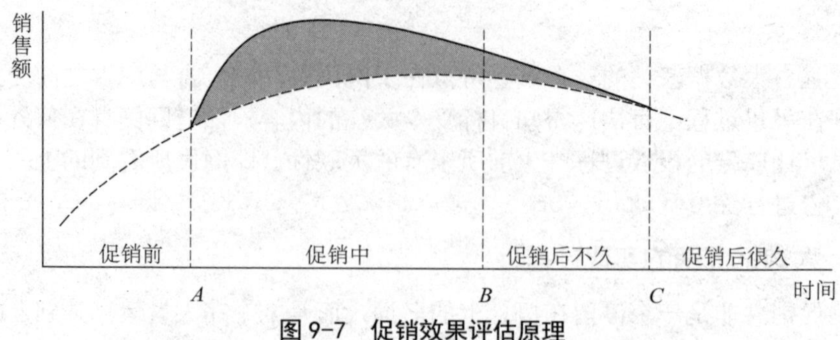

图 9-7 促销效果评估原理

图 9-7 中的虚线表示不进行促销时的销售额曲线，AB 时间段表示促销中，A 之前为促销前，B 以后表示促销后，实曲线为促销后的销售额曲线。显然，图 9-7 中阴影部分面积表示本次促销所形成的总的销售额的增加量，即促销总效果。图中的 B 时间点表示本次促销活动结束，但促销效果不会马上完全消失，还会在结束后的一段时间产生促销效果。结束后再过一段时间，本次促销效果将会基本消失，即实线会与下方的曲线重合。

二、促销效果评估的类型

1. 事前评估

事前评估是指促销计划正式实施之前所进行的调查测定活动。其目的在于评估该计划的可行性和有效性，或以此在多个计划中确定出最佳方案。事前评估主要有征求意见法和试验法。

2. 事中评估

事中评估是在促销活动进行过程中对其效果进行评估，评估方法是消费者调查。调查内容分三个方面：一是促销活动进行期间消费者对促销活动的反应，可以通过现场记录来分析消费者参与的人数、购买数量、重复购买率、购买量的增幅等。二是参与活动的消费者结构，包括新、老消费者比例；新、老消费者的重复购买率；新消费者数量的增幅等。三是消费者意见，包括消费者参与动机、态度、要求、评价等。

综合上述分析，可大致掌握消费者对促销活动的反应，了解客观评价促销活动的效果。

3. 事后评估

事后评估是在促销活动告一段落或全部结束后对其产生的效果进行评估。常用的方法有比较法和调查法。

三、促销效果的评估方法

1. 前后比较法

将开展促销活动之前、之中和之后三段时间的销售额（量）进行比较来测评效果。这是最常用的消费者促销评估方法。促销前、促销期间和促销后产品的销售量变化会呈现出不同的情况，这说明促销产生了不同的效果。通常，可能出现的情况有四种。

初期奏效，但在促销中期销售逐渐下降，到结束时，已恢复到原来的销售水平。这种促销冲击力强，但缺乏实质内容，没能对消费者产生真正的影响。主要原因可能是促销活动缺乏长期性、策划创意缺乏特色、促销管理工作不力。

促销期间稍有影响，但促销后期销售低于原来水平。这时促销出现后遗症，这说明由于产品本身的问题或外来的其他因素，使该品牌的原有消费者构成发生动摇，而新的顾客又不愿加入，从而在促销期满后，销量没有上升。其中主要原因可能是促销方式选择有误、主管部门干预、媒体协调出现问题、消费者不能接受、竞争者的反攻生效，争夺了大量消费者。

促销期间的销售情况同促销前基本一致，但促销结束后无多大变化。这说明促销无任何影响，促销费用浪费。这种情况说明该品牌基本上处于销售衰退期。主要原因可能是企业对市场情况不熟悉、促销方式缺乏力度、信息传播方式、方法出现问题或产品根本没有市场。

促销期间产品销售有明显增加，且促销结束后销量不减或略有减少。这说明促销效果明显，且对今后有积极影响。促销产品的市场销量上升，增加的原因是由于促销对消费者产生吸引力。在促销活动结束后的一段时期内，称为有货消耗期，消费者因消耗在促销期间积累的存货而没有实施新的购买，所以商品销量在刚结束的时候略有下降。这段时间过后，商品销量比促销前上升，说明促销取得了良好的效果，使产品的销售增加。

2. 市场调查法

市场调查法是企业组织有关人员进行市场调查分析，确定促销效果的方法。这种方法适合于评估促销活动的长期效果。它包括确定调查项目和确定调查法的实施方式两方面内容。

确定调查项目。调查的项目包括促销活动的知名度、消费者对促销活动的认同度、销势增长（变化）情况、企业的形象在前后变化情况等。

确定市场调查法的实施方式。一般来说,采用的方法是寻找一组消费者样本和他们面谈，了解有多少消费者还记得促销活动，他们对促销的印象如何，有多少人从中获得利益，对他们今后的品牌选择有何影响等。通过分析这些问题的答案，可以了解到促销活动的效果。

3. 观察法

观察法是通过观察消费者对促销活动的反应，从而得出对促销效果的综合评价。主要是对消费者参加竞赛与抽奖的人员、优惠券的回报率、赠品的偿付情况等加以观察，从中得出结论、这种方法相对而言较为简单，而且费用较低，但结论易受主观影响，不够精确。

四、促销效果评估应注意的问题

企业在实施评估时，要注意尽可能多地运用比较趋势法。比较测试前、测试期间和测试后等销售情形，以便使企业对促销效果做到心知肚明。促销和其他营销工作一样，要长期不断地进行下去，就必须有历次活动的总结，通过总结评估分析本次促销活动的效果、成功与不足、经验与教训，以便把下一次促销工作做得更好。

评估周期效果应采取单次评估与中期评估相结合的方式。随着顾客消费时的选择日益理性、信息传播的滞后等原因，当月组织实施的促销即使在活动结束之后几个月仍然能够发挥一定的销售促进作用。同时，促销活动的负责人能够在一定程度上控制促销结果，例如压货等，非常容易造成销售上升的假象。

促销费用的计算应该更加实用。很多企业在计算促销费用时往往没有计算上级下拨的赠品，如礼品、宣传物品等。这将使促销费用失真，不能反映促销费用的真实效果。

有部分顾客在促销期内购进较大数量的产品，由于滞销或其他私人原因，容易出现退货现象（尽管大部分企业在实施促销时都会注明不允许退货），因此，建议除加强控制外，应根据历史经验预提退货损失，并将其列入促销费用。

促销活动的关键在于事前计划、费用预算、事中控制。效果评估只是用于对活动结束后的总结，目的是为以后开展促销活动提供可资借鉴的经验与教训。

本章重点术语

促销 Promotion
促销组合 Promotion Mix
广告 Advertisement
人员推销 Personal Selling
公共关系 Public Relation
营业推广 Sales Promotion

思考题

1. 什么是人员推销？它有哪些功能？
2. 如何理解 AIDA 公式和 DIPADA 公式？
3. 人员推销主要分哪几步？
4. 推销人员应具备什么样的素质？
5. 推销人员考评的主要步骤是什么？科学的评价指标体系应由哪些具体指标构成？
6. 推销人员应具备哪些技巧？
7. 推销人员激励的主要方法有哪些？
8. 不同促销手段的主要特点是什么？
9. 制定促销组合时应考虑哪些因素？
10. 广告计划主要内容有哪些？
11. 确定广告预算的主要方法有哪些？各有什么特点？
12. 目前主要的广告媒体有哪些？各有什么特点？
13. 广告效果评价主要包括哪些方面？广告传播效果的评价指标有哪些？广告促销效果的评价指标有哪些？
14. 广告经济效果和心理效果的测定指标有哪些？
15. 公共关系的主要特征是什么？其作用是什么？
16. 公共关系的主要方式是什么？
17. 什么是营业推广？其作用有哪些？
18. 企业针对中间商、消费者和推销人员的营业推广方式有哪些？
19. 中间商应用于消费者的主要营业推广方式是什么？

20. 营业推广方案主要包括哪些内容?

本章案例

小米公司的营销策略

北京小米科技有限责任公司成立于2010年3月3日，是一家专注于智能硬件和电子产品研发的移动互联网公司。2011年7月12日，小米创始团队正式亮相，宣布进军手机市场，揭秘旗下3款产品：MIUI、米聊、小米手机。

1. 为发烧而生，性价比高

当时国内中高端手机市场一直被三星、苹果等知名品牌占据。和高端市场被垄断的局面不同，中国中低端手机市场一直被步步高、OPPO、酷派、魅族等众多品牌瓜分，但是在这几个品牌中，没有一个能够强势占据主导地位。

小米手机初始定价1 999元，注定了要与步步高、OPPO、酷派、魅族、LG等品牌进行竞争，也注定了小米主要面对的目标人群是经济实力相对较弱的年轻群体。这一群体处在手机产品购买的初级阶段，一般是选择一款低价手机作为过渡机型，当有一定经济实力的时候会选择更加高端的品牌，所以他们的品牌忠诚度相对较弱。在这样一种情况下，如何在手机购买的初级阶段建立品牌与顾客的感情链接，就成为了营销破题的关键。

小米从品牌发展的开端就一直强调“顾客就是驱动力，‘为发烧而生’的产品理念”，在品牌理念之中第一强调顾客的尊崇感，第二强调产品的性能，加之其低廉的价格，就成为这一目标群体的首选品牌。但是，仅仅将营销停留在定位上是不够的，如果要得到年轻族群的认可，就必须深入洞察目标消费者，解决目标消费者的真正需求，才能够扩大粉丝营销的效果，真正建立顾客与品牌的情感性联结，从而通过粉丝来进行品牌的营销。根据群邑公司发布的一份《中国年轻人媒体生存报告》显示，“年轻人会选择帮助他们社交与表达、学习、娱乐的媒体，现阶段的年轻人更多的将媒体看作身份构成要素、人际关系调节工具，以及社交资本”。我们将年轻族群的需求进一步分解，可以看到为年轻族群创造价值，身份、自我表达等心理要素的满足，将是整体粉丝营销重要的内核。社交媒体成为主要的顾客沟通渠道，娱乐化方式，偶像崇拜将成为主要内容构成，而小米的粉丝营销成功的原因也就在于此，它很好地完成了三者的完整传播生态系统。

小米的精准定位不仅避免了与苹果、三星等知名品牌的直接竞争，还快速占领了市场。

初期，小米每年只专注做一两款产品，把单款产品的量做大，从而分摊每台手机的研发成本。2011年8月16日，小米手机在北京798艺术中心发布。一代小米1GB内存，搭载高通MSM8260双核1.5GHz主频CPU，采用Adreno 220图形芯片；搭载的是MIUI V3系统。2012年3月初，小米手机销量达到100万台。2012年8月16日，小米手机2发布，运行内存直接翻了1倍，高达2GB，采用4.3英寸342超高PPI触摸屏，处理器采用28纳米四核处理器；MIUI也升级到V4版本。新一代背照式800万像素的主摄像头，200万像素前置摄像头。2013年9月5日，小米2013年度发布会在国家会议中心召开，发布小米手机 3。小米手机 3 采用 5 英寸屏幕，外观方面与前两代产品有着很大的改变，拥有骁龙 800/Tegra 4 两种配置。小米手机 3 采用镁铝合金一体框架压铸成型，机身厚度为 8.1mm，机身侧边加入弧线型设计。

2014 年 7 月 22 日，小米手机 4 正式发布。小米 4 采用金属边框，5 英寸窄边框屏幕，搭载高通骁龙 801 V3 处理器、3GB 内存、3 080 毫安时的大容量电池、1 300 万像素 F1.8 大光圈的后置相机。2014 年 10 月 30 日，小米公司已经超过 LG 公司和联想，仅次于苹果公司和三星公司，一跃成为全球第三大智能手机制造商。

2016 年 2 月 24 日，小米手机 5 发布，小米 5 搭载高通骁龙 820 处理器，共有三个版本，尊享版 4GB+128GB 存储，配备 3D 陶瓷机身；标准版 3GB+32GB 存储，3D 玻璃机身；高配版 3GB+64GB 存储、3D 玻璃机身。2017 年 4 月 19 日，小米手机 6 发布。采用了 5.15 英寸 1080P 护眼屏，搭载高通骁龙 835 处理器，6GB 内存和 64/128GB 机身存储；内置 3 350mAh 电池，支持 18W 快充；后置双摄为 1 200 万像素长焦镜头和 1 200 万像素广角镜头，支持 2 倍光学变焦和四轴防抖，前置 800 万像素摄像头，支持自拍实时美颜。

2017 年底，小米手机已进入 74 个国家，在 15 个国家处于市场前 5 位。2018 年第一季度，小米在印度的市场份额已超过 30%，遥遥领先，成为该市场第一名。2018 年 2 月，Google 联合 WPP 和凯度华通明略发布的《2018 年中国出海品牌 50 强报告》显示，小米在中国出海品牌中排名第四，仅次于联想、华为和阿里巴巴。2018 年 3 月 27 日，小米首次在上海举行新品发布会，发布小米 MIX2S。

2018 年 7 月 9 日，小米公司正式登陆香港交易所主板。小米手机 2018 年出货量达 1.2 亿台以上，排名全球第四、中国厂商第二，逆势上扬 32.2%。2019 年 2 月 20 日下午 2 点，小米在北京工业大学体育馆举行小米手机 9 发布会。

2. 线上销售主渠道

当日新月异的电子商务逐渐渗透至通信领域时，无疑前者的高速发展，加速了通信领域的市场变化。小米初期不做线下渠道，单独通过电子商务渠道来出售手机，避免了零售环节和线下渠道的资金付出，从而手机可以以接近成本价出售。纯网络销售的方式，只在网上订购，还不一定有现货，节省了后面的市场和渠道成本，创新而且具有时尚感，库存和物流使用凡客公司渠道，大大节约了成本。

2014 年双十一电商购物节上，手机成为最大的销售品类，其中小米手机以 15.6 亿元的订单额傲视群雄，华为荣耀手机的销售额达到 10.6 亿元，而魅族手机在天猫平台销售额也增长 10 倍，挤进天猫手机品类销售的前三名。小米公司就是依靠电商的销售渠道成为一个快速崛起的手机品牌。小米联合创始人黎万强曾透露，小米手机在 2014 年二季度出货量约 1 600 万台，其中线上渠道出货 1 119 万，约占 70%，销售额超过 100 亿元。在它之后，诸多的手机厂商也开始注重线上渠道，进一步提升顾客对手机品牌的忠诚度和黏性。

“小米模式”的方案在起初的两三年内帮助小米手机呈现出了井喷式的增长。传统手机企业也开始学习小米模式。从 2013 年开始，华为荣耀、魅族魅蓝、中兴努比亚以及 360 等小米的模仿者与竞争者竞相入场，小米手机的性价比优势开始丧失。

2016年，人们的视野一直留在华为和小米的争霸登顶，而一直在线下布局的OPPO和vivo未被关注。当第一季度公布OPPO和vivo出货量分别位于第二和第三位，小米跌出前三时，很多人都感到吃惊。第二季度，OPPO和vivo继续保持着出货量的地位，于是，手机厂商纷纷调整布局，开始大力布局线下渠道，纷纷从互联网营销模式回归传统营销手法。2017年，以互联网模式发家的小米在国内开设了超过300家“小米之家”，积极融合线下渠道。在“小米之家”内，不仅销售小米自己的手机、电视等产品，还有小米生态链企业的产品，包括手环、耳机、插座、电饭煲、平衡车、滑板车、移动电源、扫地机器人等。丰富的周边产品有利于提高顾客访问的频次。

3. 促销组合显神通

公司初期不投放广告，而是通过社交媒体作为宣传手段，采用口碑宣传的方式，省去了大笔的市场费用。

（1）饥饿营销

饥饿营销的意思是商品提供者有意调低产量，以达到调控供求关系，制造供不应求的假象、维持商品售价和利润率的营销策略。

揭秘式的饥渴营销策略，是从2011年6月底公司内部和供应商爆料开始，到8月16日其关键信息正式公开，小米手机的神秘面纱被一层层掀开。2011年9月5日，小米手机正式开放网络预订，从5日13时到6日23点40分，两天预订超过30万台，小米网站随即立即宣布停止预订并关闭了购买通道。2011年12月18日凌晨，小米手机开始面向普通消费者直接销售，每人限购两台。在开放购买3小时后，小米网站称12月在线销售的10万库存已全部售罄；2012年1月4日下午，第二轮上线的10万台小米手机，在两个小时内被抢购一空。短短几分钟内，10万台小米便销售一空，喜爱小米手机的人们生怕错过了购买的机会。

每次小米有新机发布之后，都会让人们持续关注，吊足了大家的胃口，不能轻易买到手，越是得不到的东西越是想要拥有，这是消费心理的一种表现。雷军与消费者打了一场心理战，就看谁先败下阵来。

小米手机9上线，又一次被抢购一空，很多手机数码狂热者依然要提前蹲守在电脑前，关注时间的变化来抢购，又有多少人能够抢到本就不充足的库存，小米9又一次成功地激起了人们的欲望。

（2）网络营销

2011年中期，凭借MIUI论坛，小米手机论坛迅速建立起来。之后相继建立了几个核心的技术板块（资源下载、新手入门、小米学院），后来增加了生活方式的板块（酷玩帮、随手拍、爆米花等）。这些板块的人气为小米手机后续实施的“饥饿营销”起到了极大的宣传推广作用。

在小米公司的前期发展中，基本上没有使用线下投放广告方式，一直提倡“产品即营销”“体验即营销”“口碑即营销”。完全凭借网络媒体，靠“病毒式营销”，成功地实现品牌的推广，让很多人认识了小米手机以及小米公司。小米在天猫、淘宝首页，以及小米CEO投资的公司，如凡客诚品、金山毒霸、UC浏览器等都投放网络广告。新闻发布会上，雷军以乔布斯的风格召开而被媒体所八卦（这算是一起成功的事件营销，这是其口碑营销的起点），雷军利用自己微博高度宣传小米手机，还频繁参与新浪微访谈。而他的朋友也纷纷出面在微博里面为小米手机造势。作为IT界的名人朋友的名人，每一个人都拥有众多粉丝，微博的营销被小米团队充分运用，极大地提高了小米的知名度。

2013年，在中国国际通信展ICT论坛移动互联网分论坛上小米何利分享了用互联网手段做营销的成功案例。

首先，在产品的设计过程中，小米创造性地引入了顾客的观点。在小米手机论坛上，每周都可以看到两三千篇顾客反馈的帖子，其中不乏一些深度的使用体验报告。在一些重要功能的确定上，小米工程师通过在论坛上发起投票等方式收集顾客反馈，最终确定产品功能形态。

其次，小米在各种媒体论坛上，都是零距离贴近顾客的。包括雷军在内的小米合伙人每天都在做一系列的客服工作，亲自解答顾客的一些提问。

此外，微博传播的功效。贴近顾客最核心的优势是能够第一时间掌握顾客对小米产品的反馈，微博最大的价值是能够产生大量的顾客对产品的真实意见。小米团队每天都会在微博上检索相关信息，收集顾客反馈。

通过微博营销也可以很好地为企业节约成本。例如，小米青春版发布时，由于没有足够的宣传经费，选择微博营销的方式后，几个合伙人花了一下午的时间拍了一组与青春有关的照片，短短两天，在微博上转发200多万次，评论90多万条。“能不能用传统的方式做到让两三百万的顾客真正看到我们产品的宣传？除了花费天文数字的广告费之外，效果能不能像微博这么好，还是问号”。

互联网上做推广不是卖广告，广告是没有传播性的，更多的是带有一种互联网化的创意加一点恶搞、平民文化和有趣等各种各样的结合，只有这样的帖子才能有传播性。最核心的是如何能够有一种非常强的互联网文化的创意，能够在微博上流行起来。

目前，小米的社交媒体渠道，主要有MIUI论坛、微博、微信公众号、今日头条。如果有一天，你在微博、头条等关注小米了，那么你已经是小米的潜在顾客了；如果有一天你开始上MIUI论坛了，至少你有小米手机，而且你的忠诚度较高。抖音上，小米是爆款制造机，其视频播放量排抖音蓝V中第二；B站上，小米成了知名企业UP主，时不时放出几首雷军solo，流量巨大。小米真正在用互联网思维做社交媒体营销。

（3）其他营销方式

2017年，当红流量明星吴亦凡代言小米5X，到现在依旧是小米8的代言人。小米公司相继赞助了《奇葩说》《我们的侣行》和《中国有嘻哈》的拍摄活动。其中，《奇葩说》的冠名费达到了1.4亿元人民币，《中国有嘻哈》的总冠名费在1.2亿～1.5亿元之间。

除了这些，全国的地铁站、公交站、电梯间、候车厅等都出现了大幅小米广告。至此，小米已从一家粉丝营销公司，转变为泛娱化营销公司。公司的IPO上市也是一次成功的事件营销。

小训练

在北京大栅栏林立的店铺中，有一座古朴庄重的楼阁，这便是清康熙八年（公元1669

年）由祖籍浙江宁波、明代迁居北京的乐家第四代传人乐尊育创建的、享誉海内外的老字号“同仁堂”药店。现发展成为中国北京同仁堂（集团）责任有限公司（以下称“同仁堂”），已经形成了现代制药业、零售商业和医疗服务三大板块，拥有药品、保健食品、食品、化妆品、参茸饮片5大类1 500余种产品；25个生产基地、75条通过国内外GMP认证生产线，生产工艺和工装机械化、自动化水平处于行业领先地位；1 500余家零售终端和130多家医疗网点。

同仁堂以“养生济世”为己任，从不为不义之财所动。用高新技术手段使得中医药得以发扬光大，挖掘、开发出数以百计的药品。有不少名贵药，如动辄上千元的人参鹿茸；廉价药品也十分丰富，诸如一元一张的狗皮膏、几角钱一瓶的眼药水。在制作成药过程中，同仁堂严格地按照祖训“炮制虽繁，必不敢省人工；品味虽贵，必不敢减物力”行事。做大生意，但也不放过小买卖，“只要能方便顾客就行”，为顾客提供各种便民服务。如聘请有经验的退休老药工为顾客免费提供咨询，代客邮寄药品业务，安排专人夜间售药，设立患者和顾客急需药品登记簿，为残疾人送药上门，增设ATM取款机、磁卡电话、助听器测试仪以及外币兑换业务等。

广告决策训练：根据案例信息设计广告促销方案。

［附九］ 广告策划书的内容与编制

广告策划，又称广告企划，是在市场调查研究基础上，对广告整体活动或某一方面活动的预先设想和策划。广告策划书把在广告活动中所要采取的一切部署都列出来，指示相关人员在特定时间予以执行，它是广告活动的正式行动文件。

广告策划书有两种形式，一种是表格式的。这种形式的广告策划书上列有广告主现在的销售量或者销售金额、广告目标、广告诉求重点、广告时限、广告诉求对象、广告地区、广告内容、广告表现战略、广告媒体战略、其他促销策略等栏目。其中广告目标一栏分为知名度、理解度、喜爱度、购买愿意度等小栏目。一般不把具体销售量或销售额作为广告目标。因为销售量或销售额只是广告结果测定的一个参考数值，它们还会受商品（服务）的包装、价格、质量、服务等因素的影响。这种广告策划书比较简单，使用的面不是很广。另一种是以书面语言叙述的广告策划书，运用广泛。这种把广告策划意见撰写成书面形式的广告计划，也称广告策划书。人们通常所说的广告计划书和广告策划书实际是一回事，没有大的差别。

一份完整的广告策划书至少应包括8个部分。广告策划书可能因撰写者个性或个案的不同而有所不同，但内容大体如此。

1. 前言部分

应简要地说明广告活动的时限、任务和目标，必要时还应说明广告主的营销战略。这是全部计划的纲要，它的目的是把广告计划的要点提出来，让企业最高层次的决策者或执行人员快速阅读和了解。当他们对策划的某一部分有疑问时，能通过翻阅该部分迅速了解细节，这部分内容不宜太长，以数百字为佳，所以有的广告策划书称这部分为执行摘要。

2. 市场分析部分

一般包括四方面的内容：（1）企业经营情况分析；（2）产品分析；（3）市场分析；（4）消费者研究。

撰写时应根据产品分析的结果，说明广告产品自身所具备的特点和优点。再根据市场分析的情况，把广告产品与市场中各种同类商品进行比较，并指出消费者的爱好和偏向。如果有可能，也可提出广告产品的改进或开发建议。有的广告策划书称这部分为情况分析，简短地叙述广告主及广告产品的历史，对产品、消费者和竞争者进行评估。

3. 广告战略或广告重点部分

一般应根据产品定位和市场研究结果，阐明广告策略的重点，说明用什么方法使广告产品在消费者心目中留下深刻的印象。用什么方法刺激消费者产生购买兴趣，用什么方法改变消费者的使用习惯，使消费者选购和使用广告产品。用什么方法扩大广告产品的销售对象范围。用什么方法使消费者形成新的购买习惯。有的广告策划书在这部分内容中增设促销活动计划，写明促销活动的目的、策略和设想。也有把促销活动计划作为单独文件分别处理的。

4. 广告对象或广告诉求部分

主要根据产品定位和市场研究来测算出广告对象有多少人、多少户。根据人口研究结果，列出有关人口的分析数据，概述潜在消费者的需求特征和心理特征、生活方式和消费方式等。

5. 广告地区或诉求地区部分

应确定目标市场，并说明选择此特定地区的理由。

6. 广告策略部分

要详细说明广告实施的具体细节。撰文者应把所涉及的媒体计划清晰、完整而又简短地设计出来，详细程度可根据媒体计划的复杂性而定。也可另行制定媒体策划书。一般至少应清楚地叙述所使用的媒体、使用该媒体的目的、媒体策略、媒体计划。如果选用多种媒体，则需对各类媒体的刊播及如何交叉配合加以说明。

7. 广告预算及分配部分

要根据广告策略的内容，详细列出媒体选用情况及所需费用、每次刊播的价格，最好能制成表格，列出调研、设计、制作等费用。也有人将这部分内容列入广告预算书中专门介绍。

8. 广告效果预测部分

主要说明经广告主认可，按照广告计划实施广告活动预计可达到的目标。这一目标应该和前言部分规定的目标任务相呼应。

在实际撰写广告策划书时，上述八个部分可有增减或合并分列。如可增加公关计划、广告建议等部分，也可将最后部分改为结束语或结论，根据具体情况而定。

写广告策划书一般要求简短，避免冗长。要简要、概述、分类，删除一切多余的文字，尽量避免再三再四地重复相同概念，力求简练、易读、易懂。撰写广告计划时，不要使用许多代名词。广告策划的决策者和执行者不在意是谁的观念、谁的建议，他们需要的是事实。广告策划书在每一部分的开始最好有一个简短的摘要。在每一部分中要说明所使用资料的来源，使计划书增加可信度。一般来说，广告策划书不要超过两万字。如果篇幅过长，可将图表及有关说明材料用附录的办法解决。

在撰写过程中，视具体情况，有时也将媒体策划、广告预算、总结报告等部分专门列出，形成相对独立的文案。

本章参考文献

[1] Lamb, Hair, McDaniel. Marketing (9th Ed) [M]. South-Westrn, Thomson Learning, 1988.

[2] 纪宝成. 市场营销学教程（第6版）[M]. 北京：中国人民大学出版社，2017.

[3] 郭国庆. 市场营销学通论（第7版）[M]. 北京：中国人民大学出版社，2017.

[4] 郭国庆，成栋. 市场营销新论[M]. 北京：中国经济出版社，1999.

[5] 龚敏，刘广丹. 基于大数据的精准营销应用研究综述[J]. 市场周刊，2016(7): 58-60.

[6] 海天金融电商研究中心. 大数据分析与营销完全攻略[M]. 北京：清华大学出版社，2016.

[7] 李景泰. 市场学（第二版）[M]. 天津：南开大学出版社，1996.

[8] 吕一林，李蕾. 现代市场营销学（第4版）[M]. 北京：清华大学出版社，2007.

[9] 岳俊芳，吕一林. 市场营销学（第5版）[M].北京：中国人民大学出版社，2019.

[10] 拉杰库马尔·文卡特森，保罗·法瑞斯等. 大数据营销分析与实战解析[M]. 朱君玺，冯心怡，张书勤，译. 北京：中国人民大学出版社，2016.

[11] 任昱衡等.大数据营销从入门到精通[M]. 北京：清华大学出版社，2016.

[12] 王丽萍，李创编. 网络营销学概论[M]. 北京：清华大学出版社，2014.

[13] 王玮. 网络营销[M].北京：中国人民大学出版社，2018.

[14] 杨学成，陈章旺. 网络营销[M]. 北京：高等教育出版社，2014.

[15] 翟彭志. 网络营销（第3版）[M]. 北京：清华大学出版社，2014.

自测题

第十章

市场营销的组织与控制

本章概要

本章的目的在于让学习者知道市场营销活动的计划、组织和控制。市场营销的计划、组织、执行和控制构成了市场营销管理的主体部分。市场营销计划是企业在分析市场环境的基础上预先制定的行动方案和规划。无论是市场营销计划的制定还是执行，都离不开有效的市场营销组织。而市场营销计划的执行需要通过控制手段来监测其实现情况，以便适时适当地进行调整和改进，保证营销计划的有效实施。本章重点是如何制定营销计划、营销组织的主要架构形式以及如何有效控制营销计划实施。

第一节　营销决策计划

当企业的营销战略与营销策略制定以后，就要为战略和策略的落实进行有效的计划和组织，以及实施过程当中的控制。互联网技术的发展，使得企业的营销计划和组织方式发生了重大变化。

营销决策计划也称为市场营销计划。它不仅是企业计划工作中最重要的内容之一，而且是其他各种计划都要涉及的内容。在现代市场经济条件下，企业必须致力于建立先进的计划系统，实施市场营销计划，加强市场营销。

一、企业计划的演变

从国内外许多企业营销管理实践看，企业的营销计划经历了由无计划到战略计划的发展过程。

（一） 无计划阶段

企业的营销管理者基本无管理的章法，营销事务工作走一步，看一步。因此，营销决策往往是匆忙之下的决定。这有可能是新创办的企业，因营销管理者忙于筹措资金、招徕顾客等顾不上制订计划。也有可能是企业虽已经营多年，但其营销管理者认为没有计划照样经营，或认为在市场变幻莫测的环境下，计划往往落后于实际，因而起不了任何作用。总之，在此期间，企业处于无计划状态。

（二） 年度计划阶段

随着营销管理经验的日益丰富，营销管理者逐渐认识到营销决策计划的好处。于是，开始重视正式营销决策计划的制订。或通过自上而下，或通过自下而上，或通过二者结合的方式制订营销决策计划。此时的营销决策计划往往以年度计划形式出现。因为，太长时间的营销决策计划还没有能力考虑到，或是认为不精确而没必要考虑。不过，此时对营销决策年度计划的重视程度不够，对计划工作持消极态度，营销计划可能是为迎合上级需要而制订的。

（三） 长期计划阶段

随着市场竞争的加剧，尤其是国际市场营销的开展，企业管理者逐渐认识到，市场营销环境处在不断变化中，尤其是顾客的需求变幻莫测，没有中长期营销决策计划，企业的营销活动会更加迷茫。由于中长期计划与短期计划之间可以起到互相促进其适应性的作用，所以有必要在制定、执行好年度计划的基础上，制定三年、五年或十年的长期计划，并视年度计划的执行情况进行适当调整。

（四） 战略计划阶段

20 世纪 60 年代以来，世界经济一体化程度越来越高。尤其是近十年来世界市场的格局不断变化，市场营销环境也日益复杂。许多企业为了求得长期生存和发展，逐渐改变计划方法，力求站在企业战略的高度，来制定市场营销决策战略计划。

二、营销计划的内容

企业的营销决策计划根据内容可以分为产品线计划、品牌发展计划、顾客管理计划等。不同的企业其市场营销计划详略程度也可能不同。但是都有着最基本的方面，如图 10-1 所示。

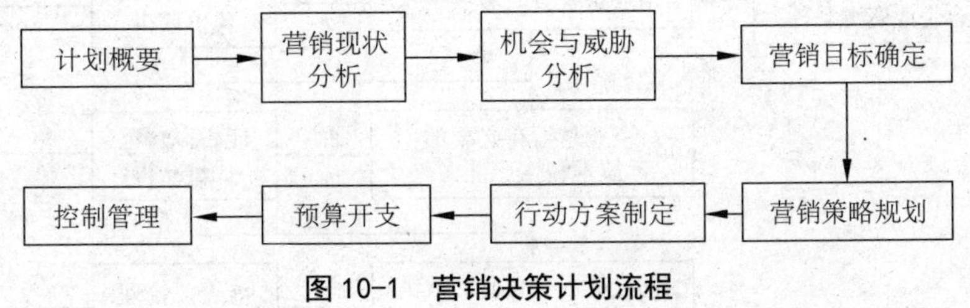

图 10-1 营销决策计划流程

（一） 计划概要

营销计划要形成正式的文字。在计划书的开头需对本计划的主要营销目标和措施做简要概括。

例如，某企业年度销售计划的概要可能是这样表述的：本年度要使某产品系列的销售额和利润额比上年有较大幅度的增长，销售额达到 8 000 万元，增幅 20%；利润额达到 700 万元，增幅 15%。这个增幅可通过增加广告预算 20%，开发新的地区市场投入 50 万元达到……计划概要的目的是让高层主管很快掌握计划的核心内容，类似内容提要。

（二）营销现状分析

提供市场、竞争、产品、分销和宏观环境因素有关的背景材料。如市场情况，应说明市场的规模，过去几年的增长情况，顾客需求和购买行为方面的趋势；产品情况，应说明近年来各主要产品品种的销量、价格、获利水平等；竞争形势，应说明谁是主要竞争对手，每个竞争对手在产品品质、特色、定价、促销、分销等方面都采取了哪些策略，它们各自的市场占有率及变化趋势；分销情况，应说明各主要经销商今年在销售额、经营能力和地位方面的变化。

（三）机会与威胁分析

机会与威胁的分析与评估方法已在本书的第二章第四节中详细介绍，在此不再赘述。然而，环境机会能否真正成为企业的机会，还要看它是否符合企业的目标和资源。可运用图 10-2 所示流程来评估环境机会是否等于企业机会。

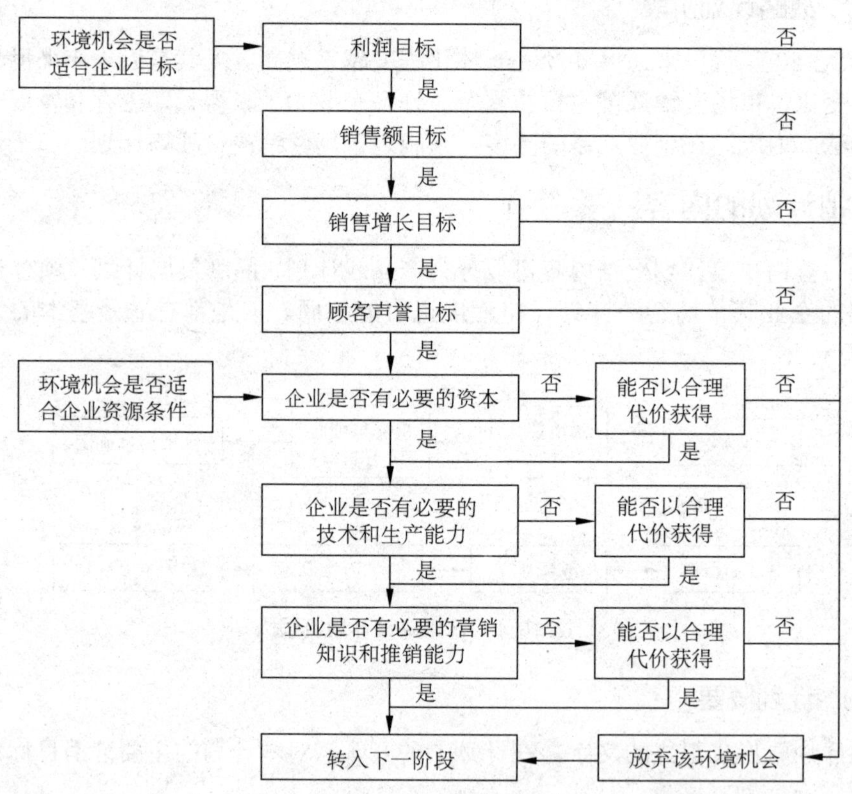

图 10-2　环境机会评价流程

除了机会和威胁分析外，计划书中还有必要对本企业的优势和劣势做出分析。与环境机会和威胁相反，优势和劣势是内在因素，反映企业在竞争中与对手相比较的长处和短处。优势指企业可以利用的要素，如高质量的产品；劣势指企业应加以改进的部分，如公关宣传不得力。

（四）拟定营销目标

营销目标是营销计划的核心部分，将指导随后的营销策略和行动方案的拟定。计划目标分为两类：财务目标和市场营销目标。财务目标主要由基期利润指标和长期投资收益率目标组成。财务目标必须转换成营销目标，如销售额、市场占有率、分销网覆盖面、单价水平等。所有目标都应以定量的形式表达，并具有可行性和一致性。

（五）营销策略组合

每一目标都可通过多种途径去实现，营销管理者必须从各种可供选择的策略中做出选择，并在计划书中加以陈述，包括目标市场、产品定位、市场营销组合策略及新产品开发和营销调查方面的计划。

（六）行动方案

有了营销策略，还要转化为具体的行动方案。如何具体着手做？何时开始，何时完成？由谁做？预算多少？这些都要按时间顺序形成一个详细且可供实施的行动方案。

（七）预算

根据行动方案编制预算方案，收入方列出预计销售量及单价，支出方列出生产、实体分销及市场营销费用，收支差即为预计的利润。上级主管部门负责该预算的审查、批准或修改。而一旦获得批准，此预算即成为购买原料、安排生产、支出营销费用的依据。

（八）控制

规定如何对计划实施过程进行控制。基本做法是将计划规定的目标和预算按季度、月份或更小的时间单位进行分解，以便于主管部门能对计划执行情况随时监督检查。有些计划的控制部分还包括发生意外时的应急计划。

三、需要注意的问题

（一）确定营销业务目标

营销业务目标必须明确两大问题。一是确定目标市场。企业服务的顾客是哪一类，在什么地方，市场规模有多大，顾客有什么需求等。这是制定营销策划方案的基础资料。二是对企业营销效果的确定。不仅包括本企业的获利能力指标，如销售量、销售额、市场占有率等，而且还应该有其他一些目标，如企业知名度、企业信誉等。

（二）营销策划方式设计多样性

企业产生营销方案的途径是多种多样的。可以是自己积累，也可以是学习获得。

本企业的经验。在长期的营销活动中，企业积累了不同程度的市场营销经验，这是企业的无形财富。借鉴过去营销活动的成功经验，分析当前营销环境，产生新的营销策划方案。

向竞争对手学习。本企业的竞争对手特别是市场领袖的企业，掌握着大量的市场信息资料，所进行的活动很值得企业研究。认真分析竞争对手的营销策略，不仅可以发现竞争对手的弱点，还可以利用他们的经验，取他人之长，补自己之短。

也可以将自己或他人的经验创新改进。企业在产品设计、服务方式、价格、销售、促销等各方面采取新措施，使得营销效果更好。

（三）企业营销计划方案的评价

对于各种营销活动方案的评价是优选的基础，也与其他的评价活动有类似之处。因此可以借鉴其他活动的方案的评价内容和方法，但要注意营销管理活动的不同目标要求。

营销决策计划方案的期望收益分析评价，即比较各种方案的营销效益目标，包括盈利指标和发展指标两大类。盈利指标主要有销售利润率、成本利润率、利润总额；市场发展指标主要包括市场占有率、开拓目标市场的层次与范围等。

方案的预算成本分析评价，即比较各个方案投入费用的大小，包括固定投资和流动费用等。

进行营销决策方案的可行性分析，即比较方案的可操作性。有些方案未来的效果比较好，但目前不能实现。或者方案运作上有较大的障碍，这样的方案就不能列为优选方案。

第二节　市场营销组织

一、市场营销组织有效的特征

有效的市场营销组织应具有灵活性、适应性和系统性。企业组织能够根据营销环境和营销目标、策略的变化，适应需要，迅速调整。因此，一个具有灵活性的组织可以按图 10-3 所示建立自己的组织结构及制度，而不是反过来由组织结构、管理制度决定企业的目标和战略。如果如图 10-4 所示，以过去的企业组织和管理制度来面对现在或未来的市场机会，就会受落后的组织结构和管理体制束缚，无法有效地调整企业目标和战略，以致坐失良机。

图 10-3　建立有效营销组织的程序

图 10-4　缺乏适应性的组织

营销组织应具有系统性，即企业的各个部门——市场营销、研发、生产、财务、人事，以及市场营销所属各部门，如市场调研、广告宣传、人员推销、实体推销等都能相互配合，具有整体协调性，为一个共同的满足顾客需要的目标协同工作，获得整体大于部分之和的效果。当一个组织具有一定历史后，往往会因经验或惯性而丧失组织的灵活性和适应性，这是需要注意的问题。

二、市场营销组织的目标决策

市场营销组织的目标决策内容主要有三个方面。一是如何对市场的需求变化做出快速反应。即不断适应外部环境，并对市场变化做出积极反应。把握市场变化的途径是多种多样的，市场营销调研部门、企业的销售人员以及其他商业研究机构都能为企业提供各种市场信息。了解到市场变化后，企业的反应则涉及整个市场营销活动，从新产品开发到价格确定乃至包装等都要做相应的调整。

二是如何使营销管理效果最大化。企业内部存在许多专业化部门，为避免这些部门间的矛盾和冲突，市场营销组织要充分发挥其协调和控制的职能，由营销决策与管理的关系程度来确定各自的权利和责任。

三是在企业内代表并维护顾客的利益。企业一旦奉行市场营销观念，就要把顾客利益放在第一位。组织承担这项职责的主要是市场营销部门。所以，企业必须在管理的最高层面上设置市场营销组织，以确保顾客的利益不致受到损害。

企业市场营销组织的上述目标归根结底是帮助企业实现整个市场营销任务。事实上，“组织”本身并不是目的，目的在于“组织”要协调、指导企业获得最佳市场营销效果。

三、市场营销组织的演变过程

现代理想的市场营销组织是经过长期演化而来的产物。从 20 世纪 30 年代开始，销售部门在西方企业中，从处于无足轻重的地位发展到今天这样具有复杂的功能，并成为企业组织中的核心部门。这一发展历程大致可分为五个阶段。

（一） 简单的销售部门

一般来说，企业建立之初都是从财务、生产、销售、人事、会计五个基本职能部门发展起来的。在这个阶段，企业通常以生产作为经营管理的重点。生产什么、生产多少及产品价格主要由生产和财务部门制定。销售部门通常只有一位销售主管率领几位销售人员，销售经理的主要职责是管理推销员，促使他们卖出更多的产品。这一阶段企业营销组织结构通常如图 10-5(a)所示。

（二） 销售部门兼容其他营销职能

随着企业规模扩大，经常需要进行市场调查、广告宣传及顾客服务等方面的工作，此时，销售经理可聘用一位市场主管，指挥、控制那些非推销职能，如图 10-5(b)所示。

（三） 独立的市场营销部门

企业继续扩大，其他市场营销功能相对于推销工作来说就更为重要。最终，企业总经理看到了建立一个独立于销售部门的市场营销部门的必要，如图 10-5(c)所示。在这个阶段，市场营销和销售在企业中是两个独立和平行的部门。

（四）现代市场营销部门

虽然销售和市场营销部门的工作应是目标一致的，但平行和独立又常使他们的关系充满竞争和矛盾。如销售经理注重短期目标和眼前销售额，而市场营销经理注重长期目标和开发满足消费者长远需要的产品。由于二者之间冲突太多，最终导致企业总经理将它们合并为一个部门，如图 10-5(d)所示。

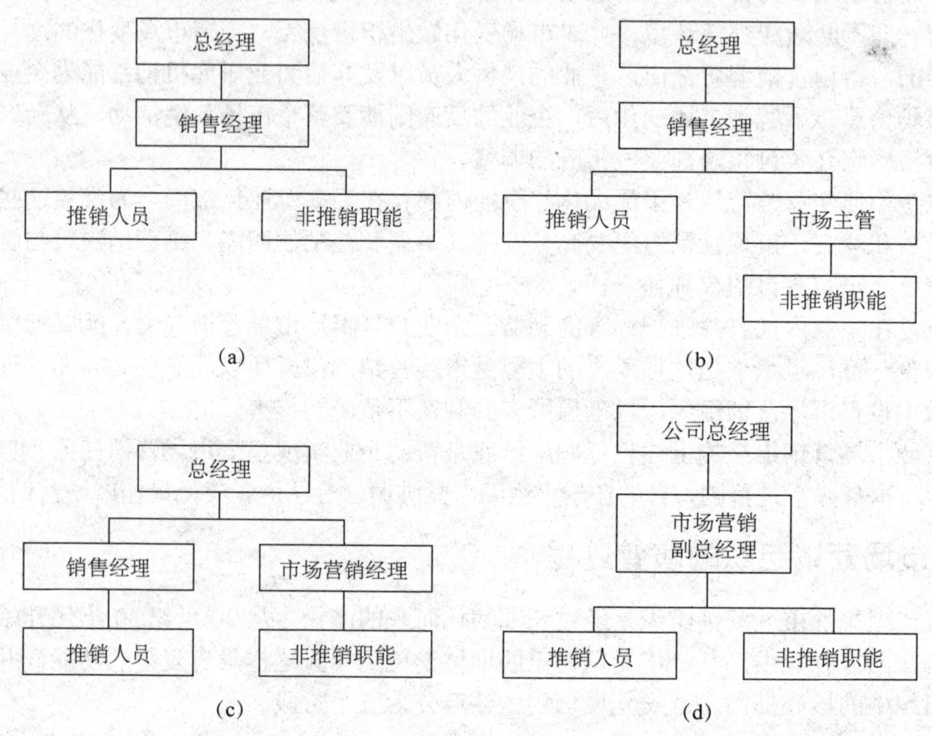

图 10-5　营销部门组织的发展

（五）现代市场营销公司

一家企业即使设置了现代市场营销部门，也并不意味着它就是以市场营销原理指导运行的企业。如果企业成员仍将市场营销等同于销售，那么，它就还不是一家“现代市场营销公司”。只有企业成员认识到了企业所有部门的任务都是“为消费者服务”，“市场营销”不只是企业内某个部门的名称，且是企业的经营理念时，这家企业才能成为真正的“现代市场营销公司”。

因此，为保证市场营销理念在公司内得以贯彻，企业组织结构与业务活动方面还应注意四方面的管理工作。

一是设置独立的市场营销调研部门，以确定消费者的需求及企业应提供什么样的产品和服务来满足这些需求。不过，目前大多数企业（包括西方国家的许多企业）还没有设置市场研究部门或专职的市场研究人员。

二是营销部门应参与新产品的开发。在企业内，市场营销部门对消费者的需求了解最多，而在现代市场上，新产品商业性开发成功的最重要因素，在很多情况下并不是技术先进程度，而是是否符合消费者需要。因此，市场营销部门在决定产品开发的种类、功能结构、款式、规格、花色等方面均有指导性甚至决定性的责任。

三是应给营销主管以相当于副总经理的地位和权力。直接向总经理报告工作，参与决定企业的经营总战略。而这些只有在市场营销理念在企业里扎了根的情况下才能做到。

四是市场营销部门应统一负责企业的全部市场营销职能，而不应将其中一部分职能分散到其他部门负责。

四、市场营销组织模式

随着情况变化发展，市场营销部门本身的组织方式也在演化。但是，因市场营销活动具有最基本的四种形式，因此营销组织模式就出现了四种基本模式。即职能式组织、地区式组织、产品管理式组织和市场管理式组织。当然这四种模式的组合使用也会出现新的模式。

（一）职能管理式营销组织

职能管理式营销组织是最常见的组织模式（见图 10-6）。营销主管的工作就是协调各专业职能部门的活动。职能部门的数量，可以根据需要增减。职能式组织的最大优点是简便易行。不过，随着公司产品种类增多，市场扩大，这种组织方式可能损失效率。因为没有一个职能部门对某一具体的产品或市场负责，每个职能部门都在为获得更多的预算和更有利的地位而竞争，致使市场营销经理经常陷于难以调解的纠纷之中。

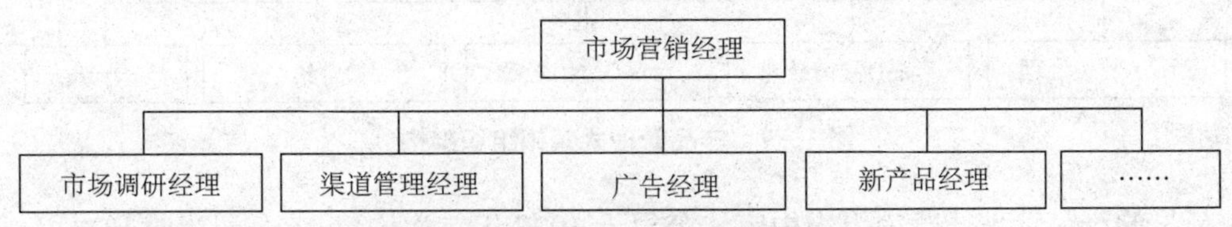

图 10-6 职能管理式营销组织架构

（二）地区管理式营销组织

企业的市场地理范围较大时，通常按地理区域组织其销售力量，见图 10-7。地区营销经理掌握一切关于该地区市场环境的情报，为在该地区打开公司产品销路制订长短期营销计划，并负责营销计划的贯彻实施。

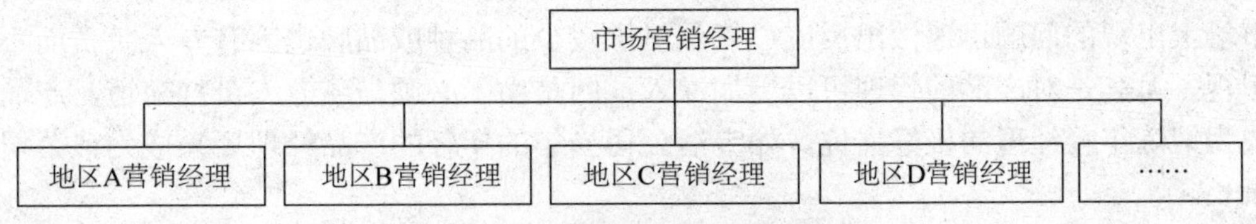

图 10-7 地区管理式营销组织架构

尤其是跨国营销管理，由于市场差别大、地理范围广，往往采用这种组织模式。这里的“地区”可以是“洲”或“国家”，也可以是世界某个地区，如东南亚地区、南美地区等。如果某一个国家的地理范围较大时，在这个国家内又可以再分“地区”。如，许多世界级大公司在中国市场上就可能再细分为“东北地区”“华北地区”“华南地区”和“华中地区”等，见图 10-8。

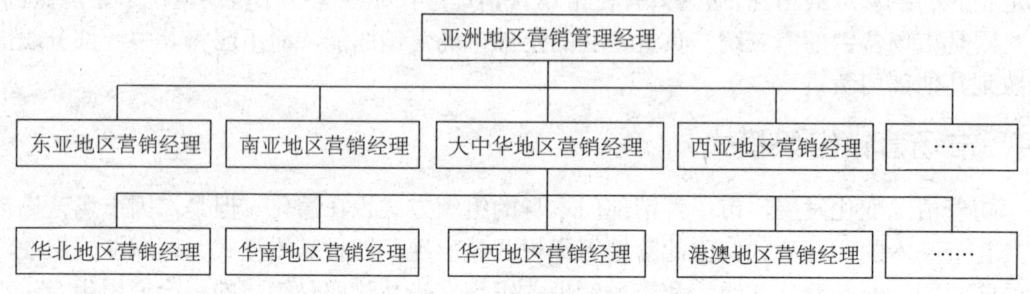

图 10-8　某公司地区管理式营销组织架构

（三）产品管理式营销组织

如果一个企业生产多品种或多品牌的产品，并且各种产品之间的差距很大，则适于按产品系列或品牌设置营销组织，见图 10-9。世界著名的采用多品种、多品牌生产的宝洁和通用食品等公司都是采用此种组织结构的典型。

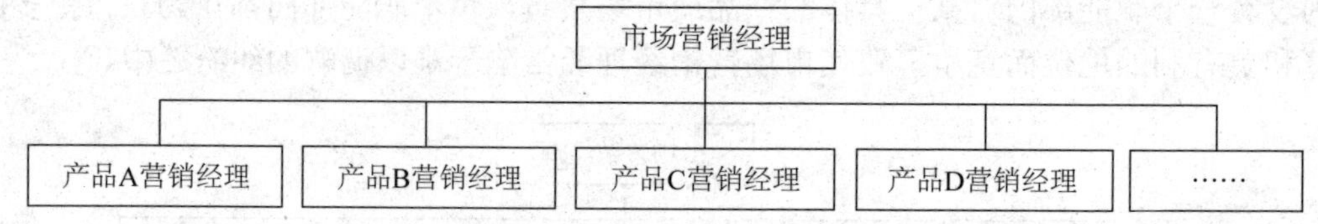

图 10-9　产品管理式营销组织架构

最早的产品管理式营销组织由宝洁公司于 1927 年首次构建。该公司当时开发了一种新肥皂，但刚开始市场推广不成功。年轻的经理尼尔 · 麦克尔罗伊被派去统筹开发和推销这种新产品，设计了产品管理式营销组织模式进行推广工作，致使新产品的市场推广大获全胜。于是公司很快增设了其他产品经理。从那时起，许多公司，特别是生产食品、肥皂、化妆品和化工产品的公司，都建立了产品式组织。产品经理的任务就是制订产品的长期发展战略和年度销售计划，并负责全面实施计划和控制执行结果。

产品管理式组织有四个优点。一是能够为开发某种产品市场协调各方力量；二是能对市场上出现的问题迅速做出反应；三是对于较少的品种或品牌也因有专人负责而不致被忽视，尤其是对产品的管理可以更加深入；四是由于必须与各方人员打交道，产品经理成为锻炼年轻经理的极好岗位。如宝洁公司当年的年轻的产品经理后来成为该公司的董事长。

不过，此种组织模式也有一些不便之处。首先，产品经理虽被称为“最小的总裁”，但并无履行其职责的充分权力。不得不依赖诸如广告、推销、产品开发等其他职能部门的配合。其次，通常只能成为本产品的专家，而很难成为职能专家。再次，这种管理系统的费用通常较高。最后，产品经理往往只任职较短时期就被调走，使市场营销计划缺乏长期连续性。

（四）市场管理式营销组织

一些大企业将同类产品卖给若干不同产业的细分市场。例如钢铁厂将钢材分别卖给铁路部门、建筑业、造船业等。这时就可采取细分市场的管理式组织，见图 10-10。

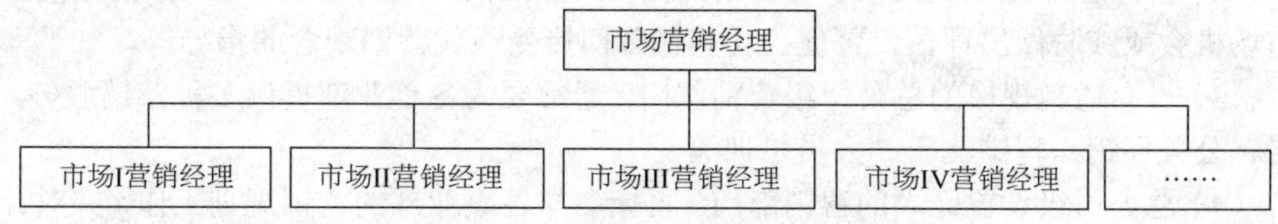

图 10-10　市场管理式营销组织架构

市场管理式组织与产品管理式组织结构相似，由一个总市场经理管辖若干细分市场经理。市场经理的职责与产品经理相似，为自己负责的市场制定长期的和年度的计划，分析市场趋势及所需要的新产品，比较注重长远的市场占有率，而不是眼前的获利能力。

市场管理式组织最大优点是各种市场营销活动通过市场经理被组织起来满足不同客户群的需要，对顾客的满足程度可以更深、更广，而不是着眼于职能、地区或产品。所以，有专家认为，市场管理式组织模式是最符合现代市场营销观念要求的一种营销组织模式。

（五）产品 / 市场式组织

产品 / 市场式组织是一种矩阵式组织，是将产品式与市场式结合起来的组织形式。产品经理负责产品的销售利润和计划，为产品寻找更广泛的用途；市场经理则负责开发现有和潜在的市场，着眼市场的长期需要，而不只是推销眼前的某种产品。

这种组织形式适用于多元化经营的公司，但有冲突多、费用大、权力和责任界限不清的问题。例如，某纺织企业的产品/市场式组织模式见图 10-11。

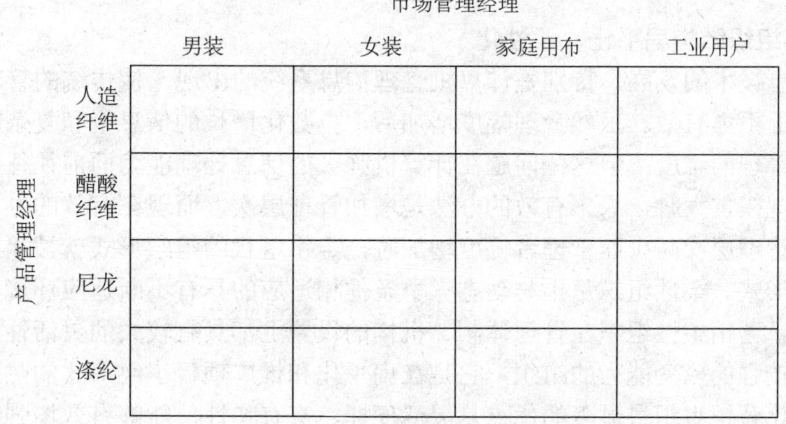

图 10-11　产品/市场管理式营销组织模式

（六）事业部组织

随着公司规模的进一步扩大，从事多元化经营成为企业发展的方向。因此，常为不同的产品类别分设事业部。

由于这些事业部各自独立，组织上也自成体系，设有自己的职能部门，由此产生了营销职能如何在公司总部与事业部之间划分的问题。一般有以下几种选择。

（1）公司总部不再设营销部门。营销职能完全由各事业部自己负责。

（2）公司总部设一规模较小的营销部门，只承担很有限的营销职能。如为最高主管对市场机会或威胁做出评估，督促公司其他部门接受现代营销观念的指导等。

（3）设立适当规模的总公司级营销部门。通常要为各事业部提供多种营销服务，如广告、公关促销、营销调研、人员培训等。

（4）总公司级设置庞大的营销部门。直接参与各事业部的营销规划工作，并对计划实施过程加以控制。

（七）营销组织模式的创新

进入21世纪，市场营销环境发生了巨大变化。计算机和通信技术的不断进步、全球化发展，特别是以移动数字技术为基础的其他形态新兴媒体快速发展，必然要求营销组织结构、职能与风格与之匹配。

1. 营销组织结构的信息化、网络化

信息技术的飞速发展，使得信息的传递可以实现部门与部门、人与人之间直接的信息交流。营销组织结构网络化主要表现为企业内部结构网络化和企业间结构网络化。企业内部网络化是指打破上下级等级关系，企业内部打破部门界限，各部门及成员以网络形式相互联结；企业间网络化包括纵向网络化和横向网络化，纵向网络是指上下游企业之间组成的网络，打破了传统企业间明确的组织界限，大大提高了资源利用效率及对市场的响应程度，而横向网络关系指由处于不同行业的企业所组成的网络，这些企业之间在一定程度上相互依存。营销组织的网络化、信息化使传统的层级组织和灵活机动的小组并存，使各种资源流向更趋合理，通过新型网络凝缩时间和空间，提高企业组织的效率和绩效。

2. 营销组织结构扁平化、柔性化

现代信息技术的发展，特别是计算机管理信息系统的出现，使传统的管理幅度理论在某种程度上不再有效。虽然管理幅度增加后，指数化增长的信息量和复杂的人际关系大大增加了管理的难度，但这些问题在计算机强大的信息处理能力面前往往都能迎刃而解。当企业规模扩大时，原来有效的办法是增加管理层次，而现在有效的办法是增加管理幅度。当管理层次减少而管理者幅度增加时，金字塔状的组织形式就被“压缩”成扁平状的组织形式。柔性组织是指与动态竞争条件相适应的具有不断适应环境和自我调整能力的组织。营销柔性组织在管理体制、机构的设置上都具有较大的灵活性，对企业的经营环境有较强的应变能力的组织，它是在扁平化和推广项目小组形式的热潮中逐渐形成的。柔性化营销组织最显著的优点是灵活便捷、富有弹性，能够有效增强企业对市场变化和竞争的反应能力，有利于知识创新。

3. 营销组织结构虚拟化、无边界化

虚拟组织是一种区别于传统组织的以信息技术为支撑的人机一体化组织，其特征以现代通信技术、信息存储技术、机器智能产品为依托，实现传统组织结构、职能及目标。在形式上，没有固定的地理空间，也没有时间限制。组织成员通过高度自律和高度的价值取向共同实现在团队的共同目标。1993 年，约翰·伯恩将虚拟企业描述成企业伙伴间的联盟关系，是一些相互独立的企业（如供应商、客户、甚至竞争者）通过信息技术联结的暂时联盟，这些企业在诸如设计、制造、分销等领域分别为该联盟贡献出自己的核心能力，以实现技能共享和成本分担，其目的在于建立起某种特定产品或服务的世界一流竞争能力，把握快速变化的市场机遇。它既没有办公中心也没有组织结构图，可能还是无层级、无垂直一体化的组织。《商业周刊》在 1993 年把虚拟企业定义为一种新的组织形式。虚拟组织中的成员可以遍布在世界各地，彼此也许并不存在产权关系，不同于一般的跨国公司，相互之间的合作关系是动态的，完全突破了以内部组织制度为基础的传统的管理方法。虚拟化的营销组织是通过网络技术把实现企业营销目标所需的知识、信息、人才等要素联系在一起，组成一个动态的资源利用综合体，同步共享和交流信息和知识，形成跨越时空的虚拟合作联盟，从而实现企业既定的目标。有边界组织可以说是对传统金字塔式的科层组织重要特征的一个界定。无边界组织是指边界不由某种预先设定的结构所限定或定义的组织结构。边界通常有横向、纵向和外部边界三种。横向边界是由工作专门化和部门化形成的，纵向边界是由组织层级所产生的，外部边界是组织与其顾客、供应商等所形成的“隔墙”。营销组织无边界化是指企业的各个部门间界限模糊，目的是打破部门间的沟通障碍，有利于信息传递。虚拟化、无边界的营销组织模式超越了传统意义上的营销组织结构，更强调系统全面协调各类可能的资源，以开放合作的心态构建企业的营销动态竞争能力，是一种以群体和协作优势追求多赢的营销组织新模式。

五、影响营销组织构建的因素

营销管理组织模式及组织基本要素的决策都不是任意决定的，其间需考虑各种影响因素。影响企业市场营销组织决策的因素有以下几个。

第一，企业的规模。企业规模越大，市场营销组织越复杂。大公司需要较多的各类市场营销专职人员、专职部门以及较多的管理层次。反之，企业规模越小，市场营销组织也就相对简单，直至没有进一步的分工。

第二，企业面临的市场因素。市场的地理位置是决定营销人员分工和负责区域的依据。如果市场由几个较大的细分市场组成，企业需要为每个细分市场任命一位市场经理；如果市场地理位置分散，需按地区设置营销组织；市场规模大，范围广，就需要庞大的营销组织，需要众多的专职人员和部门；市场范围窄、销量有限，营销组织自然也规模有限。

第三，企业向市场提供的产品类型和性质。产品类型的多寡也关系到营销组织的形式。如面对产业市场的企业，它们的产品更多地通过推销人员直接销售，依赖广告较少，故推销部门庞大，而广告部门却较小。产品类型多的企业，相应地就需要设置产品经理。

面对消费者市场的企业，则往往有庞大的广告部门，而推销部门相对较简单。

第四，企业经营的特点。如所在行业、经营的产品特征、企业组织管理特点等。从事不同行业的企业，其市场营销组织的构成也有不同。如服务行业、银行、商业等，它们的营销重点之一是顾客调查；而原材料行业，如木材和农产品初级加工企业，它们的营销重点之一则是产品的储存和运输。

除了以上影响企业市场营销组织决策的主要因素外，还要注意市场所在国家的政治制度、法律法规的影响、社会文化环境的特殊要求等。

六、营销部门和其他部门的关系

企业的发展是靠企业内各部门在矛盾和争论中不断地寻求平衡的过程中而实现的。这些矛盾和冲突大多来自对一些问题的不同观点。如“企业的最大利益在哪里”之类的问题，也有部门与部门之间对企业有限资源，如人力和财力的争夺而引起的争论。看问题的角度不同，使每个部门都倾向于强调自身的重要性及自身的利益。

另外，不同的企业对市场营销的重要性有着不同的看法。企业的所有职能都影响着企业营销战略的成功和顾客的满意程度，没有哪一种职能处于领先位置，如图 10-12（a）所示。当企业销售情况不景气、销量下降时，市场营销部门的重要性会略微上升，如图 10-12（b）所示。

营销人员认为，市场营销才是企业的中心职能。它规定着企业的任务、产品和其他部门的职能，如图 10-12（c）所示。明智的营销人员应把顾客放在企业各项职能环绕的中心，如图 10-12（d）所示，即企业的全部职能都应围绕着使顾客满意这个宗旨。

还有一些营销人员认为，市场营销应在企业诸项职能中占据中心地位，如图 10-12（e）所示。因为要靠营销部门将顾客的需求传递到企业，并控制、协调其他部门，向顾客提供有效的服务。

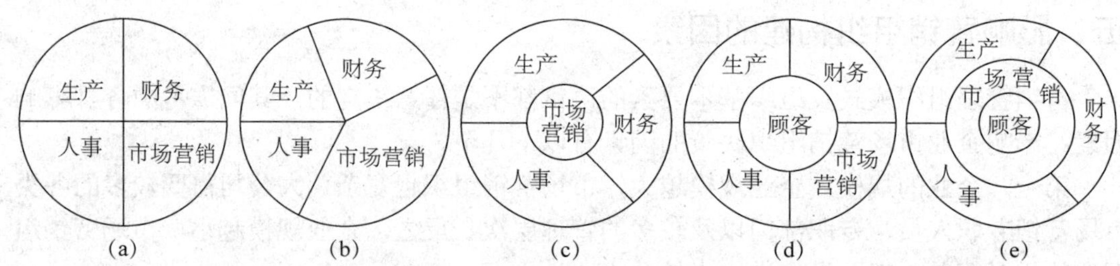

图 10-12 企业各职能部门的地位与作用

企业要有一个良好的发展环境，就应该呈现图 10-12（e）的情况才能实现良性循环。而不是只在销售发生困难时才想到市场营销和顾客导向。这是解决企业内各部门之间的冲突的正确基础。

与营销部门强调消费者观点一样，其他部门也会强调其工作的重要性，并力图按他们的观点规定公司目标。结果冲突不可避免。例如，表 10-1 中所列举的营销部门与其他部门之间主要的不同点。显然，营销部门与其他各个部门关心的重点是有差异的。由于企业内每个部门都通过自己的决策和经营活动影响着顾客的满意程度，因此，营销主管的任务除了管理好整个公司的营销活动以外，还要处理好营销与财务、生产、研发等部门的关系。

表 10-1　各职能部门与市场营销部门对业务认识的比较

部门	各职能部门对本部门业务认识重点	市场营销部门认识重点
研究与开发	基础研究 产品内在品质 产品功能特点	应用研究 产品外观品质 产品销售形象
工　程	注重长期设计 较少规格品种 标准化结构	注重短期设计 较多规格品种 根据客户要求
采　购	较窄的产品系列 标准化零配件 材料价格 经济采购批量 较长间隔采购	广泛的产品系列 非标准化零部件 材料质地 大批采购避免库存不足 根据客户需要随时采购
生　产	长期生产单一品种 不改变产品式样 标准订货量 产品结构简单 一般的质量控制	短期内生产许多品种 经常改变产品式样 由顾客决定订货量 符合审美观的产品造型 严格的质量控制
财　务	按标准严格控制支出 刚性预算 定价能补偿成本	根据判断讨论决定支出 适应顾客需求变化的灵活预算 定价要促进市场开发
信　贷	很低的投资风险 严格的借贷条款和手续 对客户进行全面的财务审查	中等的投资风险 灵活的借贷条款和手续 对客户进行中等程度的信用审查

研发部门是科学家与技术人员密集的部门。科技人员喜欢新技术的挑战，总是强调产品的技术先进性，却不关心成本和获利水平。营销人员则正好相反，感兴趣的是产品能满足顾客需求的属性，注重成本和获利性。因此，两个部门的人往往都带着偏见去看对方，前者认为后者是在搞骗人的把戏，后者认为前者脱离实际，不懂市场需求。偏重研发的公司注重技术优势，虽然市场上主要的新产品是由他们开发的，但成功率低；偏重市场营销的公司，研究部门只是奉命为具体市场的需求设计产品，大多数开发是对现有技术的改进或新的应用，新产品成功率高，但生命周期相对较短。二者比较均衡发展的公司，每项新开发都由这两个部门协商合作，沟通信息和观点，甚至有意交换人员。当有冲突发生时，要由高一级主管人员根据明确的程序处理解决。

工程部门的任务是设计产品和工艺流程，他们感兴趣的是提高产品质量，简化制造工艺，产品标准化和成本效益高。而市场营销人员希望产品的品种多样化，功能、构造适合不同消费者需求，而技术水平不一定多么先进。因此，两个部门常常发生矛盾。如果营销主管有工程技术背景，能有效地影响工程技术人员，这类矛盾往往不太明显。

生产部门最希望的是均衡、标准化（标准时间、标准成本、标准质量、标准产品）的生产。营销人员则抱怨生产部门为顾客考虑少，产品质量把控不严。他们一方面希望生产部门根据顾客需求，经常变换产品的品种和规格；另一方面，对生产部门为满足顾客要求而增加的成本却未能表现出足够的关心。这里的问题已不仅是协调不够，而是利益冲突了。

采购部门的任务是购进数量适当、质量较好的原材料，并尽可能地压低采购成本。它们喜欢少品种、大批量地进货，讨厌对市场需求预测不准，导致订单作废，价格不利或储存过量。财务部门认为自己最懂得怎样估算各项业务活动支出的获利能力，而营销经理经常需要为广告、推销等活动提供预算，却又难以说明它们具体能带来多少销售额的增长。因此，营销人员总认为财务部门将钱袋控制得太紧，过分保守，不敢冒险，因拒绝向长期市场开发投资，失去了许多机会。解决这类问题的办法也只有使财务人员更多地理解市场营销活动，同时，让营销人员接受更多的财务训练。

减少企业内各部门间的矛盾，又不会导致错误的妥协的关键在于强调市场导向的组织原则。从长远来说，应建立一种有持久生命力的市场营销文化来加强沟通、渲染内部亲和力。为此，以下做法可供选择。

1. 企业最高主管是关键。负责营销的经理不可能直接要求其他部门共同以为顾客提供服务作为工作中心，只有企业最高主管视市场营销为公司成长、繁荣的关键，并给市场营销部门以发言和决策的有利地位，市场营销的基本原则才可能逐渐深入企业各部门。

2. 明确从企业最高主管到各级高级主管均对企业市场营销负有责任，都应了解市场需要，参加制定企业市场营销目标，检查执行情况。

3. 招聘市场营销方面的人才，提拔树立市场营销导向观念的管理人员，寻求外部营销咨询人员的帮助。

4. 建立现代市场营销计划制度，这种制度或系统要求市场营销经理首先想到市场环境、机会、竞争趋势及其他市场营销问题，然后，在这个基础上制定一整套市场营销战略计划，并按一定程序实行。

5. 在企业内部强调完成战略总目标，而不是强调完成各部门的目标；经常将各部门在完成企业总目标中所做的贡献通报全体员工，并要求每个部门均应了解其他部门的工作程序及困难，提倡部门间尽可能多地相互接触、相互了解。

6. 经常举办各部门经理至一般工作人员参加的“市场营销研讨班”，在全体人员中增强市场营销观念，逐渐改进企业各部门的行为方式。

总之，建立一个市场营销导向的组织，是一场没有尽头的战斗。目的不在于解决工作中出现的每个具体问题，而在于使企业的顾客得到满意的服务。

七、市场营销管理组织设计

设计和发展市场营销组织是每一位市场营销经理的根本任务之一。如前所述，市场营销经理从事管理的前提是进行组织规划，包括设计组织结构和人员配备等。而一旦组织结构建立起来，市场营销经理还要不断地对此进行调整和发展。否则，随着企业自身的发展与外部环境的变化，原先的市场营销管理组织将会越来越不适应新的需要，会变得僵化、缺乏管理决策效率。迫使公司做这样的改变的原因主要来自市场对产品的需求、购买类型、竞争对手行为、政府政策等方面的变化。因此，什么时候改变、怎么改变，就成为市场营销管理者必须清楚的问题，这应该建立在相应的评审结果之上。市场营销管理组织的构成需要分基本的六步进行。

（一）分析营销组织环境

分析营销组织环境包括企业内部环境和外部环境两方面。任何一个市场营销组织都是在不断变化的社会经济环境中诞生、运行，会受这些环境要素的制约。由于外部环境是企业的不可控因素，所以市场营销组织必须随着外部环境的变化而不断地调整、适应。外部环境包括很多复杂因素，如政治、经济、社会、文化、科技等，而对市场营销组织影响最为明显的主要是市场和竞争者状况。此外，市场营销组织作为企业的一部分，也受整个企业特征的影响。

市场状况最重要的内容是市场的稳定程度。有些市场，在一个较长时期内，消费者购买行为、产品供应等变化不大，显得比较稳定。例如，食品和工业原料市场。而另外一些市场，由于产品生命周期较短、技术和消费需求变化快，显得变化多端和不稳定。例如，儿童玩具和女性时尚用品市场。在越不稳定的市场中经营，企业的市场营销组织也就越需要随着市场变化及时调整内部结构和资源配置方式。

另外，购买行为类型也是市场状况的一个方面。不同类型的购买者对企业提供的产品和服务有着不同的需求和侧重点。生产用品购买者和医疗用品购买者相比，前者侧重于产品的技术性能和连续的供应关系，而后者则强调服务和安全保证。侧重点的不同会影响到企业的推销方式，从而要求建立与其相适应的组织类型，以满足顾客需求。

对于竞争对手，企业更应该加以关注。市场营销管理必须从两个方面来应对竞争者：一是确定竞争者是谁，他们在干些什么；二是确定如何对竞争者的行为做出反应。为此，企业就要使其市场营销组织结构不断地加以调整和改变。当然，影响市场营销组织的环境因素还有许多，如能源问题、技术进步等。

还要注意产品生命周期的变化。因为在产品生命周期的不同阶段，企业的市场营销战略会发生改变，由此也会带来市场营销组织相应的变化。通常，在产品的投入期，企业冒着很大的风险向市场投放产品，往往建立临时性的组织，如销售小组，以便迅速地对市场行为做出反应。在成长期，消费需求增大，利润不断上升，吸引了大批竞争者进入该市场，这时，企业要建立有效的市场营销组织，如市场导向的矩阵型组织，确立自己强有力的竞争地位。在成熟期，消费需求稳定，利润开始下降，于是企业必须建立高效率的组织，如职能性金字塔组织，以获取最大利润。而在衰退期，产品需求减弱，此时，企业为保持原有的利润水平，开始精简部分组织机构，如减少销售地点等，有时也可能会设立临时机构，帮助重新开拓市场。

（二） 确定组织内部活动

市场营销组织内部的活动可以分为两种类型。一是职能性活动。营销组织内的职能性活动涉及市场营销组织的各个部门，范围相当广。企业在制定战略时要确立各个职能在市场营销组织中的地位，以便开展有效的竞争。二是管理性活动。营销组织内的管理性活动涉及管理任务中的计划、协调和控制等方面。

企业通常在分析市场机会的基础上，确定市场营销战略，然后再确定相应的市场营销活动和组织的专业化类型。假定某一企业容易控制成本，产品都在相对稳定的市场上销售，竞争战略依赖于广告或人员推销等技巧性活动，那么，该企业就可能建立职能型组织。同样，如果企业产品销售区域很广，并且每个区域的购买者行为与需求都存在很大差异，那么，它就会建立地区型组织。

不过，在实践中按照上述逻辑有时可能行不通。因为企业的市场营销战略可能被现有的组织机构所制约。比如，一家公司通过对市场和竞争者状况的分析，决定实行系统销售战略。但是，由于该公司的原有组织结构是为不断开发新产品而设计的，所以对于要采用“系统销售战略”这一新战略就显得困难重重。

（三） 建立组织职位

企业在确定了市场营销组织活动之后，还要建立组织职位，使这些组织活动有所归附。为此需考虑三个要素，即职位类型、职位层次和职位数量，以弄清楚各个职位的权力、责任及其在组织中的相互关系。

1. 职位类型

每个职位的设立都必须与市场营销组织的需求及其内部条件相吻合。通常，对职位类型的划分有三种方法。一是划分为直线型和参谋型。处于直线位置的人员行使指挥权，能领导、监督、指挥和管理下属人员；而处于参谋职位的人员则拥有辅助性职权。二是把职位划分为专业型和协调型。显然，一个职位越是专业化，它就越无法起协调作用。但是各个专业化职位又需要从整体上进行协调和平衡，于是，协调型职位就产生了，像项目经理或小组制都是类似的例子。三是把职位划分成临时型和永久型。严格地说，没有一个职位是永久的，它只是相对于组织发展而言较为稳定而已。临时型职位的产生主要是由于在短时期内企业为完成某项特殊任务，如组织进行大规模调整时，需要设立临时职位。

2. 职位层次

职位层次是指每个职位在组织中地位的高低。比如，公共关系和销售管理的地位孰高孰低，对于不同的企业情况大不一样。这主要取决于职位所体现的市场营销活动与职能在企业整个市场营销战略中的重要程度。

3. 职位数量

职位数量是指企业建立组织职位的合理数量。它同职位层次密切相关。一般而言，职位层次越高，辅助性职位数量也就越多。很明显，市场研究经理在决策时需要依靠大批市场分析专家和数据处理专家的帮助。职位决策的目的，是把组织活动纳入各个职位。因此，建立组织职位时必须以市场营销组织活动为基础。企业可以把市场营销活动分为核心活动、重要活动和附属性活动三种。核心活动是企业市场营销战略的重点，所以首先要根据核心活动来确定相应的职位，而其他的职位则要围绕这一职位依其重要程度逐次排定。

职位的权力和责任的规定，主要体现在工作说明书上。工作说明书包括工作的名称、主要职能、职责、职权和此职位与组织中其他职位的关系以及与外界人员的关系等。如果企业决定设立新的职位，有关部门主管就要会同人事专家拟出一份关于该职位的工作说明书，以便对应聘人员进行挑选。

（四）设计组织结构

组织结构的设计和职位类型密切相关。企业如果采用矩阵型组织，就要建立大量的协调性职位；如果采用金字塔型组织，则要求有相应的职能性职位。因此，设计组织结构的首要问题是使各个职位与所要建立的组织结构相适应。

从这个意义上来讲，对组织结构的分析要注重外部环境因素（包括市场和竞争状况），它强调组织的有效性。但是，市场营销经理总是希望节约成本和费用，他还要考虑效率。通常，组织的效率表现为以较少的人员和上下隶属关系以及较高的专业化程度去实现组织的目标。这取决于两个因素：一是分权化程度，即权力分散到什么程度才能使上下级之间更好地沟通。二是管理宽度，即每一个上级所能控制的下级人数。人们普遍认为，假设每一个职能都是称职的，那么，分权化程度越高，管理宽度越大，则组织效率也就越高。如果一个 20 人的销售队伍仅由 1～2 名经理来控制，那么，这支队伍就有较大的决策自主权，可能会取得较好的销售效果。

此外，市场营销组织总是随着市场和企业目标的变化而变化，所以，设计组织结构要立足于将来，为未来组织结构的调整留下更多的余地。

（五）配备组织人员

在分析市场营销组织人员配备时，必须考虑以下两种组织情况，即新组织和再造组织（在原组织基础上加以革新和调整）。相比较而言，再造组织的人员配备要比新组织的人员配备更为复杂和困难。这是因为，人们总是不愿意让原组织发生变化，往往把再造组织所提供的职位和工作看作一种威胁。

事实上，组织经过调整后，许多人在新的职位上从事原有的工作，这就大大损害了再造组织的功效。同时，企业解雇原有的职员或招聘新的职员也非易事。考虑到社会安定和员工个人生活等因素，许多企业不敢轻易裁员。

但是，不论哪种情况，企业配备组织人员时必须为每个职位制定详细的工作说明书，从受教育程度、工作经验、个性特征及身体状况等方面进行全面考察。而对再造组织来讲，还必须重新考核现有员工的水平，以确定他们在再造组织中的职位。

此外，在市场营销组织中，小组的人员配备也应引起重视。小组往往是企业为完成某项特殊任务而成立的，是组织的一个临时单位，其成员多从组织现有的人员中抽调。如果小组要有效地发挥作用，市场营销组织必须使小组成员与其他成员之间保持协调关系。比如，由组织下层的人员作为领导，管理来自组织高层的成员构成的小组，肯定是行不通的。同样，小组领导的职位也不应该比该小组所隶属的经理的职位高。还有一点，如果人们意识到参与小组工作将影响其正常工作和晋升机会，那么，市场营销组织就很难为小组配备合适的人员。

（六）组织评价与调整

没有尽善尽美的组织，它总是不同程度地存在摩擦和冲突。因此，从市场营销组织建立之时，市场营销经理就要经常检查、监督组织的运行状况，并及时加以调整，使之不断得到发展。

市场营销管理组织需要调整可能有四种原因。一是外部环境的变化。外部环境的变化包括商业周期的变化、竞争的加剧、新的生产技术的出现、工会政策、政府法规和财政政策、产品系列或销售方法的改变等。二是组织主管人员的变动。新的主管人员试图通过组织调整来体现其管理思想和管理方法。三是组织调整是为了弥补现存组织结构的缺陷。有些缺陷是由组织本身的弱点所造成的，如管理幅度过大、层次太多、信息沟通困难、部门协调不够、决策缓慢等。四是组织内部主管人员之间的矛盾，也可以通过组织调整来解决。

为了不使组织结构变得呆板、僵化和缺乏效率，企业必须适当地、经常地对组织结构加以调整。

综上所述，企业市场营销组织的设计和发展大体要遵循以上六个步骤，这六个步骤相互联系、相互作用，形成一个动态有序的过程。为了保持市场营销组织的生机和活力，市场营销经理要根据这一过程进行有效决策。

[案例 1]

青岛啤酒股份有限公司为了适应市场的新变化，在 2007 年底开始了新一轮的组织变革，把青啤整合成“一家工厂”。将有 8 个区域营销公司、3 个子公司和 50 多个工厂组成的层级组织结构，变成战略投资、制造和营销三大中心，原有 8 条小价值链变成了一条大价值链。公司组织变成了矩阵型结构，改变了全国各地营销公司小价值链单兵作战的格局。

2009 年，利用上市规则的制约，青岛啤酒股份有限公司成功应对百威英博转让其持有的 27%的股权，最终日本朝日啤酒公司受让 19.99%，新华都实业集团董事长陈发树受让 7.01%。同时，青啤集团公司在二级市场大规模增持青啤股票，使国有股比重从原来的 30.56%提高到 31.45%。

为应对“低碳时代”的冲击，青啤着手搭建一种适合“低碳时代”发展的“低碳运营模式”。这种模式是对整个价值链的再造，是对前期运营模式的颠覆，是从技术研发、产品设计、生产制造、销售渠道等多个环节全方位的调整和改进，是整合自己企业的低碳战略。

[案例 2]

2017 年 1 月 18 日，上海家化对公司现行的组织结构做出调整。原本公司设有大众消费品事业部、佰草集事业部、数字营销事业部、化妆品专营店事业部，均向首席执行官直接汇报。最新的结构调整将撤销这四个部门并重新构建组织结构。

调整后，上海家化将新设品牌管理办公室（包括但不局限于佰草集、六神、美加净、启初等），全面负责各品牌的战略、运营和资源调配；设渠道管理办公室（包括但不局限于大流通、百货、化妆品专营店、电商等），指定和执行营销计划，开发和维护客户和终端门店。此外，公司原战略管理部和原投资管理部合并设立战略投资部，负责制定公司战略发展规划并推进战略举措实施，对符合公司战略发展方向的投资项目进行分析评估并推进。

公司原来的事业部结构以渠道为主，组织结构调整后，公司营销体系由渠道驱动变为品牌驱动。品牌独立于渠道，承担更多的营销管理和资源分配的决策权，以此驱动渠道布局。

第三节 市场营销执行

市场营销执行是将市场营销计划转化为行动的过程，并保证计划的完成，以实现计划的既定目标。很多时候，企业的市场营销战略之所以不成功，并不是因为战略本身有问题，而是因为市场营销执行过程中发生了偏差。因此，市场营销管理者需要了解市场营销执行的过程和掌握其管理技能。

一、市场营销执行的过程

分析市场营销环境、制定市场营销战略和市场营销计划，是解决企业市场营销活动“应该做什么”和“为什么要这么做”的问题；而市场营销执行则是要解决“由谁去做”“在什么时候做”和“怎样做”的问题。市场营销执行情况包括以下六个步骤。

（一）制定行动方案

为了有效地实施市场营销战略，必须制定详细的行动方案。这个方案应该明确市场营销战略实施的关键性决策和任务，并将执行这些决策和任务的责任落实到个人或小组。另外，还应包含具体的时间表，定出行动的确切时间。

（二）建立组织结构

建立组织结构的相关内容已在本章第二节中详细介绍。企业的正式组织在市场营销执行过程中起着决定性的作用，组织将战略实施的任务分配给具体的部门和人员，规定明确的职权界限和信息沟通渠道，协调企业内部的各项决策和行动。

企业的战略不同，建立的组织结构也应有所不同。也就是说，组织结构必须同企业战略相一致，必须同企业本身的特点或环境相适应。组织结构具有两大职能，首先是提供明确的分工，将全部工作分解成管理的几个部分，再将它们分配给各有关部门和人员；其次是发挥协调作用，通过正式的组织联系沟通网络，协调各部门和人员间的行动。

（三）设计业务管理制度体系

为实施市场营销战略，必须设计相应的业务管理制度。这些制度直接关系到战略实施的成败。就企业对营销管理人员工作的评估和报酬制度而言，如果以短期的经营利润为标准，则营销管理人员的行为必定趋于短期化，可能为实现长期战略目标而努力的积极性较弱。

（四）开发人力资源

市场营销战略最终是由企业内部的工作人员来执行的，因此人力资源的开发至关重要。这涉及人员的考核、选拔、安置、培训和激励等问题。在考核、选拔管理人员时，要注意将适当的工作分配给适当的人，做到人尽其才；为了激励员工的积极性，必须建立完善的工资、福利和奖惩制度。此外，企业还必须依据一定的标准，决定行政管理人员、业务管理人员和一线人员三者的比例。

应当指出的是，不同的营销战略要求具有不同性格和能力的营销管理者。“拓展型”营销战略要求具有创新和冒险精神的、有魄力的人员去完成；“维持型”营销战略要求营销管理人员具备组织和管理方面的才能；而“紧缩型”营销战略则需要寻找精打细算的营销管理者来执行。

（五）建设企业营销文化

企业文化是指一个企业内部全体人员共同拥有和遵循的价值标准、基本信念和行为准则。企业营销文化是企业文化中的重要组成部分，是企业文化中呈现营销氛围、理念等内容的部分。

企业文化包括企业环境、价值观念、模范人物、仪式、文化网五个要素。企业环境是形成企业文化的外界条件，它包括一个国家、民族的传统文化，也包括政府的经济政策以及资源、运输、竞争等环境因素。价值观念是指企业员工共同的行为准则和基本信念，是企业文化的核心和灵魂。模范人物是共同价值观的人格化，是员工行为的楷模。仪式是指为树立和强化共同价值观，有计划进行的各种例行活动。如各种纪念、庆祝活动等。文化网则是传播共同价值观和宣传介绍模范人物形象的各种非正式的渠道。因此，企业的营销文化也是由这五个要素所承载。

总之，企业文化主要是指企业在其所处的一定环境中，逐渐形成的共同价值标准和基本信念，这些标准和信念是通过模范人物塑造和体现，通过正式和非正式组织加以树立、强化和传播的。由于企业文化体现了集体责任感和集体荣誉感，它甚至关系到员工人生观和他们所追求的最高目标，它能够起到把全体员工团结在一起的“黏合剂”作用。因此，塑造和强化企业文化是执行企业战略的不容忽视的一环。

（六）确定营销管理风格

与企业营销文化相关联的是企业的营销管理风格。有些管理者的管理风格属于“专权型”，发号施令，独揽大权，严格控制，坚持采用正式的信息沟通，不容忍非正式的组织和活动。另一些管理者的管理风格属于“参与型”，主张授权给下属，协调各部门的工作，鼓励下属的主动精神和非正式的沟通与交流。这两种相对的管理风格各有利弊。不同的战略要求不同的管理风格，这主要取决于企业的战略任务、组织结构、人员和环境。

企业的营销文化和管理风格一旦形成，就具有相对稳定性和连续性，不轻易改变。因此，企业营销战略通常是适应企业营销文化和管理风格的要求来制定的。

为了有效地实施市场营销战略，企业的行动方案、组织结构、决策和报酬制度、人力资源、企业文化和管理风格这六大要素必须协调一致，相互配合。

二、市场营销执行的技能

市场营销执行的问题常常出现在企业营销活动的三个层次。市场营销职能层面，即基本的市场营销职能能否顺利实施，如企业怎样才能从某广告公司处获得更有创意的广告。市场营销方案层面，即把所有的市场营销职能协调地组合在一起，构成整体行动，这一层次出现的问题常常发生在一项新产品引入另一新市场时。市场营销政策层面，例如，企业需要所有雇员对待所有的顾客都用最真诚的态度和最优质的服务。

为了有效地执行市场营销方案，企业营销活动的每一层次（即职能、方案、政策等）都需要善于运用四种技能，即配置、调控、组织和互动技能。

配置技能是指市场营销经理在职能、政策和方案三个层次上配置时间、资金和人员的能力。例如确定究竟花多少钱用于展销会等。

调控技能包括建立和管理一个对市场营销活动效果进行追踪的控制系统。控制有四种类型：年度计划控制、利润控制、效率控制和战略控制。

组织技能常用于发展有效工作的组织中。理解正式和非正式的市场营销组织对于开展有效的市场营销执行活动是非常重要的。

互动技能是指经理影响他人把事情办好的能力。市场营销人员不仅必须有能力推动本企业的人员有效地执行理想的战略，还必须推动企业外的人或企业（如市场调查公司、广告公司、经销商、批发商、代理商等）来实施理想的战略。

三、市场营销执行中常见的问题

市场营销执行是一个艰巨而复杂的过程。美国的一项研究表明，90%的被调查计划人员认为，他们制定的战略和战术之所以没有成功，是因为没有得到有效的执行。管理人员常常难以诊断市场营销工作执行中的问题，市场营销失败的原因可能是由于战略战术本身有问题；也可能是由于正确的战略战术没有得到有效的执行。

企业在实施市场营销战略和市场营销计划过程中为什么会出现问题？正确的市场营销战略为什么不能带来出色的业绩？有以下四种原因。

（一） 计划脱离实际

企业的市场营销战略和市场营销计划通常是由上层的专业计划人员制订的，而执行则要依靠市场营销管理人员。由于这两类人员之间往往缺少必要的沟通和协调，因此导致下列问题的出现：一是企业的专业计划人员只考虑总体战略，而忽视了执行中的细节，结果使计划过于笼统和流于形式。二是专业计划人员往往不了解计划执行过程中的具体问题，所订计划脱离实际。三是专业计划人员和市场营销管理人员之间没有充分的交流和沟通，致使市场营销管理人员在执行过程中经常遇到困难，因为他们并不完全理解需要去执行的战略。四是脱离实际的战略导致计划人员和市场营销管理人员相互对立和不信任。

许多企业已经认识到，不能仅靠专业计划人员为市场营销人员制订计划，正确的做法应该是让计划人员协助市场营销人员制订计划。因为市场营销人员比计划人员更了解实际，让他们参与企业的计划管理过程，会更有利于市场营销活动的执行。因此，许多企业削减了庞大的集中计划部门的人员。

（二） 长期目标和短期目标相矛盾

市场营销战略通常着眼于企业的长期目标，涉及今后3～5年的经营活动。但具体执行这些战略的市场营销人员通常是根据他们的短期工作绩效，如销售量、市场占有率或利润率等指标来评估和奖励的。因此，市场营销人员常选择短期行为。

有营销管理者对美国大公司调查后发现，这种情况非常普遍。例如，某公司的长期产品开发战略半途夭折，原因就是市场营销人员追求眼前利益和个人奖金而置新产品开发战略于不顾，将公司的主要资源都投入现有的成熟产品中了。因此，许多公司正在采取适当措施，克服这种长期目标和短期目标之间的矛盾，设法求得两者的平衡。

（三） 因循守旧的惰性

企业当前的经营活动往往是为了实现既定的战略目标，新的战略如果不符合企业的传统和习惯，就会遭到抵制。新旧战略的差异越大，执行新战略可能遇到的阻力也就越大。要想执行与旧战略截然不同的新战略，常常需要打破企业传统的组织结构和供销关系。譬如，为了执行给老产品开辟新销路的市场战略，就必须创建一个新的推销机构。

（四） 缺乏具体明确的执行方案

有些战略计划之所以失败，是因为计划人员没有制定明确而具体的执行方案。实践证明，许多企业面临的困境，就是因为缺乏一个能够使企业内部各有关部门协调一致作战的具体实施方案。

企业的高层决策和管理人员不能有丝毫“想当然”的心理，相反，他们必须制定详尽的实施方案，规定和协调各部门的活动，编制详细周密的项目时间表，明确各部门经理应负的责任。只有这样，企业的市场营销执行才能得到保障。

第四节 市场营销控制的主要方法

一、年度计划控制

年度营销计划控制的目的是确保企业达到年度计划规定的销售额、利润指标及其他指标，是一种短期的即时控制，中心是目标管理。控制步骤如图10-13所示。首先，管理者必须将年度计划分解为每月或每季度的目标；其次，管理者需随时跟踪掌握计划实施情况；再次，当营销实绩与计划发生偏差时，找出产生偏差的原因；最后，采取措施，弥合目标与实际执行结果之间的差额，这个措施可能是改进实施方式，也可能是修正目标自身。由此可见，年度计划控制的实质就是按照一定的频率检查年度计划执行情况。

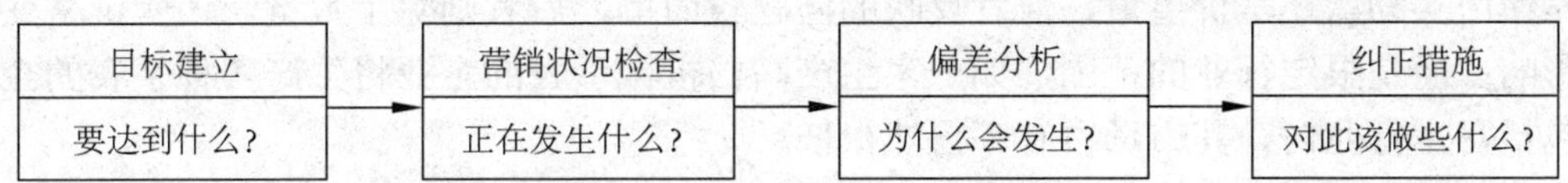

图 10-13 年度计划控制过程

这一控制模式适用于企业内各个层次，区别在于最高主管控制的是整个企业年度计划的执行结果，而各部门或地区经理制只控制各个局部的计划执行结果。

检查年度营销计划执行情况的工具主要 5 种。

（一） 销售额分析

由统计分析与年度销售目标有关的销售额组合，可以有两种情况。

1. 总量差额分析

即利用销售指标的总量差别来分析。

例如，假定年度计划要求第一季度按每件 10 元的价格销售某种商品 4 000 件，目标销售额为 40 000 元；但到季度末仅按每件 8 元的价格出售 3 000 件，总销售额 24 000 元，比目标销售额减少了 16 000 元，那么，这 16 000 元的减少额有多少是由于销量下降造成的？有多少是由于价格降低造成的？

分析计算方法如下：

由于降价造成的影响=（10−8）×3 000=6 000（元）（占 16 000 元的 37.5%）

由于销量下降造成的影响= 10×（4 000−3 000）=10 000（元）（占 16 000 元的 62.5%）

结论是，销售额下降的 2/3 是由于销量未达目标而致，故该企业应密切注意未达预期销售量目标的原因。

2. 个别销售分析

即着眼于个别产品或地区销售额未能达到预期份额的分析。

例如，假定某企业分别在三个地区出售某种产品，期望的销售目标分别是 1 000 单位、1 500 单位和 2 000 单位，实际销量分别为 1 200 单位、1 450 单位和 1 500 单位。地区Ⅰ较期望销量高出 20%，地区Ⅱ较期望销量低 3.3%，地区Ⅲ则低了 25%。显然，地区Ⅲ是造成销量下降的主要原因。营销经理应重点检查该地区情况，找出原因。是推销人员玩忽职守，还是有强大的竞争对手打入了这个市场，抑或是原来的目标就定得不合适？

（二） 市场占有率分析

销售额的绝对值并不能说明企业与竞争对手相比的市场地位状况。例如，有时一家企业销售额上升并不说明它的经营就成功，因为这有可能是一个正在迅速成长的市场，该企业的销售额虽然上升，其市场占有份额却很可能在下降。只有当企业的市场占有率上升时，才说明它的竞争地位在上升。市场占有率分析有三种指标。

1. 总体市场占有率

用本企业销售额在全行业销售额中所占比重表示。利用这一指标有两方面的决策：一是使用实物量还是价值量，前者反映的问题较简单，后者则除了数量，还受价格变化的影响；而是限定行业的范围，如一家生产高档机械手表的企业将生产各种手表的企业都包括在本行业内，其市场占有率自然很低。

2. 有限地区市场占有率

指企业在某一有限区域内的销售额占全行业在该地区市场销售额的比重。这一指标对大多数仅在局部地区市场上从事经营活动的企业十分有用，也是衡量企业进入某一新的地区市场是否获得成功的重要尺度。毕竟，多数企业总是首先努力取得局部市场上的最大占有率，再进入新的地区市场。一家在总体市场上占有率很低的企业，仍可能在某一局部地区市场上占有绝对优势的份额。

3. 相对市场占有率

将本企业的市场占有率与行业内领先的竞争对手的市场占有率进行比较，大于 1，表示本公司为行业的领先者；等于 1，表示本公司与最大竞争对手平分秋色；小于 1，表示本公司在行业内不占领先地位，但若相对市场占有率不断上升，表示本公司正不断接近领先的竞争对手。

（三） 市场营销费用对销售额比率分析

年度计划控制也需要检查与销售有关的市场营销费用，以确定企业在达到销售目的时的费用支出。市场营销费用对销售额比率分析是一种主要的检查方法。市场营销管理人员的工作，就是密切注意这些比率，及时发现是否有任何比率失去控制。当一项费用对销售额比率失去控制时，必须认真查找原因。

（四） 财务分析

市场营销管理人员应就不同的费用对销售额的比率和其他的比率进行全面的财务分析，以决定企业如何以及在何处展开活动、获得盈利。尤其要明确如何利用财务分析来判别影响企业资本净值收益率的各种因素。

（五） 顾客态度跟踪

前面的方法主要以财务和量化分析为特征，它们十分重要，但还不够。为了尽早察觉市场销售可能发生的变化，具有远见和高度警惕性的公司还建立了跟踪顾客、中间商及与市场营销有关人员态度的系统。该系统是通过顾客投诉和建议、典型用户调查和定期用户随机调查来维护的。

顾客投诉和建议通道。企业通过设置意见簿、建议卡等，记录、分析和答复来自客户的信函和口头抱怨，零售商、旅馆、餐馆这些通过服务直接与广大消费者打交道的企业都可以通过各种增加顾客反馈意见的途径，鼓励顾客提意见，使企业对自己的产品、服务在客户心目中的地位有更全面的了解。

典型用户调查通道。由那些同意定期通过电话或信函向企业反映他们的意见和建议的顾客组成典型用户小组。这类小组反映的意见比前述投诉系统更完整、更全面。

定期的用户随机调查通道。这是一种通过随机抽样了解顾客对公司服务质量满意程度的调查，以评价公司工作人员的服务态度、质量等。有关部门及主管可将顾客目前的评分与上期相比，与其他企业的得分相比。

二、获利性控制

除了年度营销计划控制外，企业还需要测算各类产品在不同地区、不同市场、通过不同分销渠道出售产品的实际获利能力，即获利性控制。获利性控制能帮助主管人员决策哪些产品或哪些市场应予以扩大，哪些应缩减，以至放弃。

例如，假定某一电视机企业的营销经理要测算一下在不同地区销售电视机的获利性，该企业电视机主要销售地区为东北、西北和华北。其总销售收入、成本、净利润如表 10-2 所示。

表 10-2　获利性分析　　单位：万元

科目	销售收入	销售成本	毛利	费用	工资	杂项	净利润
总额	6 000	4 000	2 000	1 500	800	700	500

第一步，将费用开支分摊到各项职能上，假定费用主要发生在人员推销、广告和包装运输活动中，将工资费用和杂项开支分配在三项营销活动中，得出如表 10-3 所示的结果。

表 10-3　工资和杂项支出分析　　单位：万元

科目	总额	推销	广告	包装运输
工资	800	500	100	200
杂项	700	400	100	200
合计	1 500	900	200	400

第二步，将各职能性费用按不同地区的费用支出进行分配，如表 10-4 所示。

表 10-4　各地区费用支出分析　　单位：万元

地区	总额	推销	广告	包装运输
东北	480	200	80	200
华北	480	300	80	100
西北	540	400	40	100
合计	1 500	900	200	400

第三步，根据各地区销售额和费用支付额，编制各地区销售/支出利润表，如表 10-5 所示。

表 10-5 各地区销售 / 支出利润分析 单位：万元

科 目	东北地区	华北地区	西北地区
销售额	4 000	1 500	500
销售成本	2 667	1 000	333
销售毛利	1 333	500	167
费用	480	480	540
推销费	200	300	400
广告费	80	80	40
包装运输费	200	100	100
净利润	853	20	−373

直观地看，似应放弃西北地区，甚至还有华北地区，而集中全力于东北地区的市场营销。但这个结论也可能下得太过匆忙草率，例如可以提出一些问题需要回答：上述三个地区的市场潜力怎样？本企业的市场占有率及竞争对手情况怎样？三个地区在全国电视机市场中的占有率如何？企业对上述三个地区的市场营销策略是否适宜？

因此，根据对上述问题的回答，企业可在下列对策中做选择。

1. 对华北、西北地区减少人员推销次数，相对增加广告投入，并假定这不会对该地区销售产生太大影响。

2. 减少对华北、西北地区客户访问的数量，首先有选择地向人口集中的城市和订货批量较大的百货、批发商店推销，以提高推销的成功率，降低推销费用。

3. 鼓励较大额度的订单，尤其对西北、华北地区，可给予优惠的数量折扣。

4. 按兵不动，此政策假定当前的市场营销策略十分适宜，西北、华北地区市场的销售额正逐渐上升，预期前景良好，而东北市场纯利虽高，但本企业产品市场占有率已很高，发展潜力不大。因此，企业进一步发展的关键，在于新地区市场的开发。

5. 不放弃任何一个地区，但减少各地区中效益差的局部地域的投入。

6. 暂时放弃或缩减在西北地区的营销努力，集中力量在华北地区取得更大进展。

由上例可见，市场营销获利性分析能提供企业在不同产品、地区、分销渠道、客户群获利能力方面的资料；但它并不能说明最好的办法就是放弃那些不赚钱的产品、地区或分销渠道，也不能证明放弃它们，企业利润就能有改善。

三、营销战略控制

营销战略控制与以上两种控制比起来，具有更重要的意义，属高层次控制。市场营销是一个目标、政策、战略和计划经常变化的领域，因而企业必须时常对其整体营销目标和效益进行评价，这就是营销战略控制的内容。通常运用营销效益等级评价与营销审计两种方式进行战略控制。

（一） 营销效益等级评价

市场营销效益等级高低是企业营销成败的内在表现，对营销效益进行等级评价就是从营销活动的几个重要方面，用定性和定量相结合的方法，制定营销效益表格，然后交由专业营销人员填写，最后将所得汇总，与企业意愿的营销等级对比分析，找出差距并改进。简单地说，营销效益等级评价就是对企业营销工作能力强弱的评价。

营销效益一般可由五个方面反映：顾客宗旨、营销组织、营销信息、策略导向和营销效率。营销效益考核可以根据这五种属性为基础设计营销效益等级考核表，由营销经理和有关部门经理填写，然后将得分相加，得到考核结果。

当然，营销效益既包括直接效益，也包括间接效益；既有显性效益，也有隐形效益。例如，企业营销的社会影响力变化所带来的效益往往是间接的、隐形的。

（二）营销审计

市场营销是一个目标、政策、战略和计划经常变化、过时很快的职能领域，企业必须时刻注意对其整个营销活动进行全面的审查、评价，即称之为“市场营销审计”。

市场营销审计的目的是确保企业战略、目标、政策和策略与市场营销环境和企业内部资源的变化相一致。现代企业面对的营销环境变化极为频繁，因此，每家企业都有必要建立一种营销审计制度，定期对企业有关方向性、战略性、全局性问题做出全面的评价，及时发现问题，也及时发现机会，以供企业最高主管部门作决策时参考。

概括起来讲，市场营销审计是定期对企业营销环境、目标、战略、组织和计划实施情况进行全面、系统、独立的审查评价的过程，是最高等级的控制。通过营销审计，企业可发现市场营销中存在的问题和机会，并提出改进营销活动的对策。

1. 市场营销审计的特性

全面性。市场营销审计涉及企业市场营销的各主要方面，而不仅是少数发生问题的部分。后者称之为职能型审计。职能型审计也很有用，但有时可能导致片面的推断。如某项产品销售额急剧下降，可能并不是因为推销员推销不力，或许是因为广告宣传不力。综合性的营销审计通常能更有效地确定市场营销过程中的问题所在。

系统性。营销审计包括一套完整有序的诊断步骤，涉及企业的营销环境、内部市场营销系统和具体的营销活动，并要分别提出短期和长期的改进措施，以提高企业的整体营销效益。

独立性。营销审计要请企业之外富有经验的咨询部门和专家顾问参加，或主要由他们进行，这不仅有利于借助他们对大量同类型企业资源指导的经验，而且能够保证营销审计的客观性和独立性。

定期进行。早期的营销审计，只是在企业遇到困难或危机时才进行，目的仅限于解决一些临时性问题，但往往为时已晚。因此，无论企业处在顺境还是逆境，定期进行营销审计都是十分必要的。

2. 营销审计步骤

营销审计的基本步骤分为五个部分，如图 10-14 所示。

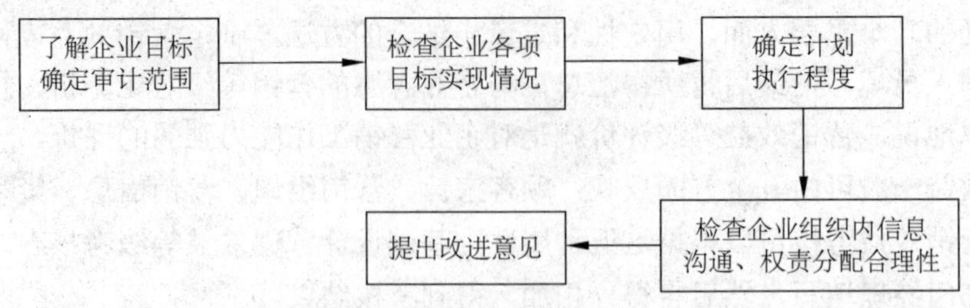

图 10-14 市场营销审计程序

营销审计通常由公司人员和审计人员会面，从拟定审计目标、范围、资料来源、报告形成及所需时间的协议开始。

第二、第三、第四步实际都是收集资料、评价比较的过程。这里需要慎重地拟订一个包括调查访问的问题、评价标准、审查方法等内容的详细计划。访问对象不能仅限于企业内部人员，顾客、经销商和其他有关的外部团体都应造访，因为许多企业并不真正了解顾客和经销商怎样看待它们，也不完全了解顾客需要什么。最后，最高主管应参与审计工作的全过程，并听取汇报。整个审计计划还要考虑如何使所耗时间、费用最少。

3. 营销审计内容

营销审计内容主要有六个方面。

营销环境审计。主要是分析宏观和微观经济中影响公司目标的关键因素。如微观环境中的顾客、竞争对手、经销商等。宏观环境中的经济、政治法律、社会文化和技术环境等。

营销战略计划审计。主要考察企业营销任务、目标、战略与当前及预期的营销环境相适应的程度。

营销组织审计。审查营销组织在预期环境中实施公司战略的能力。包括组织结构、业务流程的配套性。

营销系统审计。针对企业的分析、计划、控制系统的审查。尤其是营销信息系统的有效性。

营销效率审计。检查各营销单位的获利能力和各项营销活动的成本效率。可以利用相应的经济责任制中的各项指标。

营销职能审计。对市场营销组合因素进行评价，是从营销管理的角度看待各项管理职能。如产品、价格、渠道、促销等策略的检查评价。

营销效益等级评价与营销审计的结果都可以说明营销战略控制的状态和程度，但是两者还有一定区别。前者主要是从企业的短期利益和发展角度考虑，后者是从企业的长期利益和发展前景或潜力考虑问题。

综上所述，营销战略和策略的制定、实施，需要有一个适当的、有效的组织作保证，也需要有一套有力的控制手段作为支撑。所以，营销决策与执行和管理是密不可分的。

10-1　市场营销的组织与控制

本章重点术语

职能型组织 Functional Organization
地区组织 Regional Organization
品牌或产品管理型组织 Managerial Organization of Brand or Product
市场管理型组织 Managerial Organization of Market
产品—市场管理组织 Managerial Organization of Product-market
事业部制组织 Organization of Business Unit
营销计划 Marketing Planning
营销控制 Marketing Controlling
营销审计 Marketing Audit

思考题

1. 市场营销组织是如何演化的？
2. 市场营销计划包含哪些内容？
3. 营销部门在整个企业中居于什么样的地位？
4. 营销控制有哪些主要方法？
5. 分别描述三种基本的营销控制方法，并说明它们各自的适用范围。

本章案例

加多宝2012年营销策划

加多宝罐装凉茶在当前凉茶市场上受到和其正、霸王等凉茶强大的品牌冲击，在激烈的价格战中，自身的价格优势正在逐步丧失，市场销售额、市场占有率大幅度下降。面对激烈的竞争环境，需要寻找新的目标市场和制定新的营销组合策略。希望通过新的策划方案的顺利实施，使其销量和市场占有量有所提升。

一、市场分析

（一）企业的目标和任务

在当前饮料市场中，茶饮料、果汁饮料占据极大的市场份额，功能型饮料市场竞争力不强，但是随着人们对保健要求的提高，对饮料的功效越来越注重。加多宝饮料有限公司主要从事罐装凉茶的生产和经营，服务于广大用户，目标是针对目标顾客的需求，对凉茶的原材料严格把关，提升产品的科技含量，实现利润的稳步增长，并加强对“加多宝”品牌的文化建设，实现公司目标，为中国创造一个世界级的品牌。

（二）当前市场和战略描述

1. 当前市场状况

目前，加多宝在市场上主要集中在火锅店、超市、便利店中销售，其主要购买者为生活节奏快、可能经常熬夜的年轻人，这部分人占消费者总数的87%以上。原材料的价格上涨导致企业利润减少，同时竞争对手的价格普遍低于加多宝（王老吉商标已十分成熟，加多宝品牌知名度仅限于岭南区，王老吉商标使用权之争），使公司在竞争中处于被动局面，再加上其他企业的不断进入，加多宝市场占有率有所变化。

2. 战略描述

现在饮料市场发展迅速，和其正、霸王、王老吉等巨头控制了整个凉茶市场，还有其他一些的小品牌占据一小部分市场份额。加多宝当前的任务依然是走出广东，走向全国。在各个卖点竞争都很激烈，价格一直不是企业的竞争优势，但是老品牌是企业的优势，再加上现在公关活动的推出，使人们对加多宝更加信任，竞争局面有所改善。

（三）主要竞争者及优劣势分析

加多宝的主要竞争者有目前市场上存在的多个凉茶品牌。例如，和其正、霸王等。它们都对加多宝形成巨大威胁。

“和其正”是中国凉茶行业的一支劲旅。它的优势是产品定位为“熬夜伤神补元气”（中央一台黄金段广告），价格低（王老吉为3.5元/罐，和其正为2.5元/罐，加多宝为3.5 元/罐），和其正提倡以和为贵，给经销商预留足够的利润空间。“和其正”的劣势是比同类小包装其他品牌的价位高，消费者的购买往往会受终端影响，不太注重促销活动。

霸王凉茶的优势包括品牌知名度基础较深，市场基础较扎实，认知度普遍较高。劣势有初次涉足凉茶市场，突然的转型让消费者较难接受。

（四）外部环境分析

经济环境。随着经济的迅速发展，人们对生活质量的要求越来越高，在解决了温饱之后，开始关注保健。人们花在保健上的费用越来越多，恩格尔系数越来越低。

多年来，人均纯收入持续稳步增长，消费者喝饮料的数量有所增加，饮料市场容量在不断地扩大，整个饮料行业市场前景看好。据有关数据显示，在2005年至2009年的饮料市场的黄金成长期间，老牌瓶装水和碳酸饮料增势日颓，已连续两个年度负增长；新的功能饮料和茶饮料近两年增幅趋稳，稳中有升。

法律法规环境。长期以来，中国饮料市场准入制度规范，所以中国饮料市场相对规范，虽然加入饮料市场的企业越来越多，但是市场现状保持良好。

中国法律规定对下列违法行为以法进行打击：假冒他人注册商标的、仿冒知名商品特有的名称、包装、装潢的；伪造商品产地，伪造或冒用他人的企业名称和认证标志、名优标志等质量标志的；掺杂使假，以次充好，以假充真的；制售无厂名厂址、无生产日期和保质期、无产品标准号的商品，或者销售过期、变质商品的；利用回扣手段销售或购买假冒伪劣饮料的。对生产、加工、销售、仓储等各个环节的具体工作做了相关规定。

技术环境。凉茶制作工艺主要由一些去火气的中草药熬制而成。企业应该在如何去掉原有的中药味但不影响其本身的中药疗效上下功夫。

社会文化环境。虽然现代人注重生活品质，但是很多人不太注意保健养生。“怕上火喝加多宝”，虽然很多人都知道，但他们不一定相信。让消费者相信加多宝对预防上火有很好的效果是非常重要的。

（五） 内部环境分析

1. 优势

在研究消费者对竞争对手的看法中，发现红色罐装加多宝的直接竞争对手，如菊花茶、清凉茶等由于缺乏品牌推广，仅仅是低价渗透市场，并未占据“预防上火”的饮料的定位。而可乐、茶饮料、果汁饮料、水等明显不具备“预防上火”的功能，仅仅是间接的竞争者。

饮料企业可以根据各品牌市场占有情况，对竞争企业很少进入和未形成领导品牌的地区进行市场渗透和重点进攻，即集中优势兵力对竞争品牌实现侧翼包抄。不同地域的饮料消费习惯和口味有一定差异，饮料企业对此也应予以重视。

2. 劣势

红色“加多宝”受品牌名所累，并不能很顺利地让广东人接受它作为一种可以经常饮用的饮料。而在另一个主要销售区域浙南，消费者将“加多宝”与康师傅茶、旺仔牛奶等饮料相提并论，作为当地最畅销的产品，企业担心，红色加多宝可能会成为来去匆匆的产品。

在两广以外，人们基本上没有“凉茶”这个概念，而且，内地的消费者“降火”的需求已经被填补，大多是通过服用牛黄解毒片之类的药物来解决。做凉茶困难重重，做饮料同样危机四伏。如果放眼到整个饮料行业，以可口可乐、百事可乐为代表的碳酸饮料，以康师傅、统一为代表的茶饮料、果汁饮料更是处在难以撼动的市场领先地位。

物价上涨，会导致采购成本和生产成本提高。在凉茶价格中，生产成本占很大比例。销售成本在日益激烈的市场竞争中，正呈现逐年递增的趋势，尤其针对大品牌而言，广告宣传费用比中小品牌的投入多45%左右，占总成本的10%；成本的提高使企业整体利润下降，但不能盲目地提价，否则会失去现有市场份额，所以如何降低销售成本是企业当前的重点工作。

二、营销战略与策略

（一） 营销目标

1. 营销目标

红罐加多宝作为一种“功能饮料”，购买的动机是用于“预防上火”；品牌定位是“预防上火的饮料”，其独特的价值在于：喝加多宝能预防上火，让消费者无忧地尽情享受生活。

因此，红罐加多宝的营销目标是开拓餐饮场所，在一批酒楼打造旗舰店的形象。包括消费者日常生活中最易上火的五个场景，即吃火锅、通宵看球赛、吃油炸食品薯条、烧烤和夏日阳光浴为营销重点。让餐饮渠道业成为红罐加多宝的重要销售传播渠道之一。突出终端营销，侧重视觉营销。

2. 财务目标

扩大消费者的需求，迅速地拉动产品的销售。在品牌走向全国的扩展道路上，应尽量保持高速度的财务支持。例如，全程赞助“中国好声音”节目等，以显现出加多宝公司营销团队对市场把握的准确和前卫。

（二）目标市场描述

可识别特征。红罐加多宝目标市场定位在饮料行业中，其直接的竞争行业是“功能型饮料”。

独特的需求、态度、行为表现。人们对饮料不再仅仅因为口感而选择，能够给人们带来身体上的好处更能打动消费者，即突出预防“因疲劳而上火”的功能饮料。

另外，红罐加多宝的“凉茶始祖”身份、神秘中草药配方、逾百年历史等。突出“老字号”的品牌，本土品牌更容易让人们接受。

（三）营销组合描述

1. 产品与服务

加多宝凉茶传承王泽邦，创始于清朝道光年间，至今已有一百七十多年的历史，被公认为凉茶始祖，有“药茶王”之称。主要生产灌装凉茶，到了近代，随着华人的足迹遍及世界各地。

罐装加多宝的包装主色调是红黄两色。中国文化源远流长，历经数千年沉淀，对于色彩，最具传统意义和文化认同感的非红黄两种颜色莫属。凉茶是传统中医药文化和岭南养生保健文化的衍生品，将红黄两种色调用在包装中，贴切地表达了加多宝品牌的寓意。

产品功能定位是“预防上火的饮料”，其独特的价值在于“喝红色加多宝能预防上火，让消费者可以尽情享受生活”。

2. 分销

强化深度分销，使红罐加多宝走出广东、浙南，扩大到全国市场。

加多宝的营销模式是总经销制。即一个区域只有一个总经销商。总经销商下面可发展多家邮差商（加多宝把有专业配送能力的分销商称为邮差商，如批发邮差、餐饮邮差、夜场邮差、特通邮差、商超邮差、综合邮差等），又区别于竞争对手。如王老吉的渠道分批发、超市、小店、餐饮、特通五个渠道。

加多宝渠道的分销网络建设采用 RMS 系统（线路管理系统）技术。业务人员每月15日和30日上报他们所掌控的五个渠道的顾客资料。后勤人员负责录入RMS系统，及时进行补充更新。RMS系统最大的特点是相同的顾客资料不能重复录入，对渠道当中的各类成员加以系统精确地管理。同时，又可反映某个业务人员的工作量大小、工作进度，以及某地区的人均产值等。

3. 定价

总经销给下线的邮差商批发价 70 元/箱，邮差商供应终端价 72 元/箱，终端零售价3.50元/罐，价格不再“高不可攀”。

4. 促销

加多宝的促销方式定为与大型活动合作，成为其主要赞助商，以提升企业形象。2010年广州亚运会，加多宝是其最大的赞助商，加多宝的形象由国内品牌上升为亚洲品牌。

参加公益活动。2008 年汶川地震时，加多宝捐助一亿元人民币，使加多宝品牌形象在人们心中再上一个台阶，人们从中看到了加多宝的爱国热情、仁爱之心。

与腾讯合作，开展加多宝有奖活动。只要买加多宝就有获奖的机会，而且中奖概率很高，这更使加多宝深入人心。

为更好地唤起消费者的需求，电视广告选用了消费者认为日常生活中最易上火的五个场景，即吃火锅、通宵看球、吃油炸食品薯条、烧烤和夏日阳光浴。画面中，人们在开心享受上述活动的同时，纷纷畅饮红罐加多宝。结合时尚、动感十足的广告歌词反复吟唱“不用害怕什么，尽情享受生活，怕上火，喝加多宝”。表现自由、时尚、快乐的广告语言，易于年轻消费者接受。

消费者对红罐加多宝“是什么”“有什么用”应该有了更直观的感受。因为促销活动除了强调传统渠道的 POP 广告外，还配合餐饮新渠道的开拓，为餐饮渠道设计布置大量终端物料。如设计制作电子显示屏、灯笼等，餐饮场所乐于接受的实用物品免费赠送。

（四） 定位分析

凉茶原本是广东的一种地方性药饮产品，用来清热解毒祛暑湿。在广东省内市场，凉茶业竞争激烈。凉茶品牌黄振龙、阿贞等占据了广东一部分市场。由此看来，如果把红罐加多宝作为凉茶卖，显然这个市场容量不令人满意。

加多宝能否突破地域限制，走向全国呢？通过研究发现，中国几千年的中药概念中，“清热解毒”在全国广为普及，“上火、祛火”的概念也在各地深入人心，这就使加多宝突破地域品牌的局限成为可能。

红罐加多宝在饮料行业中竞争，其竞争对手是其他饮料产品。“喝红罐加多宝能预防上火，让消费者可以尽情享受生活”是加多宝的目标市场定位。

三、促销活动计划

（一） 活动日程安排

1. 职能分工

业务部经理：负责销售工作的统筹规划。完成销售目标、策略的制定，对销售计划的进程和效果进行监督和评估。

业务人员协助经销商进行销售规划，完成销售目标，监督公司销售政策的执行；落实促销活动的实施和过程控制，并将结果反馈给业务经理和经销商。零售人员负责促销活动现场的产品促销和宣传。

2. 主要安排

（1）主题活动通过广告进行正面的传播

在电视媒体上，加多宝公司主要锁定覆盖全国的中央电视台，并结合原有销售区域（广东、浙南）的强势地方媒体，在黄金时段投放广告。

在促销活动现场，除了传统渠道的POP广告外，可以配合餐饮新渠道设计制作电子显示屏、灯笼等，或实用物品免费赠送等。

（2）派生活动主要围绕“怕上火，喝加多宝”这一主题，进行各类促销活动。

公司曾举办“炎夏消暑加多宝，绿水青山任我行”刮刮卡活动。消费者刮中“炎夏消暑加多宝”字样，可获得当地避暑胜地门票两张，并可在当地度假村免费住宿两天。

在针对中间商的促销活动中，公司除了继续巩固传统渠道的“加多宝销售精英俱乐部”外，还推行“火锅店铺市”与“合作酒店”的计划，选择主要的火锅店、酒店作为“加多宝诚意合作店”，投入资金与他们共同进行节假日促销活动。

3. 预算

费用总额：1.4亿元人民币。包括策划费用、广告费用、人员推销费用、货品消耗费用等。

（二） 促销活动评估

1. 绩效评价指标

加多宝公司成功的品牌定位和传播，给这个有一百七十多年历史的、带有浓厚岭南特色的产品带来了巨大的效益：公司之前运营的红罐王老吉2003年的销售额比上年同期增长了近4倍，由2002年的1亿多元猛增至6亿元。并以迅雷不及掩耳之势冲出广东。2004年，尽管企业不断扩大产能，但仍供不应求，订单如雪片般纷至沓来，全年销售额突破10亿元，以后几年持续高速增长，2010年销售额突破100亿元大关。

因此，本次促销活动的评估要从市场覆盖面、市场占有率、销售量及增长量、利润及增长量、单位促销费用带来的利润及变化情况等方面来评估。

2. 收集数据的方法

通过走访客户、终端实际调查、问卷调查等手段收集市场数据，同时根据企业销售商品数据、现金流、利润率和销售成本等数据来分析评估。

小训练

某酒业公司主营当地品牌酒，主要销地为皖南、皖东、皖西，也欲向外地开拓市场。该公司营销部有5个营销人员（含负责人）。

单项技能操作训练：请帮助设计营销部组织结构图。

［附十］ 营销计划执行评估与审计纲要

营销计划执行评估纲要

营销计划执行评估的目的在于对本次营销计划的执行结果与计划的吻合程度进行评价，并在评价过程中发现、整理执行过程中出现的新的营销管理问题，为下一次的营销计划制定和实施提供改进的依据。因此，营销计划的执行评估不仅要看结果指标，还要看执行过程状况，以及相应的配套政策等。

1. 目标评估

对营销计划执行过程的综合目标、硬性目标和软性目标的完成程度进行评估，随时掌握营销计划的实施进度。

这些目标内容主要有销售量（增长率）、利润（增长率）、市场拓展速度（市场占有率）、顾客数量（增长率）、顾客重复购买率、市场推广覆盖面等。其指标属于综合目标指标还是硬性目标指标或是软性目标指标，这要根据营销计划的具体内容来定。

2. 过程评估

对营销人员的工作方式和效率进行评估，了解营销工作中存在的问题，以便将来为营销人员提供指导。

包括业务流程、工作过程指导书、管理规章制度、工作所用设备或工具等。

3. 投入产出评估

对营销计划执行的效率进行评估，同时衡量营销计划对企业带来的效益，并对这种效益所体现的价值程度进行判断。

主要指标和内容有投入的资金总量、单位投入资金带来的平均收益值、收益变化结构状态等。

4. 推广效果评估

对实际执行过程中营销人员在营销战术的创造性方面进行评估。衡量现行推广方式对营销计划所起的作用，并且评估推广方式的价值，有无可能在更大范围内进行推广。

例如，广告效果评估应该包括对广告传播效果的评价、广告促销效果的评价和广告形象效果的评价。而广告传播效果的评价可用接收率、注意率、阅读率和认知率加以考量。广告促销效果的评价可用销售增长率、广告增销率、广告费占销率和单位广告费收益考量。广告形象效果的评价应该从总体形象和具体形象两方面进行。

5. 执行政策评估

对营销人员执行营销计划的到位程度进行评估。一方面了解营销人员对营销计划的认同程度，另一方面了解营销人员对营销计划的重点有无把握，同时也评估政策是否有助于营销业务活动的开展。

6. 竞争对比评估

对竞争对手的营销工作进行评估，重点是树立标杆，对营销计划的各个环节与竞争对手进行对比，找到真正的差异或差距，进一步提高营销计划的针对性。

对比的具体内容由营销计划的核心内容而定。如价格对比、销售量对比、市场占有率对比，甚至是产品或服务的现代化程度对比等。

营销审计纲要

营销审计的目的在于了解、掌握营销战略和策略的执行过程情况和结果状况。因此，审计的内容包括除了营销决策与管理本身的工作以外，还涉及与营销决策与管理工作相关联的各方面。

1. 环境审计

（1）宏观环境

人口环境。在人口统计方面有哪些对本企业构成机会或威胁的发展倾向？本企业已采取了哪些措施来应对这些倾向？

经济环境。收入、价格、储蓄等方面有哪些主要变化将对企业造成影响？本企业采取了什么措施？

自然环境。企业所需自然资源和能源在成本和可获性方面前景怎样？企业在环境污染和环境保护中扮演什么角色？准备采取什么措施？

技术环境。在产品技术和工艺过程方面发生了哪些重要改变？本企业在其中处于什么地位？目前产品有哪些换代或者替换可能？

政治环境。有哪些刚出台的法律法规可能影响到企业的营销战略和技术？如反污染法、就业政策、食品卫生法、广告法、价格控制等。

社会文化环境。消费者的价值观念、生活习惯发生了哪些足以影响企业营销策略的变化？

（2）微观环境

市场。本企业市场的规模、地区分布、获利性、增长速度如何？有哪些主要的细分市场？

顾客。本企业现有和潜在的顾客对本企业及竞争对手在商誉、产品质量、提供服务、定价等方面的评价怎样？不同的顾客群如何做出他们的购买决策？

竞争。谁是主要的竞争对手？它们的目标，战略是什么？它们有何长处、短处？它们的规模及市场占有率怎样？存在哪些影响未来竞争及产品替代的趋向？

经销商。企业依靠哪些分销渠道将产品送达顾客？不同分销渠道的效益和增长潜力怎样？

供应商。生产所需关键原材料来自于哪些供应商？供应商的销售方式可能发生什么变化？

储运机构。运送服务的费用及可获性怎样？仓储服务的费用及可获性怎样？

公众舆论。哪些公众为企业带来了什么机会或威胁？企业在有效地处理与各类舆论工具的关系方面将采取哪些措施？

2. 营销战略审计

企业营销任务。企业营销任务是否得到明确阐述，并切实可行？

企业营销目标。公司目标是否通过指标形式得到明确表达，并切实指导营销计划及对工作绩效的衡量？营销目标是否与本企业的竞争地位、资源和机会相称？

企业营销战略。达到目标的战略的核心是什么？是否有足够的资源保证？资源是否以最佳的组合分配到各产品、地区和细分市场上？在主要的营销组合因素即产品、服务、推销、广告和分销渠道上，资源是否得到了最优分配？

3. 营销组织审计

营销组织结构。市场营销部门对企业影响消费者满意程度的各项活动有充分的责任和权威吗？按照职能、产品、最终用户和地区的组织结构，市场营销是最好的选择吗？

营销职能部门的工作效率及与其他部门间的关系。市场营销与销售部门之间有良好的信息沟通和工作关系吗？产品管理系统工作是否有效？产品经理只负责销售量，还是也规划利润水平？市场营销与生产、研发、财务等部门之间有什么需要注意的问题？

4. 营销系统审计

营销信息系统。市场情报系统能否准确、及时、有效地提供与顾客、分销商、竞争对手及各类大众传播媒介有关的信息？企业决策者是否充分利用了市场调查？

营销计划系统。计划系统是否工作得有效？市场预测的结论是否得到了充分利用？销售定额是否适当？

营销新产品开发系统。企业能很好地鼓励、采纳和评价有关新产品开发的设想吗？企业在决定向某种新设计投资之前，是否做了充分的调查和商业分析？企业在推广某种新产品之前是否做了充分的产品测试或试销？

营销控制系统。控制程序能否确保年度计划目标实现？是否定期分析了各产品、市场、地区和分销渠道的获利性？是否定期审查了市场营销成本？

5. 营销效率审计

营销获利性分析。企业在不同产品、市场、地区和渠道中的获利性怎样？企业应进入、扩展、收缩或撤离哪些细分市场？这将对短期或长期利润有何影响？

营销成本效益分析。哪些营销活动的成本过高？可采取哪些降低成本的措施？

6. 营销职能审计

产品职能。现有产品线是否能满足顾客的需要？现有产品组合是否需做调整？应增加、扩大或淘汰哪些品种？现有产品的质量、款式、品牌等是否需做调整？

定价职能。定价目标、政策、策略和程序是什么？应在怎样的程度上根据成本、需求或竞争状态定价？顾客认为公司定价与其产品提供的利益是否相符？定价组合与经销商的要求和政府的要求是否相符？

分销职能。分销的目标和策略是什么？是否有充分的市场覆盖率和足够的服务？现有的分销渠道的工作是否有成效？需要改变吗？

促销职能。企业的广告目标和策略是什么？预算怎么做？实际支出是否适当？广告制作效果怎样？顾客和公众的看法如何？广告媒体是否经过认真选择？广告人员是否足够？其他促销方式是否已得到充分有效的利用？

人员推销职能。从广义角度看，该职能应是促销职能中的一部分。但对于大多数企业来说，销售部门的推销职能较为突出。所以在此将其单列。

推销部门的规模、组织方式是否胜任或适于公司销售任务？推销人员的能力、素质、努力程度是否足够？推销人员的工作是否得到了足够的报酬和激励？本企业推销力量与竞争对手相比怎样？

7. 营销审计结论

以上各部分内容的审计结论在此一并汇总。应注意各部分之间的相互关系，或说明互相影响状况。

本章参考文献

[1] 纪宝成. 市场营销学教程（第6版）[M]. 北京：中国人民大学出版社，2017.

[2] 加里·阿姆斯特朗，菲利普·科特勒，王永贵. 市场营销学（第12版，全球版·中国版）[M]. 北京：中国人民大学出版社，2017.

［3］ 菲利普·科特勒，加里·阿姆斯特朗. 市场营销：原理与实践（第16版）［M］. 楼尊，译. 北京：中国人民大学出版社，2015.
［4］ 吴健安，聂元昆，郭国庆等. 市场营销学（第六版）［M］. 北京：高等教育出版社，2017.
［5］ 郭国庆. 市场营销学通论（第7版）［M］. 北京：中国人民大学出版社，2017.
［6］ 郭国庆，陈凯. 市场营销学（第6版）［M］. 北京：中国人民大学出版社，2019.
［7］ 肖光强."美的"集团的成功之道［J/OL］. http://www.chinavalue.net/Management/Blog/2010-9-7/465191.aspx，2012-05-07.
［8］ 侯继勇，金志国.搭建低碳运营模式［N］.21世纪经济报道，2010-03-15.
［9］ 营销计划执行评估［Z］. http://hi.baidu.com/zxhmgem/blog/item/d18581283d5c55f698250a29.html. 2012-12-22.
［10］ 加多宝2012年营销策划［Z］. http://wenku.baidu.com/view，2013-03-12.
［11］上海家化公告：调整组织架构提出2017营收目标，http://www.linkshop.com.cn/web/archives/2017/368643.shtml，2017年1月.

自测题

教学支持说明

▶▶ 课件申请

尊敬的老师：

您好！感谢您选用清华大学出版社的教材！为更好地服务教学，我们为采用本书作为教材的老师提供教学辅助资源。该部分资源仅提供给授课教师使用，请您直接用手机扫描下方二维码完成认证及申请。

任课教师扫描二维码
可获取教学辅助资源

▶▶ 样书申请

为方便教师选用教材，我们为您提供免费赠送样书服务。授课教师扫描下方二维码即可获取清华大学出版社教材电子书目。在线填写个人信息，经审核认证后即可获取所选教材。我们会第一时间为您寄送样书。

任课教师扫描二维码
可获取教材电子书目

清华大学出版社

E-mail: tupfuwu@163.com　　网址：http://www.tup.com.cn/
电话：010-83470332 / 83470142　　传真：8610-83470107
地址：北京市海淀区双清路学研大厦B座509室　　邮编：100084